深圳市建筑行业综合竞争力
评价分析报告(2022)

深圳建筑业协会　编

华中科技大学出版社

中国·武汉

图书在版编目(CIP)数据

深圳市建筑行业综合竞争力评价分析报告.2022/深圳建筑业协会编.—武汉:华中科技大学出版社,
2023.11
　　ISBN 978-7-5772-0096-5

　Ⅰ.①深…　Ⅱ.①深…　Ⅲ.①建筑企业-竞争力-研究报告-深圳　Ⅳ.①F426.9

中国国家版本馆 CIP 数据核字(2023)第 194661 号

深圳市建筑行业综合竞争力评价分析报告(2022)　　　　　　　　　　深圳建筑业协会　编
Shenzhen Shi Jianzhu Hangye Zonghe Jingzhengli Pingjia Fenxi Baogao(2022)

策划编辑:何臻卓　李国钦
责任编辑:陈　骏
封面设计:原色设计
责任监印:朱　玢
出版发行:华中科技大学出版社(中国·武汉)　　　电话:(027)81321913
　　　　　武汉市东湖新技术开发区华工科技园　　　邮编:430223
录　　排:华中科技大学惠友文印中心
印　　刷:广州一龙印刷有限公司
开　　本:787mm×1092mm　1/16
印　　张:22
字　　数:535 千字
版　　次:2023 年 11 月第 1 版第 1 次印刷
定　　价:59.80 元

编委会名单

前　　言

《深圳市建筑行业综合竞争力评价分析报告（2022）》在编撰单位的努力和各相关单位、企业的大力支持下，终于得以与行业内外读者见面。

本期报告仍以狭义的工程建设承包服务主体为对象，采用国民经济行业分类标准，限定在建筑施工行业，不包括工程勘察、设计、监理、造价咨询、质量检测等行业。报告的数据主要来源于《深圳统计年鉴2022》和深圳建筑业协会统计信息管理系统。

本期报告总体延续了前四份特别是第四份报告的基本框架，报告正文共分五章。第一章是2021年深圳建筑业发展面临的经济环境和政策环境，后者主要围绕"放管服"改革深化、工程质量安全监管、新型建筑工业化加快发展、产业工人队伍培育等四个方面，从国家、广东省、深圳市三个层面，简要总结了深圳市工程建设领域政府监管和服务的工作成绩；第二章是深圳建筑业发展现状，以《深圳统计年鉴2022》有关建筑业的数据对深圳建筑业发展总体情况作了简要分析，从装配式建筑、绿色建筑和BIM技术应用三个维度对深圳新型建筑工业化的实践进行了描述，并在此基础上对深圳建筑业发展特点作了小结；第三章主要采用建筑业总产值这一指标对深圳建筑业企业的竞争力进行评价分析，第四章则构建了深圳建筑业综合竞争力评价指标体系并对深圳建筑业综合竞争力百强企业进行了深入分析；第五章是未来展望和建议，简要分析了深圳建筑业发展面临的机遇和挑战，提出了发展对策建议。

与前四份报告相比，本期报告的亮点如下。

（1）报告第二章第一节关于深圳建筑业发展总体情况的数据来源于《深圳统计年鉴2022》，报告第三章和第四章关于竞争力评价的数据主要来源于深圳建筑业协会统计信息管理系统，《深圳统计年鉴2022》由深圳市统计局、国家统计局深圳调查队编写，以全市作为一个宏观整体，具有权威性；报告第三章和第四章有关竞争力评价侧重于企业微观个体，更具可比性，兼顾两种不同统计口径，能够更好地反映深圳建筑业的发展情况。

（2）增加了"深圳建筑业发展环境"和"深圳建筑业发展现状"两章内容，有助于读者对深圳建筑业发展有一个总体了解。

（3）对第四章建筑业综合竞争力评价的指标及权重作了针对性调整，删除了与"企业信用度"关系不密切的"行业统计报表及时上报情况"指标，在"技术创新"部分增加了"科技计划项目""高新技术企业"指标，专利指标仅限于发明专利，同时适当调低了"社会责任""企业信用度"指标权重，提高了"技术创新"的指标权重，最终评价得分分布明显呈现"两头小、中间大"的橄榄形结构，符合正态分布规律，相比第四份报告的"金字塔结构"更为合理。

本期报告编写由协会秘书处牵头，行业发展部、综合办公室、财务部、工程管理部、科技创新部、培训部协助报告和编写定稿工作。

由于编者水平所限，本报告尚存不足，敬请广大读者提出宝贵意见，以便今后完善。

深圳建筑业协会
2023年9月

目　　录

第一章　深圳建筑业发展环境

建筑业[①]与国民经济是部分与整体的关系。一方面,建筑业是国民经济的重要组成部分,而且是国民经济的支柱产业;另一方面,宏观经济形势、政府政策对建筑业发展具有高度的正相关性,前者的好坏直接决定了建筑业市场容量的发展大小,特别是固定资产投资规模对于建筑业发展有着决定性影响,后者对企业经营具有导向性,特别是优惠扶持政策可直接或间接促进企业的健康发展。

一、经济环境

2021年是党和国家历史上具有里程碑意义的一年。以习近平同志为核心的党中央团结带领全党全国各族人民,隆重庆祝中国共产党成立一百周年,胜利召开党的十九届六中全会、制定党的第三个历史决议,如期打赢脱贫攻坚战、如期全面建成小康社会、实现第一个百年奋斗目标,开启全面建设社会主义现代化国家、向第二个百年奋斗目标进军新征程。

面对复杂严峻的国内外形势和诸多风险挑战,全国各族人民坚持以习近平新时代中国特色社会主义思想为指导,全面贯彻落实党的十九大和十九届历次全会精神,弘扬伟大建党精神,按照党中央、国务院决策部署,坚持稳中求进工作总基调,完整、准确、全面贯彻新发展理念,加快构建新发展格局,全面深化改革开放,坚持创新驱动发展,推动高质量发展,有效应对各种风险挑战,"十四五"实现良好开局,我国发展又取得重大成就:经济保持恢复发展,创新能力进一步增强,经济结构继续优化,改革开放不断深化,生态文明建设持续推进,人民生活水平稳步提高。

(一)经济保持恢复发展但仍面临压力

从全球来看,2021年全球经济实现恢复性反弹。2020年世界经济受疫情影响,大部分国家都是负增长,2020年全球平均增长率为-3.6%。据国际货币基金组织(IMF)公布的数据,2021年全球经济总量由2020年的85.24万亿美元增至96.29万亿美元。联合国贸发会议《2022年统计手册》则显示,继2020年大幅收缩3.4%之后,2021年全球实际GDP增长5.7%,为1973年以来最大年度增幅。虽然2021年全球经济转暖,但几乎所有的预测2022年及接下来几年,全球的经济都将处于下滑之中,通胀继续高企。

从全国来看,2021年我国经济保持恢复发展。根据国家统计局2021年统计公报数据,2021年全年国内生产总值1143670亿元,比上年增长8.1%,两年平均增长5.1%;全年人均国内生产总值80976元,比上年增长8.0%,国民总收入1133518亿元,比上年增长7.9%;全国一般公共预算收入202539亿元,比上年增长10.7%,全国一般公共预算支出246322亿元,比上年增长0.3%;全年城镇新增就业1269万人,比上年多增83万人;年末全国常住人

---

① 本报告所称建筑业,是指《国民经济行业分类》(GB/T 4754—2017)中的E门类"建筑业",包括(1)房屋建筑业;(2)土木工程建筑业;(3)建筑安装业;(4)建筑装饰、装修和其他建筑业。不包括工程勘察、设计、监理、造价咨询、质量检测等行业。

口城镇化率为 64.72％,比上年末提高 0.83 个百分点;全年全国居民人均可支配收入 35128 元,比上年实际增长 8.1％,城镇居民人均可支配收入 47412 元,比上年实际增长 7.1％,农村居民人均可支配收入 18931 元,比上年实际增长 9.7％。由于全球疫情仍在持续,世界经济复苏动力不足,大宗商品价格高位波动,外部环境更趋复杂严峻和不确定;我国经济发展面临需求收缩、供给冲击、预期转弱三重压力,局部疫情时有发生,投资恢复迟缓,稳出口难度增大,输入性通胀压力加大,中小微企业、个体工商户生产经营困难,稳就业任务更加艰巨,关键领域创新支撑能力不强,一些地方财政收支矛盾加大。

从广东省来看,连续 33 年地区生产总值居全国第一。根据广东省统计局 2021 年统计公报数据,2021 年广东实现地区生产总值(初步核算数)124369.67 亿元,比上年增长 8.0％;全年全省地方一般公共预算收入 14103.43 亿元,比上年增长 9.1％;全年一般公共预算支出 18222.73 亿元,增长 4.2％;全年城镇新增就业 140.33 万人,就业困难人员实现就业 11.51 万人;全年全省居民人均可支配收入 44993 元,比上年增长 9.7％,城镇居民人均可支配收入 54854 元,增长 9.1％,农村居民人均可支配收入 22306 元,增长 10.7％。但广东发展也面临不少困难和挑战,包括经济发展不确定因素较多,区域发展不协调问题还需加大力度解决,城乡发展差距依然较大,一些房地产企业债务风险较高等。

从深圳市来看,作为副省级城市,参加全国各省市地区生产总值排名,近年已企稳在第 14 位,排在北京市之后。根据深圳市统计局 2021 年统计公报数据,2021 年深圳市实现地区生产总值 30664.85 亿元,比上年增长 6.7％;人均地区生产总值 173663 元(按年平均汇率折算为 26918 美元),增长 5.0％;全年一般公共预算收入 4257.76 亿元,比上年增长 10.4％,一般公共预算支出 4570.22 亿元,增长 9.4％;全年全市居民人均可支配收入 70847 元,比上年增长 9.2％。但深圳市发展也存在一些挑战和不足,一是外部环境更趋复杂严峻和不确定,疫情影响较大,经济发展面临需求收缩、供给冲击、预期转弱三重压力;二是解决关键核心技术"卡脖子"问题还需要时间,产业链供应链稳定性和竞争力有待进一步提升;三是产业发展后劲和附加值还需增强,制造业增加值占地区生产总值比重仍然呈下滑态势;四是公共服务供给还存在短板,高水平医院还不够多,新市民、青年人住房压力大;五是个别房地产企业债务风险较高,局部金融风险不容忽视。

尽管面临上述问题和挑战,但我国经济长期向好的基本面不会改变,持续发展具有多方面有利条件,特别是亿万人民有追求美好生活的强烈愿望、创业创新的巨大潜能、共克时艰的坚定意志,我们还积累了应对重大风险挑战的丰富经验。我国经济一定能顶住新的下行压力,必将行稳致远。

(二)固定资产投资小幅回升但房地产开发投资呈下降趋势

固定资产投资中的建筑安装工程投资是由建筑业企业来具体完成的,建筑安装工程投资与建筑业总产值之间存在较高的关联度。

从全国来看,根据国家统计局 2021 年统计公报数据,全年全社会固定资产投资 552884 亿元,比上年增长 4.9％。固定资产投资(不含农户)544547 亿元,增长 4.9％。全年房地产开发投资 147602 亿元,比上年增长 4.4％。其中住宅投资 111173 亿元,增长 6.4％;办公楼投资 5974 亿元,下降 8.0％;商业营业用房投资 12445 亿元,下降 4.8％。年末商品房待售面积 51023 万平方米,比上年末增加 1173 万平方米,其中商品住宅待售面积 22761 万平方米,增加 381 万平方米。

从广东省来看,根据广东省统计局 2021 年统计公报数据,全年固定资产投资比上年增长 6.3%。在固定资产投资中,第一产业投资比上年增长 31.8%,第二产业投资增长 19.4%,第三产业投资增长 2.2%。全年房地产开发投资 17465.85 亿元,比上年增长 0.9%。从用途看,商品住宅开发投资 12438.31 亿元,增长 4.4%;办公楼投资 1268.27 亿元,下降 16.7%;商业营业用房投资 1354.95 亿元,下降 7.7%。全年商品房销售面积 14011.26 万平方米,比上年下降 6.0%;其中,商品住宅销售面积 11826.26 万平方米,下降 8.5%。

从深圳市来看,根据深圳市统计局 2021 年统计公报数据,全年固定资产投资比上年增长 3.7%。其中,房地产开发投资下降 15.4%;非房地产开发投资增长 19.2%。在固定资产投资中,第一产业投资比上年下降 24.6%,第二产业投资增长 27.2%,第三产业投资与上年持平。根据《深圳统计年鉴 2022》,全市 2021 年固定资产投资额为 2518.57 亿元,其中非房地产开发项目 1447.51 亿元,房地产开发项目 1071.06 亿元。2021 年全市共安排重大项目 596 个,总投资额为 29747.1 亿元,其中建设(新建、续建)项目 406 个,年度计划投资 2290.9 亿元,实际完成投资 2711.8 亿元,完成进度 118.4%(表 1-1)。

表 1-1　2019—2021 年深圳市重大工程项目投资情况

年份	项目总数(个)	建设(新建、续建)项目(个)	总投资(亿元)	建设项目计划投资(亿元)	建设项目完成投资(亿元)	完成投资进度
2019	542	330	22106.9	2068.9	2431.5	117.5%
2020	563	380	25848.9	2147.9	2636.4	122.7%
2021	590	406	29747.1	2290.9	2711.8	118.4%

数据来源:深圳市发展和改革委员会网站"重大项目"栏。

二、政策环境

2021 年,全国住房和城乡建设系统认真贯彻落实习近平总书记重要指示批示精神和党中央、国务院决策部署,深入开展党史学习教育,扎实推进"我为群众办实事"实践活动,有力推动了学党史、悟思想、办实事、开新局;紧扣进入新发展阶段、贯彻新发展理念、构建新发展格局,充分发挥住房和城乡建设在扩内需、转方式、调结构中的重要支点作用,推动住房和城乡建设事业发展取得了新进展新成效,实现了"十四五"良好开局。广东省住房和城乡建设系统坚持以习近平新时代中国特色社会主义思想为指导,认真贯彻落实习近平总书记对广东重要讲话和重要指示批示精神、对住房和城乡建设工作重要指示批示精神,在住房和城乡建设部和省委、省政府的坚强领导和正确指导下,围绕中心、服务大局,扎实开展党史学习教育,狠抓主责主业,以实际行动践行"两个维护",确保了"十四五"各项工作开好局、起好步。深圳市住房和城乡建设系统旗帜鲜明讲政治,学深悟透百年党史,始终坚持把党史学习教育和工作实践紧密结合,为深圳市城市建设事业找准发展方向、增强前进动力;推动习近平新时代中国特色社会主义思想在深圳市住房和城乡建设领域落地生根、结出丰硕成果;坚持发扬"钉钉子"精神,以"抓铁有痕、踏石留印"的力度狠抓落实,全面完成市委市政府下达的各项目标任务。

(一)"放管服"改革深化

1. 国家层面

2021 年全国"放管服"改革持续深化。按照《国务院关于深化"证照分离"改革进一步激发市场主体发展活力的通知》（国发〔2021〕7号），自2021年7月1日起，在全国范围内实施涉企经营许可事项全覆盖清单管理，按照直接取消审批、审批改为备案、实行告知承诺、优化审批服务等四种方式分类推进审批制度改革。《国务院办公厅关于服务"六稳""六保"进一步做好"放管服"改革有关工作的意见》（国办发〔2021〕10号）要求通过"持续提高投资审批效率""优化工程建设项目审批"进一步推动扩大有效投资。

住房和城乡建设部深化拓展重点领域改革，深入推进工程建设项目审批制度改革，专项治理"体外循环"和"隐性审批"问题，深化建筑业"放管服"改革。根据《住房和城乡建设部办公厅关于取消工程造价咨询企业资质审批加强事中事后监管的通知》（建办标〔2021〕26号），自2021年7月1日起，停止工程造价咨询企业资质审批，工程造价咨询企业按照其营业执照经营范围开展业务，行政机关、企事业单位、行业组织不得要求企业提供工程造价咨询企业资质证明。同时创新和完善工程造价咨询监管方式，通过健全企业信息管理制度、推进信用体系建设、构建协同监管新格局、提升工程造价咨询服务能力等加强资质取消后的事中事后监管工作。按照《住房和城乡建设部办公厅关于做好建筑业"证照分离"改革衔接有关工作的通知》（建办市〔2021〕30号），自2021年7月1日至新的建设工程企业资质标准实施之日止，国发〔2021〕7号文件决定取消的建设工程企业资质的证书继续有效，有效期届满的，统一延期至新的建设工程企业资质标准实施之日。新的建设工程企业资质标准实施后，持有上述资质证书的企业按照有关规定实行换证。

2.广东省层面

广东省住房和城乡建设系统开展工程造价改革，深化工程建设项目审批分类改革，推进承接住房和城乡建设部资质审批权限下放试点，实现"全程网办""零跑动"和电子化办理。根据《广东省人民政府关于将一批省级行政职权事项调整由广州市、深圳市实施的决定》（粤府令第281号），自2021年5月1日起，该批省级行政职权事项调整由广州、深圳市实施，以进一步深化"放管服"改革，加快打造市场化法治化国际化营商环境，支持深圳市建设中国特色社会主义先行示范区和广州市实现老城市新活力、"四个出新出彩"。《广东省工程建设项目审批制度改革工作领导小组办公室关于深化社会投资简易低风险等工程建设项目审批分类改革的指导意见》（粤建改办〔2021〕3号）要求对于社会投资简易低风险，在符合有关规定和确保安全的前提下，通过深化工程建设项目审批分类改革，精准优化审批流程，广泛推行"清单制＋告知承诺制"等改革措施，实现工程建设项目审批进一步提速，明显提升办事企业和群众的获得感。《广东省住房和城乡建设厅转发住房和城乡建设部办公厅关于开展建筑企业跨地区承揽业务要求设立分（子）公司问题治理工作的通知》（粤建市函〔2021〕99号）要求各地市高度重视治理工作，全面自查自纠招投标政策和招标文件范本存在的问题，开展招标文件抽查，强化投诉信访处理，积极宣传营造氛围，认真做好工作总结汇报。《广东省住房和城乡建设厅关于印发广东省工程造价改革试点工作实施方案的通知》（粤建市函〔2021〕502号）要求通过开展房地产开发项目和部分国有资金投资的房屋建筑、市政公用工程项目工程造价改革试点，大力推行清单计量、市场询价、自主报价、竞争定价的工程计价方式，加快完善工程造价市场形成机制，全面推行施工过程结算，为提高项目投资效益、保障工程质量安全、维护建筑市场秩序提供更有力的支撑。按照《广东省住房和城乡建设厅关于将建筑施工企业安全生产管理人员考核合格证核发事项调整由广州、深圳实施的通知》（粤建质函〔2021〕182号），自2021年3月15日起，广州市、深圳市相关企业的建筑施工企业安全生产管理人员考核合格证书核发工作由广州市住房和城乡建设局、深圳市住房和建设局实施。

根据《广东省住房和城乡建设厅关于开展建筑业企业施工劳务资质备案工作的通知》（粤建许函〔2021〕628号），自2021年7月1日起，全省建筑业企业施工劳务资质由审批制改为备案制，由企业工商注册所在地级以上市住房和城乡建设主管部门负责办理备案手续。

3. 深圳市层面

深圳市出台了社会投资建筑工程"拿地即开工"审批服务，推行招标备案"秒批"模式，深圳市招标投标的营商环境测评成绩位列全国第一；按照《深圳市住房和建设局关于进一步推进建筑业企业资质审批告知承诺制改革试点工作的通知》（深建市场〔2021〕29号）要求，围绕"减少审批环节、提高审批效能、服务企业发展"的总体思路，建立"诚信规范、审批高效、监管完善"的告知承诺审批新模式，推动资质管理向"宽准入、严监管、强服务"转变，重点采用信息化手段，实现批后不见面核查，加强事中事后监管；制定印发《深圳市建设工程承包商履约评价管理办法》（深建规〔2021〕13号），通过实行全市统一的评价方法、规范履约评价结果认定以及评价应用与监督，促进承包商依法、诚信履行工程合同和投标承诺，提高承包商履约水平，规范履约评价行为，推进建筑市场诚信体系建设；引导15家央企子公司落户深圳市，55家香港企业、253名香港专业人士完成执业备案；23个项目推行建筑师负责制，203个项目实施全过程工程咨询服务。福田区建立健全长效评估机制，履约评价、代建项目评估、标后评估"三评"工作取得实效，共有22个建设单位对700多个合同进行履约评价，对个人履约评价1825人次。罗湖区持续推进审批制度改革，实现"即来即办""秒批"，全面推行政务服务"免证办"，大力开展"企聚罗湖"企业服务行动；助力营商环境持续优化；招投标审批制度改革取得新进步，出台《龙岗区建设工程招投标指引》，取消小型建设工程承包商预选库制度，印发《小型建设工程发包工作指引》，清单式明确招标备案前置条件及招标程序等事项，突破现场监管局限，创新引入电子化远程监管模式，加强招标投标事中监管。龙华区制定出台了《关于进一步支持我区建筑业现代化数字化转型升级的若干措施》，进一步扶持龙华区建筑业企业发展，发展壮大建筑业，培育龙头骨干企业。大鹏新区在全市率先提出"工程项目建设全流程耗时标准值"，对工程建设审批流程实施"优化、再造"，低于"深圳40"规定时限，大幅提高审批效率；发布国内首套政府投资工程管理类丛书"政府投资工程管理实务丛书"，丛书发布情况得到《人民日报》转载，"大鹏经验""大鹏模式"在全国推广。

（二）工程质量安全监管

1. 国家层面

2021年，全国住房和城乡建设系统认真贯彻落实习近平总书记重要批示精神，认真贯彻落实习近平总书记等中央领导同志关于质量安全的重要指示批示精神和党中央重大决策部署，在住房和城乡建设部的领导和指导下，推动工程质量安全监管行业高质量发展，完善质量保障体系，提升建筑工程品质，促进行业绿色发展，推动工程技术进步，加强法制化规范化管理，提升抗震防灾能力，防范和化解各类风险挑战，健全重大安全风险防范机制，持续开展建筑施工安全专项整治，深入开展"安全生产月"活动等。

住房和城乡建设部积极推动工程质量安全监管行业高质量发展，组织开展全国住房和城乡建设系统"质量月"暨工程质量监督论坛活动，修订印发《建设工程勘察质量管理办法》，创新勘察设计质量监管方式，对7个省的100个项目开展勘察设计质量线上"无感"检查，持续推进人工智能审图和BIM审图试点，提升审查效率和审查质量；促进行业绿色发展，推动工程技术进步，印发《绿色建造技术导则（试行）》，指导3个试点地区因地开展推进绿色建造试点工作；防范和化解各类风险挑战，健全重大安全风险防范机制，印发《危险性较大的分部分项工程专项施工方案编制指南》《房屋建筑和市政基础设施工程危及生产安全施工工艺、设备和材料淘汰目录（第一批）》，推动落实城市轨道交通工程建设单位质量安全首要责任，印发《城市轨道交通工程基坑、隧道施工坍塌防范导则》，推广应用《城市轨道交通工程建设安全生产标准化管理技术指南》《城市轨道交通工程地质风险控制技术指南》，组织开发并启用全国工程质量安全监管信息平台；持续开展疫情隔离观察场所风险隐患专项排查整治，指导地方建立常态化疫情隔离观察场所和在建工程集中居住场所安全风险隐串专项排查整治机制和定期上报制度；部署开展住建领域安全生产隐患排查整治，扎实推进安全生产专项整治三年行动；做好安全生产预警提醒和突发事件（故）应急处置工作，在重要节假日和敏感时期、特殊时段指导地方密切关注各类突发事件，按照应急预案迅速采取应急措施并及时上报有关信息；推进工程造价行政审批制度改革，贯彻落实《国务院关于深化"证照分离"改革进一步激发市场主体发展活力的通知》（国发〔2021〕7号）精神，印发《住房和城乡建设部办公厅关于取消工程造价咨询企业资质审批加强事中事后监管的通知》（建办标〔2021〕26号），自2021年7月1日起，停止工程造价咨询企业资质审批，工程造价咨询企业按照其营业执照经营范围开展业务，行政机关、企事业单位、行业组织不得要求企业提供工程造价咨询企业资质证明。

2. 广东省层面

2021年，广东省房屋市政工程质量安全监管工作重点是：提升工程品质，提高群众满意度和获得感；落实各方责任，切实管控施工安全风险；推进"数字监管"，促进消防、人防工作融合；做好专项工作，筑牢疫情防护线；坚持党建引领，建设高素质廉洁监管队伍。广东省住房和城乡建设厅深入贯彻落实习近平总书记关于安全生产的重要论述特别是对湖北十堰市张湾区艳湖社区集贸市场燃气爆炸事故作出的重要指示精神，按照住房和城乡建设部和省委、省政府有关安全生产的工作要求，深刻汲取事故教训，于2021年6—7月组织了广东省住房城乡建设领域"全力防风险、坚决除隐患、平安迎大庆"安全隐患大排查大整治工作；于2021年6月1日至6月30日组织开展2021年广东省建筑施工"安全生产月"活动，全面推动学习宣传贯彻习近平总书记关于安全生产重要论述精神走深走实，举行"安全生产月"启动仪式并组织安全生产和文明施工现场观摩活动，开展"专项整治集中攻坚战""落实施工企业安全生产主体责任主题年"等专题活动，开展"6·16安全宣传咨询日"活动，精准推进安全宣传"五进"活动，组织开展建筑施工安全专家送服务下基层活动，深入开展安全生产"一线三排"工作，各施工企业、监理企业及相关协会开展相应活动；于2021年6月1日至12月31日开展"安全宣传南粤行"活动，包括开展"专项整治集中攻坚战""落实施工企业安全生产主体责任主题年"，"科普宣传教育和安全体验"，企业落实"一线三排"工作机制等专题报道活动；于9月组织开展2021年全省住房和城乡建设系统"质量月"活动，加强质量主题教育宣传，精心组织观摩交流活动，认真开展监督执法检查，积极推广质量管理经验，策划工程质量论坛，发挥协会桥梁纽带作用，举办各类比对竞赛活动；于2021年6月下旬至11月对全省房屋市政工程进行了施工安全专项巡查；针对工作中发现的严重安全隐患，及时发布《广东省住房和城乡建设厅关于严格落实房屋市政工程预防高处坠落事故"六不施工"要求的通知》（粤建质函〔2021〕22号）、《广东省住房和城乡建设厅关于切实加强市政基础设施工程建设安全防范的紧急通知》（粤建质函〔2021〕36号）等；在全省推广中天华南建设投资集团、广东腾越建筑工程有限公司、广东亿德兴工程建设有限公司在工程实践基础上总结的住宅工程防渗漏经验做法,切实抓好住宅工程质量常见问题防治,提升住宅工程质量水平;通报了2020年建材打假专项检查结果;与广东省人民防空办公室共同制定印发《结建式人防工程质量监督工作指引》(粤建质〔2021〕146号),明确适用范围,阐明部门职责,规范监督工作程序、内容,列举参建主体权责,包括参与结建式人防工程项目的建设、勘察、设计、监理、施工单位(含人防工程防护设备安装企业)和工程质量检测机构的权利和责任。

3. 深圳市层面

深圳市住房和建设局坚持统筹发展和安全生产形势平稳可控,牵头全市建设工地疫情防控专班工作,40余万名从业人员"零感染";深入实施安全生产专项整治三年行动计划,实施危大工程台账化管理和系列专项整治,先后发布《深圳市住房和建设局关于严格落实危险性较大分部分项工程前期保障措施的通知》(深建市场〔2021〕5号)、《深圳市住房和建设局关于印发〈2021年全市建设工程施工安全整治系列行动工作方案〉的通知》(深建质安〔2021〕21号)、《深圳市住房和建设局关于全面开展施工安全排查整治的通知》(深建质安〔2021〕34号)、《深圳市住房和建设局关于转发〈广东省高风险作业和重点领域(岗位)"一线三排"工作指引〉的通知》(深建质安〔2021〕66号)、《深圳市住房和建设局关于深入推进"落实施工企业安全生产主体责任专项行动"的通知》(深建质安〔2021〕75号)、《深圳市建设工地疫情防控工作专班关于全面加强建筑工地疫情防控巡查督查工作的通知》《深圳市住房和建设局转发省住房和城乡建设厅关于深刻汲取珠海"7·15"透水事故教训进一步开展房屋市政工程安全风险隐患排查整治的紧急通知》(深建质安〔2021〕112号)、《深圳市住房和建设局关于印发〈深圳市建筑施工百日攻坚整治行动工作方案〉的通知》(深建质安〔2021〕135号)、《深圳市住房和建设局关于进一步加强全市住房建设系统台风、暴雨、地质灾害防御工作的紧急通知》(深建质安〔2021〕146号)、《深圳市住房和建设局关于立即开展建筑施工安全生产大排查大整治行动的通知》(深建质安〔2021〕174号)。福田区创新安全管理人才储备模式,全市首创"建安学院"培训体系;强化小散工程指导协调,全市率先出台区级小散工程安全生产纳管细则,率先完成小散工程执法主体公告,率先搭建小散工程智慧监管系统,实现小散工程全流程信息化监管。南山区创建安全管理新模式,率先在全市成立建设安全委员会,构建部门监管、行业管理、属地兜底的完整责任链条,提升全区安全生产监管体制机制建设,创新"工地夜间巡查"模式。龙岗区开展源头梳理、成立专班,编制《进一步规范建筑市场加强建设工程质量安全管理》《龙岗区施工安全标准化手册》《安全生产重点工作项目化管理机制》等区级安全生产指导性文件,建立安全生产重点工作"项目化管理"机制,进一步规范施工全过程标准化安全监督,防范安全生产事故发生。南山区打造"质量"王牌,华润总部大厦、资本市场学院等6个项目获评中国建设工程鲁班奖等国家级奖项,数量位列各区之首。

(三)新型建筑工业化加快发展

1. 国家层面

《中华人民共和国国民经济和社会发展第十四个五年规划和2035年远景目标纲要》明确提出广泛形成绿色生产生活方式、实现"碳达峰、碳中和"目标等,深入推进工业、建筑、交通等领域低碳转型。2021年10月,《中共中央 国务院关于完整准确全面贯彻新发展理念做好碳达峰碳中和工作的意见》发布,对碳达峰、碳中和进行了系统谋划、总体部署。要求推进城乡建设和管理模式低碳转型:在城乡规划建设管理各环节全面落实绿色低碳要求;实施工程建设全过程绿色建造,健全建筑拆除管理制度,杜绝大拆大建;等等。2021 年 10 月,中共中央办公厅、国务院办公厅印发了《关于推动城乡建设绿色发展的意见》,提出到 2035 年发展的总体目标:城乡建设全面实现绿色发展,碳减排水平快速提升,城市和乡村品质全面提升,人居环境更加美好,城乡建设领域治理体系和治理能力基本实现现代化,美丽中国建设目标基本实现。要求建设高品质绿色建筑:实施建筑领域碳达峰、碳中和行动;加强财政、金融、规划、建设等政策支持,推动高质量绿色建筑规模化发展,大力推广超低能耗、近零能耗建筑,发展零碳建筑;实施绿色建筑统一标识制度;等等。要求实现工程建设全过程绿色建造:开展绿色建造示范工程创建行动,推广绿色化、工业化、信息化、集约化、产业化建造方式,加强技术创新和集成,利用新技术实现精细化设计和施工;大力发展装配式建筑,重点推动钢结构装配式住宅建设,不断提升构件标准化水平,推动形成完整产业链,推动智能建造和建筑工业化协同发展;完善绿色建材产品认证制度,开展绿色建材应用示范工程建设,鼓励使用综合利用产品;加强建筑材料循环利用,促进建筑垃圾减量化,严格施工扬尘管控,采取综合降噪措施管控施工噪声;推动传统建筑业转型升级,完善工程建设组织模式,加快推行工程总承包,推广全过程工程咨询,推进民用建筑工程建筑师负责制;加快推进工程造价改革;改革建筑劳动用工制度,大力发展专业作业企业,培育职业化、专业化、技能化建筑产业工人队伍。2021 年 12 月,国务院印发《"十四五"节能减排综合工作方案》,提出到 2025 年城镇新建建筑全面执行绿色建筑标准,并部署了十大重点工程,其中,在城镇绿色节能改造工程中,住房和城乡建设部按职责分工负责"全面推进城镇绿色规划、绿色建设、绿色运行管理,推动低碳城市、韧性城市、海绵城市、'无废城市'建设"。

住房和城乡建设部、教育部、科学技术部、工业和信息化部、自然资源部、生态环境部、中国人民银行、国家市场监督管理总局、中国银行保险监督管理委员会等 9 部门《关于加快新型建筑工业化发展的若干意见》为全面贯彻新发展理念,推动城乡建设绿色发展和高质量发展,以新型建筑工业化带动建筑业全面转型升级,打造具有国际竞争力的"中国建造"品牌,提出要:推动全产业链协同,促进多专业协同,推进标准化设计,推动构件和部件标准化,完善集成化建筑部品,推进构件和部品部件认证工作,推广应用绿色建材,大力发展钢结构建筑,推广装配式混凝土建筑,推进建筑全装修,优化施工工艺工法,创新施工组织方式,提高施工质量和效益,大力推广建筑信息模型(BIM)技术,加快应用大数据技术,推广应用物联网技术,推进发展智能建造技术,大力推行工程总承包,发展全过程工程咨询,完善预制构件监管,探索工程保险制度,建立使用者监督机制,培育科技创新基地,加大科技研发力度,推动科技成果转化,培育专业技术管理人才,培育技能型产业工人,加大后备人才培养,制定评价标准,建立评价结果应用机制,强化项目落地,加大金融扶持,加大环保政策支持,加强科技推广支持,加大评奖评优政策支持。住房和城乡建设部、国家发展和改革委员会、科学技术部、工业和信息化部、人力资源和社会保障部、生态环境部、交通运输部、水利部、国家税务总局、国家市场监督管理总局、中国银行保险监督管理委员会、国家铁路局、中国民用航空局等 13 部门《关于推动智能建造与建筑工业化协同发展的指导意见》为推进建筑工业化、数字化、智能化升级,加快建造方式转变,推动建筑业高质量发展,提出要:加快建筑工业化升级,加强技术创新,提升信息化水平,培育产业体系,积极推行绿色建造,开放拓展应用场景,创新行业监管与服务模式,加大政策支持,加大人才培育力度,建立评估机制,营造良好环境。

2021年1月，住房和城乡建设部发布《绿色建筑标识管理办法》，自2021年6月1日起施行，对绿色建筑标识的申报和审查程序、标识管理等做了相应规定，要求各地住房和城乡建设部门加强绿色建筑标识认定工作权力运行制约监督机制建设。2021年3月，住房和城乡建设部办公厅发布了《绿色建造技术导则（试行）》，明确了绿色建造的总体要求、主要目标和技术措施，适用于新建民用建筑、工业建筑及其相关附属设施的绿色建造，既有建筑的改建或扩建也可参照执行。该导则强调：绿色建造应将绿色发展理念融入工程策划、设计、施工、交付的建造全过程，充分体现绿色化、工业化、信息化、集约化和产业化的总体特征，从而为建筑业转型升级和城乡建设绿色发展提供重要参考。2021年7月，住房和城乡建设部关于发布《绿色建筑评价标准》（GB/T 50378—2019）工程建设标准英文版的公告，进一步提升标准的国际影响力。2021年10月，住房和城乡建设部关于发布国家标准《既有建筑鉴定与加固通用规范》的公告，批准《既有建筑鉴定与加固通用规范》（GB 55021—2021）为国家标准，自2022年4月1日起实施，该规范为强制性工程建设规范，全部条文必须严格执行。根据2020年12月《住房和城乡建设部办公厅关于开展绿色建造试点工作的函》，湖南省、广东省深圳市、江苏省常州市开展绿色建造试点工作，试点地区选取房屋建筑和市政基础设施工程项目，在策划、建设等过程中开展绿色建造试点，通过开展项目绿色策划统筹、推进建筑垃圾减量化、推动信息技术集成应用、推广工程标准化设计、采用新型组织管理模式、引导建立建筑产业互联网平台等积极探索，到2023年底形成可复制推广的绿色建造技术体系、管理体系、实施体系和评价体系，为全国其他地区推行绿色建造奠定基础。

2021年2月，住房和城乡建设部选取广东省、上海市、重庆市的7个建筑工程项目开展智能建造试点，要求围绕建筑业高质量发展，以数字化、智能化升级为动力，创新突破相关核心技术，加大智能建造在工程建设各环节应用，提升工程质量安全、效益和品质，尽快探索出一套可复制可推广的智能建造发展模式和实施经验。2021年7月，住房和城乡建设部印发了《智能建造与新型建筑工业化协同发展可复制经验做法清单（第一批）》，发布了发展数字设计、推广智能生产、推动智能施工、建设建筑产业互联网平台、研发应用建筑机器人等智能建造设备、加强统筹协作和政策支持等6方面38条可复制经验做法，供地方学习借鉴；遴选和发布了5大类124个智能建造新技术新产品创新服务典型案例，指导相关市场主体了解、选用智能建造技术和产品。

2. 广东省层面

为深入贯彻习近平总书记关于推动高质量发展的重要论述精神，坚持以人民为中心，贯彻新发展理念，抢抓建筑业发展机遇，促进建筑业高质量发展，巩固广东建筑业支柱产业、绿色产业地位，增强企业竞争力，加快建设建筑强省，全面提升工程品质和产业现代化水平，广东省人民政府办公厅于2021年5月10日印发了《广东省促进建筑业高质量发展若干措施》，其中"升级建造方式"部分分别从推进新型建筑工业化、推行智能建造、发展绿色建筑、实施新型工程组织管理模式、提升勘察设计综合品质、推动科技创新等方面提出了实实在在的政策和扶持的措施，着力解决建筑业发展过程中遭遇的瓶颈，支持建筑业企业做大做强、做专做精和行业的转型升级。2021年12月，广东省住房和城乡建设厅印发了《广东省建筑业"十四五"发展规划》，规划全面回顾"十三五"期间全省建筑业发展的主要成就和存在的问题，深刻分析新时期的机遇和挑战，提出"十四五"时期全省建筑业发展的总体要求、发展目标、主要任务和行动举措，是全省建筑业高质量发展的纲领性、指导性规划。规划聚焦八个着力提升，引领建筑业高质量发展，其中有两个是直接聚焦加快新型建筑工业化发展：一是着力推广新型建造方式,提升产业现代化水平,包括全面发展智能建造、积极推进新型建筑工业化、积极推广绿色建造方式;二是着力加快技术研发创新,提升科技引领驱动力,包括加强科技创新平台建设和新技术研发、建立健全建设领域的"广东标准"体系、鼓励和引导建筑业企业创新创优,在自主可控的 BIM 软件研发应用、建筑机器人技术研发、近零能耗建筑技术研发等领域走在全国前列。

为推进新型建筑工业化,推行智能建造,推动科技创新,广东省住房和城乡建设厅于 2021 年 1 月 18 日公布了《"广东省建筑业新技术应用示范工程"名单(2020 年第二批)》,要求各地住房和城乡建设主管部门、工程质量监督机构及行业协会高度重视建筑业新技术应用示范工作,认真总结、宣传推广新技术应用示范项目的经验和做法,加大在政府投资工程、绿色建筑等项目中应用建筑业 10 项新技术的力度,各类优质工程的评选可以优先从被评为"广东省建筑业新技术应用示范工程"的项目中选取;于 2021 年 1 月 19 日公布了 2020 年度广东省工程建设省级工法,包括"建筑钢结构制造机器人焊接工法"在内的 705 项工法获得评审认定,鼓励建筑施工企业认真总结施工经验,积极创新技术管理,加强工法的开发和应用,增强企业的核心竞争力和技术积累,不断提高我省建筑技术和工程质量水平,促进建筑业转型升级,推动我省建筑业高质量发展;2021 年 2 月 26 日《广东省住房和城乡建设厅转发住房和城乡建设部办公厅关于征集智能建造新技术新产品创新服务案例(第一批)的通知》中要求各地住房和城乡建设主管部门高度重视智能建造新技术新产品创新服务案例征集活动,广泛发动符合条件的企业开展申报工作,并做好审核汇总工作;2021 年 4 月 23 日发布《广东省住房和城乡建设厅关于组织申报 2021 年科学技术计划项目的通知》,以引导住房和城乡建设科技创新方向,进一步提升行业创新能力;于 2021 年 6 月 15 日公布了 2021 年度第一批广东省建筑业新技术应用示范工程名单,要求各地级以上市住房和城乡建设主管部门、工程质量监督机构及相关行业协会高度重视建筑业新技术应用示范工作,认真总结、宣传推广新技术应用示范项目的经验和做法,采取有效措施促进建筑业 10 项新技术在政府投资工程、绿色建筑等项目的普及应用,各类优质工程评选优先从"广东省建筑业新技术应用示范工程"项目中选取,以提高优质工程的科技含量,同时希望获得"广东省建筑业新技术应用示范工程"荣誉的企业再接再厉,不断提升建筑施工技术水平和技术创新能力;于 2021 年 8 月发布《广东省住房和城乡建设厅关于受理 2021 年度工程建设省级工法申报的通知》,以鼓励建筑业企业加强工法的研发和应用,增强建筑业企业的技术积累和核心竞争力,更好地推动广东省建筑业高质量发展。在促进绿色建筑发展方面,《广东省绿色建筑条例》自 2021 年 1 月 1 日起施行,对建筑在项目立项、土地供应、工程造价、规划建设审批、施工监管、竣工备案、运营改造和违法处罚等方面均制定了相应的法律条文,细化了指导,明确了要求,广东省范围内新建民用建筑(农民自建住宅除外)全部应当至少达到绿色建筑基本级的要求,实现"全绿"的目标;2021 年 5 月,广东省住房和城乡建设厅、发展和改革委员会、民政厅、公安厅、生态环境厅、市场监督管理局印发《广东省绿色社区创建行动实施方案》,要求以城市社区(城市社区居民委员会或社区工作站所辖区域)为创建对象,以原"广东省绿色社区""广东省宜居社区"为基础,全面启动绿色社区创建行动,将绿色发展理念贯穿社区设计、建设、管理和服务等活动的全过程,以简约适度、绿色低碳的方式,推进社区人居环境建设和整治,力争 2022 年年底全省 60%以上的城市社区参与创建行动并达到创建要求,基本实现社区人居环境整洁、舒适、安全、美丽的目标;2021 年 9 月,广东省住房和城乡建设厅、发展和改革委员会、教育厅、科学技术厅、工业和信息化厅、财政厅、自然资源厅、生态环境厅、市场监督管理局、能源局、国家税务总局广东省税务局、中国人民银行广州分行、中国银行保险监督管理委员会广东监管局印发了《广东省绿色建筑创建行动实施方案（2021—2023）》，明确了广东省2021—2023年绿色建筑创建总目标、重点任务（包括健全绿色建筑全寿命期政策标准体系、实施全流程绿色建筑管理、提高绿色建筑质量品质、推进绿色建筑技术发展等四大层面的15项任务）及保障措施，以推动绿色建筑加快发展，助力碳达峰碳中和目标实现；2021年7月，广东省住房和城乡建设厅批准《传承岭南建筑文化的绿色建筑设计》为广东省建筑标准设计通用图集，帮助设计人员、学生及建筑爱好者深度学习了解及掌握各时期岭南建筑的绿色技术特点、工作原理及其与地域、文化传承的关系，掌握岭南建筑在规划布局、建筑单体及材料、构造等技术层面的绿色设计策略及传承路径；2021年8月，广东省住房和城乡建设厅印发《2021年广东省建筑领域节能宣传月工作方案》，要求围绕"节能降碳、绿色发展"的宣传主题，以宣传建筑节能、绿色建筑、装配式建筑、绿色建材等方面的政策法规、标准规范、优秀项目、先进技术为主要内容，结合线上、线下等多种方式，通过群众喜闻乐见的各种宣传形式，组织动员社会各界积极参与，普及生态文明、绿色发展理念和知识，形成崇尚节约、绿色低碳的社会风尚；此外，广东省住房和城乡建设厅、工业和信息化厅、市场监督管理局开展了广东省绿色建材产品认证机构（第一批）组织推荐工作，广东省住房和城乡建设厅开展了征集2022年绿色循环发展与节能降耗专项资金项目和广东省绿色建筑标识申报等工作，发布了《广东省绿色建筑项目申报一、二、三星级标识指南》。

3. 深圳市层面

2021年6月，深圳市第七届人民代表大会第一次会议批准了《深圳市国民经济和社会发展第十四个五年规划和二〇三五年远景目标纲要》，在"提升城市建设管理现代化水平"中明确高标准开展城市规划建设：开展新型城市基础设施建设试点，创新"新城建"建设模式，推进城市信息模型（CIM）平台建设，推动智能建造与建筑工业化协同发展。

2020年12月29日，深圳市人民政府印发了《深圳市人民政府关于加快智慧城市和数字政府建设的若干意见》（深府〔2020〕89号），其中"跑出新型基础设施建设'加速度'"有关推动通信网络全面提速、加快终端设备全面感知、加快大数据中心建设、加快人工智能基础设施整合提升、加快区块链技术基础设施建设等举措，显然将极大助力深圳市新型建筑工业化发展；《深圳市人民政府关于加快推进新型基础设施建设的实施意见（2020—2025年）》要求超前部署信息基础设施，大力发展基于新一代信息技术演化生成的通信网络基础设施、算力基础设施和数字技术基础设施，加快推进数字产业化和产业数字化，夯实数字经济发展基础，打造全球一流的信息基础设施高地；2020年12月25日，深圳市人民政府办公厅印发《深圳市数字经济产业创新发展实施方案（2021—2023年）》，提出深圳市数字经济产业发展的12个重点领域，其中高端软件产业、人工智能产业、区块链产业、大数据产业、云计算产业、信息安全产业、互联网产业、工业互联网产业、智慧城市产业等9个领域与深圳市新型建筑工业化密切相关。

2021年12月7日，深圳市人民政府办公厅印发《关于加快推进建筑信息模型（BIM）技术应用的实施意见（试行）》，要求以信息化技术促进建筑业高质量发展为牵引，以政府数字化服务为重点，全面提升建筑产业绿色化、工业化、数字化、智能化水平，塑造建筑行业新业态、新格局；自2022年1月1日起，新建（立项、核准备案）市区政府投资和国有资金投资建设项目、市区重大项目、重点片区工程项目全面实施BIM技术应用，上述项目于2022年6月1日起，在办理规划许可、施工许可、竣工验收各审批报建环节提交BIM模型，市区政府投资和国有资金投资建设项目在招投标环节采用 BIM 电子招投标系统；到 2022 年末，基本建成 BIM 报批报建平台，基本实现 BIM 模型与可视化城市空间数字平台（以下简称空间平台）对接；2023 年 1 月 1 日起，全市所有新建（立项、核准备案）工程项目（投资额 1000 万元以上、建筑面积 1000 平方米以上）全面实施 BIM 技术应用，在办理规划许可、施工许可、竣工验收各审批报建环节提交 BIM 模型；到 2025 年末，建立较为完善的 BIM 政策法规和标准体系、BIM 软件系列，推进 BIM 技术自主知识产权软件创新应用，形成较为安全、成熟的 BIM 技术应用生态环境，全市所有重要建筑、市政基础设施、水务工程项目建立 BIM 模型并导入空间平台，对接城市信息模型（CIM）平台，实现城市全要素数字化、城市运行实时可视化、城市管理决策协同化和智能化，打造国际新型智慧城市标杆和数字中国城市典范。

此外，深圳市龙华区人民政府 2021 年 7 月 2 日印发了《关于进一步支持我区建筑业现代化数字化转型升级的若干措施》，以有效驱动该区建筑业的现代化、数字化转型升级。2021 年 2 月，深圳市长圳公共住房及其附属工程总承包（EPC）项目被住房和城乡建设部选取为智能建造试点项目；2021 年 7 月，住房和城乡建设部印发《智能建造与新型建筑工业化协同发展可复制经验做法清单（第一批）》，深圳市福田区"明确实施范围和要求"、深圳市"采用人工智能技术辅助审查施工图"、深圳市南山区"给予财政资金奖补等鼓励政策"、深圳市长圳公共住房项目"建立基于 BIM 的标准化部品部件库""打造部品部件智能生产工厂""鼓励大型企业建设企业级平台""普及测量机器人和智能测量工具""推广应用部品部件生产机器人"等 8 项主要举措入围。

为进一步推动深圳市绿色建筑的发展，2021 年 1 月，深圳市住房和建设局、深圳市财政局印发了《深圳市工程建设领域绿色创新发展专项资金管理办法》，由市级财政预算安排专项资金用于支持深圳市工程建设领域绿色创新事业发展，支持范围为：①建筑节能与绿色建筑，包括绿色建筑、既有建筑节能及绿色化改造、采用合同能源管理模式的公共机构节能改造、超低能耗建筑、可再生能源建筑应用、绿色建材应用、预拌混凝土和预拌砂浆绿色生产等示范项目，绿色建筑创新奖励；②智能建造与装配式建筑，包括装配式建筑、绿色建造、智能建造、建筑工业化等示范项目，装配式建筑产业基地奖励；③建筑废弃物减排与综合利用。包括建筑废弃物减排与综合利用示范项目、建筑废弃物综合利用产品应用；④建筑信息化技术应用。包括建筑信息模型（BIM）技术应用、数字化技术建筑应用等示范项目；⑤宜居城市。包括绿色生态城区、宜居社区、绿色物业、智慧小区等示范项目，宜居环境范例奖励；⑥工程建设标准化，包括优秀工程建设标准编制，工程建设先进标准对标示范项目；⑦建设科技，包括工程建设领域的科技计划、新技术应用示范项目，国际国内重要建设科技成果奖励；⑧工程建设领域绿色创新发展技术与服务，包括第一至七项所列举范围的由社会第三方组织开展的课题研究、标识评价、产品与技术认定等事项；⑨经市政府批准由专项资金支持的其他范围。

为规范深圳市工程建设领域绿色创新发展专项资金管理，提高财政资金使用效益，深圳市住房和建设局于 2021 年 8 月 11 日印发了《深圳市工程建设领域绿色创新发展专项资金实施细则》，对深圳市工程建设领域绿色创新发展专项资金的申报、审核、公示、拨付、绩效、监督管理等活动做了进一步规范。2021 年 8 月 16 日，《深圳市工业和信息化局支持绿色发展促进工业"碳达峰"扶持计划操作规程》发布，适用于市工业和信息化主管部门组织实施的支持绿色发展促进工业"碳达峰"扶持计划，支持绿色发展促进工业"碳达峰"工作包括工业和信息化领域的绿色制造体系建设、能源资源节约及综合利用、自愿性清洁生产等内容。

2021 年 8 月 17 日,深圳市住房和建设局发布了《深圳市超低能耗建筑技术导则》,旨在指导深圳市超低能耗建筑发展,提升建筑能效。

(四)产业工人队伍培育

1. 国家层面

2020 年 12 月 18 日,住房和城乡建设部等 12 部门发布《关于加快培育新时代建筑产业工人队伍的指导意见》,提出了明确的工作目标:到 2025 年,符合建筑行业特点的用工方式基本建立,建筑工人实现公司化、专业化管理,建筑工人权益保障机制基本完善;建筑工人终身职业技能培训、考核评价体系基本健全,中级工以上建筑工人达 1000 万人以上;到 2035 年,建筑工人就业高效、流动有序,职业技能培训、考核评价体系完善,建筑工人权益得到有效保障,获得感、幸福感、安全感充分增强,形成一支秉承劳模精神、劳动精神、工匠精神的知识型、技能型、创新型建筑工人大军。同时部署了引导现有劳务企业转型发展、大力发展专业作业企业、鼓励建设建筑工人培育基地、加快自有建筑工人队伍建设、完善职业技能培训体系、建立技能导向的激励机制、加快推动信息化管理、健全保障薪酬支付的长效机制、规范建筑行业劳动用工制度、完善社会保险缴费机制、持续改善建筑工人生产生活环境等 11 项主要任务,以为建筑业持续健康发展提供更有力的人才支撑。

2021 年 3 月 5 日,《住房和城乡建设部办公厅关于实行住房和城乡建设行业技能人员职业培训合格证电子化的通知》发布,决定实行住房和城乡建设行业技能人员职业培训合格证电子化,要求:①完善住房和城乡建设行业从业人员培训管理信息系统中的培训机构信息,供有需求的企业和人员自主选择;②严格培训考核要求,培训机构依据统一的职业标准、统一的培训大纲组织开展职业技能培训,对培训人员进行安全、理论、实操测试,按要求将测试成绩合格人员上传至培训管理系统,经省级住房和城乡建设主管部门确认后,系统将按照统一编码规则为培训合格人员生成电子培训合格证,培训管理系统中的人员培训信息将与全国建筑工人管理服务信息平台对接,为加强施工现场实名制管理、强化施工项目人员配备提供人员培训依据。

2021 年 5 月 8 日,《住房和城乡建设部办公厅关于开展施工现场技能工人配备标准制定工作的通知》发布,指导各地制定和实施施工现场技能工人配备标准,强化施工现场技能工人配备。①总体要求:新建、改建、扩建房屋建筑与市政基础设施工程建设项目,均应制定相应的施工现场技能工人配备标准。②工作目标:2025 年,力争实现在建项目施工现场中级工占技能工人比例达到 20%、高级工及以上等级技能工人占技能工人比例达到 5%,初步建立施工现场技能工人配备体系;2035 年,力争实现在建项目施工现场中级工占技能工人比例达到 30%、高级工及以上等级技能工人占技能工人比例达到 10%,建立施工现场所有工种技能工人配备体系。③主要任务:科学合理制定标准;认真开展技能培训;加强监督检查,将配备标准达标情况作为在建项目建筑市场及工程质量安全检查的内容之一,并按照有关规定纳入本地区行业质量安全评优评先以及相关企业、项目负责人的诚信评价体系,定期对未满足配备标准要求的在建项目进行公示;强化信息化应用,建筑工人实名制及智慧工地等管理系统增加配备标准达标考核功能,加强与住房和城乡建设行业从业人员培训管理信息系统信息共享,及时分析记录建筑工人技能等级、培训考核评价、工资薪酬、用工评价等情况,推动企业发布建筑工人市场化价格等信息,引导建筑企业合理确定建筑工人薪酬标准,并将薪酬待遇与建筑工人技能等级以及用工评价挂钩。

2. 广东省层面

2021 年 3 月 22 日，广东省住房和城乡建设厅、发展和改革委员会、教育厅、工业和信息化厅、人力资源和社会保障厅、交通运输厅、水利厅、市场监督管理局、国家税务总局广东省税务局、省总工会等 10 部门转发了《住房和城乡建设部等部门关于加快培育新时代建筑产业工人队伍的指导意见》(建市〔2020〕105 号)并提出"提高认识，增强工作责任感和使命感""因地制宜，全面落实措施任务""加强宣传引导，营造良好舆论环境"等 3 项工作要求，要求各地级以上市住房和城乡建设局、发展改革局(委)、教育局、工业和信息化局、人力资源社会保障局、交通运输局、水利(水务)局、市场监督管理局、税务局、总工会一并贯彻落实。2021 年 6 月 7 日，《广东省住房和城乡建设厅关于全面推进住房和城乡建设领域施工现场专业人员职业培训工作的通知》就全面规范推进我省住房和城乡建设领域施工现场专业人员职业培训工作提出具体要求：①完善职业培训体系，明确省住房和城乡建设厅、省建设信息中心、各地级以上市住房和城乡建设主管部门、培训机构和施工现场各责任主体单位的职责分工；②规范工作程序，提升服务水平；③加强培训管理，提高培训质量。

2021 年，广东省有关部门还举办了一系列住房和城乡建设行业职工职业技能竞赛，例如：①广东省住房和城乡建设工会委员会、广东省交通工会委员会组织的"粤港澳大湾区(广东)住建交通行业工程建设劳动和技能竞赛"；②广东省住房和城乡建设厅举办的"2021 年广东省住房城乡建设行业职工职业技能竞赛"；③广东省住房和城乡建设工会委员会、广东省市政行业协会举办的"广东省第二届职业技能大赛住房城乡建设行业土工试验员竞赛"；④广东省住房和城乡建设工会委员会、广东省建设工程绿色与装配式发展协会举办的 2021 年广东省职业技能大赛"中建四局杯"装配式建筑混凝土构件制作工职业技能竞赛；⑤广东省住房和城乡建设工会委员会、广东省预拌混凝土行业协会举办的"2021 年广东省职业技能大赛住房城乡建设行业预拌混凝土质量检测员竞赛"；等等。通过这一系列的技能竞赛，以赛促学、以赛促训，大力弘扬劳模精神、劳动精神、工匠精神，激励更多劳动者特别是青年一代走技能成才、技能报国之路，培养更多的南粤工匠、大国工匠等工匠人才，引导住房和城乡建设广大产业工人勤于钻研技术、练就过硬本领，加快建设一支宏大的知识型、技能型、创新型产业工人大军，为广东省住房和城乡建设事业高质量发展，推动广东省在全面建设社会主义现代化国家新征程中走在全国前列、创造新的辉煌提供了有力的人才保障。

3. 深圳市层面

为进一步提高深圳市工程建设行业产业工人综合素质和职业技能，提升建设领域工程质量和安全管理水平，为深圳建设中国特色社会主义先行示范区提供专业化、职业化、规模化产业工人队伍，深圳市住房和建设局会同市人力资源和社会保障局、市交通运输局、市水务局于 2021 年 7 月 1 日发布了《深圳市工程建设行业产业工人职业训练管理办法》(后简称《办法》)，自 2021 年 7 月 11 日起施行。该《办法》适用于深圳市国有资金(含财政性资金)投资的建设工程项目工地施工人员(以下称产业工人)的职业训练及训练基地设置的监督管理活动，其他建设工程项目可以参照执行；其所称职业训练是指以提升产业工人质量安全意识和职业技能水平为目的的教育培训活动，主要包括质量安全基础训练、职业技能提升训练、建设工匠训练。《办法》的主要举措包括：

(1)突出质量安全基础训练。《办法》以解决工程质量安全问题为导向，借鉴香港产业工人培育模式，深圳市工程建设行业作业人员进入施工现场前应经过产业工人训练基地组织的集中式质量安全基础训练,经训练后方可进场作业;质量安全基础训练内容以安全实操训练为主,理论知识为辅,训练时长为两天,内容包括不限于通识教育、事故案例分析、职业素养教育、实操理论、安全体验等;训练费由企业自行从专项经费中支出,到训练基地使用。

(2)建立训练经费长效保障机制。针对产业工人职业训练职责划分不清,且压缩人工成本、减少工人职业训练费用支出现象较为常见等问题,《办法》规定在不增加工程总造价基础上,调整企业管理费、安全文明施工措施费的费用构成,将现有职工教育经费中拟用于一线工人培训的部分作为产业工人职业训练专项经费(以下简称"专项经费"),在安全文明施工措施费中单列为不可竞争性费用,拟定推荐费率为0.4%;专项经费费率由市住房建设局根据经费使用情况进行不定期浮动调整,同时将专项经费使用相关条款写入施工合同,实行专款专用;专项经费主要用于施工现场工人训练,不在职工教育经费中留存。

(3)实行实训基地标准化管理。《办法》按照"行政部门+主基地+分基地"的产业工人职业训练管理模式,实行实训基地标准化管理,遴选优质培训主体,统一标准、统一模式、统一训练、统一管理,杜绝恶性竞争、证书造假等乱象,夯实产业工人职业训练的基础。

(4)建立职业技能晋升通道。针对劳务工人考证持证率低,缺乏职业晋升意愿,企业和工人对参与职业技术鉴定缺乏热情的问题,《办法》在遵循国家相关规定的基础上,创新职业训练体系,训练内容包括质量安全基础训练、职业技能提升训练及建设工匠训练;职业训练课程按需设置,从入门级到工匠级,根据不同工种,分级分类开设课程,满足企业和工人多层次职业训练需求;训练与激励相结合,训练级别分为入门级、初级、中级、高级、工匠级;训练结果与工人薪酬待遇密切相关,在与国家职业技能等级贯通方式上建立了与现有证书的衔接机制,确保深圳市职业技能训练体系与现有职业技能鉴定体系衔接。

(5)提供配套政策与措施。针对目前工人"不想学、不愿学",企业"怕投入、应付式"的培训现状,建立必要的"技高者、待遇高""先培训,后上岗"的激励与监管机制,引导企业和工人自觉参与到系统训练中去。《办法》在供给方面提出了四项举措,一是加强信用管理,将企业自有项目产业工人训练情况作为深圳市建筑市场主体信用管理系统得分项;二是优化招投标条件,实施招投标择优选择;三是加强现场管理,对施工现场人员配备提出要求;四是在执法监管方面,明确了在项目执法检查时对项目产业工人职业训练落实、持证上岗、信息化应用建设工作等情况的要求。

(6)建立专项训练机制。针对现阶段主管部门行政处罚多以对企业及相关责任主体的罚款为主,对相关责任人员技能水平没有本质上的提升,无法从根源解决工程建设行业质量安全问题,《办法》建立了专项训练机制,即对建设工程事故涉事企业、阶段性不良行为记录扣分严重企业的相关责任人员进行安全生产警示教育,主管部门及训练基地将根据人员数量、排班等情况,统一组织此类人员前往训练基地进行训练,以提高其质量安全意识和职业技能水平。

(7)实施工匠培育计划。当前建筑企业自身的固定操作技能人员大幅萎缩,企业80%以上人员都是以技术管理为主,对培养高技能熟练工匠极为不利,《办法》构建及完善了建设工匠培养、评价、激励、使用、保障等工作机制,培养选拔杰出高技能人才为建设工匠,为城市高质量建设提供高端人才支撑。

2021年12月23日,深圳市住房和建设局公示了深圳市工程建设行业产业工人职业训练基地(首批)遴选结果,深圳市特区建工职业技能培训学院有限公司等10个训练基地入选。

第二章　深圳建筑业发展现状

2021年,在以习近平同志为核心的党中央坚强领导下,深圳建筑业以弘扬伟大建党精神,坚持"人民城市人民建、人民城市为人民",加快推动建筑产业转型升级,总体规模继续扩大,发展质量和效益不断提高,实现了"十四五"良好开局。

一、深圳建筑业发展总体情况[①]

2021年,深圳市建筑业总体规模继续扩大,全市具有资质等级的总承包和专业承包建筑业企业完成建筑业总产值[②]5420.68亿元,比上年增长13.45%;签订合同额16659.76亿元,增长29.87%;完成房屋建筑施工面积22532万平方米,增长31.05%;按建筑业总产值计算的劳动生产率为473191元/人,增长2.48%;共有建筑业企业1509个。

(一)签订合同总额

2021年,全市建筑业企业签订合同总额16659.76亿元,比上年增长29.87%。近年来,深圳市建筑企业签订的合同额持续保持增长,除2017年和2020年为个位数外,其余年份均保持20%以上的两位数增长(图2-1)。

(二)建筑业总产值

2021年,全市建筑业总产值达5420.28亿元,同比增长13.45%,建筑业在疫情冲击后实现快速反弹,总产值增速比上年提高了3.91个百分点。2017—2021年,全国建筑业总产值总体保持增长,增速大部分保持在个位数,仅2021年达到2位数(11.0%)。深圳市建筑业总产值增速高于全国建筑业整体水平,总产值连续五年保持增长(图2-2)。

(三)建筑业增加值

2021年,全市建筑业增加值达到1000.8亿元,首次突破1000亿元,同比增长11.87%,

[①]　本节有关深圳建筑业的统计数据来源于深圳市统计局、国家统计局深圳调查队编:《深圳统计年鉴2022》,中国统计出版社2022年12月版。

[②]　建筑业总产值是以货币表现的建筑业企业在一定时期内生产的建筑业产品和服务的总和。参见深圳市统计局、国家统计局深圳调查队编:《深圳统计年鉴2022》,中国统计出版社2022年12月版,第126页。当前,外地建筑企业或外地企业子(分)公司在深圳建筑市场占据了大部分市场份额,中字头企业是主力军。深圳市建筑装饰装修企业在全国范围内拥有比较大的影响力,贡献了绝大部分的外地产值,也是国家、省统计部门能将外地企业在深圳市完成产值能合理返还分配深圳市的主因。中字头企业来深圳市从事建筑活动主要有三类情形:第一类是总部企业层级,企业总部已在深圳市"双落地";第二类是区域总部层级,在深圳市成立独立法人区域总部;第三类是工程局及其下属公司,其中少量在深圳市注册了法人并具备建筑业从业资质,其他均以分公司形式或项目部形式在我市开展建设施工活动。按照《统计法》和国家现行统一的建筑业统计制度,建筑业企业必须遵循法人在地统计原则,即深圳市统计局只能对本地注册的建筑业法人企业的生产经营活动进行统计,外地建筑企业在深圳市完成的产值以及深圳建筑企业在外地完成的产值,由国家、省统计局统一调配,返回工程所在地。所以尽管外地企业占据了深圳市建筑市场的大部分份额,但在目前的统计规则下,深圳市的建筑业总产值及增加值实际上并没有被外地企业带走。

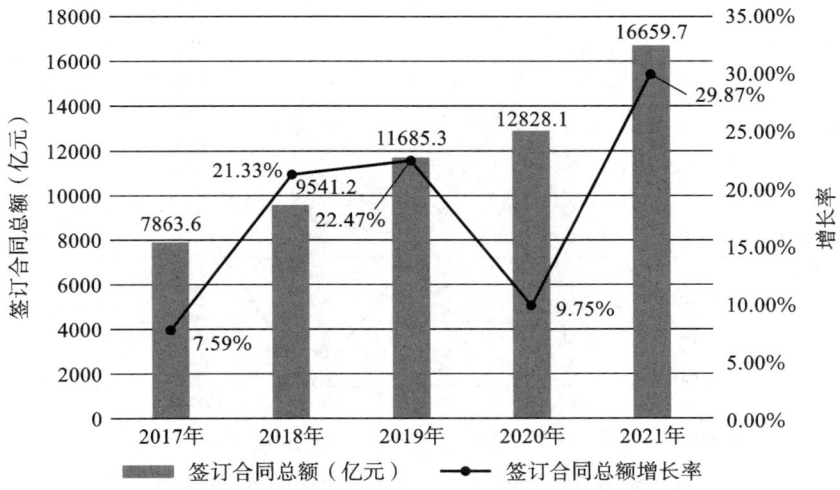

图 2-1 2017—2021 年深圳市建筑业企业签订的合同额及增速

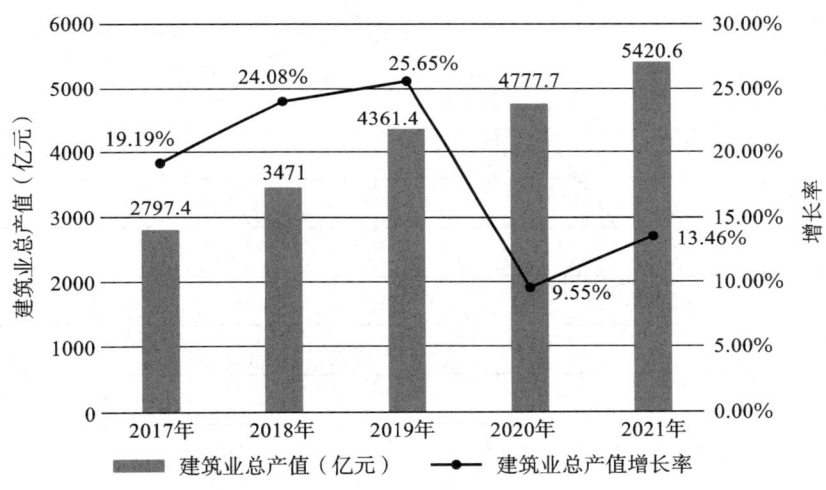

图 2-2 2017—2021 年深圳市建筑业总产值及增速

高于地区生产总值增速 1.4 个百分点[①]。2017—2021 年,深圳市建筑业增加值总体保持增长,但增速起伏较大(图 2-3)。

自 2017 年以来,深圳市建筑业增加值占地区生产总值的比例始终保持在 2.81% 以上,2021 年达到 3.26%(图 2-4),建筑业全市国民经济支柱产业的地位比较稳固。

分区来看,2021 年,南山区、宝安区、福田区的建筑业增加值分居前三位,均超过 150 亿元。大鹏新区、深汕特别合作区、光明区、坪山区的建筑业增加值增速较快,均在 20% 以上(图 2-5)。

(四)建筑业企业利润总额

2021 年,全市建筑业企业实现利润 50.69 亿元,比上年减少 73.26 亿元,同比下降 59.10%。

---

① 根据深圳市统计局、国家统计局深圳调查队发布的《深圳市 2021 年国民经济和社会发展统计公报》,2021 年深圳市地区生产总值 30664.85 亿元,同比增长 10.47%。

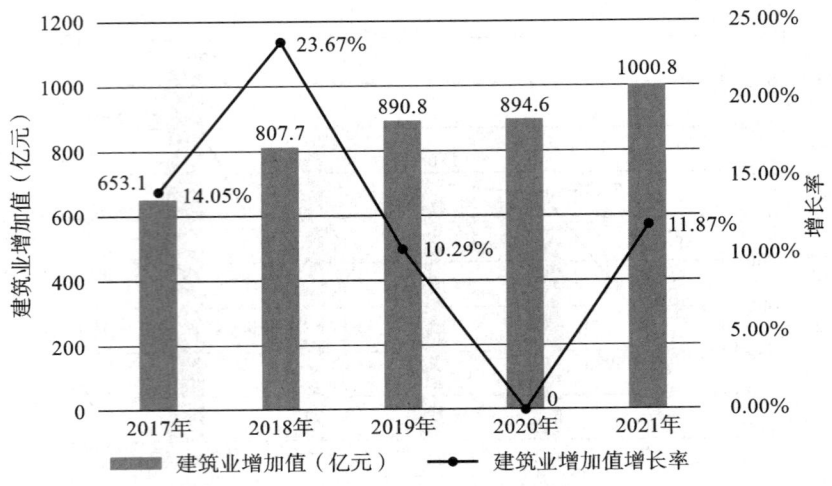

图 2-3　2017—2021 年深圳市建筑业增加值及增长率

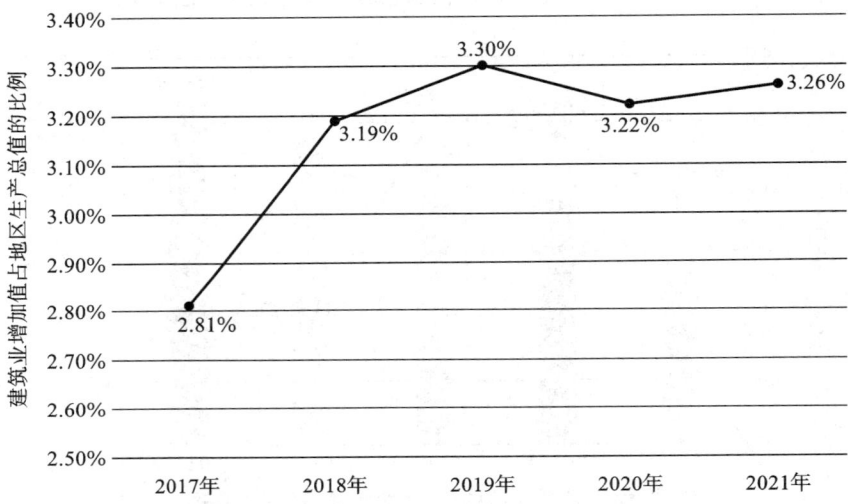

图 2-4　2017—2021 年深圳市建筑业增加值占地区生产总值的比例

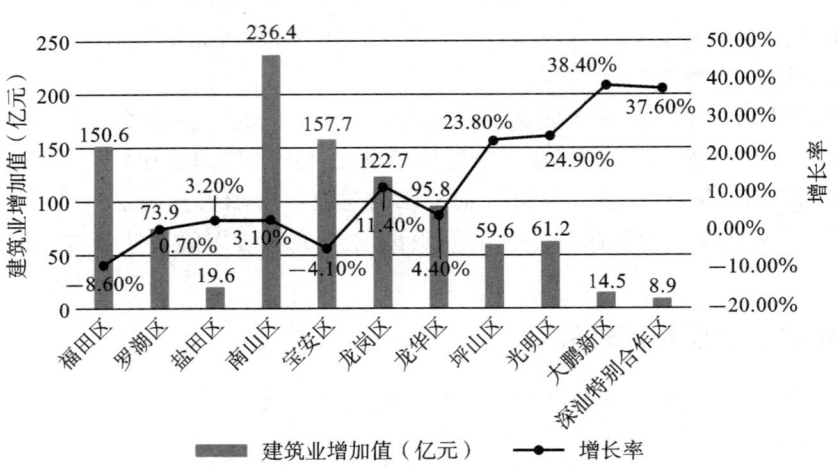

图 2-5　2021 年深圳市各区建筑业增加值与增长率

近年来,深圳建筑业企业利润出现较大波动(图2-6)。

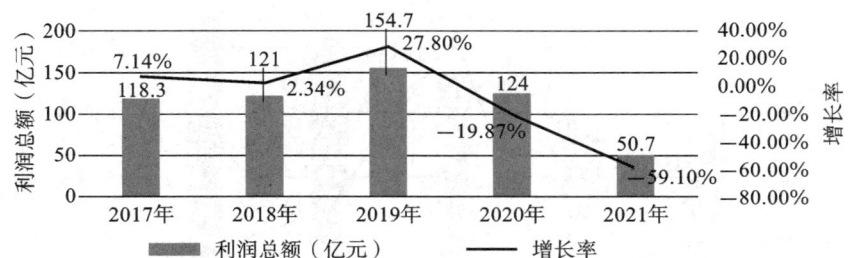

图 2-6　2017—2021 深圳市建筑业企业利润总额及增长率

根据统计数据计算,深圳市建筑业产值利润率(利润总额与总产值之比)自 2017 年以来总体呈下降趋势,仅 2019 年出现较大增长,然后再次急速下降,2020 年为 2.59%,跌破 3%;2021 年仅为 0.93%,跌破 1%,为近五年最低。

(五)建筑业企业数量和从业人数

截至 2021 年底,全市共有建筑业施工企业 1509 个,比上年增加 119 个,增速为 8.56%,比上年减少了 2.11 个百分点,增速连续两年下滑(图2-7)。

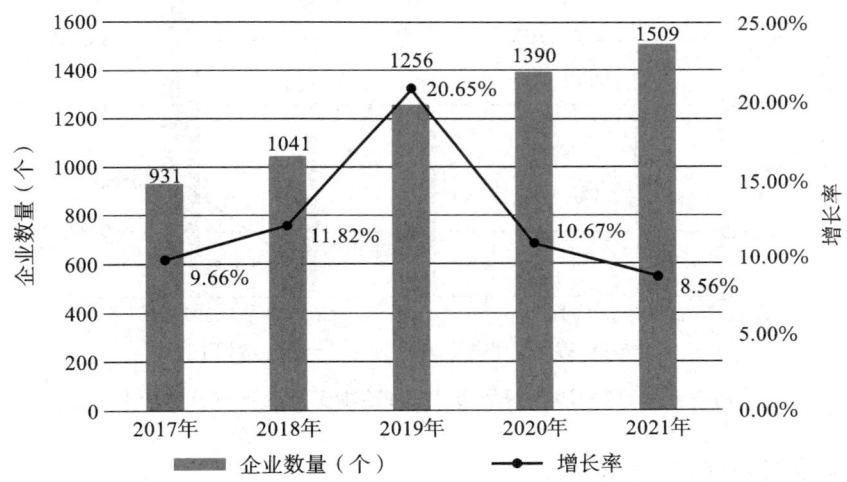

图 2-7　2017—2021 年深圳市建筑业企业数量及增长率

2021 年,深圳市建筑业企业从业人数为 112.96 万人,连续五年保持增长。2021 年比上年增加 9.49 万人,同比增长 9.17%,呈现出波动上升的趋势(图2-8)。

2021 年,深圳市建筑业劳动生产率[①]再创新高,达到 479857 元/人,高于全国建筑业的整体水平 473191 元/人;近年来,深圳市建筑业劳动生产率稳中有升,2021 年人均达 48 万元,同比增长 3.9%(图2-9)。

---

① 建筑业劳动生产率是指按建筑业总产值计算的劳动生产率(建筑业总产值/计算建筑业劳动生产率的平均人数)。计算建筑业劳动生产率的平均人数,是指建筑业企业(或单位)报告期实际拥有的、与建筑施工活动有关的人员的平均人数,包括参加本企业(或单位)建筑施工活动的非本企业(或单位)人员,但不包括企业内部社会服务性机构的人员以及由本企业支付工资但所从事的工作与本企业生产基本无关的人员。参见深圳市统计局、国家统计局深圳调查队编:《深圳统计年鉴 2022》,中国统计出版社 2022 年 12 月版,第 126 页。

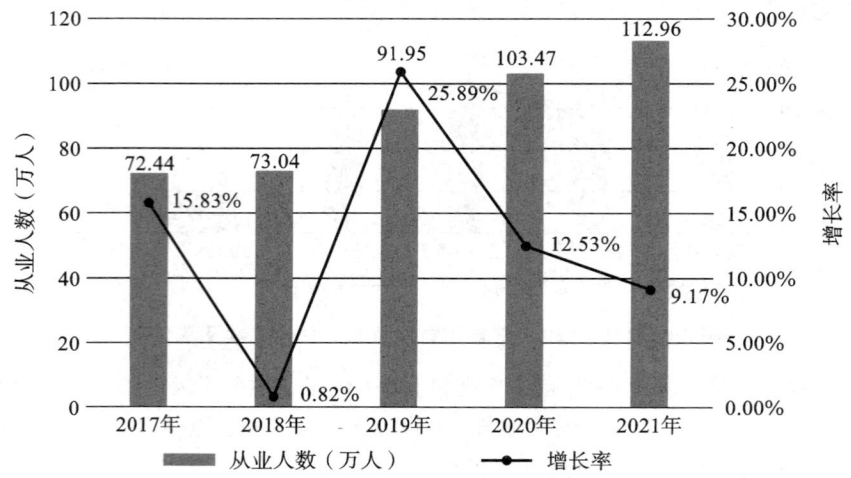

图 2-8　2017—2021 年深圳市建筑业从业人数增长情况

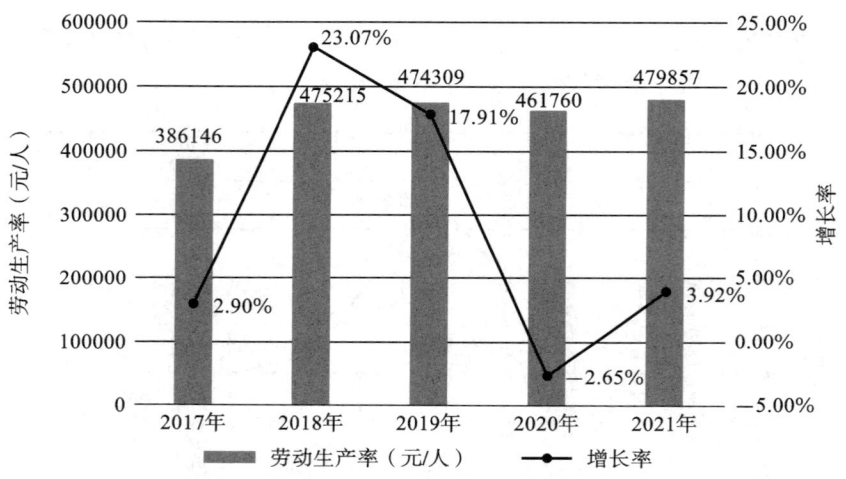

图 2-9　2017—2021 深圳市建筑业企业劳动生产率及增长率

(六)房屋建筑施工面积

2017—2021 年全市建筑业企业房屋建筑施工面积持续增长。2021 年,全市建筑业企业房屋建筑施工面积达 22532 万平方米,比上年增长 31.05％,增速在 2020 年下降后加速回升(图 2-10)。

二、新型建筑工业化的深圳实践

新型建筑工业化是通过新一代信息技术驱动,以工程全寿命期系统化集成设计、精益化生产施工为主要手段,整合工程全产业链、价值链和创新链,实现工程建设高效益、高质量、低消耗、低排放的建筑工业化。智能建造是以新一代信息技术、先进制造技术与工程建设领域深度融合为特征,以工业化建造和数字化建造为基础,以提升工程质量安全、效益和品质以及推动生产力升级和生产关系重塑为目标,实现工程项目全过程数字化、网络化、智能化的新型建造方式。新型建筑工业化以工业化发展成就为基础,融合现代信息技术,通过精益

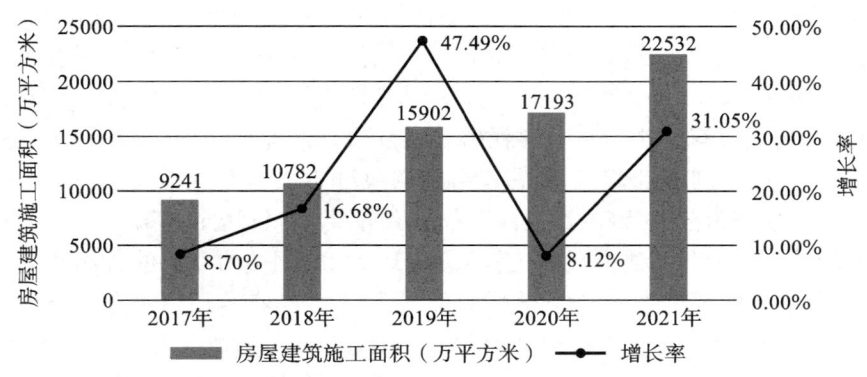

图 2-10　2017—2021 深圳市建筑业企业房屋建筑施工面积及增长率

化、智能化生产施工，全面提升工程质量性能和品质，达到高效益、高质量、低消耗、低排放的发展目标。推进新型建筑工业化与国家推进建筑产业现代化、装配式建筑、绿色建筑、智能建造一脉相承，《"十四五"建筑业发展规划》就"加快智能建造与新型建筑工业化协同发展"提出了完善智能建造政策和产业体系、夯实标准化和数字化基础、推广数字化协同设计、大力发展装配式建筑、打造建筑产业互联网平台、加快建筑机器人研发和应用、推广绿色建造方式等 7 项主要任务。其中，装配式建筑和绿色建筑是新型建筑工业化的直接成果体现，通过建筑信息模型（BIM）技术在规划、勘察、设计、施工和运维全过程的集成应用，实现工程建设项目全生命周期数据共享和信息化管理，为项目方案优化和科学决策提供依据，促进建筑业提质增效。住房和城乡建设部等 9 部门《关于加快新型建筑工业化发展的若干意见》指出，"《国务院办公厅关于大力发展装配式建筑的指导意见》（国办发〔2016〕71 号）印发实施以来，以装配式建筑为代表的新型建筑工业化快速推进，建造水平和建筑品质明显提高"。发展装配式建筑是建造方式的重大变革，有利于促进建筑业与信息化工业化深度融合。

（一）装配式建筑

作为全国首批、广东首个装配式建筑示范城市，深圳市以"先行先试、敢为人先"的精神，矢志不渝地推动装配式建筑的高质量发展。经过全行业的共同努力，初步形成了"政府引导、市场主导、协会助力、企业受益"的具有深圳特色的装配式建筑发展道路。

1. 项目建设初具规模

"十三五"期间，深圳市建设项目的标准化设计、工厂化生产、装配化施工、一体化装修、信息化管理、智能化应用水平持续提升，新增装配式建筑面积 3446 万平方米，形成覆盖建设、设计、施工、部品部件生产、咨询的装配式建筑产业链，孵化培育了 13 个国家级装配式建筑产业基地，29 个省级基地及 31 个市级基地。2021 年，深圳市房屋建筑类新增装配式施工项目 154 个，装配式施工面积 1677.22 万平方米，装配式占新建建筑面积比例达到 45.01%，不到 5 年就超过了《国务院办公厅关于促进建筑业持续健康发展的意见》（国办发〔2017〕19 号）设定的"力争用 10 年左右的时间，使装配式建筑占新建建筑面积的比例达到 30%"的目标。截至 2021 年底，深圳市累计采用装配式施工的项目数量 402 个，装配式施工面积 5172.04 万平方米，建设规模和占比稳居全国前列。

2. 项目建设质量持续提升

发展装配式建筑有利于节约资源能源、减少施工污染、提升劳动生产效率和质量安全水平,有利于促进建筑业与信息化工业化深度融合、培育新产业新动能。深圳市装配式建筑在实现规模化增长的同时,项目品质和示范带动作用进一步提升。哈工大深圳校区项目、坪山燕子湖国际会展中心、前海国际会议中心获得鲁班奖,库马克大厦项目获得粤钢奖,汉京金融中心、中建钢构大厦等 6 个项目获评住房和城乡建设部首批《装配式建筑评价标准》范例项目(项目数占全国范例项目 11.5%,占全省范例项目 75%),裕璟幸福家园等 13 个项目获评广东省装配式建筑示范项目(项目数占全省总数 30.9%,位居全省第一);以中建科技(长于装配式混凝土建筑的智能建造)、中建科工(长于装配式钢结构建筑的智能建造)和中集集团(长于模块化建筑的智能建造)为代表的装配式建筑企业,在全国乃至全球输出经验做法,中集集团目前在国外已完成 100 多个酒店和公寓项目建设。特别是作为深圳市装配式建筑的最新代表长圳公共住房项目,较好地采用"1+3"标准化设计和生产体系思路,充分应用《装配式混凝土结构住宅主要构件尺寸指南》构件尺寸、截面及节点形式,联通了设计与部品,简化了加工与施工工艺;以"有限模块,无限生长"的户型理念,形成了四种符合深圳特点、便于推广应用的装配式结构建筑体系,综合指标达到国标 AAA 级;被住房和城乡建设部选取为智能建造试点项目,其"建立基于 BIM 的标准化部品部件库""打造部品部件智能生产工厂""鼓励大型企业建设企业级平台""普及测量机器人和智能测量工具""推广应用部品部件生产机器人"等 5 项举措入围住房和城乡建设部《智能建造与新型建筑工业化协同发展可复制经验做法清单(第一批)》。

3. 配套政策基本形成

在国家和省相关政策基础上,深圳市先后出台了《关于加快推进装配式建筑的通知》《深圳市装配式建筑发展专项规划(2018—2020)》《关于做好装配式建筑项目实施有关工作的通知》等 15 个系列配套政策文件,构建了刚性约束与鼓励激励并举的政策体系。在刚性约束方面,明确了装配式建筑的强制实施范围,建设项目类型从居住建筑逐步覆盖到公共建筑、工业建筑,以及市政基础设施;实施要求从主体结构装配化,向机电设备、装饰装修装配化的全面延伸;将装配式建筑纳入绿色建筑和建筑节能专项验收,建设单位在竣工报告中应对装配式建筑进行专篇说明,验收不通过不予竣工备案;将预制构件生产企业纳入建筑市场主体信用管理体系,并采取进厂抽检和飞行检查的方式进行监督检查。在激励措施方面,包括将政府投资项目装配式增量成本计入项目建设成本、给予 3% 面积奖励、1/3 提前预售、资金扶持、提供技术服务、给予表彰等"一揽子"措施,充分调动相关市场主体的积极性;市建筑产业化协会每季度发布装配式建筑项目构件需求信息,以及预制构件、轻质墙板等关键部品部件生产工厂的生产情况、市场造价等信息。

4. 标准体系逐步完善

深圳市目前已发布实施《深圳市建筑工程铝合金模板技术应用规程》等 14 部地方和团体标准,基本涵盖了装配式建筑设计、生产、建造、验收各环节,形成以国标为基础、以地标为支撑、以团标为补充的多层次标准体系。深圳市住房和建设局发布的深圳市首部装配式装修地方标准《居住建筑室内装配式装修技术规程》(SJG 96—2021)填补了深圳市装修标准规范领域空白,为困扰广大市民的"装修难"问题找到全新的解决方案。深圳市住房和建设局组织编制的《钢结构模块化建筑技术规程》《混凝土模块化建筑技术规程》《装配式建筑标准化产品系列图集(楼板、楼梯、隔墙、集成卫生间)》等地方标准和图集,进一步丰富了深圳市装配式建筑技术标准体系。下一步,深圳市将以申报智能建造试点城市为契机,加快信息技术融合发展,完善装配式建筑标准化设计和生产体系,扩大标准化构件和部品部件使用规模,大力提升设计标准化集成化水平等,用制造业思维革新建造体系,以数字化设计、智能化生产、装配化施工、信息化管理、一体化装修促进产业整合,提升产业链现代化水平。

5.人才队伍日益扩大

大力发展装配式建筑,推行智能建造,是从传统建造方式向新型建造方式转变,即以工业化建造和数字化建造为基础,实现工程项目全过程数字化、网络化、智能化,需要一大批掌握相应技术的专业人员和产业工人。对此,深圳市主要采取了下列做法:①通过持续开展公益化培训、项目观摩、学习考察、行业交流等能力提升活动,累计参与人数近10万人次,基本实现建设行业各领域的全覆盖;②在国内率先创设装配式建筑专业技术职称,经评审的装配式建筑职称技术人员现已达590人,2020年诞生了首批装配式建筑正高级工程师,从而解决装配式建筑技术人员无职称可评的困境,填补了全国空白;③率先构建装配式建筑"1+N+X"产业工人职业教育及管培体系,建成省内首批7家装配式建筑实训基地,培养出的产业工人在全国、省内装配式建筑技能竞赛中屡获佳绩;④依托行业协会、高等院校和龙头企业,正式启动市级装配式建筑职业培训主基地建设,打通产业工人日常培训实训、理论实操考核、技能竞技比赛、技能鉴定、技能补贴通道,推动校企合作,探索打通职业教育与一体化人才培育新机制。

深圳市在装配式建筑发展方面形成了自己的特色,一方面,深圳装配式建筑发展仍有较大提升空间,包括对这一新型建造方式的理念认识有待深化、技术标准有待体系化、产业链条有待扩展、人才队伍有待扩大;另一方面,发展装配式建筑仅是"加快智能建造与新型建筑工业化协同发展"的7项主要任务之一,完善智能建造政策和产业体系、夯实标准化和数字化基础、推广数字化协同设计、打造建筑产业互联网平台、加快建筑机器人研发和应用等5项主要任务(不包括推广绿色建造方式,这一发展任务至少深圳是走在全国前列的)可以说是才刚刚起步、处于试点阶段,任重道远,面临着诸多困难与挑战。

(二)绿色建筑

建筑业作为碳排放大户,发展绿色建筑是实现建筑低碳节能的重要路径。十多年来,深圳市在绿色建筑与建筑节能发展方面先行先试、走在前列,较好地发挥了特区的示范引领作用。深圳市坚持贯彻绿色发展理念,在建筑领域坚决推进节约资源、保护环境的基本国策,围绕建设现代化国际化创新型城市的目标,充分发挥特区改革创新优势,积极借鉴国内外先进经验做法,立足深圳实际,坚持问题导向,严格落实国家和省市建筑节能和绿色建筑法规政策和标准规范要求,扎实推进绿色建筑工作,各项工作迈上新的台阶,多项工作走在全国前列。

1.制度体系基本建立

深圳市在十余年的绿色建筑发展历程中,充分发挥特区立法权的优势,率先出台建筑节能和绿色建筑地方法规规章,建立健全各项管理制度,配套完善相关财政激励措施。2006年率先出台全国第一部建筑节能地方法规《深圳经济特区建筑节能条例》,在全国实施最严格的建筑节能"一票否决"制,要求新建建筑100%符合节能标准;2008年建立推行建筑节能和发展绿色建筑联席会议制度,成立全国第一家绿色建筑行业组织深圳市绿色建筑协会,发布《关于打造绿色建筑之都的行动方案》首次提出打造绿色建筑之都;2010年发布《关于我市保障性住房应按照绿色建筑标准建设并落实节能减排措施的通知》，在国内率先推行保障性住房项目100％按绿建标准建设；2013年出台国内首部促进绿色建筑全面发展的政府规章《深圳市绿色建筑促进办法》，2014年先后发布了《深圳市住房和建设局关于加强新建民用建筑施工图设计审查工作执行绿色建筑标准的通知》《深圳市住房和建设局关于优化建筑节能和绿色建筑施工图设计文件抽查、绿色建筑评价及监督检查相关工作的通知》《深圳市绿色建筑设计方案审查要点》等配套文件，深圳绿色建筑步入"立法强制，快速全面发展"阶段；2017年发布《关于提升工程质量水平打造城市建设精品的若干措施》，要求政府投资和国有资金投资的大型公共建筑、标志性建筑项目按照绿色建筑国家二星级或者深圳市银级以上标准进行建设，2018年发布了《深圳市绿色建筑质量齐升三年行动方案（2018—2020年）》；2021年1月印发《深圳市工程建设领域绿色创新发展专项资金管理办法》，由市级财政预算安排专项资金用于支持深圳市工程建设领域绿色创新事业发展；2021年8月印发《深圳市工程建设领域绿色创新发展专项资金实施细则》，对深圳市工程建设领域绿色创新发展专项资金的申报、审核、公示、拨付、绩效、监督管理等活动做了进一步规范。2021年，深圳市正在推动出台《深圳经济特区绿色建筑条例》，进一步扩展绿色建筑的外延和内涵，创新性提出"健康低碳""绿色城市""人才和产业"，增加"健康建筑""低碳管理""新型建筑工业化""绿色社区""绿色城区"等方面要求，并鼓励融合发展，呼应新时代绿色发展需求。

2. 标准体系日益完善

结合深圳市地域和气候特点，深圳市出台了《深圳市公共建筑节能设计规范》《深圳市居住建筑节能设计规范》《深圳市绿色建筑评价标准》《深圳市超低能耗建筑技术导则》等20余部建筑节能和绿色建筑地方标准，建立和完善了涵盖规划设计、施工验收和运营维护在内的建筑节能与绿色建筑全生命周期技术标准体系，积极打造"深圳标准""深圳质量"，积极引入国际标准落地深圳本地项目，推动整个工程建设领域的高质量发展。深圳市绿色地产企业、施工企业、建筑科研、设计及咨询机构等单位积极开展并完成大量相关课题研究，参与深圳地方标准的制定，多项技术获得建设工程新技术认证，多个项目获得国家和省市建设科技领域表彰。在全国率先实现向第三方评价转变的评价机制，在全国首创"绿色物业管理项目评价"，发布评级标准开展评价工作。

3. 产业规模不断扩大

深圳市在国内率先推行新建建筑100％按绿色建筑标准建设，推进绿色建筑规模化发展。新建民用建筑全面落实节能和绿色建筑标准，新增节能建筑面积1.06亿平方米，新增绿色建筑总面积9598万平方米，新增高星级绿色建筑项目591个。绿色生态园区和城区建设持续深化，以"光明模式"为蓝本指引全市重点发展片区绿色高质量发展。全市绿色建筑评价标识项目规模常年位居全国前列，截至2021年底，全市累计有1521个项目获得绿色建筑评价标识（其中110个项目获得国家三星级、11个项目获得深圳市铂金级绿色建筑评价标识，43个项目获得运行标识，5个项目获得全国绿色建筑创新奖），总建筑面积超过1.46亿平方米；18个项目获得全国绿色建筑创新奖，其中一等奖8个，占全国一等奖总数的16％。据不完全统计，截至2020年，全市绿色建筑行业总产值近5000亿元。当前，深圳市已经成为国内绿色建筑建设规模、密度最大和获绿色建筑评价标识项目、绿色建筑创新奖数量最多的城市之一，实现了从建筑节能到绿色建筑、从绿色建筑到绿色城市的"两个转型"，当选2021中国绿色建筑发展竞争力最强城市，生态宜居的绿色建筑之都建设日趋成熟。

4. 用能管理逐步加强

新建建筑节能监管方面,建立和完善了从立项、规划、设计、施工、验收等各环节全过程、全方位的建筑节能监管闭合体制机制,严格执行建筑节能"一票否决"制,持续开展全市建筑节能和绿色建筑专项检查工作,在生态文明建设考核中纳入建筑节能和绿色建筑考核指标,持续推进可再生能源建筑应用和绿色建材工作,确保新建建筑严格执行建筑节能和绿色建筑相关法律法规、技术标准规范。既有建筑节能监管方面,在国家机关办公建筑和大型公共建筑节能监管体系建设、公共建筑节能改造、公共建筑能效提升等领域先后被纳入国家首批或首个城市级试点示范,持续深入推进公共建筑节能改造工作,加强公共建筑能效提升配套工作能力建设,加强大型公建能耗监测系统的建设和运维管理,持续开展民用建筑能耗统计工作,连续多年发布年度《深圳市大型公共建筑能耗监测情况报告》《深圳市民用建筑能耗统计数据分析报告》,对用能较高的项目开展能源审计,对部分能耗水平较低的建筑予以公示。目前,深圳市的单位建筑面积的年均能耗仅为美国的23.5%、欧盟的30.1%,建筑领域节能减排成效显著,实现年节能量14.97万吨标煤、年减排二氧化碳36.17万吨,连续几年在广东省住房和城乡建设系统"节能目标责任考核"中位居第一。

5. 人才基础得到夯实

强化人才的驱动作用和鼓励人才培养,是做好绿色建筑发展的关键之一。通过建立深圳市建设科学技术委员会绿色建筑专业委员会、丰富和完善绿色建筑专家库、创新设立绿色建筑专业技术职称等一系列措施,建立和完善从领军人才、专家资源到从业人员多层次全方位的行业人才体系建设,并持续开展面向行业内外的宣贯培训活动,推动绿色建筑行业稳步健康可持续发展。2014年,深圳市开展人才供给机制改革,深圳绿色建筑行业抓住机遇,大胆突破创新,在全国率先在建设工程大类中增设"绿色建筑专业"职称;同年12月,深圳市人社局委托深圳市绿色建筑协会评审产生全国第一批绿色建筑工程师,这种由政府放权给协会来评、敢为人先的举措对中国绿色建筑事业的发展有非常大的影响和促进。2020年,深圳市人社局正式设立职称评审"双通道":允许申报同一系列同一层级的不同专业,也可以同时申报评审两个系列的资格,评审通过后取得复合型人才双专业职称证。2021年最终通过评审获得绿色建筑工程师职称的人员中有10%是通过"双通道"方式申报。目前,深圳市已评审产生近80名初、中、高级绿色建筑工程师。此外,深圳市绿色建筑咨询专家委员会拥有行业专家30余名,市绿色建筑协会专家委员会拥有行业专家40余名,均是在绿色建筑行业一线从业多年的资深专家。上述举措夯实了深圳市的绿色建筑高质量发展的人才基础。

深圳市的建筑节能和绿色建筑工作起步早、定位高、力度大,取得了瞩目的成效,但进一步深入发展仍面临一些不能一蹴而就的问题:一是绿色建筑体验感和获得感较弱,高品质绿色建筑项目较少,对工业建筑尚未要求全面实施绿色建设;二是建筑绿色运行质量和能源利用效率不高,既有建筑节能潜力仍未有效挖掘,存量既有建筑节能改造仍有较大发展空间;三是可再生能源替代常规能源比例不高,民用建筑太阳能光伏系统仍未完全实现规模化效应;四是融合创新发展不足,包括建筑与城市规划、能源及环境等要素间的协调,也包括建筑技术与其他新技术和新产业的融合;五是公众参与度不足,在建筑建设、运维上,普通民众参与度较弱,建筑使用者监督管理机制建立仍处于探索阶段。

(三)BIM技术应用

进入二十一世纪以来,移动通信、物联网、大数据、人工智能等现代信息技术的发展,形成了数字世界与物理世界的交错融合和数据驱动发展的新局面，正在引起生产方式、生活方式、思维方式以及治理方式的深刻革命。党的十九大报告指出要以技术创新为"数字中国"提供支撑。2017年12月8日，中共中央总书记习近平在主持中共中央政治局就实施国家大数据战略进行第二次集体学习时强调，推动实施国家大数据战略，加快完善数字基础设施，推进数据资源整合和开放共享，保障数据安全，加快建设数字中国。

BIM是实现建筑工业化的重要基础，是建筑业数字化转型升级的关键技术，也是建立城市信息模型（CIM）和实现智慧城市管理的核心技术。

1. 国内 BIM 技术应用现状

自20世纪90年代BIM名称正式确立，国外BIM技术应用现已进入较为成熟的阶段，欧美发达国家的BIM商业发展十分迅速，BIM技术在工程项目中的应用数量和应用深度都在飞速发展。根据全球著名咨询公司Research and Market于2021年9月发布的《建筑信息模型（BIM）全球行业趋势、份额、规模、增长、机会和预测报告》报告，全球建筑信息模型（BIM）市场规模在2020年达到60亿美元，预计到2026年将达到136亿美元，在2021—2026年期间以14.5%的复合年增长率增长。英国建筑研究院（BRE）预计更为乐观，预计到2028年，BIM技术市场规模将增长到221.2亿美元。

我国也高度重视BIM的应用。2003年建设部印发《2003—2008年全国建筑业信息化发展规划纲要》时即已认识到"建筑业信息化是国民经济信息化的基础之一"，"建筑业属于传统产业，用信息化等高新技术改造传统产业，是传统产业持续发展的必由之路，是建筑业实现跨越式发展的重要途径"，但彼时尚未明确提出BIM的概念。2011年5月，住房和城乡建设部印发《2011—2015年建筑业信息化发展纲要》，9次提及BIM，把加快BIM技术在工程中的应用、推动信息化标准建设作为行业发展总体目标的主要内容，并就推进BIM技术在建筑领域的应用提出了具体要求。2014年7月，住房和城乡建设部《关于推进建筑业发展和改革的若干意见》再次明确要"推进建筑信息模型（BIM）等信息技术在工程设计、施工和运行维护全过程的应用，提高综合效益"。2015年6月，住房和城乡建设部印发《关于推进建筑信息模型应用的指导意见》，专文就推进BIM的应用提出意见，认为有必要采取切实可行的措施在建筑领域普及和深化BIM应用，并对各级住房和城乡建设主管部门和建设单位、勘察单位、设计单位、施工企业、工程总承包企业、运维单位等企业的工作重点作了具体部署。2016年8月，住房和城乡建设部印发《2016—2020年建筑业信息化发展纲要》，28次提及BIM，要求着力增强BIM、大数据、智能化、移动通信、云计算、物联网等信息技术集成应用能力。《国务院办公厅关于促进建筑业持续健康发展的意见》（国办发〔2017〕19号）提出，要加快推进建筑信息模型（BIM）技术在规划、勘察、设计、施工和运营维护全过程的集成应用，实现工程建设项目全生命周期数据共享和信息化管理，为项目方案优化和科学决策提供依据，促进建筑业提质增效。《住房和城乡建设部等9部门关于加快新型建筑工业化发展的若干意见》（建标规〔2020〕8号）提出要大力推广建筑信息模型（BIM）技术。《住房和城乡建设部等13部门关于推动智能建造与建筑工业化协同发展的指导意见》（建市〔2020〕60号）提出要积极应用自主可控的BIM技术，加快构建数字设计基础平台和集成系统，实现设计、工艺、制造协同。2022年3月，住房和城乡建设部印发《"十四五"住房和城乡建设科技发展规划》，15次提及BIM，要求以推动建筑业供给侧结构性改革为导向，开展智能建造与新型建筑工业化政策体系、技术体系和标准体系研究。研究数字化设计、部品部件柔性智能生产、智能施工和建筑机器人关键技术，研究建立建筑产业互联网平台，促进建筑业转型升级。

为了规范 BIM 的使用,住房和城乡建设部还出台了一些相关的标准,包括《建筑信息模型应用统一标准》(GB/T 51212—2016)、《建筑信息模型分类和编码标准》(GB/T 51269—2017)、《建筑信息模型施工应用标准》(GB/T 51235—2017)、《建筑信息模型设计交付标准》(GB/T 51301—2018)、《建筑信息模型存储标准》(GB/T 51447—2021)等 5 本国家标准以及行业标准《建筑工程设计信息模型制图标准》(JGJ/T 448—2018)。

上海市是我国较早应用 BIM 技术的城市之一。2014 年,市政府办公厅发布了《关于在本市推进建筑信息模型技术应用指导意见》,建立了以上海市建筑信息模型技术应用推广联席会议为核心的推进组织架构,出台了《上海市推进建筑信息模型技术应用三年行动计划(2015—2017)》《上海市建筑信息模型技术应用指南(2015 版)》《关于在本市开展建筑信息模型技术应用试点工作的通知》等一系列的配套政策和技术文件,并积极开展 BIM 技术应用试点、关键技术研究和宣传推广工作。2015 年组建成立的"上海建筑信息模型技术应用推广中心"积极推进 BIM 技术在工程建设领域的应用推广,不断提高社会各界对 BIM 技术重要性的认知,深入挖掘 BIM 技术应用价值。

进入 2019 年以后,全国各省市越来越多关于 BIM 技术的推进政策陆续推出,BIM 技术正逐步向全国各城市推广开来,但离真正实现在全国范围内的普及应用仍任重道远。中国建筑业协会、广联达科技股份有限公司发布的《中国建筑业 BIM 应用分析报告(2021)》对国内 1093 家施工企业进行了调研,结果显示仅有 14.56％的企业在项目上全部应用了 BIM 技术,17.55％的企业在项目上应用 BIM 技术的比例超过 75％,19.19％的企业在项目上应用 BIM 技术的比例超过 50％,18.51％的企业在项目上应用 BIM 技术的比例超过 25％,25.36％的企业在项目上应用 BIM 技术的比例低于 25％;从企业应用 BIM 技术的项目数量来看,大多数企业开展 BIM 应用的项目数量仍然停留在 10 个以下,占比 36.93％;10-20 个已开工项目应用 BIM 技术的调研对象占 21.22％,有 16.97％的调研对象应用 BIM 技术的已开工项目在 50 个以上。虽然相比 2020 年企业在应用 BIM 技术的规模上有所扩大,但步子并不大。上海市住房和城乡建设管理委 2023 年 5 月《关于全面推进本市建筑信息模型技术深化应用的实施意见(征求意见稿)》对上海市 BIM 技术应用情况的评估是:"本市 BIM 技术已进入全面应用阶段。总投资额 1 亿元及以上或者单体建筑面积 2 万平方米及以上的新建、改建、扩建的各类建设工程中,70％以上已普遍采用 BIM 技术;政策标准体系和市场环境已初步建立,企业和人员的应用能力得到较大提升,经济和社会效益逐步显现,基本实现了前一轮 BIM 技术推广应用的各项目标任务。但是,BIM 技术依然面临着观念认识、管理模式、市场机制、支撑体系等因素的制约阻碍,应用能力和技术创新仍未取得根本性突破,仍以辅助性应用为主,尚未成为规划、设计、建造以及运维管理的基础性应用技术,行业变革的底层技术架构和创新应用体系尚未形成,与智慧城市建设融合存在的瓶颈问题尚待研究突破。"

2. 深圳市开始重视 BIM 技术应用

根据深圳市建筑信息模型产业创新发展促进会(简称深圳 BIM 促进会)的调研,2021 年深圳市应用 BIM 技术的工程项目数量占比约为 18％(2020 年为 10％),常态应用 BIM 技术的企业数量占比约为 18％(2020 年为 10％),专职从事 BIM 的相关技术人员约为 10％(2020 年为 4％),虽然有所提高,但总体而言仍处于较低发展水平(不限于深圳市);从深圳市企业 BIM 应用最早起步时间看,依次为设计、施工、运维和勘察;从当前观察 BIM 应用的活跃度和成熟度来看,依次为施工、设计、勘察和运维;从未来发展趋势来看,预计依次为设计、造价(算量)、运维、施工和勘察;从 BIM 应用的工程类型、起步时间和技术成熟度来看,依次为建筑工程、轨道交通工程、市政工程和水务工程;从未来发展空间和发展热度来看,建设工程项目 BIM 应用总体呈现上扬态势,且依次为轨道交通工程、市政工程、建筑工程和水务工程;从技术层面来看,国外 BIM 软件/技术长期占据垄断地位,且在可预期的未来该局面亦难以改变,更多本土头部/先行企业主要还是侧重于 BIM 软件(插件)的二次研发或 BIM 平台开发;从 BIM 产业人才储备情况来看,远远不能满足需求,年轻从业人员目前占据较高比例,且大多呈现"BIM 技术和工程技术"两张皮;从 BIM 应用的工程建设企业分布来看,整体呈现不均衡、不充分的态势,房地产类建设单位态度基本消极,设计单位大多被动应付,勘察单位后来居上,施工单位相对积极,造价/监理/物业运维单位零星应用;从项目投资主体来看,政府投资工程项目 BIM 应用较为普遍,发挥引导作用强,重要区域和重大建设单位的 BIM 应用推进力度较大。

2021 年可以说是深圳市 BIM 技术应用的分水岭,其标志性事件就是 2021 年 12 月 7 日深圳市人民政府办公厅印发《关于加快推进建筑信息模型(BIM)技术应用的实施意见(试行)》。在此之前,政府方面促进 BIM 技术应用的政策并不多,深圳市推进 BIM 技术应用更多是靠政府投资工程来发挥先行示范作用。

(1)深圳市建筑工务署主导的深圳市政府工程 BIM 技术体系化应用实践。

深圳市建筑工务署从 2012 年开始不遗余力地在参建单位中推广 BIM 技术应用。2015 年发布国内首个政府公共工程 BIM 实施纲要《深圳市建筑工务署政府公共工程 BIM 应用实施纲要》,为随后几年 BIM 实施制定行动路线;2017 年发布《深圳市建筑工务署关于全面推动 BIM 技术普及应用的通知》,BIM 技术应用进入普及推广阶段;2017—2018 年编制发布设计阶段和施工阶段《BIM 技术普及应用指引》及配套的 41 项 BIM 实施规范,为项目 BIM 应用提供具体方法;2020 年编制发布《深圳市建筑工务署政府工程建筑信息模型体系化应用行动方案(2020—2022)》,提出建立纵向贯穿规划、设计、施工、运维全生命周期,横向聚焦质量、安全、投资、进度管理的政府投资工程 BIM 体系化应用模式;2020 年在国内率先发布的地方政府投资公共建筑工程 BIM 应用标准《政府投资公共建筑工程 BIM 实施指引》(SJG 78—2020),自 2020 年 10 月 1 日起实施。

经过十年的探索实践,深圳市建筑工务署以"一码到底"和"一模到底"的思路,建立起纵向贯穿工程规划、设计、施工和运维全生命周期,横向聚焦工程质量、安全、投资、进度等管理业务的政府投资工程 BIM 应用体系,实现全链条、全员参与。截至目前,深圳市建筑工务署共有 105 个项目开展 BIM 应用,其中 90% 以上的项目组认为通过 BIM 技术应用,项目在质量、进度、安全、投资控制及管理效率方面均有所提高。自 2014 年至今,深圳市建筑工务署在"龙图杯""创新杯"等国内知名 BIM 大赛中累计获奖 170 余项,连续三年获得中国 BIM 应用最高荣誉"荣誉白金级认证",并应邀参加第七届国际 BIM 技术论坛、2020 年中国建筑学会年会等专业性、权威性交流活动,打造了深圳市建筑工务署 BIM 应用品牌。

(2)深圳市地铁的 BIM 技术应用实践。

深圳市地铁近年来大力推进城市轨道交通工程 BIM 技术应用,要求新建线路工程全面开展 BIM 技术应用工作。为做好 BIM 技术应用的顶层设计与战略规划,深圳市地铁于 2019 年制定《深圳地铁 BIM 应用发展总体规划》,以创新城市轨道交通建设运维管理模式、树立城市轨道交通全国 BIM 应用示范标杆为总体目标,建设 1 套 BIM 技术标准体系、1 套 BIM 应用与管理体系,开发 1 套基于 BIM 技术的工程数据中心+N 个业务管理平台的"1+N"BIM 管理平台体系。其创新性体现在:一是全方位建立"城市轨道交通工程 BIM 技术标准体系",涵盖数据安全、数据移交、分类编码、构件库、建模、应用、交付等各方面;二是以城市轨道交通全生命期为主线,统一规定基于 BIM 技术的业务流程,明确各方管理界面;三是自主研发满足城市轨道交通工程各业务需求的 BIM 综合管理平台体系,有利于打破国外软件的垄断,切实保障我国城市轨道交通工程的数据安全。深铁集团申报的《深圳市轨道交通工程全生命周期 BIM 技术应用综合平台》以第一名的成绩获得 2021 年 6 月亚太经合组织(APEC)公共交通科技创新竞赛最高奖项一等奖。

深圳市地铁提出的城轨工程 BIM 技术标准体系,分为基础标准、工作指导、数据与平台三个层次共 10 项标准,覆盖城轨工程全生命周期各阶段,界定各方职责,形成规范模板,统一交付成果。上述相关标准已有 9 项发布成为深圳市地铁的 BIM 企业标准,2 项标准升级为深圳市地方标准,即《城市轨道交通工程信息模型表达及交付标准》(SJG 101—2021)和《城市轨道交通工程信息模型分类和编码标准》(SJG 102—2021)。在《深圳地铁 BIM 应用发展总体规划》的框架下,深圳市地铁在四期和四期调整工程的建设过程全面推进 BIM 技术应用,包括深圳市地铁在建 24 个重大项目,近 400 个工点,覆盖 235.7 公里线路、152 座轨道交通车站,并实现了大场景下多源异构数据集成和一张图管理。

深铁集团目前已构建"1+1+N"BIM 综合体系,将 BIM 技术与轨道交通业务深度融合,发布标准 55 部,形成全生命期 BIM 应用解决方案;自主研发 12 项 BIM 软件产品,获得 BIM 相关的知识产权 25 项;在轨道交通规划、勘察设计、施工、运营等阶段开展了 39 种 BIM 应用,积累了 7500 余个 BIM 模型和 2.1 万余个 BIM 构件。

(3)前海 BIM 技术应用实践和创新探索。

前海管理局早在 2015 年起便积极谋划统筹布局,成立深圳市第一家专业从事 BIM 的国有企业主导承担前海合作区的 BIM 制度建设和技术应用。在 BIM 政策标准体系建立方面,2016 年和 2019 年编制了《前海 BIM 技术应用三年行动纲要(2016—2018)》《前海 BIM 技术应用三年行动计划(2019—2021)》,明确 BIM 技术应用的基本要求,制定建设项目各阶段 BIM 技术实施指引,在招标文件中设置 BIM 技术应用的专项条款,全面开展城市级 BIM 和单体项目设计施工一体化应用,2018 年在政府投资项目工程概算中单独列支 BIM 技术应用费用,2019 年在社会投资项目土地出让条件中明确 BIM 实施要求;2021 年完成《前海 BIM 技术应用推广发展规划》,提出未来五年前海 BIM 技术应用的总体目标,在政策机制、标准规范、应用模式、技术融合创新、深港合作等方面制定了五大方向、三个阶段、九项重点任务的时间表和路线图;2016 年制定了《前海市政基础设施工程 BIM 技术应用标准》《房屋建筑工程 BIM 技术应用标准》两套企业级标准,2020 年建立了建筑、市政两大类别,覆盖八个专业,涵盖存储、交付、审批、协同等六项标准的标准体系,其中《建筑信息模型语义字典标准》《建筑信息模型审批子模型标准》《建筑信息模型数据存储标准》被深圳市住房和建设局列为地方标准。在 BIM 技术应用方面,构建了三大基础信息模型+两个支撑平台+两个层次应用的 3+2+2 的应用体系,即建立覆盖 15 平方千米,涵盖规划、地质、地理(实景)三大基础信息模型;融合全区域基础设施和公共建筑 BIM 模型的城市信息模型,依托 BIM 建设管理平台和数字城市空间平台,构建前海城市物理空间的数字底座;深入开展城市级和建设项目级两个层次的 BIM 一体化应用,并成功探索实践了全国首个 BIM 电子招投标项目。

到 2021 年底,前海现有建筑类 BIM 模型 256 栋,总建筑面积达 960 万平方米,市政基础设施类 BIM 模型全面涵盖了道路、桥梁、地下空间、景观、河道、地铁站等,2013 年后建设的政府投资项目和社会投资项目 BIM 模型创建率达到 100%(在规划设计阶段 BIM 模型应用率100%,施工阶段86%,竣工阶段8%,运维阶段2%),前海城市级BIM集成应用已成为国内体量较大、专业较全、应用较广、技术融合度较好的典型案例。"深圳前海市政基础设施BIM应用"荣获2017全球基础设施Be大赛桂冠,"深圳前海·基于BIM+GIS技术的城市片区工程集群建设和管理探索"荣获2019"优路杯"全国BIM技术大赛金奖;2021年12月,《前海BIM技术应用推广发展规划》荣获2021年度第十二届"创新杯"智慧城市与可持续发展类"特等奖",深圳前海天健悦桂府项目BIM技术应用连获第四届"优路杯"全国BIM技术大赛优秀奖、第二届"智建杯"智慧建造创新应用大奖赛优秀奖。

(4)深圳市BIM技术应用政策环境。

2018年3月,深圳市住房和建设局、深圳市规划和国土资源委员会、深圳市发展和改革委员会联合印发《深圳市装配式建筑发展专项规划(2018—2020)》,提出"到2020年,全市装配式建筑占新建建筑面积的比例达到30%以上,其中政府投资工程装配式建筑面积占比达到50%以上"的发展目标,同时提出要"以工程总承包(EPC)和建筑信息模型(BIM)为抓手,协同推进设计、生产、施工、运营维护,推动各个环节有机结合",到2020年全过程BIM应用项目比例达到50%以上的约束性指标,鼓励设计单位全面应用建筑信息模型(BIM),建立适合BIM应用的装配式建筑工程管理模式,大力推进BIM在装配式建筑规划、勘察、设计、生产、施工、装修、运维等全过程的集成应用,全力推广工程总承包(EPC)建设模式和全过程建筑信息模型(BIM)应用。《深圳市人民政府关于印发新型智慧城市建设总体方案的通知》(深府〔2018〕47号)、《深圳市人民政府关于加快智慧城市和数字政府建设的若干意见》(深府〔2020〕89号)亦提及要应用BIM技术。此外,福田区发展和改革局、福田区住房和建设局于2019年5月联合印发《关于福田区政府投资项目加快应用建筑信息模型(BIM)技术的通知》,率先在深圳区一级构建起一整套政府投资项目BIM制度体系。

为推进BIM技术的应用,深圳市住房和建设局不断完善BIM相关的标准(表2-1),以为工程建设各个阶段BIM技术的应用提供参考。

表 2-1 深圳市 BIM 相关应用标准

序号	时间	标准名称	编号	组织单位
1	2019.12.1	《深圳市房屋建筑工程招标投标建筑信息模型技术应用标准》	SJG 58—2019	深圳市住房和建设局
2	2020.8.14	《深圳市建筑工程信息模型设计交付标准》	SJG 76—2020	深圳市住房和建设局
3	2020.9.16	《深圳市政府投资公共建筑工程 BIM 实施指引》	SJG 78—2020	深圳市住房和建设局
4	2021.2.10	《城市道路工程信息模型分类和编码标准》	SJG 88—2021	深圳市住房和建设局 深圳市交通运输局
5	2021.2.10	《道路工程勘察信息模型交付标准》	SJG 89—2021	深圳市住房和建设局 深圳市交通运输局
6	2021.2.10	《市政道路工程信息模型设计交付标准》	SJG 90—2021	深圳市住房和建设局 深圳市交通运输局
7	2021.2.10	《市政桥涵工程信息模型设计交付标准》	SJG 91—2021	深圳市住房和建设局 深圳市交通运输局

续表

序号	时间	标准名称	编号	组织单位
8	2021.2.10	《市政隧道工程信息模型设计交付标准》	5JG 92—2021	深圳市住房和建设局 深圳市交通运输局
9	2021.2.10	《综合管廊工程信息模型设计交付标准》	SJG 93—2021	深圳市住房和建设局 深圳市交通运输局
10	2021.2.10	《市政道路管线工程信息模型设计交付标准》	SJG 94—2021	深圳市住房和建设局 深圳市交通运输局
11	2021.9.1	《城市轨道交通工程信息模型表达及交付标准》	SJG 101—2021	深圳市住房和建设局
12	2021.9.1	《城市轨道交通工程信息模型分类和编码标准》	SJG 102—2021	深圳市住房和建设局

在新一任市长覃伟中同志的高度关注和亲自推动下,深圳市 BIM 技术应用自 2021 年下半年起进入一个新阶段。原本计划争取 2021 年下半年能出台加快推进 BIM 技术应用的实施意见和制定市政府规章 BIM 促进办法,后因制定规章的条件尚不成熟,就只由市政府办公厅于 2021 年 12 月 7 日印发《关于加快推进建筑信息模型(BIM)技术应用的实施意见(试行)》,要求以信息化技术促进建筑业高质量发展为牵引,以政府数字化服务为重点,全面提升建筑产业绿色化、工业化、数字化、智能化水平,塑造建筑行业新业态、新格局;自 2022 年 1 月 1 日起,新建(立项、核准备案)市区政府投资和国有资金投资建设项目、市区重大项目、重点片区工程项目全面实施 BIM 技术应用,上述项目于 2022 年 6 月 1 日起,在办理规划许可、施工许可、竣工验收各审批报建环节提交 BIM 模型,市区政府投资和国有资金投资建设项目在招投标环节采用 BIM 电子招投标系统;到 2022 年末,基本建成 BIM 报批报建平台,基本实现 BIM 模型与可视化城市空间数字平台(以下简称空间平台)对接;2023 年 1 月 1 日起,全市所有新建(立项、核准备案)工程项目(投资额 1000 万元以上、建筑面积 1000 平方米以上)全面实施 BIM 技术应用,在办理规划许可、施工许可、竣工验收各审批报建环节提交 BIM 模型;到 2025 年末,建立较为完善的 BIM 政策法规和标准体系、BIM 软件系列,推进 BIM 技术自主知识产权软件创新应用,形成较为安全、成熟的 BIM 技术应用生态环境,全市所有重要建筑、市政基础设施、水务工程项目建立 BIM 模型并导入空间平台,对接城市信息模型(CIM)平台,实现城市全要素数字化、城市运行实时可视化、城市管理决策协同化和智能化,打造国际新型智慧城市标杆和数字中国城市典范。可以预期,深圳市的 BIM 技术应用自此将进入一个快速发展新阶段。

3. 深圳 BIM 技术应用面临的问题和挑战

BIM 作为底层数据支撑,是建设工程领域数字化转型升级的核心技术,也是建立城市信息模型(CIM)和实现智慧城市管理的核心技术,与 5G、大数据、云计算、人工智能等新一代信息技术融合应用,将加速建筑业变革创新;与物联网结合,则是建筑全过程信息的集成和融合。可以说,以 BIM 为代表的新一代信息技术与传统建筑业的深入融合,已是未来建筑业发展的必然趋势,无论怎样强调都不为过,但实际发展情况恐怕一时难以乐观,面临一些关键问题有待花大力气解决。

（1）制约我国 BIM 技术发展的关键技术瓶颈仍未突破。

我国工程软件存在整体实力较弱、核心技术缺失等诸多问题，很难在短时间内建立起竞争优势，市场份额较多被国外软件占据。就 BIM 而言，目前国产软件大多都是在国外企业技术基础上的二次开发，对国外图形引擎和工业设计软件极度依赖，存在技术标准（尤其是基础数据标准）不健全、数据格式不兼容、产业不连通等关键技术瓶颈，一方面，在此基础上建立的建筑数据存在巨大的安全隐患，另一方面，美国禁止国内高校使用 MATLAB 软件更是说明了掌握自主可控技术的重要性。掌握自主可控的 BIM 技术，特别是三维图形引擎技术，解决那些关键技术的"卡脖子"问题，是保障行业可持续发展和建筑数据安全的紧迫任务，需要国内企业和科研人员早日攻克。

（2）BIM 标准和规范不够完善。

《"十四五"建筑业发展规划》提出到 2025 年基本形成 BIM 技术框架和标准体系，加快编制数据接口、信息交换等标准，推进 BIM 与生产管理系统、工程管理信息系统、建筑产业互联网平台的一体化应用。目前，国内只是初步建立起 BIM 标准体系，在实施过程中会遇到许多问题，一是软件兼容问题，由于 BIM 软件来自不同厂商，格式不统一，导致建筑信息传递和共享困难，效率不高；二是软件功能问题，市面上的 BIM 软件主要集中在三维建模和基础分析上，施工管理、分析模拟和成本控制等方面的软件相对较少，且功能不完善，无法满足工程的复杂情况、建造阶段的侧重不同、现场的多维度要求、各方利益的不同诉求。

（3）支持 BIM 技术发展的政策和资金的力度不够大。

目前，国家和地方无论是从政策上还是资金上都在大力推进 BIM，但由于各种困难和各方面的原因，国内 BIM 技术发展的生态圈远未构建起来，行业本身也没有找到较好的收益模式让自身进入良性发展循环模式，各相关市场主体对 BIM 技术是叫好不叫座，需要政府进一步加大对 BIM 技术发展的政策和资金支持力度，充分调动各相关市场主体的积极性。

三、深圳建筑业发展特点

2021 年，面对复杂严峻的国内外形势和诸多风险挑战，深圳建筑业全面贯彻落实党的十九大和十九届历次全会精神，弘扬伟大建党精神，按照党中央、国务院决策部署，勇担"深圳建设中国特色社会主义先行示范区"和"粤港澳大湾区"双区建设重任，有效应对各种风险挑战，以"两新一重"和"新型建筑工业化"为工作重点，推动行业高质量转型，助力实现"双碳"目标，"十四五"实现良好开局。

（一）产业规模持续扩大，但经济效益并未相应改善

自建市以来，深圳建筑业的规模一直是保持稳步增长。自 2010 年至 2020 年，深圳建筑业总产值依次为 1942 亿元、2087 亿元、2431 亿元、2195 亿元、2238 亿元、2347 亿元、2797 亿元、3471 亿元、4361 亿元、4778 亿元。在 20 世纪 80 年代，建筑业增加值占深圳地区生产总值平均保持在 16%，最高的一年达到 26.5%，远高于支柱性产业的标准数（5%）；在 20 世纪 80 年代，建筑业增加值占深圳地区生产总值平均保持在 9%；进入 21 世纪后，建筑业增加值占深圳地区生产总值平均维持在 3% 左右。2021 年，深圳建筑业总产值达到 5420 亿元，同比增长 13.45%，增速高于全国建筑业整体水平，总产值连续五年保持增长；建筑业增加值 1000.8 亿元，首次突破 1000 亿元，同比增长 11.87%，增速高于地区生产总值 1.4 个百分点，占全市 GDP 比重的 3.26%。近 5 年，深圳建筑业劳动生产率稳中有升，2021 年人均达

48万元,同比增长3.9%,但也只是略高于高于全国建筑业的整体水平473191元/人,与国内建筑业强省强市甚至省内一些城市存在较大差距。2021年,深圳全市建筑业企业实现利润50.69亿元,比上年减少73.26亿元,同比下降59.10%。根据统计数据计算,深圳建筑业产值利润率自2017年以来总体呈下降趋势,仅2019年出现较大增长后再次急速下降,2020年为2.59%,跌破3%;2021年为0.93%,跌破1%,为近五年最低。此外,深圳建筑业近5年负债亦增加较快,2017年至2021年的负债率分别为66.4%、71.7%、71.4%、75.9%、75.5%,远高于60%的健康值,接近最高不得超过80%的要求,对企业的可持续发展将造成一定影响。

(二)科技创新驱动建筑业转型升级,但还未成为推动建筑业高质量发展的核心驱动力

十多年来,深圳市在绿色建筑与建筑节能发展方面先行先试、走在前列,在国内率先推行新建建筑100%按绿色建筑标准建设,推进绿色建筑规模化发展,截至2021年底,全市累计有1521个项目获得绿色建筑评价标识,总建筑面积超过1.46亿平方米,18个项目获得全国绿色建筑创新奖,成为国内绿色建筑建设规模、密度最大和获绿色建筑评价标识项目、绿色建筑创新奖数量最多的城市之一,实现了从建筑节能到绿色建筑、从绿色建筑到绿色城市的"两个转型",当选2021中国绿色建筑发展竞争力最强城市。作为全国首批、广东省首个装配式建筑示范城市,深圳市积极推动装配式建筑的高质量发展,截至2021年底,深圳市累计采用装配式施工的项目数量402个,装配式施工面积5172.04万平方米,建设规模和占比稳居全国前列;6个项目获评住房和城乡建设部首批《装配式建筑评价标准》范例项目(项目数占全国范例项目11.5%,占全省范例项目75%),13个项目获评广东省装配式建筑示范项目(项目数占全省总数30.9%,全省第一);以中建科技、中建科工、中集集团为代表的装配式建筑企业,在全国乃至全球输出经验做法,中集集团用模块化建筑向全球输出"中国建造";作为深圳市装配式建筑的最新代表长圳公共住房项目,被住房和城乡建设部选取为智能建造试点项目,5项举措入围住房和城乡建设部《智能建造与新型建筑工业化协同发展可复制经验做法清单(第一批)》。深圳建筑人正在不懈地以科技创新驱动建筑业转型升级,但任重道远:一是大量建设、大量消耗、大量排放的建设方式尚未根本扭转,科技创新驱动不足,绿色化、工业化、智能化融合程度较低,绿色建造转型迫在眉睫;二是对新型建筑工业化认识不充分,企业普遍对工业化建造的优点和信息化、数字化驱动的价值认识不足,缺乏标准化、产品化、集成化思维,跨界融合理念不强,智能建造与建筑工业化协同发展格局亟待推进和形成;三是建筑产业互联网平台建设进程缓慢,在大数据、人工智能、物联网和数字经济不断普及和深化应用背景下,建筑产业互联网建设进程缓慢,应用场景供给不足;四是建设科技创新投入不足、能力较弱,根据深圳市统计局《2021年深圳市科技经费投入统计公报》,2021年分行业规模以上企业研究与试验发展(R&D)经费投入强度,深圳建筑业只有0.51,远低于平均值2.42,在11个行业中排名第六。

(三)龙头企业综合竞争力稳中有升,但综合实力、核心竞争力、创新能力有待提升

深圳市本地的国有和民营建筑业企业,加上通过吸引落户深圳市的中建科工、中铁南方、中电建、中建二局第二建筑、中建四局第五建筑等一批大型央企及其子公司,在建筑装饰、装配式建筑、绿色建筑、建筑智能化等专业领域涌现出一批具有全国影响力的龙头企业、上市公司和高科技企业。2017年至2021年,深圳建筑业龙头企业①数量持续增长,依次为12家、14家、16家、19家、20家;其建筑业总产值亦处于持续增长态势,依次为900亿元、1240亿元、1767亿元、2320亿元、2387亿元;2018年建筑业总产值最高的一家企业为193.91亿元,2019年建筑业总产值超过200亿元的企业有3家,2020年建筑业总产值超过250亿元的企业有3家(最高为255亿元),2021年建筑业总产值超过300亿元的企业有1家(达到342亿元)、250亿元至300亿元的企业有1家。但是,深圳缺少具有辐射带动能力和产业整合能力的建筑行业领军企业,其年产值规模最高的企业产值才342亿元,相比一些省市的知名建筑企业年产值动辄上千亿元,企业规模偏小,高难度、复杂性项目难以与国内行业龙头企业竞争,市场占有率低,整体带动能力弱,不能充分带动行业发展;企业专业细分领域同质化竞争严重,"专精特新"程度有待进一步提高,建筑企业综合实力、核心竞争力、创新能力有待提升。

(四)营商环境不断优化,但企业经营仍面临较大困难

2021年深圳建筑业"放管服"改革持续深化,深入推进工程建设项目审批制度改革,出台社会投资建筑工程"拿地即开工"审批服务,推行招标备案"秒批"模式,开展人工智能辅助审图试点,推行限时联合验收和区域评估,取消工程造价咨询企业资质审批,开展工程造价改革,做好建筑业"证照分离"改革衔接,建筑业企业施工劳务资质由审批制改为备案制,进一步推进建筑业企业资质审批告知承诺制改革试点,推动资质管理向"宽准入、严监管、强服务"转变;规范全市建设工程承包商履约评价,促进承包商依法、诚信履行工程合同和投标承诺,推进建筑市场诚信体系建设。中国国际贸易促进委员会发布的《2021年度中国营商环境研究报告》显示,2021年度中国营商环境仍在持续优化,受访企业对营商环境的整体评分为4.38分,达到良好水平,较2020年提高0.03分,但从行业角度看,在各行业对营商环境的评价中,建筑业评价最低,为4.23分(与2020年相比降低0.01分),而且对于全部12个一级指标给出的评分都是最低的。这或许与近年建筑业企业遇到的特殊困难有关,全国房地产开发投资增速显著放缓,一些地区甚至下降明显。

(五)工程建设组织模式不断完善,但仍呈现碎片化问题

《国务院办公厅转发住房城乡建设部关于完善质量保障体系提升建筑工程品质指导意见的通知》(国办函〔2019〕92号)、《住房和城乡建设部等9部门关于加快新型建筑工业化发展的若干意见》(建标规〔2020〕8号)、《中共中央办公厅 国务院办公厅关于推动城乡建设绿色发展的意见》先后提出要改革、创新、完善工程建设组织模式,加快推行工程总承包,推广全过程工程咨询,推进民用建筑工程建筑师负责制,以推动传统建筑业转型升级。工程建设组织模式的变革发展业已成为提升我国建筑业核心竞争力的战略选择。深圳市早在2014年就明确提出要推行工程总承包,后续也就工程总承包招投标出台了若干鼓励规定,福田区政府和坪山区政府还分别出台了各自的政府投资建设项目工程总承包管理办法,但工程总承包模式目前在深圳仍未普遍推开;2020年,深圳市政府规章明确规定鼓励政府投资类项

---

① 龙头企业是指在某个行业中,对同行业的其他企业具有很深的影响、号召力和一定的示范、引导作用,并对该地区、该行业或者国家做出突出贡献的企业。根据深圳市建筑业实际,本报告所称深圳建筑业龙头企业,是指年度建筑业总产值超过50亿元的企业。

目推行全过程工程咨询服务,市住房和建设局规范性文件就全过程工程咨询招标作了进一步规定,2021年修订的《深圳经济特区政府投资项目管理条例》规定"政府投资项目可以通过招标等方式采购全过程工程咨询服务",目前深圳市采用全过程工程咨询服务模式的项目开始多了起来;至于建筑师负责制,目前仍处在探索试点状态,推行建筑师负责制的项目并不多。工程建设组织模式一直处在完善之中,且呈现为碎片化状态,缺少系统集成思想,体制、机制条块分割,设计、生产、施工存在脱节的现象,建筑产业融合发展不足,难以推动产业链、价值链、创新链有效整合。

(六)从业人数持续增长,但队伍建设有待进一步加强

加快新型建筑工业化发展,推动智能建造与建筑工业化协同发展,需要壮大设计、生产、施工、管理等方面的专业人才队伍,特别是高层级复合型技术人才,通过自主培养和大力引进,深圳建筑业的专业人才缺口暂时得到缓解。建筑产业工人是我国产业工人的重要组成部分,是建筑业发展的基础,为经济发展、城镇化建设作出重大贡献。通过持续推进建筑工人实名制管理制度、鼓励建设建筑工人培育基地、完善职业技能培训体系、建立训练经费长效保障机制、建立技能导向激励机制和职业技能晋升通道、实施工匠培育计划、持续改善建筑工人生产生活环境等举措,深圳市初步解决了建筑产业工人队伍无序流动性大、技能素质低、权益保障不到位等问题。近五年,深圳建筑业企业从业人数一直保持年均10.5%的增长,已成为拉动就业的一支重要力量,但深圳建筑业劳动生产率只是略高于全国建筑业的整体水平,与国内建筑业强省强市甚至省内一些城市存在较大差距,从一个侧面表明深圳建筑业队伍建设有待进一步加强,特别是高层级复合型技术人才数量依然紧缺。此外,深圳建筑业也同样面临我国一线建筑工人群体广泛存在的老龄化严重、无序流动性大、文化水平不高、安全意识不强、技能水平普遍偏低等问题,与建筑业日益信息化、智能化、自动化的发展趋势极不匹配,不能满足现代建筑业日新月异的发展需要。

第三章　基于总产值的竞争力评价

截至 2021 年底,深圳建筑业协会统计信息管理系统[①]共统计了 1758 家建筑业企业(含劳务分包企业)的年度数据,其中本地企业[②] 1584 家,驻深企业[③] 174 家。本章和第四章将以深圳建筑业协会统计信息管理系统 2021 年度的数据对 1584 家本地企业作竞争力评价分析。

一、总体现状

(一)评价指标

本章采用建筑业总产值这一指标对 2021 年度 1584 家本地建筑业企业的竞争力进行评价。建筑业总产值是企业在一定时期内所生产的建筑业产品的价值总量,该指标作为评价建筑业生产成果的综合指标,可以反映企业对社会经济的贡献。企业的建筑业总产值越高,表明该企业对社会经济的贡献越大,竞争力也越强。

(二)数据来源

建筑业总产值评价指标的基础数据来源于 2021 年深圳建筑业协会统计信息管理系统。

(三)总体情况

经统计,2021 年度深圳市 1584 家本地建筑业企业的建筑业总产值为 5993 亿元,较上年度增加 378 亿元,同比增长 6.73%。其中,建筑业总产值超 300 亿元的企业有 1 家,上年度为 0 家;250 亿元至 300 亿元的企业 1 家,较上年度减少 2 家;200 亿元至 250 亿元的企业 0 家,同上年度;100 亿元至 200 亿元的企业有 7 家,较上年度减少 1 家;50 亿元至 100 亿元的企业有 11 家,较上年度增加 4 家;10 亿元至 50 亿元的有 97 家;1 亿元至 10 亿元的有 452 家;建筑业总产值低于 1 亿元的有 1015 家,占比 64.08%(其中 143 家企业在 2021 年度无建筑业总产值或未报送建筑业总产值,相比上年度减少 80 家)。相比上年度,建筑业总产值超 100 亿元的企业虽然减少 2 家,但却新增 1 家首次超 300 亿元企业(相比上年度增加了 86.9 亿元,达到 342 亿元),实现了新的突破。2021 年深圳市建筑业本地企业总产值区间的企业数量、百分比、累计百分比详见表 3-1。

---

① 广东省建设行业统计工作平台(建筑业)(简称建筑业统计平台)是广东省住房和城乡建设厅指定的全省建筑业企业报送建筑业统计报表的平台。为更好地使用建筑业统计平台积累的统计数据,深圳建筑业协会于 2019 年专门开发了配套的计算机信息系统(也称"统计信息管理系统"),该系统可以自动校核企业上报数据的逻辑关系并将错误提示发送至填报人;协会还对填报企业的注册地、投资主体等信息逐一核实,并对企业属性予以归类,极大提升了本报告所采用数据的真实性和完整性。

② 本地企业:指企业法人在深圳市工商注册的建筑业企业。

③ 驻深企业:指企业法人不在深圳市工商注册,但已入粤备案并在深圳市住房和建设局企业与人员信息诚信申报平台报送企业基本信息的建筑业企业。

表 3-1　2020 年度和 2021 年度深圳市本地企业建筑业总产值统计表

建筑业总产值 /亿元	2021 年			2020 年		
	数量	百分比 /（%）	累计百分比 /（%）	数量	百分比 /（%）	累计百分比 /（%）
300≤	1	0.06	0.06	0	0	0
250≤且＜300	1	0.06	0.12	3	0.19	0.19
200≤且＜250	0	0.00	0.12	0	0.00	0.19
100≤且＜200	7	0.44	0.56	9	0.58	0.77
50≤且＜100	11	0.69	1.25	7	0.45	1.22
10≤且＜50	97	6.13	7.38	94	6.03	7.25
1≤且＜10	452	28.54	35.92	407	26.12	33.37
0.5≤且＜1	189	11.93	47.85	168	10.78	44.16
0.1≤且＜0.5	418	26.39	74.24	395	25.35	69.51
0＜且＜0.1	265	16.73	90.97	252	16.17	85.68
0（或未报送）	143	9.03	100.00	223	14.31	100.00

二、建筑业总产值龙头企业

根据深圳市建筑业实际，本报告将年度建筑业总产值超过 50 亿元的企业称为龙头企业。

（一）排名情况

经统计，2021 年度深圳市 1584 家本地建筑业企业中共有 20 家龙头企业（相比上年度增加 1 家），其名称、建筑业总产值、资质等级、资质专业、资质类型及较上年度排名变化情况等信息见表 3-2。在这 20 家龙头企业中有 3 家企业是新晋的龙头企业，分别是中建四局第五建筑工程有限公司、深圳市中装建设集团股份有限公司和深圳建业工程集团股份有限公司。排在前三位的企业与上年度相同，仍然是中建科工集团有限公司、中电建生态环境集团有限公司和中铁南方投资集团有限公司，其中中建科工集团有限公司由上一年度的第三名跃升至第一名。

表 3-2　2021 年度深圳市建筑业龙头企业基本信息统计表

序号	企业名称	建筑业总产值 /亿元	资质 等级	资质专业	资质类型	排名 变化
1	中建科工集团有限公司	300≤	特级	房屋建筑工程	施工总承包	—
2	中铁南方投资集团有限公司	200～300	一级	市政公用工程、建筑工程、公路工程	施工总承包	↑1
3	中建二局第二建筑工程有限公司	100～200	一级	房屋建筑工程	施工总承包	↑1
4	中电建生态环境集团有限公司	100～200	一级	水利水电工程、市政公用工程	施工总承包	↓2

序号	企业名称	建筑业总产值/亿元	资质等级	资质专业	资质类型	排名变化
5	中国华西企业有限公司	100～200	特级	房屋建筑工程	施工总承包	—
6	中建四局第五建筑工程有限公司	100～200	一级	房屋建筑工程、公路工程	施工总承包	↑3
7	深圳市建工集团股份有限公司	100～200	特级	房屋建筑工程	施工总承包	↑4
8	深圳市市政工程总公司	100～200	特级	市政公用工程	施工总承包	—
9	中铁隧道集团三处有限公司	100～200	一级	公路工程	施工总承包	↓2
10	深圳市建筑工程股份有限公司	50～100	一级	房屋建筑工程	施工总承包	↓4
11	中海建筑有限公司	50～100	一级	建筑工程施工	施工总承包	新晋①
12	中建科技集团有限公司	50～100	一级	房屋建筑工程	施工总承包	↓2
13	深圳中铁二局工程有限公司	50～100	一级	房屋建筑工程	施工总承包	↓1
14	深圳市博大建设集团有限公司	50～100	一级	建筑装修装饰工程	专业承包	↑1
15	中建深圳装饰有限公司	50～100	一级	建筑装修装饰工程	施工总承包	↑2
16	中建八局深圳科创发展有限公司	50～100	一级	市政公用工程	施工总承包	新晋
17	深圳广田集团股份有限公司	50～100	一级	建筑装修装饰工程	专业承包	↓4
18	深圳市中装建设集团股份有限公司	50～100	一级	建筑装修装饰工程	专业承包	—
19	深圳市宝鹰建设集团股份有限公司	50～100	一级	建筑装修装饰工程	专业承包	↓5
20	深圳市中邦(集团)建设总承包有限公司	50～100	一级	房屋建筑工程	施工总承包	↓4

(二)总产值增长情况

2017年至2021年,深圳市建筑业龙头企业的数量持续增长,其建筑业总产值也处于增长的态势。2021年度深圳市建筑业龙头企业的建筑业总产值为2387亿元,比上年度增加了67亿元,增速为2.89%。2021年度20家龙头企业的平均建筑业总产值为119亿元,比上年

---

① 新晋:是指本年度总产值百强企业中新晋入的企业(相比上年度而言)。下同。

度减少 3 亿元,增速为 -2.46%,见表 3-3。

表 3-3　2017—2021 年度深圳市建筑业龙头企业建筑业总产值与平均建筑业总产值统计表

龙头企业	2021 年	2020 年	2019 年	2018 年	2017 年
企业数量	20	19	16	14	12
建筑业总产值/亿元	2387	2320	1767	1240	900
建筑业总产值增速/(%)	2.89	31.29	42.50	37.79	—
平均建筑业总产值/亿元	119	122	110	95	82
平均建筑业总产值增速/(%)	-2.46	10.91	15.79	15.85	—

在深圳市 20 家建筑业龙头企业中,建筑业总产值超过 300 亿元的企业共 1 家,占比 5%,系第一家首次超 300 亿元企业;250 亿元至 300 亿元的企业共 1 家,占比 5%,较上年度减少 2 家;200 亿元至 250 亿元的企业共 0 家;100 亿元至 200 亿元的企业共 7 家,占比 35%,较上年度减少 2 家;50 亿元至 100 亿元的企业共 11 家,占比 55%,较上年度增加 4 家,见表 3-4。

表 3-4　2020—2021 年度深圳市建筑业龙头企业建筑业总产值统计表

建筑业总产值/亿元	2021 年			2020 年		
	数量	百分比/(%)	累计百分比/(%)	数量	百分比/(%)	累计百分比/(%)
300≤	1	5	5	0	0.00	0.00
250≤且<300	1	5	10	3	15.79	15.79
200≤且<250	0	0	10	0	0.00	15.79
100≤且<200	7	35	45	9	47.37	63.16
50≤且<100	11	55	100	7	36.84	100.00

(三)企业资质等级情况

从资质等级来看,20 家龙头企业的资质等级相对较高,均为特级资质或一级资质。其中,5 家企业具有特级资质,占比 25%,平均建筑业总产值为 185 亿元,较上年度增加 28 亿元;15 家企业具有一级资质,占比 75%,平均建筑业总产值为 98 亿元,较上年度减少 12 亿元,见表 3-5。

表 3-5　2020—2021 年度深圳市建筑业龙头企业资质等级统计表

资质等级	2021 年			2020 年		
	数量	百分比/(%)	平均建筑业总产值/亿元	数量	百分比/(%)	平均建筑业总产值/亿元
特级资质	5	25	185	5	26.32	157
一级资质	15	75	98	14	73.68	110

(四)企业资质专业情况

从资质专业来看,20 家龙头企业共上报了 25 个资质专业。其中,房屋建筑工程类企业数量与上年度持平,为 11 家,占比 44%,平均建筑业总产值为 147 亿元,相比上年度增加 12 亿元;建筑装修装饰工程类企业数量为 6 家,占比 24%,平均建筑业总产值为 76 亿元,相比上年度增加 8 亿元;市政公用工程类企业和公路工程类企业的数量分别为 5 家和 2 家,平均建筑业总产值分别为 153 亿元和 198 亿元,其中前者较上年度减少 54 亿元,后者较上年度增加 35 亿元;此外,水利水电工程类企业的数量与上年度持平,为 1 家,建筑业总产值为 162 亿元,较上年度减少 93 亿元,见表 3-6。

表 3-6 2020—2021 年度深圳市建筑业龙头企业资质专业统计表

资质专业	2021 年			2020 年		
	数量	百分比/(%)	平均建筑业总产值/亿元	数量	百分比/(%)	平均建筑业总产值/亿元
房屋建筑工程	11	44	147	11	47.83	135
建筑装修装饰工程	6	24	76	5	21.74	68
市政公用工程	5	20	153	3	13.04	207
公路工程	2	8	198	3	13.04	163
水利水电工程	1	4	162	1	4.35	255
合计	25	100	136	23	100	139

(五)企业资质类型情况

从资质类型来看,20 家龙头企业仅有施工总承包企业和专业承包企业两种类型。其中,施工总承包企业数量为 16 家,占比 80%,平均建筑业总产值为 134 亿元,较上年度减少 2 亿元;专业承包企业为 4 家,占比 20%,企业数量与上年度持平,平均建筑业总产值为 60 亿元,比上年度减少 10 亿元,见表 3-7。

表 3-7 2020—2021 年度深圳市建筑业龙头企业资质类型统计表

资质类型	2021 年			2020 年		
	数量	百分比/(%)	平均建筑业总产值/亿元	数量	百分比/(%)	平均建筑业总产值/亿元
施工总承包	16	80	134	15	78.95	136
专业承包	4	20	60	4	21.05	70

三、建筑业总产值百强企业

(一)企业总体情况

通过对深圳市 2021 年本地建筑业企业的建筑业总产值进行排序,得出 2021 年度深圳市建筑业总产值百强企业,详见附录一。

2017 年度至 2021 年度深圳市建筑业总产值百强企业的建筑业总产值从 2557 亿元增长到 4125 亿元;平均建筑业总产值从 23 亿元增加到 41 亿元,见表 3-8。2017 年度至 2020 年度的建筑业总产值百强企业的总产值及平均建筑业总产值均持续增长,其中 2020 年度建筑业总产值百强企业的总产值及平均建筑业总产值的增速均有所下降,分别为12.90%和10.81%;2021年度建筑业总产值百强企业的总产值及平均建筑业总产值的增速急遽下降,分别为－0.38%和0。

表3-8 2017—2020年度深圳市建筑业百强企业建筑业总产值与平均建筑业总产值统计表

百强企业	2021年度	2020年度	2019年度	2018年度	2017年度
建筑业总产值/亿元	4125	4141	3668	3035	2557
建筑业总产值增速/(%)	－0.38	12.90	20.86	18.69	—
平均建筑业总产值/亿元	41	41	37	30	26
平均建筑业总产值增速/(%)	0	10.81	23.33	15.38	—

2021年度深圳市有1家建筑业企业的建筑业总产值首次突破300亿元;建筑业总产值在250亿元至300亿元的企业1家,较上年度减少2家;建筑业总产值在100亿元至200亿元的企业共7家,较上年度减少2家;建筑业总产值在50亿元至100亿元的企业共11家,较上年度增加4家;建筑业总产值在10亿元至50亿元的企业80家,较上年度减少1家。具体数据见表3-9。

表3-9 2018—2021年度深圳市建筑业总产值百强企业总产值区间统计表

建筑业总产值/亿元	建筑业总产值百强企业数量			
	2021年度	2020年度	2019年度	2018年度
300≤	1	0	0	0
250≤且＜300	1	3	0	0
200≤且＜250	0	0	3	0
100≤且＜200	7	9	4	4
50≤且＜100	11	7	9	10
10≤且＜50	80	81	84	86

2021年度深圳市建筑业总产值百强企业中,有80家企业为上年度深圳市建筑业总产值百强企业,没有企业名称变更情况。新晋百强企业共计20家。其中,19家企业为本地企业,1家企业2021年2月工商注册成立,即中建八局深圳科创发展有限公司,见表3-10。

表3-10 2021年度深圳市建筑业总产值百强企业组成

分类	数量	分类	数量
原百强企业	80	未更名企业	80
		更名企业	0
新晋百强企业	20	原本市企业	19
		新增企业	1
合计			100

(二)企业资质等级情况

从资质等级来看,在2021年度深圳市建筑业总产值百强企业中,特级资质企业共8家,平均建筑业总产值为125亿元,较上年度减少10亿元;资质等级为一级资质、二级资质、三级资质和不分等级资质的企业的数量和平均建筑业总产值与上年度相比变化较小。其中,一级资质企业共81家,平均建筑业总产值为35亿元;二级资质企业为家,平均建筑业总产值为23亿元;三级资质企业仅有1家,建筑业总产值为15亿元;不分等级资质企业有2家,平均建筑业总产值为24亿元,见表3-11。从数据可以看出,平均建筑业总产值与资质等级密切相关,特级资质企业的平均建筑业总产值远高于其他资质等级企业,一级资质企业的平均建筑业总产值高于二、三级资质等级企业。

表3-11 2019—2021年度深圳市建筑业总产值百强企业资质等级统计表

资质等级	2021年度		2020年度		2019年度	
	数量	平均建筑业总产值/亿元	数量	平均建筑业总产值/亿元	数量	平均建筑业总产值/亿元
特级资质	8	125	6	135	6	95
一级资质	82	35	81	36	82	34
二级资质	7	23	9	22	9	26
三级资质	1	15	1	24	2	25
不分等级资质	2	24	3	22	1	33

(三)企业资质专业情况

由于8家企业上报了多个资质专业,百强企业共上报110个资质专业。其中,建筑装修装饰工程类企业数量为33家,平均建筑业总产值为27亿元,企业数量比上年度少1家,平均建筑业总产值与上年度持平;房屋建筑工程类企业为30家,平均建筑业总产值为66亿元,企业数量较上年度减少2家,平均建筑业总产值增加7亿元;市政公用工程类企业为15家,平均建筑业总产值为57亿元,企业数量与上年度持平,平均建筑业总产值减少1亿元。各资质专业企业的数量及平均建筑业总产值见表3-12。从平均建筑业总产值来看,水利水电工程类企业的平均建筑业总产值最高,为162亿元,公路工程类企业次之,为140亿元;房屋建筑类企业和市政公用工程类企业的平均建筑业总产值分别为66亿元和57亿元。2021年度深圳市百强企业中资质专业的种类与上一年度减少3种,分别是建筑智能化工程、混凝土作业和机电工程施工;同时,增加了2种新资质专业,分别是化工石油工程和建筑防水工程。

表3-12 2019—2021年度深圳市建筑业总产值百强企业资质专业统计表

资质专业	2021年度		2020年度		2019年度	
	数量	平均建筑业总产值/亿元	数量	平均建筑业总产值/亿元	数量	平均建筑业总产值/亿元
建筑装修装饰工程	33	27	34	27	34	27
房屋建筑工程	30	66	32	59	28	49
市政公用工程	15	57	15	58	10	45
建筑幕墙工程	5	20	6	20	4	21

续表

资质专业	2021 年度		2020 年度		2019 年度	
	数量	平均建筑业总产值/亿元	数量	平均建筑业总产值/亿元	数量	平均建筑业总产值/亿元
公路工程	4	140	4	127	2	71
水利水电工程	1	162	3	94	3	87
砌筑作业	2	23	2	24	2	27
消防设施工程	4	20	3	20	2	22
地基基础工程	4	19	2	17	1	13
木工作业	1	16	1	18	2	23
模板作业	1	33	1	33	1	33
水暖电安装作业	1	33	1	33	1	33
建筑智能化工程	0	0	1	12	0	0
电力工程	1	13	1	24	1	22
通信工程	1	14	1	14	1	13
城市及道路照明工程	1	14	1	13	0	0
混凝土作业	0	0	1	15	0	0
机电安装工程	3	34	1	27	2	36
机电工程施工	0	0	1	44	0	0
电子与智能化工程	1	42	1	44	0	0
化工石油工程	1	21	0	0	1	26
钢结构工程	0	0	0	0	1	22
脚手架作业	0	0	0	0	1	17
河湖整治工程	0	0	0	0	1	14
土石方工程	0	0	0	0	1	13
建筑防水工程	1	14	0	0	0	0
其他	0	0	0	0	1	15
合计	110	46	112	45	100	36

在 2021 年度深圳市建筑业总产值百强企业中,资质专业为建筑装修装饰工程、房屋建筑工程和市政公用工程的企业数量占比最大,为了比较不同资质专业的企业竞争力,基于 2020 年度和 2021 年度深圳市建筑业总产值百强企业评价结果,对建筑装修装饰工程、房屋建筑工程和市政公用工程三种不同资质专业企业的建筑业总产值分别进行对比分析。

建筑装修装饰工程类企业在建筑业总产值百强企业中数量最多,为 33 家,平均建筑业总产值为 27 亿元。其中,超 75.76% 的企业建筑业总产值未超过 30 亿元。4 家企业为本年度总产值百强企业中新增的本市企业,分别是深圳市中航科建建设集团有限公司、深圳华创建筑装饰股份有限公司、深圳市万德建设集团有限公司和深圳市华剑建设集团股份有限公司。2021 年度基于建筑业总产值的深圳市建筑装修装饰工程类企业竞争力评价结果见表 3-13。

表 3-13   2021 年度基于建筑业总产值的深圳市建筑装修装饰工程类企业竞争力评价结果

评价结果	企业名称	建筑业总产值/亿元	排名变化
1	深圳市博大建设集团有限公司	70～80	↑2
2	中建深圳装饰有限公司	70～80	↑2
3	深圳广田集团股份有限公司	50～60	↓2
4	深圳市中装建设集团股份有限公司	50～60	↑1
5	深圳市宝鹰建设集团股份有限公司	50～60	↓3
6	深圳时代装饰股份有限公司	40～50	↑1
7	深圳市建筑装饰(集团)有限公司	30～40	↑2
8	深圳瑞和建筑装饰股份有限公司	30～40	↓2
9	深圳市科源建设集团股份有限公司	20～30	↑3
10	深圳中天精装股份有限公司	20～30	—
11	深圳洪涛集团股份有限公司	20～30	↓3
12	深圳海外装饰工程有限公司	20～30	↑3
13	深圳市中深建装饰设计工程有限公司	20～30	↑9
14	深圳市华南装饰集团股份有限公司	20～30	—
15	深圳市建艺装饰集团股份有限公司	20～30	↓4
16	深圳市中航科建建设集团有限公司	10～20	新晋
17	深圳中壹建设(集团)有限公司	10～20	↑12
18	深圳联丰建设集团有限公司	10～20	↑14
19	深圳市晶宫建筑装饰集团有限公司	10～20	↑1
20	深圳市郑中设计股份有限公司	10～20	↓1
21	深圳市华辉装饰工程有限公司	10～20	—
22	深圳华创建筑装饰股份有限公司	10～20	新晋
23	深圳市建侨建工集团有限公司	10～20	↑3
24	深圳洲际建筑装饰集团有限公司	10～20	↑1
25	深圳市嘉信建设集团有限公司	10～20	↓1
26	深圳市万德建设集团有限公司	10～20	新晋
27	深圳市润景装饰工程有限公司	10～20	↓10
28	深圳市卓艺建设装饰工程股份有限公司	10～20	↓10
29	深圳市维业装饰集团股份有限公司	10～20	↓6
30	中孚泰文化建筑股份有限公司	10～20	↓3
31	深圳市特艺达装饰设计工程有限公司	10～20	↓1
32	深圳市华剑建设集团股份有限公司	10～20	新晋
33	深圳市坐标建筑装饰工程股份有限公司	10～20	—

在 2021 年度深圳市建筑业总产值百强企业中,房屋建筑工程类企业为 30 家,平均建筑业总产值为 66 亿元。其中,建筑业总产值超过 100 亿元的企业有 6 家;50 亿元至 100 亿元的企业有 4 家;剩余的 20 家企业建筑总产值在 10 亿元至 50 亿元之间。4 家企业新晋深圳市建筑业总产值百强企业,分别是中建四局第五建筑工程有限公司、深圳市星宏达工程建设有限公司、深圳市汇宁建筑劳务分包有限公司和深圳市建设(集团)有限公司。2021 年度基于建筑业总产值的深圳市房屋建筑工程类企业竞争力评价结果见表 3-14。

表 3-14　2021 年度基于建筑业总产值的深圳市房屋建筑工程类企业竞争力评价结果

评价结果	企业名称	建筑业总产值 /亿元	排名变化
1	中建科工集团有限公司	300≤	—
2	中铁南方投资集团有限公司	250≤300	—
3	中建二局第二建筑工程有限公司	150～200	—
4	中国华西企业有限公司	100～150	—
5	中建四局第五建筑工程有限公司	100～150	新晋
6	深圳市建工集团股份有限公司	100～150	↑1
7	深圳市建筑工程股份有限公司	80～90	↓2
8	中建科技集团有限公司	80～90	↓2
9	深圳中铁二局工程有限公司	80～90	↓1
10	深圳市中邦(集团)建设总承包有限公司	50～60	↓1
11	中核华泰建设有限公司	40～50	↑2
12	深圳建业工程集团股份有限公司	30～40	↓2
13	银广厦集团有限公司	30～40	↑2
14	中国能源建设集团南方建设投资有限公司	30～40	↓3
15	深圳市星宏达工程建设有限公司	30～40	新晋
16	深圳市深安企业有限公司	30～40	—
17	深圳市鹏城建筑集团有限公司	20～30	
18	深圳市新启源实业发展有限公司	20～30	↓4
19	深圳市蛇口招商港湾工程有限公司	20～30	↑3
20	深圳泛华工程集团有限公司	10～20	↑1
21	深圳市第一建筑工程有限公司	10～20	↑3
22	深圳市金世纪工程实业有限公司	10～20	↓3
23	深圳市汇宁建筑劳务分包有限公司	10～20	新晋
24	深圳市新朗建设工程有限公司	10～20	↑2
25	深圳市广胜达建设有限公司	10～20	↑5
26	深圳东海建设集团有限公司	10～20	↑5
27	深圳市中建大康建筑工程有限公司	10～20	—
28	深圳市越众(集团)股份有限公司	10～20	↑1

评价结果	企业名称	建筑业总产值 /亿元	排名变化
29	深圳市福田建安建设集团有限公司	10～20	↓17
30	深圳市建设(集团)有限公司	10～20	新晋

在 2021 年度深圳市建筑业总产值百强企业中,市政公用工程类企业为 15 家,平均建筑业总产值为 57 亿元,较去年减少 1 亿元。其中,60%的企业建筑业总产值未超过 30 亿元。有 4 家企业新晋深圳市建筑业总产值百强企业,即中建八局深圳科创发展有限公司、深圳市国艺园林建设有限公司、深圳市天健坪山建设工程有限公司和中冶华南建设工程有限公司。2021 年度基于建筑业总产值的深圳市市政公用工程类企业竞争力评价结果见表 3-15。

表 3-15　2021 年度基于建筑业总产值的深圳市市政公用工程类企业竞争力评价结果

评价结果	企业名称	建筑业总产值 /亿元	排名变化
1	中铁南方投资集团有限公司	250≤	↑1
2	中电建生态环境集团有限公司	150≤200	↓1
3	深圳市市政工程总公司	100～150	—
4	中建八局深圳科创发展有限公司	60～70	新晋
5	深圳市华晟建设集团股份有限公司	30～40	—
6	深圳市深安企业有限公司	30～40	↓2
7	深圳市蛇口招商港湾工程有限公司	20～30	↑4
8	深圳市粤通建设工程有限公司	20～30	↑1
9	深圳市路桥建设集团有限公司	10～20	↑1
10	深圳市国艺园林建设有限公司	10～20	新晋
11	深圳市天健坪山建设工程有限公司	10～20	新晋
12	深圳文科园林股份有限公司	10～20	↓6
13	深圳市金世纪工程实业有限公司	10～20	↓5
14	深圳市铁汉生态环境股份有限公司	10～20	↓7
15	中冶华南建设工程有限公司	10～20	新晋

(四)企业资质类型情况

从资质类型来看,在 2020 年度深圳市建筑业总产值百强企业中,施工总承包企业数量为 55 家,平均建筑业总产值为 55 亿元。企业数量比上年度增加 2 家,建筑业平均总产值增加 1 亿元;专业承包企业为 39 家,平均建筑业总产值为 25 亿元,均与上年度持平;劳务分包企业为 6 家,平均建筑业总产值为 24 亿元。深圳市建筑业总产值百强企业不同资质类型企业 2021 年度的数量和总产值与上一年度相比,变化不大,见表 3-16。

表 3-16 2019—2021 年度深圳市建筑业总产值百强企业资质类型统计

资质类型	2021 年度		2020 年度		2019 年度	
	数量	平均建筑业总产值/亿元	数量	平均建筑业总产值/亿元	数量	平均建筑业总产值/亿元
施工总承包	55	55	53	54	48	49
专业承包	39	25	39	25	45	25
劳务分包	6	24	8	23	7	26

（五）企业所在行政区域分布情况

从企业所在行政区域来看,在 2021 年度深圳市建筑业总产值百强企业中,福田区的企业数量为 43 家,平均建筑业总产值为 27 亿元,企业数量与上年度持平,平均建筑业总产值减少 2 亿元;罗湖区为 18 家,平均建筑业总产值为 29 亿元,企业数量和总产值均比上年度有小幅度的下降,企业数量较上年度减少 6 家,平均建筑业总产值减少 6 亿元;南山区为 19 家,企业数量较上年度增加 4 家,平均建筑业总产值为 86 亿元,平均建筑业总产值增加 8 亿元;宝安区为 9 家,企业数量较上年度增加 2 家,平均建筑业总产值为 39 亿元,平均建筑业总产值较上年度减少 20 亿元;龙岗区为 5 家,平均建筑业总产值为 29 亿元,企业数量与上年持平,平均总产值增加 9 亿元;盐田区为 2 家,平均建筑业总产值为 25 亿元,企业数量与上年度持平,平均建筑业总产值增加 4 亿元;坪山区企业数量为 2 家,较上年度增加 1 家,平均建筑业总产值为 51 亿元;龙华区企业数量为 2 家,平均建筑业总产值为 79 亿元,较上年度增加 20 亿元;光明区和大鹏新区在 2020 年度和 2021 年度连续两年未有企业进入百强企业。从上述数据可以看出,大部分建筑业总产值百强企业集中于福田区、罗湖区和南山区,这三个行政区域的企业数量占 2021 年度建筑业总产值百强企业总数的 80.00%,比上一年度减少 2 家,见表 3-17。

表 3-17 2019—2021 年度深圳市建筑业总产值百强企业所在行政区域统计

行政区	2021 年度		2020 年度		2019 年度	
	数量	平均建筑业总产值/亿元	数量	平均建筑业总产值/亿元	数量	平均建筑业总产值/亿元
福田区	43	27	43	29	47	28
罗湖区	18	29	24	35	20	29
南山区	19	86	15	78	19	57
宝安区	9	39	7	59	6	70
龙岗区	5	29	5	20	3	29
盐田区	2	25	2	21	2	30
坪山区	2	51	1	107	1	79
龙华区	2	79	3	59	0	0
光明区	0	0	0	0	1	35
大鹏新区	0	0	0	0	1	22

(六)企业控股情况

从企业控股情况来看,在 2021 年度深圳市建筑业总产值百强企业中,私人控股企业为 61 家,平均建筑业总产值为 25 亿元,企业数量较上年度减少 6 家,平均建筑业总产值与上年度持平;国有控股企业为 28 家,平均建筑业总产值为 79 亿元,企业数量较上年度增加 4 家,平均建筑业总产值较上年度减少 9 亿元;集体控股企业为 3 家,平均建筑业总产值为 21 亿元,企业数量与平均建筑业总产值与上年度几乎持平;剩余的 8 家企业中,包括 4 家港澳台商控股企业和 4 家控股情况为其他的企业。从上述数据可以看出,私人控股和国有控股是建筑业总产值百强企业的主要控股方式,两者之和占比为 89.00%,与去年基本持平;其中,私人控股企业数量小幅减少,国有控股企业数量小幅增加,见表 3-18。尽管私人控股企业的数量比国有企业多 33 家,但其平均建筑业总产值远低于国有控股企业,两者相差 54 亿元。

表 3-18　2019—2021 年度深圳市建筑业总产值百强企业控股情况统计表

控股情况	2021 年度		2020 年度		2019 年度	
	数量	平均建筑业总产值/亿元	数量	平均建筑业总产值/亿元	数量	平均建筑业总产值/亿元
私人控股	61	25	67	25	57	24
国有控股	28	79	24	88	24	69
集体控股	3	21	3	22	4	34
港澳台商控股	4	41	2	31	1	38
其他	4	32	4	21	14	32

(七)企业注册类型

从企业注册类型来看,在 2021 年度深圳市建筑业总产值百强企业中,国有企业平均建筑业总产值最高,为 89 亿元,较上年度减少 3 亿元;股份有限公司、其他有限责任公司、私营有限责任公司和私营独资企业四种注册类型的企业数量及平均建筑业总产值与上年度相比均变化不大;私营股份责任公司、港澳台商独资经营企业、国有独资公司和与港澳台商合资经营企业这四种注册类型的企业数量与上一年度持平,平均建筑业总产值变化也较小,多在 3 亿元以内浮动。从上述数据可以看出,股份有限公司、其他有限责任公司、私营有限责任公司和国有企业占比最大,合计 92.00%,其中国有企业的平均建筑业总产值远高于其他三种注册类型企业;此外,私营有限责任公司、私营独资企业、私营股份责任公司的平均建筑业总产值增长较为缓慢,见表 3-19。

表 3-19　2019—2021 年度深圳市建筑业总产值百强企业注册类型统计表

注册类型	2021 年度		2020 年度		2019 年度	
	数量	平均建筑业总产值/亿元	数量	平均建筑业总产值/亿元	数量	平均建筑业总产值/亿元
股份有限公司	28	32	26	38	27	36
其他有限责任公司	31	42	27	39	26	34
私营有限责任公司	17	18	21	19	20	18

注册类型	2021年度		2020年度		2019年度	
	数量	平均建筑业总产值/亿元	数量	平均建筑业总产值/亿元	数量	平均建筑业总产值/亿元
国有企业	16	89	15	92	17	74
私营独资企业	2	19	3	16	4	13
私营股份责任公司	2	19	2	17	2	16
港澳台商独资经营企业	1	42	1	44	1	38
国有独资公司	1	45	1	38	1	36
与港澳台商合资经营企业	1	18	1	15	1	16
其他股份有限公司（上市）	0	0	1	26	0	0
集体企业	0	0	1	14	0	0
股份合作企业	0	0	1	12	0	0
私营合伙企业	0	0	0	0	1	13
有限责任公司（外商合资）	1	18	0	0	0	0

（八）企业主管部门

从企业主管部门来看，在2021年度深圳市建筑业总产值百强企业中，主管部门为地属部门的企业有85家，平均建筑业总产值为31亿元，相比上年度，企业数量减少2家，平均建筑业总产值减少7亿元；主管部门为中国建筑工程总公司的企业有7家，平均建筑业总产值为125亿元，相比上年度，企业数量增加2家，平均建筑业总产值增加21亿元；主管部门为中国铁路工程总公司的企业有3家，平均建筑业总产值为158亿元，相比上年度，企业数量和平均建筑业总产值均持平；主管部门为中国铁道建筑总公司、中国核工业建设集团公司、中国化学工程集团公司、中国交通建设集团有限公司和交通部的企业各1家，企业数量与平均建筑业总产值与上年度相比变化不大，见表3-20。从上述数据可以看出，主管部门为地属部门的企业数量最多，占比高达87.00%；从平均建筑业总产值来看，主管部门为中国建筑工程总公司和中国铁路工程总公司的企业具有明显优势，二者的平均建筑业总产值分别为104亿元和159亿元。

表3-20 2019—2021年度深圳市建筑业总产值百强企业主管部门统计表

主管部门	2021年度		2020年度		2019年度	
	数量	平均建筑业总产值/亿元	数量	平均建筑业总产值/亿元	数量	平均建筑业总产值/亿元
地属部门	85	31	87	38	86	30

续表

主管部门	2021 年度		2020 年度		2019 年度	
	数量	平均建筑业 总产值/亿元	数量	平均建筑业 总产值/亿元	数量	平均建筑业 总产值/亿元
中国建筑工程总公司	7	125	5	104	5	100
中国铁路工程总公司	3	158	3	159	4	103
中国铁道建筑总公司	1	26	1	20	1	41
中国核工业建设 集团公司	1	45	1	38	1	36
中国化学工程 集团公司	1	21	1	22	1	26
中国交通建设集团 有限公司	1	18	1	19	1	20
交通部	1	23	1	23	1	19

（九）企业人员数量

2021 年度深圳市建筑业总产值百强企业共有 53 万余名员工。其中,企业人数超过 30000 人的企业为 1 家,建筑业总产值为 191 亿元,较上年度平均建筑业总产值增加 44 亿元;企业人数在 25000 人至 30000 人的企业有 3 家,较上年度增加 3 家,平均建筑业总产值为 190 亿元;企业人数在 20000 人至 25000 人的有 2 家,平均建筑业总产值为 42 亿元,企业数量和平均建筑业总产值均与上年度基本持平;企业人数在 15000 人至 20000 人的企业有 3 家,平均建筑业总产值为 89 亿元,企业数量与上年度持平,平均建筑业总产值相比上年度增加 42 亿元;企业人数在 10000 人至 15000 人的企业共 7 家,平均建筑业总产值为 41 亿元,平均建筑业总产值相比上年度减少 33 亿元;企业人数在 5000 人至 10000 人的企业共 14 家,平均建筑业总产值为 31 亿元,企业数量较上年度减少 7 家,平均建筑业总产值相比上年度增加 7 亿元;企业人数在 2500 人至 5000 人的企业共 23 家,平均建筑业总产值为 25 亿元,平均建筑业总产值相比上年度减少 5 亿元;企业人数不足 2500 人的企业共 46 家,较上年度增加 10 家,平均建筑业总产值为 35 亿元,较上年度减少 1 亿元,见表 3-21。

表 3-21　2019—2021 年度深圳市建筑业总产值百强企业人数统计

企业人数	2021 年度		2020 年度		2019 年度	
	数量	平均建筑业 总产值/亿元	数量	平均建筑业 总产值/亿元	数量	平均建筑业 总产值/亿元
＜2500	46	35	36	36	31	29
2500≤且＜5000	23	25	23	30	31	27
5000≤且＜10000	14	31	21	24	18	41
10000≤且＜15000	7	41	11	74	10	44
15000≤且＜20000	3	89	3	47	5	44

续表

企业人数	2021 年度		2020 年度		2019 年度	
	数量	平均建筑业总产值/亿元	数量	平均建筑业总产值/亿元	数量	平均建筑业总产值/亿元
20000≤且<25000	2	42	3	43	3	93
25000≤且<30000	3	190	0	0	0	0
≥30000	1	191	3	147	2	123

本 章 小 结

本章采用建筑业总产值这一指标对深圳建筑业企业的竞争力进行评价分析。首先,对 2021 年度深圳建筑业协会统计信息管理系统的 1584 家本地建筑业企业的竞争力进行了分析。其次,分析了 20 家建筑业总产值超过 50 亿元的龙头企业的基本情况。再次,深入分析了 2021 年度深圳市建筑业总产值百强企业的发展现状,包括资质等级、资质专业、资质类型、所在行政区域、控股情况、注册类型、主管部门及企业人数等。

第四章 建筑业综合竞争力评价

建筑业综合竞争力是指建筑业企业在市场竞争中占有、使用和提供各类资源的相对优势能力。结合建筑业的产业特点,建筑业综合竞争力包含以下三方面因素:第一,基础因素,即企业直接或潜在拥有的自然资源、资金支持和人力资源等;第二,外在因素,即外在环境对企业的影响,如政府和行业协会的约束和推动,社会公众的认可程度等;第三,核心因素,即企业内部自发性改革,如奖项申报、技术创新、管理结构优化等。建筑业综合竞争力是衡量建筑业长效发展的重要指标,对企业有标志性的引导作用。

遵循科学性、系统性、全面性和可行性等原则,借鉴现有研究中建筑业综合竞争力的影响因素,召开专家会议对指标进行确认,构建了深圳市建筑业综合竞争力评价指标体系。通过汇总和处理深圳市 2021 年 1584 家本地建筑业企业的各项基础数据[①],最终得到 2021 年深圳市本地建筑业综合竞争力评价结果。

一、评价指标体系

(一)评价指标体系的构建原则

建筑业综合竞争力是一个多层次的动态系统,结构比较复杂。建筑业综合竞争力评价指标体系不仅是对建筑业企业竞争力"现状"的评价,也是企业对未来发展的"展望"。构建建筑业综合竞争力评价指标体系应遵循以下原则,以保证能够系统地反映建筑业企业竞争力的内涵和外延。

(1)科学性原则。

评价指标的选取和评价体系的构建必须依据公认、成熟的理论基础,同时也应真实反映深圳市本地建筑业企业的实际情况。

(2)系统性原则。

建筑业综合竞争力需要结合建筑业企业的特点细化指标,理顺各指标之间的逻辑关系,厘清各指标的层次与维度。

(3)全面性原则。

建筑业综合竞争力应尽可能全面地涵盖建筑业综合竞争力影响因素,既要反映企业的现有竞争能力,也要反映企业在未来市场中的竞争潜力。因此,评价指标应包括静态指标和动态指标。静态指标能反映企业的经营现状和实际规模,动态指标则能体现企业的发展潜力。

(4)可行性原则。

指标体系要简繁适中,其设置应尽量与现行的会计指标、统计指标和业务核算指标等相一致,以便获取评价指标数据。各评价指标及其计算方法应标准化、规范化。

---

① 各项基础数据来源于 2021 年深圳建筑业协会统计信息管理系统。

（5）公平性原则。

评价指标的选取和分值划分应该公正而不偏袒。

（6）准确性原则。

为使评价结果有效且有助于同行的验证和参考，所选取的指标数据应准确。应采用国家、省市或行业协会公开的权威数据，且应保持数据来源一致。

（7）目的性原则。

建筑业综合竞争力评价一方面能辅助政府和行业组织对行业的发展进行指导和管理，又能帮助建筑业企业了解自身的竞争力情况并制定发展策略。

（二）评价指标体系的构建

根据上述评价指标体系的构建原则，基于深圳市建筑业的实际情况，构建了深圳市建筑业综合竞争力评价指标体系。具体包括 6 个一级指标和 21 个二级指标。二级指标的评价采用 10 分制评分法，一级指标的评价基于对应的二级指标得分及相应权重得出。各指标的划分区间及相应得分经专家讨论确定。各级指标的含义及其得分情况如下。

（1）市场规模。

建筑业企业的市场规模是指企业占有市场和扩大市场的能力。市场规模可通过一定时期内企业的已完成建筑产品或服务、资源拥有量和货币收入等因素反映，是建筑业综合竞争力的一个关键正向指标。本章选取建筑业总产值、企业资质等级、资产合计和营业收入作为市场规模的二级指标，并划分合理的分值，如表 4-1 所示。

表 4-1　市场规模及其二级指标得分参照表

一级指标	二级指标	划分区间	分值
市场规模	建筑业总产值 /亿元	200≤	10
		100≤且＜200	8
		50≤且＜100	6
		10≤且＜50	4
		1≤且＜10	2
		0＜且＜1	1
		≤0	0
	资质等级	特级	10
		一级	8
		二级、不分等级	6
		三级	4
	资产合计 /亿元	200≤	10
		100≤且＜200	8
		50≤且＜100	6
		10≤且＜50	4
		1≤且＜10	2
		0＜且＜1	1
		≤0	0

一级指标	二级指标	划分区间	分值
市场规模	营业收入/亿元	150≤	10
		100≤且＜150	8
		50≤且＜100	6
		10≤且＜50	4
		0＜且＜10	2
		≤0	0

①建筑业总产值。

建筑业总产值不仅是建筑业经济效益的重要决定因素，也是衡量国家或地区经济的重要指标之一，反映了企业对社会经济发展的贡献。

②资质等级。

资质等级是建筑业企业重要的无形资产，是反映建筑业综合竞争力的一个重要指标。其中，施工总承包企业资质等级标准包括 12 个类别，一般分为四个等级（特级、一级、二级、三级）；专业承包企业资质等级标准包括 36 个类别，一般分为三个等级（一级、二级、三级）；劳务分包企业不分资质类别与等级[①]。为便于确保评分的一致性，评分标准的制定忽略不同资质专业的差异性。

③资产合计。

资产合计是企业拥有或控制的能以货币计量的经济资源，包括各种财产、债券和其他权利[②]。该指标综合反映了企业的业务能力水平，同时也为企业其他资源的形成和发展奠定了基础条件。

④营业收入。

营业收入是指在一定时期内，建筑业企业生产建筑产品和提供服务的货币收入，分为主营业务收入和其他业务收入，具体包括建设项目、建筑物的产值等[③]。营业收入体现了企业的经营规模，并可反映出企业对市场需求的了解与掌握情况，对企业竞争力具有良好的解释作用。

（2）营利稳健性。

营利稳健性反映了企业在生产经营过程中的绩效情况，同时也反映了企业在市场竞争中获取经济效益的能力。企业的营业利润和产值利润率反映了生产经营活动中的资产增加能力，资产负债率决定了企业的融资吸引力。本章选取营业利润、产值利润率、资产负债率作为营利稳健性的二级指标，并划分合理的分值，如表 4-2 所示。

---

① 参见《建筑业企业资质等级标准》（建市〔2014〕159 号）。

② 参见"会计百科"词条"资产合计"，https://baike.kuaiji.com/v37473611.html，2023 年 4 月 20 日访问。

③ 参见杨新毓、田义成、檀佳伟：《浅谈建筑业总产值与财务营业收入间差异》，太原：《山西财经大学学报》2021 年 11 月第 43 卷第 S2 期第 28～29 页。

表 4-2　营业稳健性及其二级指标得分参照表

一级指标	二级指标	划分区间	分值
营利稳健性	营业利润 /亿元	5.00≤	10
		2.00≤且<5.00	8
		1.00≤且<2.00	6
		0.10≤且<1.00	4
		0.05≤且<0.10	2
		0<且<0.05	1
		≤0	0
	产值利润率 /（%）	500≤	10
		100≤且<500	8
		20≤且<100	6
		10≤且<20	4
		5≤且<10	2
		0<且<5	1
		≤0	0
	资产负债率 /（%）	60<	5
		40≤且≤60	10
		<40	5

①营业利润。

营业利润是建筑业企业在提供建筑产品或服务中实现的利润[①]，可用于衡量建筑业企业经营水平和竞争力。营业利润越多，表明企业经营效益越好；营业利润越少，则表明企业经营效益越差。

②产值利润率。

产值利润率是建筑业企业在一定时期内的营业利润总额与建筑业总产值的比值[②]，它表示单位产值获得的利润，反映产值与利润之间的关系。产值利润率可反映企业是否增产增收，产值利润率越高，表明单位产值获得的利润越大。

③资产负债率。

资产负债率是评价建筑业企业负债水平的综合指标，反映了企业负债总额与资产总额的比例关系[③]。同时，资产负债率也是衡量企业利用债权人提供资金进行经营活动的能力和贷款发放安全程度的指标。一般来说，资产负债率越小，资产对债权人的保障程度越高，如果大于100%，说明资不抵债。对于企业的经营者而言，强调适当举债，以充分发挥财务杠杆的作用。一般认为，理想化的企业资产负债率应处于40%至60%之间。

---

① 参见廖益新：《数字经济环境下营业利润课税权的分配》，厦门：《厦门大学学报（哲学社会科学版）》2017年第4期第92~101页。

② 参见程远、胡秋阳、姚万军：《产业分工、部门部类关系与总体产值利润率》，北京：《经济研究》2020年第5期第139页。

③ 参见王翰雄、杨东华：《资产负债率公式的理解与运用》，武汉：《财会月刊》2014年第6期第102-104页。

（3）运营效率。

人均产值是建筑业企业年总产值与总人数的比值，是考核企业运营效率的关键指标[①]。它反映了企业每位员工的年平均产值，是企业在一定时期内经济活动有效成果的综合体现。本章选取人均产值作为运营效率的二级指标，并划分合理的分值，如表4-3所示。

表4-3 运营效率及其二级指标得分参照表

一级指标	二级指标	划分区间	分值
运营效率	人均产值/（万元/人）	2000≤	10
		1000≤且<2000	8
		500≤且<1000	6
		50≤且<500	4
		1≤且<50	2
		0<且<1	1
		≤0	0

（4）社会责任。

社会责任是建筑业企业自愿承担的高于自身目标的社会义务。良好的社会责任（如就业岗位、税收、GDP）可以产生一定的社会效应，同时在生产经营活动中形成一种独特的无形竞争优势。本章选取企业的从业人数、GDP贡献度、税收贡献度作为社会责任的二级指标，并划分合理的分值，如表4-4所示。

表4-4 社会责任及其二级指标得分参照表

一级指标	二级指标	划分区间	分值
社会责任	从业人数/人	30000≤	10
		10000≤且<30000	8
		3000≤且<10000	6
		1000≤且<3000	4
		500≤且<1000	2
		0<且<500	1
	GDP贡献度/（%）	30≤	10
		20≤且<30	8
		10≤且<20	6
		5≤且<10	4
		1≤且<5	2
		0<且<1	1
		≤0	0

---

① 参见张勇波：《项目人员数量和人工成本控制分析——以人均产值模型为基础》，北京：《财会学习》2016年第5期第135-136页。

续表

一级指标	二级指标	划分区间	分值
社会责任	税收贡献度 /（%）	15≤	10
		3.5≤且<15	8
		0.8≤且<3.5	6
		0.4≤且<0.8	4
		0.2≤且<0.4	2
		≤0.2	1

①从业人数。

从业人数是指报告期最后一天,在建筑业企业中工作并取得劳动报酬的全部人员数量,包括在岗职工和其他从业人员两部分[①]。从业人数反映了建筑业企业报告期末实际参加生产或全部劳动力的情况,直接影响企业的运营和发展,是提高建筑业综合竞争力的重要因素之一。

②GDP 贡献度。

GDP 贡献度是指一定时期内企业所产出的全部最终成果（产品和劳务）对本地市场价值的贡献情况。GDP 作为经济统计指标,可以客观反映经济现状和发展水平。企业给本地带来的 GDP 增长体现了企业为当地社会经济发展做出的贡献,是企业社会责任的具体表现之一。按照统计惯例,深圳市本地企业在本地完成的建筑业总产值全部留在本地,外地建筑业企业在本地完成的建筑业总产值按 3：7 比例分配到总部和本地。深圳市本地建筑业企业对深圳市 GDP 的贡献度计算公式如下：

$$C_{\text{GDP}} = \frac{G_e A_s}{G_{\text{s-local}} + G_{\text{non-s}}/0.7} \tag{1}[②]$$

C_{GDP} 是指某一深圳市本地建筑业企业对深圳市本年度的 GDP 贡献度；G_e 是指该企业的本年度建筑业总产值；A_s 是指深圳市本年度的建筑业增加值；$G_{\text{s-local}}$ 是指深圳市本地企业本年度的建筑业总产值；$G_{\text{non-s}}$ 是指深圳市外地企业本年度的建筑业总产值。

③税收贡献度。

税收贡献度是指一定时期内企业占用的资产所做出的税收产出或税收贡献与当地建筑业企业所缴税收总额的比值,是一个新生的评价社会经济效益的经济数据指标,反映了企业社会资源的有效配置,也体现了企业为当地社会经济发展做出的税收贡献,是企业社会责任的具体表现之一。深圳市本地建筑业企业对深圳市税收的贡献度计算公式如下：

$$C_{\text{tax}} = \frac{G_e}{I_{\text{local}}} \tag{2}[③]$$

C_{tax} 是指某一深圳市本地建筑业企业对深圳市本年度的税收贡献度；G_e 是指该企业的本年度所缴纳的税收总额（主要包括营业税金及附加、应交所得税、应缴增值税）；I_{local} 是指

---

① 参见:《部分地区建筑业企业个数、从业人数和劳动生产率》,北京:《中国经济景气月报》,2018 第 2 期第 223 页。

② GDP 贡献度计算公式来源于深圳建筑业协会提供的《关于建筑业企业对本地 GDP 和税收贡献等关键数据的测算》。

③ 税收贡献度计算公式来源于深圳建筑业协会提供的《关于建筑业企业对本地 GDP 和税收贡献等关键数据的测算》。

深圳市本年度建筑业企业纳税总额。

(5)企业信用度。

企业信用度是指从社会信誉、经济状况、商品交易的履约情况等方面反映出来的买卖遵约守信程度。通过对企业在建筑业中的社会信誉、活动开展积极性及信守合约状况的考察,深入了解企业信用度的公信力,一定程度上可以反映社会各界对企业的认可,为建筑业企业综合竞争力评价提供重要的参考依据。因此,本章选取企业形象、行业自律公约或廉洁自律公约签署情况、企业及所属从业人员廉洁从业负面情况作为企业信用度的二级指标,并划分合理分值,如表 4-5 所示。

表 4-5 企业信用度及其二级指标得分参照表

一级指标	二级指标	得分依据
企业信用度	企业形象	深圳建筑业协会副会长以上单位得 10 分,常务理事单位 8 分,理事单位 6 分,会员单位 4 分,其他为 0 分
	行业自律公约或廉洁自律公约签署情况	有签署行业自律公约或廉洁自律公约得 10 分,均未签署不得分
	企业及所属从业人员廉洁从业负面信息情况	无廉洁从业负面信息得 10 分,有廉洁从业负面信息不得分

①企业形象。

良好的企业形象直接影响社会公众和企业职工对企业整体的印象与评价,为企业赢得良好的市场信誉,使企业能够在短时间内实现扩张,吸引更多合作者,从而扩大企业自身的市场影响力[1]。

②行业自律公约或廉洁自律公约签署情况。

行业自律公约或廉洁自律公约是指行业自律组织为了行业成员的共同利益、保障本行业的持续健康发展而制定的对整个行业自律组织的成员具有普遍约束力的行为规范[2]。行业自律公约或廉洁自律公约的签署表明了企业对行业主观规范的认可与遵从。

③企业及所属从业人员廉洁从业负面信息情况。

企业及所属从业人员廉洁从业负面信息主要是考察企业及所属从业人员廉洁从业行为的规范性。企业及所属从业人员廉洁从业行为对推动党风廉政建设与企业经营管理深度融合具有重要意义,有助于促进企业持续健康发展和保障职工群众合法权益。企业及所属从业人员有无廉洁从业负面信息可反映其在行业发展中的信用水平。

(6)技术创新。

技术的创新与进步是建筑业企业健康发展的重要保障之一。技术创新是建筑业企业快速发展的源泉和动力,是保持长期竞争优势和获得长期利润的重要保证。深入分析建筑业企业的专利申请情况、新工艺的使用与改造、管理模式及高质量赛事的获奖情况等信息,有效掌握企业的技术优势和竞争活力。本章选取企业获奖情况、专利授权数量、是否高新技术企业、工法和 QC 小组作为技术创新的二级指标,并划分合理的分值,如表 4-6 所示。

---

① 参见连亚丽:《强化建筑施工企业形象,提升企业社会知名度》,西安:《现代企业》2011 年第 11 期第 49-50 页。

② 参见刘晓:《关于加强建筑企业统计的思考》,济南:《科技信息》2012 年第 5 期 594 页。

表 4-6　技术创新及其二级指标得分参照表

一级指标	二级指标	划分区间	分值
技术创新	获国家级奖项数	2≤	10
		0<且≤1	5
	获省级奖项数	20≤	10
		15≤且<20	8
		10≤且<15	6
		5≤且<10	4
		2≤且<5	2
		0<且≤1	1
	获市级奖项数	40≤	10
		20≤且<40	8
		10≤且<20	6
		5≤且<10	4
		2≤且<5	2
		0<且≤1	1
	专利和科技计划项目等项数	20≤	10
		15≤且<20	8
		10≤且<15	6
		5≤且<10	4
		2≤且<5	2
		0<且≤1	1
	高新技术企业	0<且≤1	10
	QC 小组和工法项数	30≤	10
		20≤且<30	8
		10≤且<20	6
		5≤且<10	4
		2≤且<5	2
		0<且≤1	1

①获奖。

获奖情况是指企业所获奖项的数量和等级,是反映建筑业企业技术创新能力的重要指标之一。获奖等级包括国家级、省级和市级,不同级别的奖项含金量不同。本章中的国家级奖项包括中国建设工程鲁班奖和国家优质工程奖;省级奖项包括广东省建设工程金匠奖、广东省建设工程优质奖、广东省建设工程优质结构奖、广东省建筑业新技术应用示范工程等;市级奖项包括深圳市优质专业工程奖、深圳市优质结构工程奖、深圳市安全生产与文明施工优良工地、深圳市建筑业新技术应用示范工程等,具体获奖情况详见附录四。

②专利和科技计划项目。

专利是指企业自主拥有的技术知识和产品产权。企业所拥有的专利数量是衡量技术创新能力的重要指标,是企业竞争力的重要体现①。鉴于实用新型的创造性和技术水平较发明专利低,不进行公布和实质审查,更容易授权,本报告仅纳入发明授权专利,不再涵盖实用新型专利。深圳市工程建设领域科技计划项目,是深圳市建设行政主管部门统筹协调的深圳市建设科技项目,要求聚焦工程建设科技发展前沿或者重点技术领域,创新性强,技术水平达到国内领先,具有较强推广应用价值,对促进工程建设领域绿色发展和高质量发展有积极作用。能够申请承担深圳市工程建设领域科技计划项目,表明企业在相关领域具有相应的人才和技术储备,是企业科技创新和技术创新能力的体现。BIM 技术以其卓越的功能和广泛的应用领域,正在改变建筑行业的方方面面,引领着建筑行业的革命,驱动建筑业的数字化转型升级,是建筑行业发展的重要方向之一。发展 BIM 技术已成为国家政策,深圳市的BIM 发展政策和技术应用也一直走在全国前列,深圳市建设工程建筑信息模型（BIM）应用大赛业已举行多届,在本报告将专利和科技计划项目予以强调的情况下,实有必要将企业获得的此类奖项给予同等对待。

③高新技术企业。

高新技术企业是指在《国家重点支持的高新技术领域》内,持续进行研究开发与技术成果转化,形成企业核心自主知识产权,并以此为基础开展经营活动,在中国境内（不包括港澳台地区）注册的居民企业。高新技术企业是发展高科技,实现产业化的重要载体,是实现国民经济快速、稳定增长的重要力量。获得"高新技术企业"称号,是企业具有高品质产品、强大创新能力的有力证明,体现了国家相关部门对企业科技创新成果的肯定。

④QC 小组和工法。

QC 小组是指在生产或工作岗位上从事各种劳动的职工围绕企业的经营战略、方针目标和现场存在的问题,以改进质量、降低消耗、提高人员素质和经济效益为目的而组织起来的,并运用质量管理的理论和方法开展活动的小组②,体现了企业在生产经营活动中改善管理的能力。工法是指建筑业企业在实际生产过程中通过采用新技术和新工艺总结出来的先进施工工法,是企业技术优势的重要组成部分,反映了企业在工程项目施工过程中技术含量的高低③。

（三）评价指标权重的确定

结合深圳市建筑业本地企业的实际情况,本章采用专家打分法确定上述评价指标体系中各项指标的权重,如表4-7所示。

表 4-7　深圳市建筑业综合竞争力评价指标体系

一级指标		二级指标		权重
分类	权重	分类	权重	
市场规模	35%	建筑业总产值	60%	0.2100
		资质等级	10%	0.0350
		资产合计	15%	0.0525
		营业收入	15%	0.0525

---

① 参见何春、张珈瑞、李彬、骆汉宾:《国内建筑施工技术专利统计分析》,武汉:《土木工程与管理学报》2015 年 3 月第 32 卷第 1 期第 77 页。

② 参见高汉芳:《建筑施工中开展 QC 小组活动浅析》,南京:《江苏建材》2013 年第 4 期第 61-63 页。

③ 参见王凤起:《从工法看我国建筑业企业技术发展进程》,北京:《施工技术》2015 年 9 月第 44 卷第 18 期第 73 页。

续表

一级指标		二级指标		权重
分类	权重	分类	权重	
营利稳健性	10%	营业利润	30%	0.0300
		产值利润率	30%	0.0300
		资产负债率	40%	0.0400
运营效率	5%	人均产值	100%	0.0500
社会责任	10%	从业人数	40%	0.0400
		GDP 贡献度	30%	0.0300
		税收贡献度	30%	0.0300
企业信用度	7.5%	企业形象	40%	0.0300
		行业自律公约或廉洁自律公约签署情况	30%	0.0225
		企业及所属从业人员廉洁从业负面信息情况	30%	0.0225
技术创新	32.5%	获国家级奖	40%	0.1300
		获省级奖	20%	0.0650
		获市级奖	10%	0.0325
		专利和科技计划项目	10%	0.0325
		高新技术企业	10%	0.0325
		QC 小组和工法	10%	0.0325
合计				1.000

(四)评价指标的数据来源

本章所采用的数据来源于五个方面。

(1)评价指标体系中的建筑业总产值、资质等级、资产合计、营业收入、营业利润、产值利润率、资产负债率、人均产值和从业人数以及企业本年度所缴纳的税收总额(主要包括营业税金及附加、应交所得税、应缴增值税)共十项指标的基础数据均来源于深圳建筑业协会统计信息管理系统。

(2)企业对本地 GDP 的贡献度和税收贡献度数据来源于深圳市统计局和深圳市政府数据开放平台。

(3)企业形象、行业自律公约或廉洁自律公约签署情况、行业统计报表及时上报情况、企业及所属从业人员廉洁从业负面信息情况、企业所获国家级奖、省级奖、市级奖、工法和 QC 小组的基础数据均由深圳建筑业协会提供。

(4)企业的专利数据来源于国家知识产权局认定的全国知识产权服务品牌机构培育单位——佰腾网,评价指标体系中的专利特指各企业在 2021 年度的发明授权专利,不包含期间受理的;2021 年度深圳市工程建设领域科技计划项目数据来源于深圳市住房和建设局官网《关于公布 2021 年深圳市工程建设领域科技计划项目立项的通知》。

(5)高新技术企业(包括国家级和深圳市级)的数据来源于互联网检索,特别是企业官网介绍,但不包含 2022 年 1 月 1 日以后获得认定的。

（6）上年度深圳市建筑业综合竞争力的相关信息来源于《2021 深圳市建筑业综合竞争力评价分析报告》。

二、评价结果

通过汇总、处理深圳市 2021 年已上报的 1584 家本地建筑业企业的各项基础数据指标，根据评价指标体系计算各企业的单项指标得分和综合竞争力得分，采用皮尔逊相关分析法确定指标之间的相关性，确定了 2021 年度深圳市建筑业综合竞争力百强企业，并深入分析了百强企业的相关情况，详见附录二。

（一）各项指标相关分析

旨在深入探究深圳市本地建筑业企业各综合竞争力指标间内在联系，本节采用皮尔逊相关系数分析 1584 家深圳市本地建筑业企业的数据，进一步度量各指标之间的关系。皮尔逊相关系数（Pearson correlation coefficient）是一种度量两个变量间相关程度的方法，是两个随机变量之间的协方差和标准差的商，其计算式如式（3）所示。由于被评价企业均无企业及所属从业人员廉洁从业负面信息情况，暂不分析企业及所属从业人员廉洁从业负面信息情况指标。最终，选取建筑业总产值、资产等级、资产合计和营业收入等 19 个指标进行相关分析。

$$\rho(z,y) = \frac{\text{Cov}(X,Y)}{\sqrt{D(X)}\sqrt{D(Y)}} = \frac{E(X-EX)(Y-EY)}{\sqrt{D(X)}\sqrt{D(Y)}} \tag{3}$$

其中，X 和 Y 是随机变量，$\sqrt{D}$ 为标准差，$\text{Cov}(X,Y)$ 为随机变量 X 和 Y 的协方差，E 为数学期望。Pearson 值在（-1.00，1.00）之间，值越接近 1.00，代表变量正相关程度越高；值越接近 0.00，代表变量之间相互独立程度越高；值越接近 -1.00，代表变量负相关程度越高[1]。

根据文献调研，Pearson 绝对值在 $0.00 \sim 0.20$ 区间内，指标相关性极弱或者无关；在 $0.20 \sim 0.40$ 区间内，指标相关性弱；在 $0.40 \sim 0.60$ 区间内，指标相关性中等程度；在 $0.60 \sim 0.80$ 区间内，指标相关性强；在 $0.80 \sim 1.00$ 区间内，指标相关性极强[2]。分析结果如图 4-1 所示。

建筑业综合竞争力指标之间大体都呈现正相关，部分因素之间相关性强甚至极强。主要结果如下。

①建筑业总产值、GDP 贡献度和营业收入三个指标之间的皮尔逊相关系数大于 0.8，互相存在极强正相关；

②税收贡献度分别与建筑业总产值、营业收入、GDP 贡献度呈现强正相关；

③获市级奖项分别与省级奖、企业形象、建筑业总产值呈现强正相关；

④资产合计分别与建筑业总产值、营业收入、GDP 贡献度呈现强正相关；

⑤获省级奖项分别与市级奖以及 QC 小组和工法呈现强正相关；

---

① 参见许阳、任盛、刘鑫、李若、李宗恩、王智勇：《基于皮尔逊相关系数法的台区窃电精准分析》，长沙：《大众用电》2021 年第 8 期 14 页。

② 参见周纲、黄瑞、刘度度、张芝敏、胡军华、高云鹏：《基于改进 K-means 聚类和皮尔逊相关系数户变关系异常诊断》，哈尔滨：《电测与仪表》，网络首发时间：2021 年 6 月 1 日。

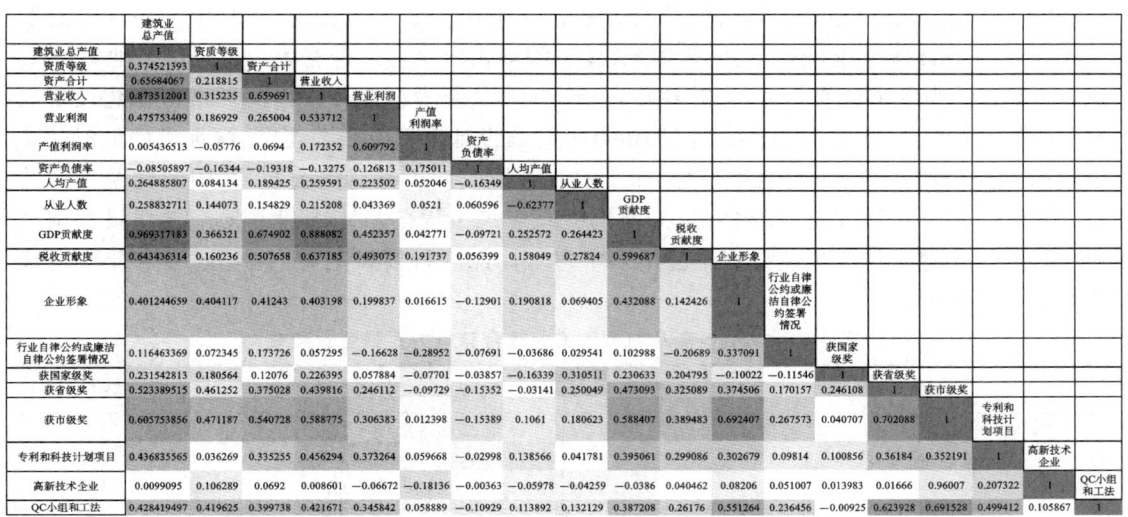

图 4-1　深圳市建筑业综合竞争力评价指标相关性

⑥GDP 贡献度与资产合计呈现强正相关；

⑦营业收入与税收贡献度呈现强正相关；

⑧营业利润与产值利润率呈现强正相关；

⑨企业形象与获市级奖项呈现强正相关。

剩余指标之间的相关性均在中等及其以下，在此不一一列举。

(二)百强企业总体评价分析

(1)2021 年度深圳市建筑业综合竞争力百强企业。

2021 年度深圳市建筑业综合竞争力排名前三的企业分别为中建科工集团有限公司、中国华西企业有限公司、中建二局第二建筑工程有限公司(并列第三)、深圳市市政工程总公司(并列第三)，其综合竞争力得分分别为 7.865、6.9125、6.645。与过去两年相比，前三名排名较为稳定，如表 4-8 所示。

表 4-8　2019—2021 年度深圳市建筑业综合竞争力前三名企业

排名	2021 年度		2020 年度		2019 年度	
	公司名称	得分	公司名称	得分	公司名称	得分
第一名	中建科工集团有限公司	7.865	中建科工集团有限公司	8.60	中国华西企业有限公司	7.71
第二名	中国华西企业有限公司	6.9125	深圳市市政工程总公司	8.26	中建二局第二建筑工程有限公司	7.19
第三名	中建二局第二建筑工程有限公司 深圳市市政工程总公司	6.645	中国华西企业有限公司	7.96	中铁南方投资集团有限公司	7.18

2021年度深圳市建筑业综合竞争力百强企业中,有78家企业为2020年度深圳市建筑业综合竞争力百强企业,不存在更名情况;新晋深圳市建筑业综合竞争力百强的企业共计22家,17家企业为本市原有企业(不存在更名情况),5家新增企业分别是深圳市万德建设集团有限公司(2019年10月前名称是"深圳市万德装饰设计工程有限公司")、深圳市中航科建建设集团有限公司(2020年的名称是"深圳市中航装饰设计工程有限公司")、中海建筑有限公司(曾用名:深圳中海建筑有限公司、深圳市中海建筑工程公司)、中建八局南方建设有限公司(曾用名:中建八局深圳建设有限公司)、中建八局深圳科创发展有限公司(2021年2月成立),如表4-9所示。

表4-9 2021年度深圳市建筑业综合竞争力百强企业组成

分类	数量	分类	数量
原百强企业	78	未更名企业	78
		更名企业	0
新晋百强企业	22	原本市企业	17
		新增企业	5
合计			100

(2)2021年度深圳市建筑业综合竞争力百强企业得分分布。

从2021年度深圳市建筑业综合竞争力评价结果来看,深圳市建筑业综合竞争力百强企业的综合评分分布于2.685分至7.865分区间内,平均评分为3.72分。在2.00分至3.00分的企业为21家,3.00分至4.00分的企业为54家,4.00分至5.00分的企业为13家,5.00分至6.00分的企业为5家,6.00分至7.00分的企业为6家,7.00分以上的企业为1家,即中建科工集团有限公司。相比2020年度,2021年度深圳市建筑业综合竞争力评价得分分布明显呈现"两头小、中间大"的"橄榄形结构",符合正态分布规律,如表4-10所示。

表4-10 2019—2021年度深圳市建筑业综合竞争力百强企业综合竞争力得分统计表

综合指标	得分区间	数量		
		2021年度	2020年度	2019年度
综合竞争力	7.00≤	1	6	3
	6.00≤且<7.00	6	7	4
	5.00≤且<6.00	5	11	10
	4.00≤且<5.00	13	26	48
	3.00≤且<4.00	54	50	35
	2.00≤且<3.00	21	0	0
	平均评分	3.72	4.49	4.45

(三)百强企业单项指标分析

(1)市场规模。

市场规模是深圳市建筑业综合竞争力的关键指标之一,权重占比为35%,指标评分满分为 3.50 分。在评价市场规模时,根据既定权重得出的市场规模得分,如表 4-11 所示。

从市场规模来看,2021 年度深圳市建筑业综合竞争力百强企业得分 1.00 分到 2.00 分的企业为 81 家;2.00 分到 3.00 分的企业为 16 家;大于 3.00 分的企业为 3 家。

表 4-11 2021 年度深圳市建筑业综合竞争力百强企业市场规模情况统计表

一级指标	划分区间	数量
市场规模	3.00≤且<3.50	3
	2.00≤且<3.00	16
	1.00≤且<2.00	81

以下从市场规模下属二级指标即建筑业总产值、资质等级、资产合计和营业收入,对 2021 年深圳市建筑业综合竞争力百强企业中的分布情况进行分析。

从建筑业总产值来看,建筑业总产值低于 10 亿元的企业为 0 家;10 亿元至 50 亿元之间的企业为 80 家;50 亿元至 100 亿元的企业为 11 家;100 亿元以上的企业为 9 家,其中包括 2 家总产值超过 200 亿元,如表 4-12 所示。

表 4-12 2019—2021 年度深圳市建筑业综合竞争力百强企业建筑业总产值分布情况统计表

二级指标	划分区间	数量		
		2021 年度	2020 年度	2019 年度
建筑业总产值 /亿元	200≤	2	3	3
	100≤且<200	7	9	4
	50≤且<100	11	7	9
	10≤且<50	80	75	79
	1≤且<10	0	6	5

从资质等级来看,特级资质企业为 8 家;一级资质等级的企业为 83 家;二级资质企业和不分资质等级的企业为 8 家;三级资质企业为 1 家,如表 4-13 所示。

表 4-13 2019—2021 年度深圳市建筑业综合竞争力百强企业资质等级分布情况统计表

二级指标	划分区间	数量		
		2021 年度	2020 年度	2019 年度
资质等级	特级	8	6	6
	一级	83	83	83
	二级、不分资质等级	8	9	7
	三级	1	2	4

从资产合计来看,资产合计小于 1 亿元的企业为 1 家;1 亿元至 10 亿元的企业为 18 家;10 亿元至 50 亿元之间的企业为 56 家;50 亿元至 100 亿元的企业为 10 家;100 亿元以上的企业为 15 家,其中资产合计 200 亿元以上的企业为 8 家,如表 4-14 所示。

表 4-14　2019—2021 年度深圳市建筑业综合竞争力百强企业资产合计分布情况统计表

二级指标	划分区间	数量		
		2021 年度	2020 年度	2019 年度
资产合计/亿元	200≤	8	7	4
	100≤且<200	7	6	5
	50≤且<100	10	13	14
	10≤且<50	56	54	64
	1≤且<10	18	18	10
	0<且<1	1	2	3

　　从营业收入来看,营业收入 10 亿元以下的企业共 2 家;10 亿元至 50 亿元之间的建筑业企业数量最多,共计 79 家;50 亿元至 100 亿元之间的企业共计 10 家;营业收入在 100 亿元以上的企业共 9 家,包括 5 家营业收入在 150 亿元以上的企业,如表 4-15 所示。

表 4-15　2019—2021 年度深圳市建筑业综合竞争力百强企业营业收入分布情况统计表

二级指标	划分区间	数量		
		2021 年度	2020 年度	2019 年度
营业收入/亿元	150≤	5	4	3
	100≤且<150	4	3	2
	50≤且<100	10	13	11
	10≤且<50	79	75	80
	0<且<1	2	5	4

　　(2)营利稳健性。

　　营利稳健性是对建筑业企业的生产经营绩效和经济效益获取的反馈,对建筑业综合竞争力的贡献度为 10%,指标评价满分为 1.00 分。在评价营利稳健性时,依据既定权重得出的营利稳健性得分,如表 4-16 所示。

表 4-16　2021 年度深圳市建筑业综合竞争力百强企业营利稳健性情况统计表

一级指标	划分区间	数量
营利稳健性	0.80≤且<1.00	0
	0.60≤且<0.80	8
	0.40≤且<0.60	28
	0.20≤且<0.40	64

　　从营利稳健性来看,2021 年度深圳市建筑业综合竞争力百强企业得分在 0.20 分至 0.40 分的企业为 64 家;0.40 分至 0.60 分的企业为 28 家;0.60 分至 0.80 分的企业为 8 家,其中得分最高的是深圳中集天达空港设备有限公司(2020 年得分在 0.80 分以上,排名第二位)。

　　以下从营利稳健性下属二级指标即营业利润、产值利润率和资产负债率,对 2021 年深圳市建筑业综合竞争力百强企业中的分布情况进行分析。

　　从营业利润来看,亏损的达 14 家,低于 0.10 亿元的企业为 10 家,0.10 亿元至 1.00 亿元之间的企业为 47 家,1.00 亿元至 2.00 亿元之间的企业为 13 家;2.00 亿元至 5.00 亿元之间的企业为 11 家;超过 5.00 亿元的企业为 5 家,如表 4-17 所示。

表 4-17　2019—2021 年度深圳市建筑业综合竞争力百强企业营业利润分布情况统计表

二级指标	划分区间	数量		
		2021 年度	2020 年度	2019 年度
营业利润 /亿元	5.00≤	5	2	5
	2.00≤且<5.00	11	15	14
	1.00≤且<2.00	13	18	23
	0.10≤且<1.00	47	46	46
	0.05≤且<0.10	7	6	5
	<0.05	3	13	7
	≤0	14	0	0

从产值利润率来看,负数的企业为 14 家,低于 5% 的企业为 68 家;5% 至 10% 之间的企业为 14 家;10% 至 20% 之间的企业为 2 家;超过 20% 的企业为 2 家,没有超过 100% 的企业,如表 4-18 所示。

表 4-18　2019—2021 年度深圳市建筑业综合竞争力百强企业产值利润率分布情况统计表

二级指标	划分区间	数量		
		2021 年度	2020 年度	2019 年度
产值利润率 /(%)	500≤	0	0	0
	100≤且<500	0	1	1
	20≤且<100	2	1	1
	10≤且<20	2	2	6
	5≤且<10	14	15	22
	0<且<5	68	81	70
	≤0	14	0	0

从资产负债率来看,40% 至 60% 之间的企业为 13 家,超过 60% 或低于 40% 的企业为 87 家,如表 4-19 所示。

表 4-19　2019—2021 年度深圳市建筑业综合竞争力百强企业资产负债率分布情况统计表

二级指标	划分区间	数量(家)		
		2021 年度	2020 年度	2019 年度
资产负债率 /(%)	>60 或<40	87	79	76
	40≤且≤60	13	21	24

(3)运营效率。

运营效率是有效反映建筑业企业的生产经营状况及经营管理水平,占建筑业综合竞争力指标评分的 5%,指标评分满分为 0.50 分。在评价运营效率时,根据既定权重得出的运营效率得分,如表 4-20 所示。

从运营效率来看,2021 年度深圳市建筑业综合竞争力百强企业得分为 0.10 分的企业为 33 家;0.20 分的企业数量为 54 家;0.30 分的企业为 7 家;0.40 分的企业为 1 家;0.50 分的企业为 5 家,分别是中电建生态环境集团有限公司、中铁南方投资集团有限公司、中建八局深圳科创发展有限公司、中建八局南方建设有限公司、中国能源建设集团南方建设投资有限公司。

表 4-20   2021 年度深圳市建筑业综合竞争力百强企业运营效率情况统计表

一级指标	划分区间	数量
运营效率	0.50	5
	0.40	1
	0.30	7
	0.20	54
	0.10	33

以下从运营效率下属二级指标即人均产值,对 2021 年深圳市建筑业综合竞争力百强企业中的分布情况进行分析。

从人均产值来看,1 万元/人至 50 万元/人之间的企业为 33 家;50 万元/人至 500 万元/人之间的企业为 54 家;500 万元/人至 1000 万元/人之间的企业为 7 家;1000 万元/人至 2000 万元/人之间的企业为 1 家;超过 2000 万元/人的企业为 5 家;如表 4-21 所示。

表 4-21   2019—2021 年度深圳市建筑业综合竞争力百强企业人均产值分布情况统计表

二级指标	划分区间	数量		
		2021 年度	2020 年度	2019 年度
人均产值 /(万元/人)	2000≤	5	3	1
	1000≤且<2000	1	2	1
	500≤且<1000	7	4	2
	50≤且<500	54	51	51
	1≤且<50	33	40	45
	0<且<1	0	0	0

(4)社会责任。

社会责任体现建筑业企业对社会贡献度,对建筑业综合竞争力的贡献度为 15%,指标评分满分为 1.50 分。在评价社会责任时,根据既定权重得出的社会责任得分,如表 4-22 所示。

从社会责任来看,2021 年度深圳市建筑业综合竞争力百强企业得分为 0.20 分以下的企业为 14 家;0.20 分至 0.40 分的企业为 44 家;0.40 分至 0.60 分的企业为 28 家;0.60 分至 0.70 分的企业为 11 家;0.70 分至 1.00 分的企业为 3 家。

表 4-22   2021 年度深圳市建筑业综合竞争力百强企业社会责任情况统计表

一级指标	划分区间	数量
社会责任	0.70≤且<1.00	3
	0.60≤且<0.70	11

一级指标	划分区间	数量
社会责任	0.40≤且<0.60	28
	0.20≤且<0.40	44
	0.00≤且<0.20	14

以下从社会责任下属二级指标即从业人数、GDP贡献度和税收贡献度,对2021年深圳市建筑业综合竞争力百强企业中的分布情况进行分析。

从从业人数来看,低于500人的企业为13家;500人至1000人之间的企业为16家;1000人至3000人之间的企业为21家;3000人至10000人之间的企业为34家;超过10000人的企业为16家,其中超过30000人的企业为1家,如表4-23所示。

表4-23 2019—2021年度深圳市建筑业综合竞争力百强企业从业人数分布情况统计表

二级指标	划分区间	数量		
		2021年度	2020年度	2019年度
从业人数/人	30000≤	1	3	2
	10000≤且<30000	15	14	18
	3000≤且<10000	34	39	37
	1000≤且<3000	21	17	26
	500≤且<1000	16	22	8
	0<且<500	13	5	9

从建筑业企业对深圳市GDP的贡献程度来看,低于1亿元的企业为0家;1亿元至5亿元之间的企业为79家;5亿元至10亿元之间的企业为10家企业;10亿元至20亿元之间的企业为8家企业;超过20亿元的企业为3家,如表4-24所示。

表4-24 2019—2021年度深圳市建筑业综合竞争力百强企业GDP贡献度分布情况统计表

二级指标	划分区间	数量		
		2021年度	2020年度	2019年度
GDP贡献度/亿元	30≤	2	3	3
	20≤且<30	1	4	3
	10≤且<20	8	10	8
	5≤且<10	10	20	29
	1≤且<5	79	60	55
	0<且<1	0	3	2

从建筑业企业对深圳市税收的贡献程度来看,低于0.20亿元的企业为26家,0.20亿元至0.4亿元之间的企业为25家,0.40亿元至0.8亿元之间的企业为20家,0.8亿元至3.5亿元之间的企业为23家,3.5亿元至15亿元之间的企业为5家,超过15亿元的企业仅1家(达到23亿元),如表4-25所示。

表 4-25　2021 年度深圳市建筑业综合竞争力百强企业税收贡献度分布情况统计表

二级指标	划分区间	数量
税收贡献度 /(亿元)	15≤	1
	3.5≤且<15	5
	0.8≤且<3.5	23
	0.4≤且<0.8	20
	0.2≤且<0.4	25
	≤0.2	26

(5)企业信用度。

企业信用度是有效反映社会各界对企业的认可程度,占建筑业综合竞争力权重的10%,指标评分满分为1.00分。在评价企业信用度时,根据既定权重得出的企业信用度得分,如表 4-26 所示。

从企业信用度来看,2021 年度深圳市建筑业综合竞争力百强企业得分低于 0.40 分的企业为 18 家,0.40 分至 0.50 分的企业为 27 家,0.50 分至 0.60 分的企业为 15 家,0.60 分至 0.70 分的企业为 17 家,0.70 分至 0.75 分的企业为 23 家。

表 4-26　2021 年度深圳市建筑业综合竞争力百强企业信用度情况统计表

一级指标	划分区间	数量
企业信用度	0.70≤且<0.75	23
	0.60≤且<0.70	17
	0.50≤且<0.60	15
	0.40≤且<0.50	27
	0.20≤且<0.40	18

以下从企业信用度下属二级指标即企业形象、行业自律公约或廉洁自律公约签署情况、企业及所属从业人员廉洁从业负面信息情况,对 2021 年深圳市建筑业综合竞争力百强企业中的分布情况进行分析。

从企业形象来看,非深圳建筑业协会成员的企业为 41 家,深圳建筑业协会会员的企业为 18 家,深圳建筑业协会理事的企业为 8 家,深圳建筑业协会常务理事的企业为 9 家,深圳建筑业协会副会长以上的企业为 24 家,如表 4-27 所示。

表 4-27　2019—2021 年度深圳市建筑业综合竞争力百强企业形象分布情况统计表

二级指标	划分区间	数量		
		2021 年度	2020 年度	2019 年度
企业形象	10	24	17	18
	8	9	14	14
	6	8	19	18
	4	18	18	20
	0	41	32	30

从行业自律公约或廉洁自律公约签署情况来看,已签署行业自律公约或廉洁自律公约的企业为81家,未签署行业自律公约或廉洁自律公约为19家,如表4-28所示。

表 4-28　2019—2021 年度深圳市建筑业综合竞争力百强企业行业自律公约或廉洁自律公约签署分布情况统计表

二级指标	划分区间	数量		
		2021 年度	2020 年度	2019 年度
行业自律公约或廉洁自律公约签署情况	10	81	85	82
	0	19	15	18

从企业及所属从业人员廉洁从业负面信息情况来看,全部企业及所属从业人员均为无廉洁从业负面信息,如表4-29所示。

表 4-29　2019—2021 年度深圳市建筑业综合竞争力百强企业及所属从业人员廉洁从业负面信息分布情况统计表

二级指标	划分区间	数量		
		2021 年度	2020 年度	2019 年度
企业及所属从业人员廉洁从业负面信息情况	10	100	100	100
	0	0	0	0

(6)技术创新。

技术创新是建筑业企业快速发展的源泉和动力,占建筑业综合竞争力评分的32.5%,指标评分满分为3.25分。在评价技术创新时,根据既定权重得出的技术创新得分,如表4-30所示。

从技术创新来看,2021年度深圳市建筑业综合竞争力百强企业得分为0.00分至1.00分的企业为83家,1.00分至2.00分的企业为16家,2.00分至3.00分的企业为1家。

表 4-30　2021 年度深圳市建筑业综合竞争力百强企业技术创新情况统计表

一级指标	划分区间	数量
技术创新	$3.00 \leqslant 且 < 3.25$	0
	$2.00 \leqslant 且 < 3.00$	1
	$1.00 \leqslant 且 < 2.00$	16
	$0.00 \leqslant 且 < 1.00$	83

以下从技术创新下属二级指标即获国家级奖、省级奖、市级奖、专利和科技计划项目、高新技术企业、工法和QC,对2021年深圳市建筑业综合竞争力百强企业中的分布情况进行分析。

从获国家级奖情况来看,获得2~3项的企业有7家,获得1项的企业是7家,如表4-31所示。

表 4-31　2021 年度深圳市建筑业综合竞争力百强企业获国家级奖情况统计表

二级指标	划分区间	数量
获国家级奖项数	$2.00 \leqslant 且 \leqslant 3.00$	7
	$1.00 \leqslant 且 < 2.00$	7
	0	86

从获省级奖情况来看,获得 1 项的企业有 9 家,2 项以上 4 项以下的有 14 家,5 项以上 10 项以下的有 3 家,10 项以上 15 项以下和 15 项以上 20 项以下的各有 1 家,20 项以上的有 2 家,如表 4-32 所示。

表 4-32　2021 年度深圳市建筑业综合竞争力百强企业获省级奖情况统计表

二级指标	划分区间	数量
获省级奖项数	20≤	2
	15≤且<20	1
	10≤且<15	1
	5≤且<10	3
	2≤且<4	14
	0<且≤1	9
	0	70

从获市级奖情况来看,获得 1 项的企业有 9 家,2 项以上 4 项以下的有 19 家,5 项以上 10 项以下的有 9 家,10 项以上 20 项以下的有 4 家,20 项以上 40 项以下的有 3 家,40 项以上的有 1 家,如表 4-33 所示。

表 4-33　2021 年度深圳市建筑业综合竞争力百强企业获市级奖情况统计表

二级指标	划分区间	数量
获市级奖项数	40≤	1
	20≤且<40	3
	10≤且<20	4
	5≤且<10	9
	2≤且<4	19
	0<且≤1	9
	0	55

从专利授权和科技计划项目立项等来看,获得 1 项的企业有 14 家,2 项以上 4 项以下的有 21 家,5 项以上 10 项以下的有 8 家,10 项以上 15 项以下的有 7 家,15 项以上 20 项以下的有 5 家,20 项以上的有 1 家,如表 4-34 所示。

表 4-34　2021 年度深圳市建筑业综合竞争力百强企业获专利授权和科技计划项目立项等情况统计表

二级指标	划分区间	数量
专利和科技计划项目等项数	20≤	1
	15≤且<20	5
	10≤且<15	7
	5≤且<10	8
	2≤且<4	21
	0<且≤1	14
	0	44

从是否高新技术企业情况来看,高新技术企业为 54 家,非高新技术企业为 46 家,如表 4-35 所示。

表 4-35　2021 年度深圳市建筑业综合竞争力百强企业高新技术企业情况统计表

二级指标	划分区间	数量
高新技术企业	是	54
	否	46

从企业拥有的工法和 QC 小组来看,获得 1 项的企业有 3 家,2 项以上 4 项以下的有 11 家,5 项以上 10 项以下的有 7 家,10 项以上 20 项以下的有 3 家,20 项以上 30 项以下的有 2 家,30 项以上的有 1 家,如表 4-36 所示。

表 4-36　2021 年度深圳市建筑业综合竞争力百强企业拥有工法和 QC 小组项数情况统计表

二级指标	划分区间	数量
工法和 QC 小组项数	30≤	1
	20≤且<30	2
	10≤且<20	3
	5≤且<10	7
	2≤且<4	11
	0<且≤1	3
	0	73

(四)百强企业资质分布情况

2021 年度深圳市建筑业综合竞争力百强企业中,有 8 家企业上报了多个资质专业,如表 4-37 所示。

表 4-37　2021 年度深圳市建筑业综合竞争力百强企业多资质专业企业统计表

企业名称	资质专业
中铁南方投资集团有限公司	市政公用工程、房屋建筑工程、公路工程
中电建生态环境集团有限公司	水利水电工程、市政公用工程
中建四局第五建筑工程有限公司	房屋建筑工程、公路工程
深圳市深安企业有限公司	房屋建筑工程、市政公用工程
维谛技术有限公司	机电工程、电子与智能化工程
深圳市金世纪工程实业有限公司	房屋建筑工程、市政公用工程
中孚泰文化建筑股份有限公司	建筑装修装饰工程、城市及道路照明工程、建筑幕墙工程、消防设施工程
深圳市蛇口招商港湾工程有限公司	房屋建筑工程、市政公用工程、地基基础工程

为确保信息的完整性,多资质专业的企业按照上报情况多次统计进入对应资质企业统计表中。累计计算后,深圳市综合竞争力百强企业共上报 112 个资质专业。其中房屋建筑工程类企业为 32 家,建筑装修装饰工程类为 33 家,市政公用工程类企业为 16 家,如表 4-38 所示。

表 4-38　2021 年度深圳市建筑业综合竞争力百强企业资质专业统计表

资质专业	企业数量
房屋建筑工程	32
建筑装修装饰工程	33
市政公用工程	16
建筑幕墙工程	4
水利水电工程	2
地基与基础工程	4
消防设施工程	4
公路工程	4
化工石油工程	1
机电安装工程	2
机电工程	1
电子与智能化工程	1
城市及道路照明工程	1
通信工程	1
砌筑作业	1
木工作业	1
建筑防水工程	1
水暖电安装作业	1
电力工程	1
模板作业	1
合计	112

在深圳市建筑业综合竞争力评价过程中,由于评价体系中部分指标对不同资质专业企业的贡献程度存在差异,导致不同资质专业企业的综合竞争力有一定程度的偏差。例如,对资质专业为房屋建筑工程的企业来说,各项指标对其竞争力排名均具有一定的影响。房屋建筑工程类企业除了可在有关企业运营方面的指标(市场规模、营利稳健性、运营效率和社会责任)得到相应的分数外,同时由于该资质专业的特点和有指定资质专业可申报的特定奖项,其也可在技术创新指标项中获得相应的分值,而其他资质专业企业缺乏这部分的分数。

2021 年度深圳市建筑业综合竞争力百强企业中,房屋建筑工程、建筑装修装饰工程和市政公用工程三类建筑业企业共计 80 家,其他类企业的数量均未超过 5 家。因此,本章在深圳市建筑业综合竞争力百强企业的基础上,对这三类资质的百强企业按照资质专业进行深入分析。

(1)房屋建筑工程类。

在 2021 年度深圳市建筑业综合竞争力百强企业中,房屋建筑工程类企业共有 32 家,前三名分别是中建科工集团有限公司、中国华西企业有限公司和中建二局第二建筑工程有限公司。相较于去年的排名,2021 年度房屋建筑工程类企业综合竞争力评价结果中,14 家房屋建筑工程类企业的综合竞争力排名有所上升或保持不变,13 家房屋建筑工程类企业排名有所下降,如表 4-39 所示。

表 4-39　2021 年度房屋建筑工程类企业综合竞争力评价结果

评价结果	企业名称	最终得分	排名变化
1	中建科工集团有限公司	7.865	—
2	中国华西企业有限公司	6.9125	—
3	中建二局第二建筑工程有限公司	6.645	↑1
4	深圳市建工集团股份有限公司	6.465	↑2
5	中铁南方投资集团有限公司	6.0575	↓2
6	中建科技集团有限公司	5.595	↓1
7	中建四局第五建筑工程有限公司	4.945	—
8	深圳中铁二局工程有限公司	4.86	—
9	中海建筑有限公司	4.805	新晋
10	深圳市建筑工程股份有限公司	4.3375	↓1
11	深圳市中邦(集团)建设总承包有限公司	4.28	↓1
12	深圳市鹏城建筑集团有限公司	4.02	↑1
13	银广厦集团有限公司	3.845	↑1
14	深圳建业工程集团股份有限公司	3.8025	↓3
15	深圳市广胜达建设有限公司	3.705	↑8
16	深圳市越众(集团)股份有限公司	3.69	—
17	深圳市金世纪工程实业有限公司	3.62	↑3
18	深圳市深安企业有限公司	3.545	↓6
19	深圳市建设(集团)有限公司	3.5375	新晋
20	中核华泰建设有限公司	3.53	↓2
21	深圳市第一建筑工程有限公司	3.495	↓6
22	深圳市福田建安建设集团有限公司	3.31	↓3
23	深圳泛华工程集团有限公司	3.2	↓1
24	深圳市新启源实业发展有限公司	3.1725	↓3
25	深圳市星宏达工程建设有限公司	3.07	新晋
26	深圳市蛇口招商港湾工程有限公司	3.045	—
27	中国能源建设集团南方建设投资有限公司	3.045	—
28	联建建设工程有限公司	2.99	↓9
29	深圳市中建大康建筑工程有限公司	2.855	新晋
30	中建八局南方建设有限公司	2.85	新晋
31	深圳市新朗建设工程有限公司	2.8325	↓6
32	深圳东海建设集团有限公司	2.71	—

2021年度深圳市建筑业综合竞争力百强企业中房屋建筑工程类企业为32家,其中新晋企业为5家,分别是中海建筑有限公司、深圳市建设(集团)有限公司、深圳市星宏达工程建设有限公司、深圳市中建大康建筑工程有限公司、中建八局南方建设有限公司;多资质企业有5家,分别是中建四局第五建筑工程有限公司、深圳市金世纪工程实业有限公司、深圳市深安企业有限公司、深圳市蛇口招商港湾工程有限公司、中铁南方投资集团有限公司。

(2)建筑装修装饰工程类。

在2021年度深圳市建筑业综合竞争力百强企业中,建筑装修装饰工程类企业共有33家,其中深圳广田集团股份有限公司、中建深圳装饰有限公司、深圳市中装建设集团股份有限公司分别位列建筑装修装饰工程类企业综合竞争力排名前三。相较于去年的排名,2021年度建筑装修装饰类企业综合竞争力评价结果中,8家建筑装修装饰工程类企业的综合竞争力排名有所上升或保持不变,13家建筑装修装饰工程类企业排名有所下降,如表4-40所示。

表4-40 2021年度建筑装修装饰工程类企业综合竞争力评价结果

评价结果	企业名称	最终得分	排名变化
1	深圳广田集团股份有限公司	5.5025	—
2	中建深圳装饰有限公司	5.16	↑2
3	深圳市中装建设集团股份有限公司	5.105	—
4	深圳市科源建设集团股份有限公司	4.5325	↑8
5	深圳洪涛集团股份有限公司	4.105	↑12
6	深圳市建筑装饰(集团)有限公司	4.025	↑1
7	深圳市华辉装饰工程有限公司	3.995	新晋
8	深圳市宝鹰建设集团股份有限公司	3.93	↓6
9	深圳市博大建设集团有限公司	3.77	↓3
10	深圳市嘉信建设集团有限公司	3.5825	新晋
11	深圳市郑中设计股份有限公司	3.425	—
12	深圳新艺华建筑装饰工程有限公司	3.3975	新晋
13	深圳市维业装饰集团股份有限公司	3.385	↓5
14	深圳瑞和建筑装饰股份有限公司	3.365	↓9
15	深圳中天精装股份有限公司	3.3	—
16	深圳中壹建设(集团)有限公司	3.28	新晋
17	深圳市华剑建设集团股份有限公司	3.2775	↓3
18	深圳联丰建设集团有限公司	3.255	新晋
19	深圳市中航科建建设集团有限公司	3.21	新晋
20	深圳海外装饰工程有限公司	3.1275	新晋
21	深圳市万德建设集团有限公司	3.07	新晋
22	深圳市晶宫建筑装饰集团有限公司	3.065	↓12
23	中孚泰文化建筑股份有限公司	3.0525	新晋

续表

评价结果	企业名称	最终得分	排名变化
24	深圳市特艺达装饰设计工程有限公司	3.0425	新晋
25	深圳市建侨建工集团有限公司	3.04	新晋
26	深圳市润景装饰工程有限公司	3	新晋
27	深圳市坐标建筑装饰工程股份有限公司	2.995	↓7
28	深圳市建艺装饰集团股份有限公司	2.9725	↓15
29	深圳文业装饰设计工程有限公司	2.94	↓3
30	深圳洲际建筑装饰集团有限公司	2.9275	↓7
31	深圳市卓艺建设装饰工程股份有限公司	2.865	↓13
32	深圳时代装饰股份有限公司	2.84	↓16
33	深圳市华南装饰集团股份有限公司	2.74	↓9

2021 年度深圳市建筑业综合竞争力百强内的建筑装修装饰工程类企业为 33 家,其中新晋企业为 12 家,分别是深圳市华辉装饰工程有限公司、深圳市嘉信建设集团有限公司、深圳新艺华建筑装饰工程有限公司、深圳中壹建设(集团)有限公司、深圳联丰建设集团有限公司、深圳市中航科建建设集团有限公司、深圳海外装饰工程有限公司、深圳市万德建设集团有限公司、中孚泰文化建筑股份有限公司、深圳市特艺达装饰设计工程有限公司、深圳市建侨建工集团有限公司、深圳市润景装饰工程有限公司;多资质企业有 1 家,即中孚泰文化建筑股份有限公司。

(3)市政公用工程类。

在 2021 年度深圳市建筑业综合竞争力百强企业中,市政公用工程类企业共有 16 家,其中深圳市市政工程总公司、中电建生态环境集团有限公司和中铁南方投资集团有限公司分别位列市政公用工程类企业综合竞争力排名前三。相较于去年的排名,2021 年度市政公用工程类企业综合竞争力评价结果中,8 家市政公用工程类企业的综合竞争力排名有所上升或保持不变,5 家市政公用工程类企业排名有所下降,如表 4-41 所示。

表 4-41　2021 年度市政公用工程类企业综合竞争力评价结果

评价结果	企业名称	最终得分	排名变化
1	深圳市市政工程总公司	6.64	—
2	中电建生态环境集团有限公司	6.36	↑1
3	中铁南方投资集团有限公司	6.0575	↓1
4	深圳市路桥建设集团有限公司	3.735	↑1
5	深圳市金世纪工程实业有限公司	3.62	↑7
6	深圳榕亨实业集团有限公司	3.615	↑2
7	深圳市深安企业有限公司	3.545	↓3
8	中建八局深圳科创发展有限公司	3.39	新晋
9	深圳市粤通建设工程有限公司	3.3675	—
10	深圳市天健坪山建设工程有限公司	3.35	新晋

续表

评价结果	企业名称	最终得分	排名变化
11	深圳市华晟建设集团股份有限公司	3.25	—
12	深圳市铁汉生态环境股份有限公司	3.22	↓2
13	深圳市国艺园林建设有限公司	3.18	↑2
14	中冶华南建设工程有限公司	3.175	新晋
15	深圳市蛇口招商港湾工程有限公司	3.045	↓1
16	深圳文科园林股份有限公司	2.945	↓9

2021 年度深圳市建筑业综合竞争力百强内的市政公用工程类企业为 16 家,其中新晋企业有 3 家,分别是中建八局深圳科创发展有限公司、深圳市天健坪山建设工程有限公司、中冶华南建设工程有限公司;多资质企业有 5 家,分别是深圳市金世纪工程实业有限公司、深圳市深安企业有限公司、深圳市蛇口招商港湾工程有限公司、中铁南方投资集团有限公司、中电建生态环境集团有限公司。

(五)百强企业行政区域分布情况

2021 年度深圳市建筑业综合竞争力百强企业分布于深圳市 8 个行政区。各行政区的建筑业百强企业数量上存在显著差异,呈现多中心聚集态势,如表 4-42 所示。

表 4-42　2019—2021 年度深圳市建筑业百强企业所属行政区域分布情况统计表

公司所在行政区域	数量		
	2021 年度	2020 年度	2019 年度
南山区	18	19	22
福田区	41	40	45
宝安区	10	8	7
罗湖区	20	22	18
龙华区	2	3	1
龙岗区	5	4	2
盐田区	2	2	2
坪山区	2	1	1
光明区	0	1	1
大鹏新区	0	0	1
合计	100	100	100

深圳市建筑业百强企业主要分布在福田区、罗湖区和南山区。相较去年,各区百强企业数量变动幅度较小,几乎都在 1 至 2 家之间,可以忽略不计。

本 章 小 结

本章遵循科学性、系统性、全面性和可行性等原则,构建了深圳建筑业综合竞争力评价指标体系。基于深圳建筑业协会统计信息管理系统 2021 年度的 1584 家本地建筑业企业的基础数据,根据评价指标体系计算各企业的单项指标得分和综合竞争力得分,采用皮尔逊相关分析法确定指标之间的相关性,确定了 2021 年度深圳市建筑业综合竞争力百强企业,并深入分析了百强企业的得分情况、资质分布、行政区域分布、市场规模、营利稳健性、运营效率、社会责任、企业信用度和技术创新等情况。

第五章　未来展望和建议

建筑业是国民经济的重要组成部分,是国民经济支柱产业。现代建筑业越来越成为资金密集、知识密集的行业,自身增加值高,带动作用大,且自带高科技光环,以绿色化、工业化、智能化为发展特征,以科技赋能建筑业转型升级。为完整、准确、全面贯彻新发展理念,抢抓"双区"驱动、"双区"叠加、"双改"示范等重大历史机遇,打造更具全球影响力的经济中心城市和现代化国际大都市,深圳建筑业需要以市场化为方向,发挥市场配置资源的决定性作用,更好地发挥政府作用,全面推进建筑业绿色低碳智能融合发展,打造以绿色化、工业化、智能化为发展特征的现代建筑业。

一、机遇和挑战

"双区"驱动、"双区"叠加、"双改"示范为深圳建筑业发展带来了重大历史机遇。"十四五"时期深圳建筑业发展也面临着诸多挑战:从国际环境看,当今世界正经历百年未有之大变局,经济全球化遭遇逆流;从国内环境看,我国经济已由高速增长阶段转向高质量发展阶段,正处在转变发展方式、优化经济结构、转换增长动力的攻关期,建筑业转型升级迫在眉睫、任重道远。

(一)国家积极推动城乡建设绿色发展,为打造绿色化、工业化、智能化的现代建筑产业指明方向

城乡建设是推动绿色发展、建设美丽中国的重要载体,党中央、国务院明确要求加快转变城乡建设发展方式,建设高品质绿色建筑,实现工程建设全过程绿色建造:开展绿色建造示范工程创建行动,推广绿色化、工业化、信息化、集约化、产业化建造方式,加强技术创新和集成,利用新技术实现精细化设计和施工;大力发展装配式建筑,重点推动钢结构装配式住宅建设,不断提升构件标准化水平,推动形成完整产业链,推动智能建造和建筑工业化协同发展。这既是我国建筑业企业义不容辞的责任,同时也为我国现代建筑业转型升级和高质量发展指明了方向。

(二)国家大力推进新基建新城建,为推动建筑业科技创新提供有力支撑、实现高质量发展提供新机遇

加快新基建新城建是党中央、国务院做出的重大决策部署,是当前和今后一个时期把握新发展阶段、贯彻新发展理念、构建新发展格局的重大举措,也是实施创新驱动发展战略、推动经济社会高质量发展的强大支撑。当前我国房地产行业虽然正面临前所未有的格局,人口方面面临人口总量减少、结构老龄化等压力,城市化方面城镇化率已越过 60% 大关、高速增长不再,经济高增长方面逐渐从高速增长转入中高速增长且在新冠肺炎疫情等冲击下或仍将面临较大下行压力,不过市场的基本需求和合理的利润空间依然存在,特别是新城建持续推进,"中心城市＋城市群"对于经济要素与人口的虹吸效应愈发明显,城市居民对居住面积及住房品质提升的需求不断增强,房地产行业的发展前景依然可观。加快推进新基建,迅速落地实施一批新基建项目,可以带动有效投资,带动形成短期及长期的经济增长点,形成发展新动能,给我国的新经济带来巨大的加速度。特别是新基建是以新发展为理念,以技术创新为驱动,以信息网络为基础,面向高质量发展需要,提供数字转型、智能升级、融合创新等服务的基础设施体系,其所涵盖的 5G 基站建设、大数据中心、人工智能、工业互联网等诸多领域,可为建筑业科技创新提供有力支撑、实现高质量发展提供新机遇。

(三)深圳市在人工智能、大数据、物联网、5G 和区块链等新一代信息技术领域的产业优势,将为推进新型建筑工业化发展提供有力支撑

新型建筑工业化是通过新一代信息技术来驱动的,而深圳市在人工智能、大数据、物联网、5G 和区块链等新一代信息技术领域是具有产业优势的。2020 年,深圳市人民政府《关于加快智慧城市和数字政府建设的若干意见》提出要跑出新型基础设施建设"加速度",推动通信网络全面提速、加快终端设备全面感知、加快大数据中心建设、加快人工智能基础设施整合提升、加快区块链技术基础设施建设;探索"数字孪生城市",依托 GIS、BIM、CIM 等数字化手段构建可视化城市空间数字平台,链接智慧泛在的城市神经网络。深圳市人民政府《关于加快推进新型基础设施建设的实施意见(2020—2025 年)》提出要打造全球领先的新型基础设施发展高地,率先建成"万物互联、数智融合、技术引领"的信息基础设施体系,5G 网络及智能计算发展全球领先,人工智能、区块链等新一代数字技术应用达到国际一流水平。深圳在新一代信息技术领域的产业优势,包括良好的人才储备、产业生态、创新氛围和政策等,可以为推进深圳新型建筑工业化和发展高科技含量的现代建筑业提供有力支撑。

(四)粤港澳大湾区建设迈向高质量发展新阶段,将为深圳建筑业的发展提供更为广阔的市场空间

粤港澳大湾区在全国新发展格局中具有重要战略地位。推进粤港澳大湾区建设,是中共中央总书记、国家主席、中央军委主席习近平亲自谋划、亲自部署、亲自推动的重大国家战略,是我国面向未来国际合作与竞争的战略性举措,承担着为全面深化改革向纵深推进、进一步扩大对外开放探路的时代重任,也是推动"一国两制"事业发展的崭新实践。习近平总书记指示广东要认真贯彻党中央决策部署,把粤港澳大湾区建设作为广东深化改革开放的大机遇、大文章抓紧做实,摆在重中之重,以珠三角为主阵地,举全省之力办好这件大事,使粤港澳大湾区成为新发展格局的战略支点、高质量发展的示范地、中国式现代化的引领地。粤港澳大湾区建设的高质量推进,给广东发展带来了迭代升级、区域平衡发展的新机遇。大湾区三地经济社会发展加速融合,人口会持续输入,需要完善基础设施提供"硬支撑",需要建设宜居宜业美好家园。此外,通过粤港澳大湾区建筑市场深度合作和粤港澳工程专业领域协同发展,可助力深圳建筑业企业走出国门,参与国际竞争,树立"深圳建造"的国际形象。

(五)经济全球化遭遇逆流和新冠肺炎疫情冲击,对深圳建筑业发展造成影响

近年来,单边主义加剧,某些发达国家极端政治倾向加重,国家安全概念泛化,民粹主义和狭隘民族主义抬头;经济全球化遭遇逆流,国际贸易中保护主义盛行,全球供应链出现被动断裂和主动脱钩。特别是美国,不断对我国进行围堵和遏制,发起针对中国的科技战和贸易战。贸易战方面,采取一系列贸易限制措施,导致我国出口市场受挫、企业成本增加,同时也影响全球经济稳定和全球贸易秩序;科技战方面,利用其科技优势,甚至联合其盟友,不停对我国高科技领域实行全方位的打压与制裁,试图限制我国在 5G、高端芯片、人工智能等领

域的发展。面对美国对我国科技的制裁与封锁,中国政府采取了一系列支持政策,鼓励本土企业加大技术研发和创新投入,现已在若干产业和领域取得一些显著突破,美国的围堵策略拖慢不了中国的技术发展步伐,只会起到反向鞭策作用,推动中国更快赶超美国的科技发展水平;面对美国对我国的贸易战,中国高举经济全球化大旗,始终坚定扩大对外开放,实行更加积极主动的开放战略,以高水平开放更有力促改革促发展,"逆全球化"终究挡不住经济全球化的历史大势。对于2022年全球经济,专家和机构普遍预测,新冠疫情对全球范围内经济活动的影响将会下降,全球经济将会朝着好的方向发展,增长预期在3%左右。习近平总书记多次强调,危和机总是同生并存的,克服了危即是机,要善于化危为机。面对风高浪急的国际环境和艰巨繁重的国内改革发展稳定任务,在以习近平同志为核心的党中央坚强领导下,坚持以习近平新时代中国特色社会主义思想为指导,按照党中央、国务院决策部署,统筹国内国际两个大局,统筹疫情防控和经济社会发展,统筹发展和安全,坚持稳中求进工作总基调,完整、准确、全面贯彻新发展理念,加快构建新发展格局,着力推动高质量发展,我们完全可以应对超预期因素冲击,经济保持增长,发展质量稳步提升。

(六)工程建设领域各项改革深入推进,对建筑业发展提出了新的挑战

从行业发展趋势看,建设工程企业资质管理、招标投标、质量安全、工程造价、信用体系建设等各项改革正在深入推进,对建筑业发展提出了新的挑战。建设工程企业资质管理制度改革方面,按照深化"放管服"改革部署要求,持续优化营商环境,大力精简企业资质类别,归并等级设置,放宽准入限制,激发企业活力,下放审批权限,方便企业办事,优化审批服务,推行告知承诺制,加强事中事后监管,加大资质审批后的动态监管力度,创新监管方式和手段,全面推行"双随机、一公开"监管方式和"互联网+监管"模式,持续激发市场主体活力,促进就业创业,加快推动建筑业转型升级,实现高质量发展。深化招标投标制度改革方面,包括进一步扩大招标人自主权,强化招标人首要责任,优化评标方法,将投标人信用情况和工程质量安全情况作为评标重要指标,优先选择符合绿色发展要求的投标方案,积极推行采用"评定分离"方法确定中标人,推动实现"按质择优、优质优价",全面推行招标投标交易全过程电子化和异地远程评标,加大招标投标活动信息公开力度,加快推动交易、监管数据互联共享,规范招标投标异议投诉处理工作,强化事中事后监管等。建设工程质量安全始终是建筑行业发展的生命线,政府监管部门将发挥数字化赋能优势,突出质量专项治理:一是健全工程质量安全监督机制,大力推进"互联网+监管",充分运用大数据、云计算等信息化手段和差异化监督方式,实现"智慧"监督;二是推进工程质量安全管理标准化和信息化,加强数字化监管能力建设,建立完善监管信息系统,发挥信息监管"一张网"作用,不断提升信息共享和业务协同水平;三是加快工程质量安全信用体系建设,进一步健全质量安全信用信息归集、公开制度,加大守信激励和失信惩戒力度。深化工程造价改革方面,包括改进工程计量和计价规则,优化计价依据编制、发布和动态管理机制,进一步完善工程造价市场形成机制,强化建设单位造价管控责任,严格施工合同履约管理,全面推行施工过程价款结算和支付,完善造价咨询行业监管制度等。加强建筑市场信用体系建设方面,构建以信用为基础的新型建筑市场监管机制,加强对行政许可、行政处罚、工程业绩、质量安全事故、监督检查、评奖评优等信息的归集和共享,推进部门间信用信息共享,实行信用信息分级分类管理,加强信用信息在政府采购、招标投标、行政审批、市场准入等事项中应用,根据市场主体信用情况实施差异化监管。

二、发展对策建议

目前,深圳建筑业面临"双区"驱动、"双区"叠加、"双改"示范等重大历史机遇,但也遇到了前所未有的困难,科技创新尚未成为推动深圳建筑业高质量发展的核心驱动力,龙头企业的综合实力、核心竞争力、创新能力有待提升,从业人员队伍建设有待进一步加强,特别是企业经营仍面临较大困难,近几年企业产值利润率呈下降趋势,负债亦增加较快。这首先需要我们的企业奋起自救,也需要我们的各级领导和政府给予关心、关注和支持,综合施策,推动智能建造与新型建筑工业化协同发展,提升深圳的建筑水平和建筑品质,做大做优做强深圳建筑业,打造具有国际影响力的深圳建造品牌。

(一)持续优化营商环境,针对性加大对建筑业发展的支持力度

优良的营商环境一直是深圳的金字招牌之一,也令其成为全球创新创业和投资热土,市场主体数量和创业密度持续多年位居全国大中城市首位。作为被国务院确立为首批开展营商环境创新试点的城市之一,深圳市正在创新政府管理和服务方式,用好用足放宽市场准入特别措施等政策优势,持续发力打造产权保护更有效、准入制度更完善、市场竞争更公平、信用体系更健全、要素配置更高效、政务服务更便捷的市场化营商环境。建筑业虽然已不是深圳市的支柱产业,但适逢国家推动城乡建设绿色发展,落实碳达峰、碳中和目标任务,推动智能建造与建筑工业化协同发展,加快新型建筑工业化发展,深圳市政府需要抢抓机遇,充分利用深圳在高科技方面的优势,创新财政金融政策支持措施,营造良好法治化营商环境,发展高科技含量的现代建筑业,推动向知识密集型、资金密集型产业转型升级,抢占行业制高点,打造"深圳建造"品牌。对于深圳建筑行业主管部门而言,继续深入推进"放管服"改革:在企业资质管理方面,加强企业资质与质量安全的联动管理,实行"一票否决"制,对发生质量安全事故的企业依法从严处罚;在个人执业资格管理方面,进一步明确注册人员权利、义务和责任,提高注册人员执业实践能力,规范执业行为,弘扬职业精神,提升注册人员的专业素养和社会责任感;持续规范建筑市场秩序,营造统一开放、竞争有序的市场环境,深化招标投标制度改革,优化评标方法,将投标人信用情况和工程质量安全情况作为评标重要指标,优先选择符合绿色发展要求的投标方案,推动实现"按质择优、优质优价",强化事中事后监管,强化建设单位造价管控责任,严格施工合同履约管理,全面推行施工过程价款结算和支付;完善建筑市场信用管理政策体系,构建以信用为基础的新型建筑市场监管机制,加强对行政许可、行政处罚、工程业绩、质量安全事故、监督检查、评奖评优等信息的归集和共享,全面记录建筑市场各方主体信用行为;实行信用信息分级分类管理,加强信用信息在政府采购、招标投标、行政审批、市场准入等事项中应用,根据市场主体信用情况实施差异化监管。

(二)提升建筑工程品质要求,引导建筑业企业加快转型升级

提升标准建设水平,着力在保障人民生命财产安全、人身健康、工程安全、公众权益和公共利益,以及促进能源资源节约利用、满足社会经济管理等方面,提高底线控制要求,按规定制定和实施高于国家标准和行业标准的地方标准。开展绿色建筑创建行动,推动建筑全寿命期绿色低碳发展,提升建筑节能标准,提高重点区域内新建建筑高星级绿色建筑占比要求,规模化发展超低能耗建筑,推行建筑能效测评标识。大力推广装配式建筑,构建装配式建筑标准化设计和生产体系,扩大标准化构件和部品部件使用规模;拓展装配式建筑应用,

居住建筑以及规定规模以上的公共建筑和工业建筑全面采用装配式建筑，加快向其他房屋建筑和交通、水务等市政基础设施工程领域拓展，在项目立项、规划、建设等环节明确装配式建筑的要求。推广全屋智能家居，逐步推动全屋智能技术在各类建筑空间的应用，对具备条件的保障性住房项目开展全屋智能家居试点，鼓励新建商品住宅配套智能家居产品。

（三）增强建筑业企业竞争力，支持建筑业企业做优做强

（1）加强企业科技创新能力建设。

加快推进新一代信息技术与新型建筑工业化协同发展，抓紧完善适应现代建筑产业发展的政策法规体系和技术标准体系，加快构建涵盖基于数字技术的装备制造、建材（部品部件）、设计、施工（装饰装修）、咨询服务、运维等领域的现代建筑产业集群。实施高新技术企业培育行动，积极引导建筑业企业加大研发投入，鼓励建设科技龙头企业提高研发投入比重。推进建筑数字化设计、制造和建造技术全面发展，加快智能设计软件、建筑机器人、智能工程机械设备的研发、制造，加大 DFMA、无人机、虚拟建造、激光扫描、数字化可视平台等先进技术的推广。

（2）培育壮大龙头企业。

鼓励龙头企业、行业协会围绕部品部件生产采购配送、工程机械设备租赁、建筑劳务用工、工程全过程管理等重点领域建设行业级建筑产业互联网平台，促进建筑产业全要素、全链条互联互通，实现建材、机械设备、人员、资金、技术等关键生产要素的高效配置。大力发展建筑业总部经济，采取"项目引资、项目引企"方式引导综合实力强、营业收入高以及提供高端建筑技术、装备、产品、服务的建筑业企业落户，或在深注册成立区域总部或子公司。支持大型建筑业企业多元化经营，推动"投建营一体化"转型和智能制造升级，引导积极参与"新城建""新基建"。支持符合条件的骨干企业参与城市轨道交通、大型公共建筑、老旧小区改造等重大项目建设，鼓励通过联合实力强、经验足的建筑业企业组成联合体投标。加大土地供应和资金投入力度，建设集头部企业集聚、绿色低碳示范、智能建造创新、建筑科技展示于一体的现代建筑产业园区，形成产业集聚和辐射带动效应，加速构筑现代建筑产业集群。

（3）推行先进的工程建设组织模式。

大力推行工程总承包，构建国际通用规则的工程总承包制度，政府和国有资金投资项目采用工程总承包模式的每年不得低于一定比例，建设规模和标准明确、建设内容和技术方案成熟稳定的政府和国有资金投资工程项目原则上采用工程总承包模式，政府投资重大项目鼓励采用"IPMT＋EPC＋监理"管理模式，鼓励社会投资项目优先采用工程总承包模式。推进全过程工程咨询服务和建筑师负责制发展，推动形成有利于全过程工程咨询服务和建筑师负责制健康发展的制度体系和市场环境，鼓励有能力的工程设计、监理、造价等企业提供集成化、多样化的全过程工程咨询服务，在高品质公共建筑建设项目中推行建筑师负责制。

（4）培育领军人才和产业工人。

制定出台建筑业领军人才引进和培育计划，重点引进和培育智能建造、绿色低碳、BIM技术、区块链技术、岩土工程、抗震减灾、钢结构、工程总承包、全过程咨询等领域的优秀人才。推动产业工人培育与职业院校教育相衔接，建立产业工人训练及管理体制机制，完善产业工人培育政策体系，建设一批高水平的产业工人培训基地。完善用人保障制度，实施与技能等级挂钩的薪酬体系，吸纳具有较高素质的装配式建筑、起重设备操作、机电设备安装等从业人员成为建筑蓝领，将关键岗位人员固化为企业自有产业工人，完善引进人才、产业工

人在住房保障、子女教育、医疗保险等方面的政策。

（四）完善工程质量安全保障体系，倒逼建筑业企业加快转型升级

加快升级投资项目在线审批监管平台，分步实现新建工程项目采用 BIM 报批报建，推动基于 BIM 的勘察、设计、施工审批监管。压实质量管理责任，落实工程质量终身责任制，建立全过程质量责任标识制度，实现从建材到运维全过程责任绑定与追溯。提高质量监管效能，制定出台适应新型建筑工业化发展的监管措施，建立部品部件等工厂化产品的质量检验检测和认证体系，明确生产单位质量责任，强化工厂化生产环节与现场施工环节质量控制的协同机制。完善"互联网＋监管"模式，推进信息技术与现场监管的深度融合。加强安全精细化管理，着力完善网格化"双重"预防机制，精准辨识、靶向预控安全风险，开展"台阶式""渐进式"隐患整治与标准化提升，推广智能化安全监控预警。创新监管模式，提高安全监管全流程标准化水平。

（五）加大资金支持力度，助推深圳现代建筑业高质量发展

（1）加大财税支持力度。

制定出台促进建设领域科技创新专项政策，市科技研发资金加大对现代建筑产业基础研究、前沿技术研究、重大共性关键技术研究开发的支持力度；制定出台支持建筑业企业做优做强的政策措施，对成功升级综合资质以及产值达到一定规模和增速的建筑业企业，给予资金奖补，支持推动符合条件的建筑业企业挂牌上市、发行债券，鼓励注册地所在区政府对上市企业给予奖补；鼓励企业使用绿色建材，开发低能耗、高星级绿色建筑，对获得中国绿色建筑创新奖的，给予配套支持。对建筑业企业符合条件的技术转让所得，按规定给予税收优惠。对企业符合条件的研发费用，按规定给予税前加计扣除税收优惠。建筑业企业成功申报高新技术企业的，按规定落实高新技术企业税收优惠政策。企业从境外取得营业利润所得以及符合境外税额间接抵免条件的股息所得按规定进行抵免。

（2）支持创新平台和成果申报。

支持建筑业企业、科研机构、高等院校积极申报国家、省和市级重点实验室、工程技术研究中心、创新中心等创新平台。支持本市建筑业人才申报国家、省市级高层次人才认定，以及申请青年科技奖、产业发展与创新人才奖等人才奖项，树立建筑业人才标杆。对符合条件的建筑业企业创新成果，支持提名国家、省市级科学技术奖。

（3）树立"优质优价""优品优先"导向。

鼓励招标人将科技创新能力作为招标择优要素，加大建筑市场主体信用体系中科技指标比重；鼓励建设单位在施工合同中明确优质工程费用奖励标准。政府和国有资金投资项目，积极带头采用推广目录中具有较强创新性、先进性、适用性的新技术，优先选用绿色建材产品，优先采购经认证的优良部品。

（4）推进银企战略合作。

建立银行、保险、证券等金融机构与建筑业企业对接机制。探索金融服务支持建设科技创新，鼓励保险机构和商业银行为新技术研发及推广应用等提供保险或融资服务。加大对具备较强竞争力、信誉较好、业绩优良的企业在授信额度、投标保函、质押融资、利率优惠等方面的支持力度，积极探索企业应收账款、建筑材料、工程设备等作为质押担保。

(5)大力发展绿色金融。

鼓励金融机构按照风险可控、商业可持续原则创新绿色基金、绿色信贷、绿色债券、绿色保险等金融产品和服务,加大对节能建筑、绿色建筑以及以智能建造和新型建筑工业化方式建设项目的金融支持。

(6)鼓励开拓市场。

对开拓市外、境外市场业绩突出的企业,在评先、择优方面可给予适当政策支持,境外承包工程业绩可用于资质申报;对市外、境外市场营业收入达到一定规模的建筑业企业,鼓励注册地所在区政府给予奖补;建立协调机制,建立健全与外事、经贸、金融相关部门协调机制,让有行业品牌优势的建筑业企业走出国门,参与国际竞争,支持企业申请国家丝路基金、亚洲基础设施投资银行专项资金等金融支持。

附录一 2021 年度深圳市建筑业总产值百强企业（本地）

评价结果	企业名称	行政区划	资质类型	资质等级	资质专业	注册类型	控股情况	主管部门
1	中建科工集团有限公司	南山区	施工总承包	特级	房屋建筑工程	其他有限责任公司	国有控股	中国建筑工程总公司
2	中铁南方投资集团有限公司	南山区	施工总承包	一级	市政公用工程、建筑工程、公路工程	国有企业	国有控股	中国铁路工程总公司
3	中建二局第二建筑工程有限公司	南山区	施工总承包	特级	房屋建筑工程	国有企业	国有控股	中国建筑工程总公司
4	中电建生态环境集团有限公司	宝安区	施工总承包	一级	水利水电工程、市政公用工程	国有企业	国有控股	地属部门
5	中国华西企业有限公司	福田区	施工总承包	特级	房屋建筑工程	国有企业	国有控股	地属部门
6	中建四局第五建筑工程有限公司	南山区	施工总承包	一级	房屋建筑工程、市政公用工程、建筑装饰装修工程	有限责任公司	国有控股	南山区市场监督管理局
7	深圳市建工集团股份有限公司	南山区	施工总承包	特级	房屋建筑工程	股份有限公司	私人控股	地属部门
8	深圳市市政工程总公司	龙华区	施工总承包	特级	市政公用工程	国有企业	国有控股	地属部门
9	中铁隧道集团三处有限公司	南山区	施工总承包	一级	公路工程	国有企业	国有控股	中国铁路工程总公司
10	深圳市建筑工程股份有限公司	福田区	施工总承包	一级	房屋建筑工程	股份有限公司	私人控股	地属部门
11	中海建筑有限公司	南山区	施工总承包	一级	建筑工程施工	其他有限责任公司	港澳台商控股	其他

续表

评价结果	企业名称	行政区划	资质类型	资质等级	资质专业	注册类型	控股情况	主管部门
12	中建科技集团有限公司	坪山区	施工总承包	一级	房屋建筑工程	国有企业	国有控股	地属部门
13	深圳中铁二局工程有限公司	南山区	施工总承包	一级	房屋建筑工程	其他有限责任公司	国有控股	中国铁路工程总公司
14	深圳市博大建设集团有限公司	福田区	专业承包	一级	建筑装修装饰工程	其他有限责任公司	私人控股	地属部门
15	中建深圳装饰有限公司	罗湖区	施工总承包	一级	建筑装修装饰工程	国有企业	国有控股	中国建筑工程总公司
16	中建人局深圳科创发展有限公司	龙岗区	施工总承包	一级	市政公用工程施工	国有企业	国有控股	中国建筑工程总公司
17	深圳广田集团股份有限公司	罗湖区	专业承包	一级	建筑装修装饰工程	股份有限公司	其他	地属部门
18	深圳市中装建设集团股份有限公司	罗湖区	专业承包	一级	建筑装修装饰工程	股份有限公司	私人控股	其他
19	深圳市宝鹰建设集团股份有限公司	福田区	专业承包	一级	建筑装修装饰工程	股份有限公司	国有控股	地属部门
20	深圳市中邦(集团)建设总承包有限公司	罗湖区	施工总承包	一级	房屋建筑工程	其他有限责任公司	私人控股	地属部门
21	中核华泰建设有限公司	南山区	施工总承包	一级	房屋建筑工程	国有独资公司	国有控股	中国核工业建设集团公司
22	维谛技术有限公司	南山区	施工总承包	二级	机电工程、电子与智能化工程	有限责任公司(台港澳法人独资)	港澳台商控股	深圳市场监督管理局

续表

评价结果	企业名称	行政区划	资质类型	资质等级	资质专业	注册类型	控股情况	主管部门
23	深圳时代装饰股份有限公司	福田区	专业承包	一级	建筑装修装饰工程	股份有限公司	私人控股	地属部门
24	深圳市建安（集团）股份有限公司	宝安区	施工总承包	一级	机电安装工程	股份有限公司	国有控股	地属部门
25	中建八局南方建设有限公司	宝安区	施工总承包	一级	建筑工程施工	国有企业	国有控股	中国建筑工程总公司
26	深圳市建筑装饰（集团）有限公司	福田区	专业承包	一级	建筑装修装饰工程	其他有限责任公司	私人控股	地属部门
27	深圳建业工程集团股份有限公司	龙华区	施工总承包	特级	房屋建筑工程	股份有限公司	私人控股	地属部门
28	银广厦集团有限公司	福田区	施工总承包	一级	房屋建筑工程	股份有限公司	私人控股	地属部门
29	中国能源建设集团南方建设投资有限公司	宝安区	施工总承包	一级	房屋建筑工程	国有企业	国有控股	地属部门
30	深圳市华西宝华建设有限公司	福田区	劳务分包	不分等级	水暖电安装	国有企业	国有控股	地属部门
31	深圳瑞和建筑装饰股份有限公司	罗湖区	专业承包	一级	建筑装修装饰工程	股份有限公司	集体控股	地属部门
32	深圳市建业建筑劳务服务有限公司	福田区	劳务分包	一级	模板作业	其他有限责任公司	私人控股	地属部门
33	深圳市星宏达工程建设有限公司	龙岗区	施工总承包	一级	房屋建筑工程	私营有限责任公司	私人控股	地属部门

续表

评价结果	企业名称	行政区划	资质类型	资质等级	资质专业	注册类型	控股情况	主管部门
34	深圳市中泰建筑劳务有限公司	南山区	劳务分包	一级	砌筑作业	其他有限责任公司	私人控股	地属部门
35	深圳市华晟建设集团股份有限公司	福田区	施工总承包	一级	市政公用工程	股份有限公司	私人控股	地属部门
36	深圳市深安企业有限公司	罗湖区	施工总承包	一级	房屋建筑工程,市政公用工程	有限责任公司	私人控股	其他
37	深装总建设集团股份有限公司	福田区	专业承包	二级	消防设施工程	股份有限公司	其他	地属部门
38	深圳市科源建设集团股份有限公司	罗湖区	专业承包	一级	建筑装修装饰工程	股份有限公司	私人控股	地属部门
39	深圳市三鑫科技发展有限公司	南山区	专业承包	一级	建筑幕墙工程	其他有限责任公司	私人控股	地属部门
40	深圳中天精装股份有限公司	福田区	专业承包	一级	建筑装修装饰工程	其他有限责任公司	私人控股	地属部门
41	深圳市鹏城建筑集团有限公司	福田区	施工总承包	特级	房屋建筑工程	其他有限责任公司	私人控股	地属部门
42	中铁建大桥工程局集团第二工程有限公司	盐田区	施工总承包	一级	公路工程	其他有限责任公司	国有控股	中国铁道建筑总公司
43	深圳洪涛集团股份有限公司	罗湖区	专业承包	一级	建筑装修装饰工程	股份有限公司	私人控股	地属部门

续表

评价结果	企业名称	行政区划	资质类型	资质等级	资质专业	注册类型	控股情况	主管部门
44	深圳市方大建科集团有限公司	罗湖区	施工总承包	一级	建筑幕墙工程	其他有限责任公司	私人控股	地属部门
45	深圳市工勘岩土集团有限公司	南山区	专业承包	一级	地基与基础工程	其他有限责任公司	私人控股	地属部门
46	深圳市新启源实业发展有限公司	龙岗区	施工总承包	一级	房屋建筑工程	私营有限责任公司	私人控股	地属部门
47	深圳市蛇口招商港湾工程有限公司	南山区	施工总承包	二级	房屋建筑工程、市政公用工程、地基基础工程	私营独资企业	私人控股	地属部门
48	深圳海外装饰工程有限公司	福田区	专业承包	一级	建筑装修装饰工程	国有企业	国有控股	中国建筑工程总公司
49	深圳市粤通建设工程有限公司	盐田区	施工总承包	一级	市政公用工程	国有企业	国有控股	地属部门
50	深华建设（深圳）股份有限公司	南山区	专业承包	一级	消防设施工程	私营股份有限责任公司	其他	地属部门
51	深圳市中深建装饰设计工程有限公司	福田区	专业承包	一级	建筑装修装饰工程	私营有限责任公司	私人控股	地属部门
52	中国南海工程有限公司	罗湖区	施工总承包	一级	化工石油工程	其他有限责任公司	私人控股	中国化学工程集团公司
53	深圳市华南装饰集团股份有限公司	福田区	专业承包	一级	建筑装修装饰工程	股份有限公司	私人控股	地属部门
54	深圳市建艺装饰集团股份有限公司	福田区	专业承包	一级	建筑装修装饰工程	股份有限公司	私人控股	地属部门

续表

评价结果	企业名称	行政区划	资质类型	资质等级	资质专业	注册类型	控股情况	主管部门
55	深圳市中航科建建设集团有限公司	福田区	专业承包	一级	建筑装修装饰工程	其他有限责任公司	私人控股	地属部门
56	深圳金粤幕墙装饰工程有限公司	福田区	专业承包	一级	建筑幕墙工程	与港澳台商合资经营企业	国有控股	地属部门
57	深圳中集天达空港设备有限公司	宝安区	专业承包	二级	机电设备安装工程	外资企业	港台商控股	地属部门
58	深圳中喜建设（集团）有限公司	福田区	专业承包	一级	建筑装修装饰工程	私营有限责任公司	私人控股	地属部门
59	深圳联丰建设集团有限公司	福田区	专业承包	一级	建筑装修装饰工程	私营有限责任公司	私人控股	地属部门
60	深圳市晶宫建筑装饰集团有限公司	福田区	施工总承包	一级	建筑装修装饰工程	其他有限责任公司	私人控股	地属部门
61	深圳市路桥建设集团有限公司	罗湖区	施工总承包	一级	市政公用工程	国有企业	国有控股	地属部门
62	深圳市郑中设计股份有限公司	福田区	专业承包	一级	建筑装修装饰工程	股份有限公司	港澳台商控股	地属部门
63	深圳市华辉装饰工程有限公司	罗湖区	专业承包	一级	建筑装修装饰工程	私营有限责任公司	私人控股	地属部门
64	深圳华创建筑装饰股份有限公司	南山区	专业承包	一级	建筑装修装饰工程	股份有限公司	私人控股	地属部门

续表

评价结果	企业名称	行政区划	资质类型	资质等级	资质专业	注册类型	控股情况	主管部门
65	深圳泛华工程集团有限公司	福田区	施工总承包	一级	房屋建筑工程	其他有限责任公司	私人控股	地属部门
66	深圳市建怀建工集团有限公司	福田区	专业承包	一级	建筑装修装饰工程	私营有限责任公司	私人控股	地属部门
67	深圳市国艺园林建设有限公司	福田区	施工总承包	一级	市政公用工程	私营有限责任公司	私人控股	地属部门
68	深圳洲际建筑装饰集团有限公司	福田区	专业承包	一级	建筑装修装饰工程	私营有限责任公司	私人控股	地属部门
69	深圳市天健坪山建设工程有限公司	坪山区	施工总承包	一级	市政公用工程	国有企业	国有控股	地属部门
70	深圳市第一建筑工程有限公司	福田区	施工总承包	一级	房屋建筑工程	其他有限责任公司	集体控股	地属部门
71	深圳文科园林股份有限公司	罗湖区	施工总承包	一级	市政公用工程	股份有限公司	私人控股	地属部门
72	深圳市嘉信建设集团有限公司	福田区	施工总承包	一级	建筑装修装饰工程	其他有限责任公司	私人控股	地属部门
73	深圳市金世纪工程实业有限公司	罗湖区	施工总承包	一级	房屋建筑工程,市政工程	私营有限责任公司	私人控股	地属部门
74	深圳市万德建设集团有限公司	福田区	专业承包	一级	建筑装修装饰工程	股份有限公司	私人控股	地属部门

续表

评价结果	企业名称	行政区划	资质类型	资质等级	资质专业	注册类型	控股情况	主管部门
75	深圳市润景装饰工程有限公司	宝安区	专业承包	二级	建筑装修装饰工程	私营有限责任公司	其他	地属部门
76	深圳合田建设工程劳务有限公司	罗湖区	劳务分包	一级	木工作业	其他有限责任公司	私人控股	地属部门
77	深圳市汇宁建筑劳务分包有限公司	福田区	劳务分包	不分等级	房屋建筑工程	私营有限责任公司	私人控股	地属部门
78	深圳市新朗建设工程有限公司	南山区	施工总承包	一级	房屋建筑工程	私营有限责任公司	私人控股	地属部门
79	深圳市卓艺建设装饰工程股份有限公司	福田区	专业承包	一级	建筑装修装饰工程	私营股份责任公司	私人控股	地属部门
80	深圳市广胜达建设有限公司	龙岗区	施工总承包	一级	房屋建筑工程	股份有限公司	私人控股	地属部门
81	深圳市维业装饰集团股份有限公司	福田区	专业承包	一级	建筑装修装饰工程	股份有限公司	私人控股	地属部门
82	深圳东海建设集团有限公司	福田区	施工总承包	二级	房屋建筑工程	私营独资企业	私人控股	地属部门
83	深圳市宏业基岩土科技股份有限公司	南山区	专业承包	一级	地基与基础工程	股份有限公司	私人控股	地属部门
84	深圳市铁汉生态环境股份有限公司	福田区	施工总承包	三级	市政公用工程	股份有限公司	国有控股	地属部门

续表

评价结果	企业名称	行政区划	资质类型	资质等级	资质专业	注册类型	控股情况	主管部门
85	深圳市中建南方建筑工程劳务有限公司	福田区	劳务分包	一级	砌筑作业	私营有限责任公司	私人控股	地属部门
86	深圳市电信工程有限公司	罗湖区	施工总承包	一级	通信工程	其他有限责任公司	国有控股	地属部门
87	中孚泰文化建筑股份有限公司	福田区	专业承包	一级	建筑装修装修工程、城市及道路照明工程、建筑幕墙工程、消防设施工程	股份有限公司	私人控股	地属部门
88	深圳市特艺达装饰设计工程有限公司	福田区	专业承包	一级	建筑装饰装修工程	其他有限责任公司	私人控股	地属部门
89	深圳市科顺防水工程有限公司	南山区	专业承包	一级	建筑防水工程	私营有限责任公司	私人控股	地属部门
90	深圳市中建大康建筑工程有限公司	罗湖区	施工总承包	一级	房屋建筑工程	其他有限责任公司	私人控股	地属部门
91	深圳市广安消防装饰工程有限公司	福田区	施工总承包	一级	消防设施工程	私营有限责任公司	私人控股	地属部门
92	润世达工程有限公司	龙岗区	施工总承包	二级	电力工程	其他有限责任公司	私人控股	地属部门
93	深圳市越众（集团）股份有限公司	宝安区	施工总承包	一级	房屋建筑工程	股份有限公司	集体控股	地属部门

续表

评价结果	企业名称	行政区划	资质类型	资质等级	资质专业	注册类型	控股情况	主管部门
94	深圳市华剑建设集团股份有限公司	福田区	施工总承包	一级	建筑装修装饰工程	股份有限公司	私人控股	地属部门
95	深圳市福田建安建设集团有限公司	福田区	施工总承包	一级	房屋建筑工程	私营有限责任公司	私人控股	地属部门
96	深圳市坐标建筑装饰工程股份有限公司	福田区	专业承包	一级	建筑装修装饰工程	股份有限公司	私人控股	地属部门
97	深圳市建设（集团）有限公司	福田区	施工总承包	特级	房屋建筑工程	其他有限责任公司	国有控股	地属部门
98	中冶华南建设工程有限公司	宝安区	施工总承包	一级	市政公用工程	其他有限责任公司	国有控股	地属部门
99	深圳市广田方特科建集团有限公司	罗湖区	专业承包	一级	建筑幕墙工程	其他有限责任公司	私人控股	地属部门
100	深圳市正大建业建筑工程有限公司	宝安区	专业承包	一级	地基基础工程专业	有限责任公司	私人控股	其他

附录二 2021年度深圳市建筑业综合竞争力百强企业（本地）

评价结果	企业名称	行政区划	资质专业	市场规模	营利稳健性	运营效率	社会责任	企业信用度	技术创新	得分
1	中建科工集团有限公司	南山区	房屋建筑工程	3.5	0.47	0.2	0.8	0.75	2.145	7.865
2	中国华西企业有限公司	福田区	房屋建筑工程	2.87	0.47	0.1	0.74	0.75	1.9825	6.9125
3	中建二局第二建筑工程有限公司	南山区	房屋建筑工程	2.87	0.41	0.1	0.76	0.75	1.755	6.645
4	深圳市市政工程总公司	龙华区	市政公用工程	2.87	0.47	0.2	0.66	0.75	1.695	6.645
5	深圳市建工集团股份有限公司	南山区	房屋建筑工程	2.87	0.53	0.3	0.52	0.75	1.495	6.465
6	中电建生态环境集团有限公司	宝安区	水利水电工程、市政公用工程	3.01	0.56	0.5	0.56	0.69	1.04	6.36
7	中铁南方投资集团有限公司	南山区	市政公用工程、房屋建筑工程、公路工程	3.43	0.53	0.5	0.62	0.75	0.2275	6.0575
8	中建科技集团有限公司	坪山区	房屋建筑工程	2.38	0.56	0.2	0.6	0.75	1.105	5.595
9	深圳广田集团股份有限公司	罗湖区	建筑装修装饰工程	2.275	0.2	0.2	0.46	0.45	1.9175	5.5025
10	中铁隧道集团三处有限公司	南山区	公路工程	2.695	0.35	0.2	0.68	0.69	0.585	5.2
11	中建深圳装饰有限公司	罗湖区	建筑装修装饰工程	2.065	0.47	0.1	0.62	0.345	1.56	5.16
12	深圳市中装建设集团股份有限公司	罗湖区	建筑装修装饰工程	2.17	0.67	0.1	0.62	0.57	0.975	5.105
13	中建四局第五建筑工程有限公司	南山区	房屋建筑工程、公路工程	2.695	0.35	0.2	0.68	0.63	0.39	4.945
14	深圳中铁二局工程有限公司	南山区	房屋建筑工程	2.17	0.47	0.2	0.62	0.75	0.65	4.86

续表

评价结果	企业名称	行政区划	资质专业	市场规模	营利稳健性	运营效率	社会责任	企业信用度	技术创新	得分
15	深圳市方大建科集团有限公司	罗湖区	建筑幕墙工程	1.54	0.44	0.2	0.42	0.45	1.7875	4.8375
16	中海建筑有限公司	南山区	房屋建筑工程	2.59	0.68	0.3	0.58	0.525	0.13	4.805
17	深圳市科源建设集团股份有限公司	罗湖区	建筑装修装饰工程	1.54	0.35	0.1	0.5	0.45	1.5925	4.5325
18	深圳市建筑工程股份有限公司	福田区	房屋建筑工程	2.38	0.2	0.1	0.68	0.75	0.2275	4.3375
19	深圳市中邦(集团)建设总承包有限公司	罗湖区	房屋建筑工程	2.065	0.61	0.1	0.62	0.69	0.195	4.28
20	深圳市广安消防装饰工程有限公司	福田区	消防设施工程	1.435	0.58	0.2	0.16	0.75	1.0725	4.1975
21	深圳市工勘岩土集团有限公司	南山区	地基与基础工程	1.54	0.35	0.2	0.42	0.75	0.8775	4.1375
22	深圳市宏业基岩土科技股份有限公司	南山区	地基与基础工程	1.54	0.64	0.2	0.2	0.69	0.845	4.115
23	深圳洪涛集团股份有限公司	罗湖区	建筑装修装饰工程	1.645	0.2	0.1	0.41	0.45	1.3	4.105
24	深圳市建艺装饰(集团)有限公司	福田区	建筑装修装饰工程	1.54	0.41	0.2	0.48	0.225	1.17	4.025
25	深圳市鹏城建筑集团有限公司	福田区	房屋建筑工程	1.715	0.35	0.2	0.42	0.75	0.585	4.02
26	深圳市华辉装饰工程有限公司	罗湖区	建筑装修装饰工程	1.435	0.29	0.2	0.48	0.225	1.365	3.995
27	深圳市宝鹰建设集团股份有限公司	福田区	建筑装修装饰工程	2.17	0.2	0.1	0.62	0.45	0.39	3.93
28	银广厦集团有限公司	福田区	房屋建筑工程	1.54	0.35	0.2	0.42	0.75	0.585	3.845
29	深圳建业工程集团股份有限公司	龙华区	房屋建筑工程	1.925	0.5	0.2	0.33	0.75	0.0975	3.8025

续表

评价结果	企业名称	行政区划	资质专业	市场规模	营利稳健性	运营效率	社会责任	企业信用度	技术创新	得分
30	深圳市博大建设集团有限公司	福田区	建筑装修装饰工程	2.065	0.41	0.4	0.38	0.45	0.065	3.77
31	深圳市路桥建设集团有限公司	罗湖区	市政公用工程	1.54	0.2	0.2	0.33	0.75	0.715	3.735
32	深圳市广胜达建设有限公司	龙岗区	房屋建筑工程	1.54	0.35	0.2	0.28	0.75	0.585	3.705
33	深圳市越众（集团）股份有限公司	宝安区	房屋建筑工程	1.75	0.2	0.3	0.16	0.63	0.65	3.69
34	深圳市金世纪工程实业有限公司	罗湖区	房屋建筑工程,市政公用工程	1.54	0.35	0.1	0.36	0.75	0.52	3.62
35	深圳市榕亭实业集团有限公司	罗湖区	市政公用工程	1.54	0.35	0.2	0.25	0.69	0.585	3.615
36	深圳市广汇源水利建筑工程有限公司	罗湖区	水利水电工程	1.435	0.35	0.1	0.33	0.75	0.65	3.615
37	深圳市嘉信建设集团有限公司	福田区	建筑装修装饰工程	1.54	0.35	0.1	0.36	0.225	1.0075	3.5825
38	深圳市深安企业有限公司	罗湖区	房屋建筑工程,市政公用工程	1.33	0.35	0.2	0.33	0.75	0.585	3.545
39	深圳市郑中设计股份有限公司	福田区	房屋建筑工程	1.61	0.5	0.2	0.25	0.75	0.2275	3.5375
40	中核华泰建设有限公司	南山区	房屋建筑工程	1.645	0.35	0.2	0.39	0.75	0.195	3.53
41	深圳市第一建筑工程有限公司	福田区	房屋建筑工程	1.54	0.35	0.1	0.36	0.69	0.455	3.495
42	深装总建设集团股份有限公司	福田区	消防设施工程	1.575	0.35	0.1	0.42	0.57	0.455	3.47
43	深圳市中设计股份有限公司	福田区	建筑装修装饰工程	1.54	0.49	0.2	0.42	0.45	0.325	3.425
44	深圳市建安（集团）股份有限公司	宝安区	机电安装工程	1.54	0.2	0.3	0.26	0.75	0.3575	3.4075
45	深圳新艺华建筑装饰工程有限公司	福田区	建筑装修装饰工程	1.435	0.35	0.1	0.28	0.225	1.0075	3.3975
46	中建八局深圳科创发展有限公司	龙岗区	市政公用工程	1.855	0.41	0.5	0.28	0.345	0	3.39

续表

评价结果	企业名称	行政区划	资质专业	市场规模	营利稳健性	运营效率	社会责任	企业信用度	技术创新	得分
47	深圳市维业装饰集团股份有限公司	福田区	建筑装修装饰工程	1.54	0.35	0.1	0.36	0.45	0.585	3.385
48	深圳市粤通建设工程有限公司	盐田区	市政公用工程	1.54	0.44	0.2	0.26	0.57	0.3575	3.3675
49	深圳瑞和建筑装饰股份有限公司	罗湖区	建筑装修装饰工程	1.54	0.2	0.2	0.34	0.63	0.455	3.365
50	深圳市天健坪山建设工程有限公司	坪山区	市政公用工程	1.54	0.35	0.2	0.17	0.57	0.52	3.35
51	深圳市福田建安建设集团有限公司	福田区	房屋建筑工程	1.54	0.2	0.2	0.16	0.69	0.52	3.31
52	深圳中天精装股份有限公司	福田区	建筑装修装饰工程	1.54	0.61	0.2	0.4	0.225	0.325	3.3
53	深圳中壹建设（集团）有限公司	福田区	建筑装修装饰工程	1.435	0.55	0.1	0.42	0.45	0.325	3.28
54	深圳市华剑建设集团股份有限公司	福田区	建筑装修装饰工程	1.54	0.35	0.2	0.2	0.63	0.3575	3.2775
55	维谛技术有限公司	南山区	机电工程、电子与智能化工程	1.575	0.5	0.2	0.28	0.45	0.26	3.265
56	深圳市联丰建设集团有限公司	福田区	建筑装修装饰工程	1.435	0.44	0.2	0.34	0.45	0.39	3.255
57	深圳市华晟建设集团股份有限公司	福田区	市政公用工程	1.54	0.35	0.2	0.28	0.75	0.13	3.25
58	深圳市三鑫科技发展有限公司	南山区	建筑幕墙工程	1.54	0.35	0.2	0.36	0.45	0.325	3.225
59	深圳市铁汉生态环境股份有限公司	福田区	市政公用工程	1.715	0.2	0.2	0.2	0.45	0.455	3.22

续表

评价结果	企业名称	行政区划	资质专业	市场规模	营利稳健性	运营效率	社会责任	企业信用度	技术创新	得分
60	深圳市中航科建建设集团有限公司	福田区	建筑装修装饰工程	1.435	0.64	0.1	0.42	0.225	0.39	3.21
61	深圳泛华工程集团有限公司	福田区	房屋建筑工程	1.54	0.26	0.2	0.25	0.69	0.26	3.2
62	中铁建大桥工程局集团第二工程有限公司	盐田区	公路工程	1.54	0.26	0.1	0.33	0.57	0.39	3.19
63	深圳市国艺园林建设有限公司	福田区	市政公用工程	1.435	0.35	0.2	0.17	0.57	0.455	3.18
64	中冶华南建设工程有限公司	宝安区	市政公用工程	1.435	0.35	0.3	0.13	0.57	0.39	3.175
65	深圳市新启源实业发展有限公司	龙岗区	房屋建筑工程	1.54	0.55	0.2	0.28	0.57	0.0325	3.1725
66	中国南海工程有限公司	罗湖区	化工石油工程	1.54	0.35	0.1	0.48	0.63	0.065	3.165
67	深圳中集天达空港设备有限公司	宝安区	机电设备安装工程	1.47	0.76	0.2	0.28	0.225	0.195	3.13
68	深圳海外装饰工程有限公司	福田区	建筑装修装饰工程	1.54	0.29	0.2	0.17	0.57	0.3575	3.1275
69	深圳市建业建筑劳务服务有限公司	福田区	模板作业	1.54	0.29	0.1	0.56	0.63	0	3.12
70	深圳市万德建设集团有限公司	福田区	建筑装饰工程	1.54	0.38	0.2	0.4	0.225	0.325	3.07
71	深圳市星宏达工程建设有限公司	龙岗区	房屋建筑工程	1.54	0.5	0.3	0.28	0.45	0	3.07
72	深圳市晶宫建筑装饰集团有限公司	福田区	建筑装修装饰工程	1.54	0.35	0.2	0.2	0.45	0.325	3.065
73	中孚泰文化建筑股份有限公司	福田区	建筑装饰装修、城市及道路照明工程、建筑幕墙工程、消防设施工程	1.54	0.35	0.2	0.26	0.345	0.3575	3.0525

续表

评价结果	企业名称	行政区划	资质专业	市场规模	营利稳健性	运营效率	社会责任	企业信用度	技术创新	得分
74	深圳市蛇口招商港湾工程有限公司	南山区	房屋建筑工程、市政公用工程,地基基础工程	1.47	0.35	0.2	0.2	0.63	0.195	3.045
75	中国能源建设集团南方建设投资有限公司	宝安区	房屋建筑工程	1.645	0.2	0.5	0.13	0.57	0	3.045
76	深圳市特艺达装饰设计工程有限公司	福田区	建筑装修装饰工程	1.435	0.35	0.2	0.13	0.57	0.3575	3.0425
77	深圳市建祥建工集团有限公司	福田区	建筑装修装饰工程	1.435	0.35	0.2	0.28	0.45	0.325	3.04
78	深圳市华西宝华建设有限公司	福田区	水暖电安装作业	1.3125	0.55	0.1	0.56	0.45	0.0325	3.005
79	深圳市润景装饰工程有限公司	宝安区	建筑装修装饰工程	1.575	0.62	0.1	0.48	0.225	0	3
80	深圳市坐标建筑装饰工程股份有限公司	福田区	建筑装修装饰工程	1.54	0.35	0.2	0.13	0.45	0.325	2.995
81	联建建设工程有限公司	宝安区	房屋建筑工程	1.54	0.2	0.1	0.33	0.69	0.13	2.99
82	深圳市建艺装饰集团股份有限公司	福田区	建筑装修装饰工程	1.54	0.2	0.1	0.42	0.225	0.4875	2.9725
83	深华建设(深圳)股份有限公司	南山区	消防设施工程	1.54	0.35	0.2	0.25	0.63	0	2.97
84	深圳文科园林股份有限公司	罗湖区	市政公用工程	1.54	0.2	0.1	0.33	0.45	0.325	2.945
85	深圳市文业装饰设计工程有限公司	罗湖区	建筑装修装饰工程	1.54	0.35	0.1	0.4	0.225	0.325	2.94
86	深圳洲际建筑装饰集团有限公司	福田区	建筑装修装饰工程	1.435	0.35	0.2	0.36	0.225	0.3575	2.9275
87	深圳市正大建业建筑工程有限公司	宝安区	地基基础工程	1.435	0.58	0.2	0.13	0.57	0	2.915

续表

评价结果	企业名称	行政区划	资质专业	市场规模	营利稳健性	运营效率	社会责任	企业信用度	技术创新	得分
88	深圳市科顺防水工程有限公司	南山区	建筑防水工程	1.54	0.26	0.2	0.13	0.45	0.325	2.905
89	深圳市卓艺建设装饰工程股份有限公司	福田区	建筑装饰装修工程	1.54	0.58	0.1	0.42	0.225	0	2.865
90	深圳市中建大康建筑工程有限公司	罗湖区	房屋建筑工程	1.435	0.29	0.3	0.13	0.57	0.13	2.855
91	中建八局南方建设有限公司	宝安区	房屋建筑工程	1.435	0.35	0.5	0.22	0.345	0	2.85
92	深圳市时代装饰股份有限公司	福田区	建筑装饰装修工程	1.54	0.41	0.2	0.4	0.225	0.065	2.84
93	深圳市金粤幕墙装饰工程有限公司	福田区	建筑幕墙工程	1.54	0.35	0.1	0.36	0.45	0.0325	2.8325
94	深圳市新朗建设工程有限公司	南山区	房屋建筑工程	1.54	0.35	0.1	0.36	0.45	0.0325	2.8325
95	润世达工程有限公司	龙岗区	电力工程	1.47	0.35	0.1	0.33	0.57	0	2.82
96	深圳市合田建设工程劳务有限公司	罗湖区	木工作业	1.54	0.29	0.1	0.42	0.45	0	2.8
97	深圳市华南装饰集团股份有限公司	福田区	建筑装饰装修工程	1.54	0.35	0.2	0.2	0.45	0	2.74
98	深圳东海建设集团有限公司	福田区	房屋建筑工程	1.365	0.35	0.2	0.28	0.45	0.065	2.71
99	深圳市电信工程有限公司	罗湖区	通信工程	1.54	0.35	0.2	0.17	0.45	0	2.71
100	深圳市中泰建筑劳务有限公司	南山区	砌筑作业	1.435	0.29	0.1	0.41	0.45	0	2.685

附录三 2021年度深圳市建筑业法律政策文件（目录）选编

序号	制定/批准单位	文件名称（文号）	施行日期
1	深圳市第六届人民代表大会常务委员会第四十五次会议通过	深圳经济特区优化营商环境条例	2021.01.01
2	深圳市第六届人民代表大会常务委员会第四十六次会议通过	深圳经济特区城市更新条例	2021.03.01
3	深圳市人民政府提出 深圳市第七届人民代表大会第一次会议批准	深圳市国民经济和社会发展第十四个五年规划和二〇三五年远景目标纲要	2021.06.09
4	深圳市第七届人民代表大会常务委员会第二次会议通过	深圳经济特区数据条例	2022.01.01
5	深圳市第七届人民代表大会常务委员会第五次会议修订	深圳经济特区政府投资项目管理条例	2021.11.01
6	深圳市第七届人民代表大会常务委员会第五次会议通过 广东省第十三届人民代表大会常务委员会第三十七次会议批准	关于修改《深圳市建设工程质量管理条例》的决定	2021.12.07
7	深圳市人民政府办公厅	深圳市人民政府办公厅关于印发加快推进建筑信息模型（BIM）技术应用的实施意见（试行）的通知（深府办函〔2021〕103号）	2021.12.07
8	深圳市住房和建设局	深圳市工程建设领域科技计划项目管理办法（深建规〔2020〕17号）	2021.01.01
9	深圳市住房和建设局 深圳市财政局	深圳市工程建设领域绿色创新发展专项资金管理办法（深建规〔2021〕1号）	2021.02.01
10	深圳市住房和建设局 深圳市人力资源和社会保障局 深圳市交通运输局 深圳市水务局	深圳市工程建设行业产业工人职业训练管理办法（深建规〔2021〕7号）	2021.07.11

续表

序号	制定/批准单位	文件名称（文号）	施行日期
11	深圳市住房和建设局	深圳市工程建设领域绿色创新发展专项资金实施细则（深建规〔2021〕9号）	2021.09.01
12	深圳市住房和建设局	深圳市住房和建设局关于加强建设工程施工承包行为管理的通知（深建规〔2021〕11号）	2021.09.23
13	深圳市住房和建设局	深圳市住房和建设局关于发布《深圳市工程建设技术规范制定程序规定》延期的通知（深建规〔2021〕12号）	有效期至 2024.12.02
14	深圳市住房和建设局	深圳市建设工程承包履约评价管理办法（深建规〔2021〕13号）	2022.01.01
15	深圳市住房和建设局	深圳市住房和建设局关于进一步推进建筑业企业资质审批告知承诺制改革试点工作的通知（深建市场〔2021〕29号）	2021.12.31
16	深圳市住房和建设局	深圳市住房和建设局关于立即开展建筑施工安全生产大排查大整治行动的通知（深建质安〔2021〕174号）	2021.12.10
17	深圳市住房和建设局	深圳市住房和建设局关于进一步加强全市住房建设系统台风、暴雨、地质灾害防御工作的紧急通知（深建质安〔2021〕146号）	2021.10.09
18	深圳市住房和建设局	深圳市住房和建设局转发广东省住房和城乡建设厅关于建筑业企业实施工劳务资质资格备案工作的通知（深建市场〔2021〕22号）	2021.09.24
19	深圳市住房和建设局	深圳市住房和建设局关于印发《深圳市建筑施工百日攻坚整治行动工作方案》的通知（深建质安〔2021〕135号）	2021.09.17
20	深圳市住房和建设局	深圳市住房和建设局关于进一步优化建设工程招标备案工作的通知（深建市场〔2021〕21号）	2021.08.09
21	深圳市住房和建设局	深圳市住房和建设局关于调整深圳市建设工程计价费率标准相关费率的通知（深建市场〔2021〕20号）	2021.07.26

续表

序号	制定/批准单位	文件名称（文号）	施行日期
22	深圳市住房和建设局	深圳市住房和建设局关于废止部分建设工程招标投标政策文件的通知（深建市场〔2021〕19号）	2021.07.23
23	深圳市住房和建设局	深圳市住房和建设局转发省住房城乡建设厅关于深刻汲取珠海"7·15"透水事故教训进一步开展房屋市政工程安全风险隐患排查整治的紧急通知（深建质安〔2021〕112号）	2021.07.21
24	深圳市住房和建设局	深圳市住房和建设局关于严格落实工程款支付担保制度及保障农民工工资足额支付工作的通知（深建市场〔2021〕16号）	2021.07.02
25	深圳市住房和建设局	深圳市住房和建设局关于深入推进"落实施工企业安全生产主体责任专项行动"的通知（深建质安〔2021〕75号）	2021.06.02
26	深圳市住房和建设局	深圳市住房和建设局关于转发《广东省高风险作业和重点领域（岗位）"一线三排"工作指引》的通知（深建质安〔2021〕66号）	2021.05.27
27	深圳市住房和建设局	深圳市住房和建设局关于发布《深圳市建设工程招标文件示范文本》（2021.4.版）及《深圳市建设工程施工（单价）合同示范文本（SFD-2015-04）》的通知（深建市场〔2021〕8号）	2021.04.09
28	深圳市住房和建设局	深圳市住房和建设局关于全面开展施工安全排查整治的通知（深建质安〔2021〕34号）	2021.04.02
29	深圳市住房和建设局	深圳市住房和建设局关于印发《2021.全市建设工程施工安全整治系列行动工作方案》的通知（深建质安〔2021〕21号）	2021.02.23
30	深圳市住房和建设局	《深圳市住房和建设局关于严格落实危险性较大分部分项工程前期保障措施的通知》（深建市场〔2021〕5号）	2021.02.07

附录四　2021 年度深圳市建筑业获奖情况

1.2020—2021 年度第二批中国建设工程鲁班奖（国家优质工程）入选名单（深圳地区）

2.2021 年度国家优质工程奖入选工程名单（深圳地区）

3.第十九届中国土木工程詹天佑奖获奖名单（深圳）

4.2021 年工程建设优秀质量管理小组名单（深圳地区）

5.2021 年度广东省建设工程金匠奖（房屋建筑及专业工程）名单（深圳地区）

6.2021 年度广东省建设工程优质奖（房屋建筑及专业工程）名单（深圳地区）

7.2021 年度广东省建设工程优质结构奖（房屋建筑工程及专业工程）名单（深圳地区）

8.2021 年度广东省建筑业新技术应用示范工程名单（深圳地区）

9.2021 年广东省建筑业绿色施工示范工程名单（深圳地区）

10.2021 年度"广东省房屋市政工程安全生产文明施工示范工地、省建设工程项目施工安全生产标准化工地"复评获奖项目名单（深圳地区）

11.2021 年度广东市政金奖名单（深圳地区）

12.2021 年度广东省市政优良样板工程名单（深圳地区）

13.2021 年度广东省市政建设优秀质量管理小组活动（深圳地区）

14.2021 年度广东省市政工程安全文明施工示范工地名单（深圳地区）

15.2021 年度深圳市优质工程奖名单

16.2021 年度年深圳市优质结构工程奖名单

17.2021 年深圳市工程建设领域科技计划项目立项一览表

18.2021 年深圳市建筑业新技术应用示范工程立项名单

19.2021 年度深圳市建筑业绿色施工示范工程立项名单

20.2021 年度深圳市建设工程安全生产与文明施工优良工地表彰名单

21.2021 年度深圳市建设工程市级工法名单

22.2021 年度深圳市工程建设优秀 QC 小组活动成果获奖名单

23."深圳市第五届（2021）建设工程建筑信息模型（BIM）应用大赛"获奖名单

24.2021 年度"质量月"国家级、省级、市级观摩项目

1. 2020—2021 年度第二批中国建设工程鲁班奖

（国家优质工程）入选名单（深圳地区）

（排名不分先后）

序号	工程名称	承建单位	参建单位
1	亚洲基础设施投资银行总部永久办公场所	北京建工集团有限责任公司 北京城建集团有限责任公司 中国建筑第八工程局有限公司	中建科工集团有限公司
			深圳市华辉装饰工程有限公司
2	北京市朝阳区 CBD 核心区 Z15 地块项目（中信大厦）	中建三局集团有限公司 中国建筑股份有限公司 中建安装集团有限公司	中建科工集团有限公司
			深圳市建筑装饰（集团）有限公司
			中建深圳装饰有限公司
			深圳市智宇实业发展有限公司
3	中共天津市委党校二期新建项目	中国建筑第八工程局有限公司	深圳市广弘盛工程建设有限公司
4	振石科技中心	巨匠建设集团股份有限公司	深圳广田集团股份有限公司
5	淄博市文化中心 AC 组团项目	山东天齐置业集团股份有限公司 中国建筑第八工程局有限公司	深圳洪涛集团股份有限公司
6	济南轨道交通大厦	济南四建（集团）有限责任公司 中国建筑第八工程局有限公司	深圳市科源建设集团股份有限公司
			深圳新艺华建筑装饰工程有限公司
7	晋江市第二体育中心-体育馆、游泳馆、训练馆、平台及商业	中建海峡建设发展有限公司	中建科工集团有限公司
8	厦门国际会展中心四期项目（B8B9 馆及配套东广场地下室）	上海宝冶集团有限公司	深圳市维业装饰集团股份有限公司
9	前海国际会议中心总承包工程	中国建筑第八工程局有限公司	深圳市方大建科集团有限公司
10	五华县足球文化公园体育场馆（第一期、第二期）	广东五华一建工程有限公司	深圳市嘉信建设集团有限公司
11	深圳湾科技生态园项目四区施工总承包 12 栋	中国建筑第二工程局有限公司	深圳市中装建设集团股份有限公司
12	丰德成达中心 1♯楼及地下室	中国华西企业股份有限公司	深圳市方大建科集团有限公司
13	深圳市东部过境高速公路工程第一合同段莲塘隧道	重庆中环建设有限公司	深圳市锦粤达科技有限公司

续表

序号	工程名称	承建单位	参建单位
14	深圳港盐田港区西作业区集装箱码头工程	中交第四航务工程局有限公司	
15	莲塘口岸-旅检区建筑施工总承包	上海宝冶集团有限公司	深圳广田集团股份有限公司
16	江北新区市民中心工程	中国建筑第二工程局有限公司	深圳市奇信集团股份有限公司
17	观音文化园（观音圣坛、正法讲寺）	中建三局集团有限公司中国建筑第八工程局有限公司	深圳洪涛集团股份有限公司
18	深圳北理莫斯科大学建设工程	中国建筑一局（集团）有限公司中国建筑第八工程局有限公司	深圳市科源建设集团股份有限公司

（说明："工程""承建单位""参建单位"三者中至少有一项需涉及深圳，"参建单位"栏仅列出深圳市本地建筑业企业。下同。）

注释：2021 年 2 月 23 日,中国建筑业协会公布了 2020—2021 年度第一批中国建设工程鲁班奖（国家优质工程）入选名单,北京新机场工程（航站楼及换乘中心、停车楼）等 126 项工程入榜;2021 年 11 月 24 日,中国建筑业协会公示了 2020～2021 年度第二批中国建设工程鲁班奖（国家优质工程）入选名单,亚洲基础设施投资银行总部永久办公场所等共 120 项工程入选。

2.2021 年度国家优质工程奖入选工程名单（深圳地区）

（排名不分先后）

序号	工程名称	建设单位	勘察及设计单位	工程监理单位	施工总承包单位	参建单位
1	坪山河干流综合整治及水质提升工程（设计采购施工项目总承包）	深圳市坪山区水务局	中国水利水电科学研究院，深圳市水务规划设计院股份有限公司，深圳市协鹏勘察有限公司，中国市政工程西北设计研究院有限公司	深圳市深水水务咨询有限公司	中建生态环境集团有限公司 中建三局集团有限公司 中国建筑第六工程局有限公司	深圳市耐卓园林科技工程有限公司
2	南山开发集团赤湾总部大厦	中国南山开发(集团)股份有限公司	中国有色金属工业昆明勘察设计研究院有限公司，深圳市库博建筑设计事务所有限公司	北京华夏石化工程监理有限公司	中建三局第二建设工程有限责任公司	中建深圳装饰有限公司
3	深圳国际交流学校建设项目总承包工程	深圳国际交流学院	深圳市工勘岩土集团有限公司，深圳市同济人建筑设计有限公司	中海监理有限公司	中建二局第二建筑工程有限公司	深圳市隆金达实业有限公司
4	华联城市商务中心(T103-0116 地块)总承包工程	深圳市华联置业集团有限公司	深圳市勘察研究院有限公司，奥意建筑工程设计有限公司	中海监理有限公司	中国建筑第二工程局有限公司	

序号	工程名称	建设单位	勘察及设计单位	工程监理单位	施工总承包单位	参建单位
5	深圳湾科技生态园项目三区施工总承包10栋	深圳市投资控股有限公司	深圳市库博建筑设计事务所有限公司，深圳市水务规划设计院有限公司	深圳华西建设工程管理有限公司	中国建筑第二工程局有限公司	深圳市晟楷桦建筑工程有限公司 深圳市隆金达实业有限公司 深圳市广发建筑工程有限公司
6	前海自贸大厦项目施工总承包工程	深圳市前海建设投资控股集团有限公司	深圳市工勘岩土集团有限公司，深圳机械院建筑设计有限公司	深圳市京圳工程咨询有限公司	中建三局集团有限公司	深圳市奇信集团股份有限公司 深圳市华辉装饰工程有限公司 深圳市广安消防装饰工程有限公司
7	鹏瑞深圳湾壹号广场南地块三期	深圳市鹏瑞地产开发有限公司	悉地国际设计顾问（深圳）有限公司	深圳市九州建设技术股份有限公司	中国建筑第五工程局有限公司	深圳市维业装饰集团股份有限公司
8	深湾汇云中心一期工程	深圳市地铁集团有限公司	深圳市市政设计研究院有限公司，深圳市欧博工程设计顾问有限公司	深圳华西建设工程管理有限公司	中国建筑一局（集团）有限公司	—
9	哈尔滨工业大学深圳校区扩建工程施工总承包Ⅲ标段	深圳市建筑工务署教育工程管理中心	深圳市勘察研究院有限公司，哈尔滨工业大学建筑设计研究院	深圳市邦迪工程顾问有限公司	中国华西企业有限公司	深圳市华西安装工程有限公司

序号	工程名称	建设单位	勘察及设计单位	工程监理单位	施工总承包单位	参建单位
10	北京轨道交通新机场线一期工程	北京市轨道交通建设管理有限公司 北京市政路桥股份有限公司 北京城建集团有限责任公司 中国铁建股份有限公司	北京城建设计发展集团股份有限公司，北京市建筑设计研究院有限公司，中铁工程设计咨询集团有限公司，深圳市利德行投资建设顾问有限公司，中铁第五勘察设计院集团有限公司，北京市轨道交通设计研究院有限公司，北京全路通信号研究设计院集团有限公司，北京市地质工程勘察院，北京市勘察设计研究院有限公司，中航勘察设计研究院有限公司，航天建筑设计研究院有限公司，深圳广田集团股份有限公司，中铁第六勘察设计院集团有限公司，天津市政工程设计研究总院有限公司	北京双圆工程咨询监理有限公司，中咨工程管理咨询有限公司，北京逸群工程咨询有限公司，中铁华工程设计集团有限公司，四川铁科建设监理有限公司，天津路安工程咨询有限公司，铁科院（北京）工程咨询有限公司	北京市政路桥股份有限公司 北京城建集团有限责任公司	
11	北京新机场工程（航站楼及换乘中心、停车楼）	北京新机场建设指挥部	北京市地质工程勘察院，北京市建筑设计研究院有限公司，民航机场规划设计研究总院有限公司	北京华城工程管理咨询有限公司 北京希达工程管理咨询有限公司	北京城建集团有限责任公司 北京建工集团有限责任公司 中国建筑第八工程局有限公司	深圳市三鑫科技发展有限公司 中建科工集团有限公司

序号	工程名称	建设单位	勘察及设计单位	工程监理单位	施工总承包单位	参建单位
12	成都轨道交通18号线工程	成都轨道交通集团有限公司 中国电力建设股份有限公司	中铁二院工程集团有限责任公司，中铁二院工程集团有限责任公司，中国电建集团华东勘测设计研究院有限公司，中国电建集团成都勘测设计研究院有限公司，深圳市杰恩创意设计股份有限公司	中铁二院（成都）咨询监理有限责任公司等9家公司	中电建铁路设投资集团有限公司	
13	恒逸（文莱）PMB石油化工项目	恒逸实业（文莱）有限公司	化学工业岩土工程有限公司等6家公司		南京化建设有限公司等6家公司	深圳市中昌检测技术有限公司
14	厦门港后石区3号泊位工程	漳州招商局厦门湾港务有限公司	中交第一航务工程勘察设计院有限公司	深圳海勤工程管理有限公司	中交第四航务工程局有限公司 中交第三航务工程局有限公司	
15	第十一届中国（郑州）国际园林博览会园博园项目景观工程	郑州航空港汇港发展有限公司	河南省有色工程勘察有限公司，深圳市北林苑景观及建筑规划设计院有限公司	中建卓越建设管理有限公司	湖南省绿林建设集团有限公司	
16	杨泗港快速通道青菱段（八坦立交-丁字桥路）工程	中建武汉杨泗港路桥设运营有限公司	武汉市政工程设计研究院有限责任公司等6家公司	四川铁兴建设管理有限公司等5家公司	中建三局集团有限公司	中建科工集团有限公司
17	海宁市绿能环保项目	海宁绿动海云环保能源有限公司	中国联合工程有限公司，浙江化工工程地质勘察院有限公司	中冶南方武汉工程咨询管理有限公司	浙江省二建建设集团有限公司	深圳市方大建科集团有限公司

续表

序号	工程名称	建设单位	勘察及设计单位	工程监理单位	施工总承包单位	参建单位
18	遂宁市河东新区海绵城建设五彩缤纷北路景观带PPP项目——合家欢园区	遂宁市龙兴建设有限公司	深圳市工勘岩土集团有限公司，同济大学建筑设计研究院(集团)有限公司	四川省名扬建设工程管理有限公司	龙建路桥股份有限公司 黑龙江省水利水电集团有限公司	
19	新建怀化至邵阳衡铁路南雪峰山隧道	怀邵衡铁路有限责任公司	中铁第四勘察设计院集团有限公司	中铁华铁工程设计集团有限公司	中铁隧道局集团有限公司	中铁隧道集团三处有限公司
20	新建黔张常铁路家界西站房工程	黔张常铁路有限责任公司	中铁第一勘察设计院集团有限公司	长沙中大建设监理有限公司	中国建筑第五工程局有限公司	中建科工集团有限公司
21	民航运行管理中心和气象中心及民航情报管理中心等4项（民航运行管理中心和气象中心工程及民航情报管理中心工程）	中国民用航空局	北京市勘察设计研究院有限公司	北京建大精房工程管理有限公司	中国建筑第八工程局有限公司	中建科工集团有限公司
22	运城市第一医院	运城市黄河金三角第一医院有限公司	山西省第八地质工程勘察院，运城市建筑设计研究院	运城市鑫光工程监理有限公司	中建交通设集团有限公司	中建深圳装饰有限公司
23	仙林新所区建设项目A地块土建安装施工总承包A1及地下室	中国电子科技集团公司第二十八研究所	南京勘察工程有限公司，东南大学建筑设计研究院有限公司	江苏建科工程咨询有限公司	中国建筑第八工程局有限公司	深圳洪涛集团股份有限公司

续表

序号	工程名称	建设单位	勘察及设计单位	工程监理单位	施工总承包单位	参建单位
24	南京禄口国际机场T1航站楼改扩建工程	东部机场集团有限公司	中国能源建设集团江苏省电力设计院有限公司，上海民航新时代机场设计研究院有限公司	江苏建科工程咨询有限公司	中国建筑第八工程局有限公司	深圳因特安全技术有限公司 深圳市奇信集团股份有限公司
25	华泰证券广场1号楼及1号连廊	华泰证券股份有限公司	江苏南京地质工程勘察院，江苏省建筑设计研究院股份有限公司	南京南房建设监理咨询有限公司	中国江苏国际经济技术合作集团有限公司	深装总建设集团股份有限公司
26	招商银行南京分行大厦工程	招商银行股份有限公司南京分行	南京东大岩土工程勘察设计研究院有限公司，东南大学建筑设计研究院有限公司	南京南房建设监理咨询有限公司	中建三局集团有限公司	中建科工集团有限公司
27	南京理工大学体育中心工程	南京理工大学	核工业南京工程勘察院，华南理工大学建筑设计研究院	南京工大建设监理咨询有限公司	中建二局第二建筑工程有限公司	
28	南京国际健康城实验学校	南京江北新区中央商务投资发展有限公司	常州市中元建设工程勘察院有限公司，上海江欢成建筑设计有限公司	南京建凯建设项目管理有限公司	中建二局第二建筑工程有限公司	
29	福州长乐国际机场第二轮扩能航站楼工程	元翔（福州）国际航空港有限公司	福建省林业勘察设计院，民航机场规划设计研究总院有限公司	福州成建工程监理有限公司	中建三局集团有限公司	中建深圳装饰有限公司 深圳市三鑫科技发展有限公司
30	攀枝花市政务服中心一期工程	攀枝花市中建三局政务服心项目建设发展有限公司	中国建筑西南勘察设计研究院有限公司，中国建筑西南设计研究院有限公司	四川明清工程咨询有限公司	中建三局集团有限公司	中建深圳装饰有限公司

序号	工程名称	建设单位	勘察及设计单位	工程监理单位	施工总承包单位	参建单位
31	枣庄农村商业银行股份有限公司综合营业楼	枣庄农村商业银行股份有限公司	枣庄市建筑设计研究院	枣庄市工程建设监理有限公司	山东港基建设集团有限公司	深圳新艺华建筑装饰工程有限公司
32	山东省交通医院南区医疗综合楼	山东省立第三医院	山东建勘集团有限公司，同圆设计集团股份有限公司	济南市建设监理有限公司	中国建筑第八工程局有限公司	深圳市尚荣医用工程有限公司
33	万华化学集团全球研发中心及总部基地建设项目	万华化学集团股份有限公司	山东众成岩土工程有限公司，上海联创设计集团股份有限公司	烟台市工程建设第一监理有限公司	烟建集团有限公司	深圳市万德建设集团股份有限公司深圳市中建装饰设计工程有限公司
34	青岛新机场旅客过夜用房、贵宾楼工程	青岛国际机场集团有限公司	青岛市勘察测绘研究院，中国建筑西南设计研究院有限公司	青岛高园建设咨询管理有限公司	青建集团股份公司	深圳市奇信集团股份有限公司
35	郑州航空港区光电显示产业园有限公司光电显示产业园建设项目（F1主厂房与C1动力中心工程）	郑州航空港区光电显示产业园有限公司	郑州中核岩土工程有限公司，信息产业电子第十一设计研究院科技工程股份有限公司	正博星元工程管理咨询有限公司	中建八局第一建设有限公司	深圳市万德建设集团股份有限公司
36	郑州博物馆	郑州市建设投资集团有限公司	河南工程水文地质勘察院有限公司，哈尔滨工业大学建筑设计研究院	新恒丰咨询集团有限公司	中建三局集团有限公司	中建深圳装饰有限公司深圳市建筑装饰（集团）有限公司

续表

序号	工程名称	建设单位	勘察及设计单位	工程监理单位	施工总承包单位	参建单位
37	黄麓师范学校改扩建工程	合肥市重点工程建设管理局 黄麓师范学校	安徽省金田建筑设计咨询有限责任公司, 华南理工大学建筑设计研究院有限公司	安徽恒信建设工程管理有限公司	中海建筑有限公司	
38	宜都市民活动中心（大剧院、图书馆会展中心）	宜都市国通投资开发有限责任公司 中建三局（宜都）市民活动中心投资设有限公司	中南勘察基础工程有限公司, 中国建筑标准设计研究院有限公司	重庆联盛建设项目管理有限公司	中建三局集团有限公司	中建科工集团有限公司
39	滨江金融大厦一期 T3、T4 裙楼地下室	长沙恒诚业房地产开发有限公司	中国有色金属长沙勘察设计研究院限公司, 北京市建筑设计研究院有限公司	湖南长顺项目管理有限公司	中国建筑第五工程局有限公司	中建科工集团有限公司
40	华南师范大学附属电白学校（A1、A2、A3、A4、A5、A6、A7-A10 号楼及地下室）	茂名金源文化投资有限公司	建材广州工程勘测院有限公司, 深圳市华阳国际工程设计股份有限公司	广东科建工程管理有限公司	广东九洲建设集团有限公司	
41	电子商务中心	中国移动通信集团广东有限公司	广东省建筑设计研究院有限公司	广州市工程建设监理有限公司	中国建筑第四工程局有限公司	深装总建设集团股份有限公司 中建深圳装饰有限公司
42	南沙青少年宫	广州市南沙区建设中心	广东省工程勘察院, 中国建筑西南设计研究院有限公司	广州建筑工程监理有限公司	中建三局集团有限公司	深圳市建艺装饰集团股份有限公司

续表

序号	工程名称	建设单位	勘察及设计单位	工程监理单位	施工总承包单位	参建单位
43	崇左市体育中心	广西崇左市城市建设投资发展集团有限公司	南宁地矿质工程勘察院，中国建设计集团有限公司，广西壮族自治区城乡规划设计院	中国轻工业南宁设计工程有限公司	广西华宇建工有限责任公司	深圳粤源建设有限责任公司
44	百色干部学院二校区（市委党校、右江区委党校、田阳县委党校）项目	广西百色试验区发展集团有限公司	广西中煤地质有限责任公司，深圳市建筑设计研究总院有限公司	广西大通建设监理咨询管有限公司	中国建筑第八工程局有限公司	
45	晋江市科教园区一期（启动）工程工程-教学实验区、沿湖公建区、配套生活区、体育运动区	晋江学城建设有限公司	福建省现代工程勘察院，深圳市建筑设计研究总院有限公司，福建福大建筑设计有限公司	厦门市杏林建发工程监理有限公司	福建省五建建设集团有限公司	
46	莱安中心一期二标段	西安中马国际置业有限公司	机械工业勘察设计研究院有限公司，成都基准方中建筑设计有限公司	深圳市建控地盘监理有限公司	中建三局集团有限公司	深圳市方大建科集团有限公司
47	西安丝路国际会议中心建设项目	西安世园投资(集团)有限公司	中国有色金属工业西安勘察设计研究院公司，同济大学建筑设计研究院(集团)有限公司	北京远达国际工程管理咨询有限公司	中国建筑第八工程局有限公司	中建深圳装饰有限公司中建科工集团有限公司

序号	工程名称	建设单位	勘察及设计单位	工程监理单位	施工总承包单位	参建单位
48	南昌汉代海昏侯国遗址公园博物馆工程	南昌市政公用投资控股有限责任公司	江西省勘察设计研究院，东南大学建筑设计研究院有限公司	重庆联盛建设项目管理有限公司	中国建筑一局(集团)有限公司	深圳市宝鹰建设集团股份有限公司
49	甘井子区体育中心配套三期宗地 A 区	大连万达体育文化旅游开发有限公司	辽宁水文地质工程勘察院，北京国科天创建筑设计院有限责任公司	大连和至工程项目管理有限公司	中建二局第四筑工程有限公司	深圳市鹏润达控股集团有限公司
50	保山市青华湖园林生态酒店项目	保山市青华城乡建设投资有限公司	云南省建筑工程设计院	云南城市建设工程咨询有限公司	云南建投第四建设有限公司	深圳市奇信集团股份有限公司

（说明：1.1～9 项属于工程项目所在地在深圳的情形，10～50 项属于工程项目所在地在深圳以外、但有深圳本地企业参与的情形；

2.第 10～13 项获得的是国家优质工程金奖。）

3.第十九届中国土木工程詹天佑奖获奖名单(深圳企业)

序号	工程名称	获奖单位
1	中国西部国际博览城(一期)项目	中国建筑第二工程局有限公司
		中国建筑西南设计研究院有限公司
		中建二局安装工程有限公司
		中建二局装饰工程有限公司
		中建二局第一建筑工程有限公司
		成都天府新区投资集团有限公司
		中建科工集团有限公司
		中建深圳装饰有限公司
		浙江精工钢结构集团有限公司
		湖北龙泰建筑装饰工程有限公司

4.2021年工程建设优秀质量管理小组名单(深圳企业)

(排名不分先后)

一等奖

序号	企业名称	小组名称	课题名称
1	深圳市宏源建设工程有限公司	星火QC小组	降低底板后浇带的一次验收渗漏率
2	中国华西企业有限公司	美好创亿QC小组	提高深层水泥搅拌桩一次成桩合格率

二等奖

序号	企业名称	小组名称	课题名称
1	深圳市建设(集团)有限公司	前海逐梦第一QC小组	提高超高层建筑标准层施工效率
2	中国华西企业有限公司	龙门标局QC小组	缩短I类项目投标技术标编制时间
3	中国华西企业有限公司	禧龙封神QC小组	一种悬挑花园层外爬架附着装置的研发
4	中国华西企业有限公司	深圳中学QC小组	提高宿舍楼外墙梯形节点的实测实量合格率
5	中建二局第二建筑工程有限公司	苍狼QC小组	降低建筑工人流失率
6	中建二局第二建筑工程有限公司	攻坚克难QC小组	研制临边安全带快速固定装置
7	中建科技集团有限公司	新动力QC小组	提高钢柱脚一次吊装时效符合率
8	中建科技集团有限公司	长圳广厦QC小组	缩短装配式工程PC构件吊装时间

三等奖

序号	企业名称	小组名称	课题名称
1	深圳建中路桥工程有限公司	路桥第一QC小组	提高绿道工程弧线段外观质量一次验收合格率
2	深圳建中路桥工程有限公司	路桥第二QC小组	提高HDPE双壁波纹管施工合格率
3	深圳榕亨实业集团有限公司	榕汇QC小组	降低柔性铸铁管工作时的噪音值
4	深圳市建设(集团)有限公司	前海逐梦第二QC小组	提高圆柱处塔吊附墙预埋合格率
5	中国华西企业有限公司	东来印象匠心QC小组	基于BIM＋数控技术的多折面清水混凝土泳池跳台现浇加固支撑体系研制
6	中国华西企业有限公司	装配先锋QC小组	装配式建筑楼梯间提升操作平台的研制
7	中国华西企业有限公司	水贝印象QC小组	提高超高层建筑施工垃圾运输速度
8	中建二局第二建筑工程有限公司	海坛之星QC小组	提高外窗防渗合格率
9	中建科技集团有限公司	淮海科技创优QC小组	研制屋面管道支架固定装置

5.2021 年度广东省建设工程金匠奖(房屋建筑及专业工程)名单(深圳地区)

（排名不分先后）

序号	工程名称	承建单位	建造师（项目经理）姓名	参建单位	监理单位	项目总监姓名
房屋建筑工程						
深圳						
1	深湾汇云中心一期工程	中国建筑一局（集团）有限公司	闫国丰	—	深圳华西建设工程管理有限公司	肖瑞
2	百度国际大厦西塔楼	中国建筑第四工程局有限公司	单慧鹏	广州江河幕墙系统工程有限公司	深圳市九州建设技术股份有限公司	汤朝辉
3	康佳光明科技中心（一期）施工总承包	中建二局第三建筑工程有限公司	陈泽锋	—	深圳市恒浩建工程项目管理有限公司	蔡芳华
4	前海国际会议中心总承包工程	中国建筑第八工程局有限公司	孙磊	中建八局第二建设有限公司 中建八局装饰工程有限公司 苏州金螳螂建筑装饰股份有限公司 深圳市方大建科集团有限公司	深圳华西建设工程管理有限公司	梁玉家
5	深圳湾科技生态园项目四区施工总承包12栋	中国建筑第二工程局有限公司	邵宝奎	—	深圳市首嘉工程顾问有限公司	江文涛
6	景兴海上大厦	江苏省华建建设股份有限公司	石伟国	江苏省江建集团有限公司	深圳市中行建设工程顾问有限公司	黄蔚
7	艺展天地展示中心 A408-1099 号宗地项目1栋及地下室工程	江苏省华建建设股份有限公司	马尚善	—	深圳市建力建设监理有限公司	左利清
8	月亮湾综合车场工程	汕头市建安实业（集团）有限公司	李庆丰	—	深圳科宇工程顾问有限公司	冯玉利

续表

序号	工程名称	承建单位	建造师（项目经理）姓名	参建单位	监理单位	项目总监姓名
9	前海法治大厦施工总承包工程	中国建筑第五工程局有限公司	张湘林	深圳市科源建设集团股份有限公司	浙江江南工程管理股份有限公司	干汗锋
10	莲塘口岸-旅检区建筑施工总承包	上海宝冶集团有限公司	彭亮	深圳广田集团股份有限公司 中国一冶集团有限公司	深圳市首嘉工程顾问有限公司	潘多忠
11	华联城市商务中心（T103-0116地块）总承包工程	中国建筑第二工程局有限公司	张凌	—	中海监理有限公司	张玉民
12	深圳北理莫斯科大学建设工程施工总承包Ⅱ标段	中国建筑第八工程局有限公司	赵华	中建安装集团有限公司 中建八局装饰工程有限公司 深圳市科源建设集团股份有限公司 广东省工业设备安装有限公司	深圳市东部建设监理有限责任公司	董伟兵
13	实验学校南校区二期设计采购施工总承包（EPC）（土建工程）	中建二局第一建筑工程有限公司	刘刚	—	深圳市中行建设工程顾问有限公司	周道合
深圳企业在其他地区						
1	南沙青少年宫	中建三局集团有限公司	叶磊	深圳市建艺装饰集团股份有限公司	广州建筑工程监理有限公司	刘斌
2	办公商业楼工程3幢（自命名唯品会公司总部大厦）	中建三局第一建设工程有限责任公司	余翔	深圳市维业装饰集团股份有限公司 深圳达实智能股份有限公司	广州宏达工程顾问集团有限公司	谢宝嵩

续表

序号	工程名称	承建单位	建造师(项目经理)姓名	参建单位	监理单位	项目总监姓名
3	雅居乐雍逸廷花园(2、3、5、6 栋及其地下室)	深圳市广胜达建设有限公司	郑伟超	—	广州市宏业金基建设监理咨询有限公司	陈国志
4	海雅缤纷广场一、二、三期及一～三期地下室工程(不含 4♯、5♯楼)	中国华西企业有限公司	何亮忠	—	广州广保建设监理有限公司	陆阳

6. 2021 年度广东省建设工程优质奖（房屋建筑及专业工程）名单（深圳地区）

（排名不分先后）

序号	工程名称	承建单位	建造师（项目经理）姓名	参建单位	监理单位	项目总监姓名
			房屋建筑工程			
			深圳			
1	深湾汇云中心一期工程	中国建筑一局（集团）有限公司	闫国丰	—	深圳华西建设工程管理有限公司	肖瑞
2	百度国际大厦西塔楼	中国建筑第四工程局有限公司	单慧鹏	广州江河幕墙系统工程有限公司	深圳市九州建设技术股份有限公司	汤朝辉
3	天健公馆项目	深圳市市政工程总公司	李孝军	—	深圳市长城建设监理有限公司	蒋艳芳
4	康佳光明科技中心（一期）施工总承包	中建二局第三建筑工程有限公司	陈泽锋	—	深圳市恒浩建工程项目管理有限公司	蔡芳华
5	前海国际会议中心总承包工程	中国建筑第八工程局有限公司	孙磊	中建八局第二建设有限公司 中建八局装饰工程有限公司 苏州金螳螂建筑装饰股份有限公司 深圳市方大建科集团有限公司	深圳华西建设工程管理有限公司	梁玉家
6	深圳湾科技生态园项目四区施工总承包12栋	中国建筑第二工程局有限公司	邵宝奎	—	深圳市首嘉工程顾问有限公司	江文涛
7	景兴海上大厦	江苏省华建建设股份有限公司	石伟国	江苏省江建集团有限公司	深圳市中行建设工程顾问有限公司	黄蔚
8	艺展天地展示中心 A408-1099 号宗地项目1栋及地下室工程	江苏省华建建设股份有限公司	马尚善	—	深圳市建力建设监理有限公司	左利清

序号	工程名称	承建单位	建造师（项目经理）姓名	参建单位	监理单位	项目总监姓名
9	月亮湾综合车场工程	汕头市建安实业(集团)有限公司	李庆丰	—	深圳科宇工程顾问有限公司	冯玉利
10	前海法治大厦施工总承包工程	中国建筑第五工程局有限公司	张湘林	深圳市科源建设集团股份有限公司	浙江江南工程管理股份有限公司	干汗锋
11	莲塘口岸-旅检区建筑施工总承包	上海宝冶集团有限公司	彭亮	深圳广田集团股份有限公司 中国一冶集团有限公司	深圳市首嘉工程顾问有限公司	潘多忠
12	华联城市商务中心（T103-0116地块）总承包工程	中国建筑第二工程局有限公司	张凌	—	中海监理有限公司	张玉民
13	深圳北理莫斯科大学建设工程施工总承包Ⅰ标段	中国建筑一局(集团)有限公司	应博	广东省美术设计装修工程有限公司 深圳市科源建设集团股份有限公司	深圳市京圳工程咨询有限公司	刘小军
14	深圳北理莫斯科大学建设工程施工总承包Ⅱ标段	中国建筑第八工程局有限公司	赵华	中建安装集团有限公司 中建八局装饰工程有限公司 深圳市科源建设集团股份有限公司 广东省工业设备安装有限公司	深圳市东部建设监理有限责任公司	董伟兵
15	有所为大厦1栋商业办公楼工程	深圳市建工集团股份有限公司	林正源	—	深圳市大众工程管理有限公司	李明
16	实验学校南校区二期设计采购施工总承包(EPC)（土建工程）	中建二局第一建筑工程有限公司	刘刚	—	深圳市中行建设工程顾问有限公司	周道合

续表

序号	工程名称	承建单位	建造师（项目经理）姓名	参建单位	监理单位	项目总监姓名
17	长源京基御景峯公馆施工总承包工程	江苏省华建建设股份有限公司	王勇	—	深圳市九州建设技术股份有限公司	邓应龙
深圳企业在其他地区						
1	南沙青少年宫	中建三局集团有限公司	叶磊	深圳市建艺装饰集团股份有限公司	广州建筑工程监理有限公司	刘斌
2	办公商业楼工程3幢（自命名唯品会公司总部大厦）	中建三局第一建设工程有限责任公司	余翔	深圳市维业装饰集团股份有限公司　深圳达实智能股份有限公司	广州宏达工程顾问集团有限公司	谢宝嵩
3	雅居乐雍逸廷花园（2、3、5、6栋及其地下室）	深圳市广胜达建设有限公司	郑伟超	—	广州市宏业金基建设监理咨询有限公司	陈国志
4	海雅缤纷广场一、二、三期及一～三期地下室工程（不含4#、5#楼）	中国华西企业有限公司	何亮忠	—	广州广保建设监理有限公司	陆阳

7.2021年度广东省建设工程优质结构奖（房屋建筑工程及专业工程）名单（深圳地区）

（排名不分先后）

（第一批）

序号	工程名称	承建单位	建造师（项目经理）	监理单位	项目总监
深圳市（7项）					
1	三一云都产业园项目一期主体工程（3♯地块-2♯楼）	中国建筑第二工程局有限公司	唐科明	湖南兴湘建设监理咨询有限公司	胡智武
2	勤诚达正大城和园	中国建筑第四工程局有限公司	叶传威	深圳现代建设监理有限公司	张风鹏
3	京基御景半山花园施工总承包工程	泰兴一建建设集团有限公司	吕进	深圳市九州建设技术股份有限公司	田民
4	融悦大厦1栋施工总承包工程	中国建筑一局（集团）有限公司	张仕军	深圳市东部建设监理有限责任公司	蔡仲堂
5	光侨雅苑（光明光侨路保障房）	中国建筑第五工程局有限公司	周裕桂	深圳市中行建设工程顾问有限公司	谢豹
6	深圳职业技术学院西丽湖校区学生公寓AB栋拆建工程（B座及其地下室）	中国建筑一局（集团）有限公司	代宇傲	浙江五洲工程项目管理有限公司	邓龙
7	深圳信立泰坪山制药厂质检车间土建工程	深圳市宝龙泰建设工程有限公司	郑铁辉	广东国信工程监理有限公司	金胜国
深圳企业在其他地区					
1	美好创亿呼吸系统疾病诊疗关键设备及呼吸健康大数据管理云平台研发生产项目	中国华西企业有限公司	李建兵	惠州市建设集团工程建设监理有限公司	彭建学
2	深河人民医院	深圳市建安（集团）股份有限公司	黄辉建	重庆赛迪工程咨询有限公司	刘大鹏
3	雍景湾花园26号地下室、11、12号住宅楼	深圳市建工集团股份有限公司	张恩源	广东鸿业工程项目管理有限公司	章建平
4	东莞市虎门镇博涌小学1号教学楼、2号教学楼、3号综合楼、4号地下室	深圳市深安企业有限公司	陈奕通	广东中凯工程管理咨询有限公司	樊洪国

续表

序号	工程名称	承建单位	建造师（项目经理）	监理单位	项目总监
5	亿利大厦工程	深圳市金世纪工程实业有限公司	肖楚灶	广东中火炬监理咨询有限公司	徐勇

（第二批）

序号	工程名称	承建单位	建造师（项目经理）	监理单位	项目总监
			房屋建筑工程		
			深圳市（55项）		
1	龙塘停车场综合体工程	深圳市市政工程总公司	吴洵	深圳市祺骏建设工程顾问有限公司	段志毅
2	深圳市中医院光明院区一期项目	深圳市建工集团股份有限公司	胡勇军	深圳市九州建设技术股份有限公司	陈辉
3	坪馨苑（国际低碳城产业园区配套住房项目EPC总承包）	深圳市广胜达建设有限公司	吴清涛	英泰克工程顾问（上海）有限公司	谭青和
4	盐田北综合车场工程	深圳榕亨实业集团有限公司	吴彬	深圳市恒浩建工程项目管理有限公司	李正祥
5	宏发天汇城二期（1栋A、B、C座及1栋裙楼）工程	深圳榕亨实业集团有限公司	齐旭辉	深圳市中行建设工程顾问有限公司	刘合楼
6	深圳市宝安区人民检察院综合业务大楼项目施工总承包工程	深圳市鹏润达市政工程有限公司	杨华盛	深圳市京圳工程咨询有限公司	张志涛
7	传音大厦	深圳市中建大康建筑工程有限公司	张正雷	深圳科宇工程顾问有限公司	胡新富
8	深福保科技生态园	深圳市建安（集团）股份有限公司	夏冬冬	深圳市建星项目管理顾问有限公司	涂世杰
9	联建产业园总包工程	联建建设工程有限公司	徐灿	东莞市建设监理有限公司	汪小兵
10	安居回龙雅苑1栋、2栋、3栋	中国华西企业有限公司	林庆	深圳市国银建设工程项目管理有限公司	刘超
11	高时新能源产业园主体建筑工程	中国华西企业有限公司	林远鹏	深圳市罗湖工程项目管理有限公司	张颢

续表

序号	工程名称	承建单位	建造师（项目经理）	监理单位	项目总监
12	招商盛世广场总承包工程	中国华西企业有限公司	陈家喜	深圳海勤工程管理有限公司	文冰
13	仁恒缤纷荟大厦、仁恒世纪荟大厦	中国华西企业有限公司	蒋国胜	中海监理有限公司	牛建武
14	仁恒新都荟大厦、仁恒乐都荟大厦	中国华西企业有限公司	席宗君	中海监理有限公司	牛建武
15	中晟会港湾大厦项目主体工程	中国华西企业有限公司	刘丽	深圳市中安项目管理有限公司	夏胜超
16	深圳中学（泥岗校区）建设工程项目施工总承包	中国华西企业有限公司	冯太平	深圳市东部建设监理有限责任公司	李耀辉
17	安居锦龙苑主体工程	中国华西企业有限公司	曹乃斌	中海监理有限公司	张心玲
18	新时代广场（二期）施工总承包工程	中国华西企业有限公司	张圣亮	深圳现代建设监理有限公司	田本生
19	生物家园	中国华西企业有限公司	吴大兵	深圳市竣迪建设监理有限公司	吴梓明
20	深圳宝安国际机场卫星厅	中国建筑股份有限公司	卢育坤	重庆赛迪工程咨询有限公司	刘克斌
21	深圳国际会展中心（一期）施工总承包工程	中国建筑股份有限公司	彭明祥	广州珠江工程建设监理有限公司	温育希
22	泰伦广场主体工程	中国建筑一局（集团）有限公司	贺茂军	深圳市京圳工程咨询有限公司	王斌
23	安居百泉阁施工总承包工程	中国建筑一局（集团）有限公司	孙健	深圳市中行建设工程顾问有限公司	程传信
24	深圳大学西丽校区建设工程（二期）项目Ⅰ标段	中国建筑一局（集团）有限公司	邵彩辉	浙江江南工程管理股份有限公司	诸葛政桦
25	招商银行金融创新大厦	中建一局集团建设发展有限公司	邵奎亮	深圳市京圳工程咨询有限公司	李萍
26	红坳村整村搬迁安置房工程	中建一局集团建设发展有限公司	卢礼剑	深圳市合创建设工程顾问有限公司	曾春根

续表

序号	工程名称	承建单位	建造师（项目经理）	监理单位	项目总监
27	深圳职业技术学院留仙洞校区G栋学生宿舍建设工程	中建一局集团建设发展有限公司	李颖辉	浙江五洲工程项目管理有限公司	汪洋
28	中洲滨海商业中心1栋（01-01-1地块）	中国建筑第二工程局有限公司	乔会丹	中海监理有限公司	田建东
29	鸿合大厦项目施工总承包项目	中建二局第一建筑工程有限公司	周彬彬	深圳市邦迪工程顾问有限公司	夏镇宇
30	太平洋工业区更新项目一期1-02、1-03地块施工总承包工程	中建二局第一建筑工程有限公司	李成波	深圳市大众工程管理有限公司	乌云高娃
31	东关珺府主体工程	中建二局第二建筑工程有限公司	刘伟亚	深圳科宇工程顾问有限公司	张国伟
32	安托山停车场综合上盖项目施工总承包二标工程（2♯地块2,3栋及2♯地块地下室）	中建二局第三建筑工程有限公司	李炜	深圳市邦迪工程顾问有限公司	王艳刚
33	民治第三工业区城市更新项目	中建二局第三建筑工程有限公司	童鹏辉	深圳市建力建设监理有限公司	陈全胜
34	红土创新广场施工总承包工程	中建三局集团有限公司	张雷	深圳市恒浩建工程项目管理有限公司	覃士俭
35	卫星物联网产业大厦主体工程	中建三局集团有限公司	王赛赛	中海监理有限公司	庞剑光
36	创智云城项目二期1标段施工总承包工程	中建三局第一建设工程有限责任公司	李强	四川省城市建设工程监理有限公司	赵绪鹏
37	太子湾二组团DY02-02项目总承包工程	中国建筑第四工程局有限公司	王兵	深圳现代建设监理有限公司	王芒青
38	太子湾二组团DY02-04项目总承包工程	中国建筑第四工程局有限公司	许维陆	深圳市赛格监理有限公司	谢琳
39	安居东湾半岛花园	中国建筑第四工程局有限公司	秦嘉伟	中海监理有限公司	王敬波
40	梦网科技大厦1、2栋	中国建筑第四工程局有限公司	李冬	深圳市都信建设监理有限公司	梁柱德

序号	工程名称	承建单位	建造师（项目经理）	监理单位	项目总监
41	民生互联网大厦总承包工程	中国建筑第五工程局有限公司	朱亚飞	深圳市合创建设工程顾问有限公司	陈应斌
42	前海嘉里商务中心项目（宗地 T102-260）总承包工程一二标段（酒店）	中国建筑第五工程局有限公司	吴和坤	深圳华西建设工程管理有限公司	梁裕家
43	罗湖"二线插花地"棚户区改造项目施工总承包Ⅰ标木棉岭片区01-02 地块主体工程（1♯楼 A 栋、1♯楼 B 栋、2♯楼、幼儿园）	中国建筑第八工程局有限公司	刘日光	上海建科工程咨询有限公司	朱平华
44	创智云城项目二期 2 标段施工总承包工程	中国建筑第八工程局有限公司	曹亚阁	深圳市大众工程管理有限公司	李华烈
45	粤海街道文体中心施工总承包	中建钢构工程有限公司	邵鹏	广东重工建设监理有限公司	龙秀丽
46	平湖医院新建工程一标段	中铁二局工程有限公司	陈晓洪	深圳市龙城建设监理有限公司	李文刚
47	中山大学·深圳建设工程项目设计施工总承包（Ⅰ标）	上海宝冶集团有限公司	杨松波	浙江江南工程管理股份有限公司	许建华
48	深圳地铁南翠华府项目主体及配套工程施工总承包	中国二十冶集团有限公司	王友涛	深圳市东部建设监理有限责任公司	王树华
49	深圳技术大学建设项目(一期)施工总承包Ⅲ标（4 栋新材料与新能源学院、9 栋校行政与公共服务中心综合楼）	上海建工集团股份有限公司	魏鹏	上海建科建设咨询有限公司	傅楚光
50	深圳大学西丽校区建设工程（二期）项目Ⅱ标段	上海建工集团股份有限公司	刘传奎	浙江江南工程管理股份有限公司	诸葛政桦

序号	工程名称	承建单位	建造师（项目经理）	监理单位	项目总监
51	南方科技大学校园建设工程（二期）项目施工总承包Ⅰ标	江苏省华建建设股份有限公司	陈俊	深圳市东部建设监理有限责任公司	周青
52	鹏鼎时代大厦项目总承包工程	江苏省华建建设股份有限公司	丁佩	深圳华西建设工程管理有限公司	王会兵
53	恒大成二期花园2♯、3♯楼主体工程	江苏省华建建设股份有限公司	沈祝君	广州市恒合工程监理有限公司	吕海东
54	会展湾云岸广场主体工程	江苏省江建集团有限公司	童苏扬	深圳市中深建设监理有限公司	刘洪斌
55	鹏广商务广场	江苏弘盛建设工程集团有限公司	陈宜汉	深圳市鲲鹏工程顾问有限公司	张向阳
深圳企业在其他地区					
1	碧桂园云凤阁住宅（自编号一、二、三号安置房）；商业，住宅，公建，消防控制室（自编号S1，四号安置房，A2～A4. A7）；商业，住宅（自编号S2，五号安置房）；肉菜市场，公交首末站，开闭所（自编号A5，A6，A8）；垃圾站（自编号A1）；开闭所，地下室（自编号A9，地下车库P1～P3）（1号楼、2号楼及对应地下室部分）	中国华西企业有限公司	雷远彬	广东省广大工程顾问有公司	邹春衡
2	办公、地下室（自编号1栋，DX-1、DX-2）；办公，公建（自编号2栋）；办公（自编号3栋）；办公（自编号4栋）；公建（自编号垃圾站）	深圳泛华工程集团有限公司	陈琳	深圳市振强建设工程管理有限公司	李新

续表

序号	工程名称	承建单位	建造师 (项目经理)	监理单位	项目总监
3	广州白云国际机场南航 GAMECO 飞机维修设施三期 18 号维修机库工程	中国建筑第四工程局有限公司、中建科工集团有限公司	徐浩	广东海外建设咨询有限公司	李家润
4	三灶镇社会福利中心项目	深圳市鹏城建筑集团有限公司	罗泽东	广东建浩工程项目管理有限公司	张恒
5	珠海旭生文化广场	深圳市旭生骏鹏建筑工程有限公司	谢滕	广东建浩工程项目管理有限公司	梁俊伟
6	第三届亚青会汕头市人民体育场改造工程（人民体育场＋训练馆）	中建科工集团有限公司	刘振发	广东鲁班行技术管理有限公司	龚智武
7	荷雅苑 3 幢楼	深圳市建工集团股份有限公司	孟科学	广东竟成工程项目管理有限公司	郭文凯
8	天健万江花园工程总承包项目(EPC)	深圳市市政工程总公司	李海林	深圳市长城工程项目管理有限公司	梁波
9	上成花园 1-4 号商业、住宅楼,5-6 号住宅楼,7 号地下室,8-9 号大门,10 号商业楼	深圳博建智慧建造科技有限公司	刘若旻	广东鸿业工程项目管理有限公司	刘展成
10	玖珑湾花园 7 号住宅楼、8 号住宅楼,14 号地下室	深圳博建智慧建造科技有限公司	贾泽旭	广东力达建设工程项目管理有限公司	钟建峰

8. 2021年度广东省建筑业新技术应用示范工程名单(深圳地区)

(第一批)

序号	所属地区	示范工程名称	执行的施工单位	项目负责人	项目技术负责人
1	深圳	深圳北理莫斯科大学建设工程施工总承包Ⅰ标段	中国建筑一局(集团)有限公司	应博	孙健
2		深圳北理莫斯科大学建设工程施工总承包Ⅱ标段	中国建筑第八工程局有限公司	赵华	杨涛
3		紫元元大厦总承包工程	中国建筑第二工程局有限公司	汤亮	刘斌
4		华联城市商务中心(T103-0116地块)总承包工程	中国建筑第二工程局有限公司	张凌	李敏
5		勤诚达正大城花园一期(A607-0847)	中国建筑第二工程局有限公司	高加林	曾小辉
6		前海华润金融中心项目施工总承包工程	中建三局集团有限责任公司	方瑞青	李世明
7		前海国际会议中心总承包工程	中国建筑第八工程局有限公司	孙磊	张善壮
8		宝荷欣苑G02113-0040宗地项目	中国核工业华兴建设有限公司	吴延路	李文俊
9		华侨城创想大厦	江苏省江建集团有限公司	潘文浩	梁硕
10		金众麒麟公馆一期、二期总承包工程	深圳市建工集团股份有限公司	杜宪贵	孙辉

(第二批)

序号	所属地区	示范工程名称	执行的施工单位	项目负责人	项目技术负责人
1	深圳	深圳机场开发区西区六期项目(领航城领逸大楼)施工总承包	中国建筑第二工程局有限公司	贾长庆	沈洋
2		长源御景峰大厦	中建二局第一建筑工程有限公司	王义生	王立欢
3		长源京基御领公馆	中建二局第一建筑工程有限公司	熊立莉	王立欢
4		红土创新广场施工总承包工程	中建三局集团有限公司	张雷	宁昭剑
5		中电长城大厦施工总承包工程	中建三局集团有限公司	俞志敏	李钦
6		深圳广电金融中心施工总承包工程	中国建筑第四工程局有限公司	王黔生	郭云来
7		商报大厦(深圳报业集团新媒体文化产业基地)主体建安工程施工总承包	中铁建设集团有限公司	贾锐锐	于鸿源
8		光明文化艺术中心主体工程	中国机械工业建设集团有限公司	陆伟伟	白艳超

续表

序号	所属地区	示范工程名称	执行的施工单位	项目负责人	项目技术负责人
9	深圳	创智云城项目一期施工总承包工程	江苏省华建建设股份有限公司	陈伟	林智
10		中森公园华府项目主体工程	江苏省华建建设股份有限公司	王平	陈志永
11		锦绣大地厂区(一期)	江苏省华建建设股份有限公司	毛双林	陈国春
12		家天下花园(二期)桩基及主体工程	江苏省华建建设股份有限公司	钱诚	于军

9. 2021 年广东省建筑业绿色施工示范工程名单（深圳地区）

（排名不分先后）

（第一批）

序号	工程名称	承建单位	项目负责人	技术负责人	监理单位	项目总监	验收等级
1	帝豪金融大厦	中国建筑第二工程局有限公司	王润国	何明辉	深圳市鼎成国际建设工程管理有限公司	许静波	优良
2	宝荷欣苑 G02113-0040 宗地	中国核工业华兴建设有限公司	吴延路	李文俊	深圳市京圳工程咨询有限公司	成柏林	优良
3	誉珑名苑、誉珑豪轩、誉珑荟庭、誉珑明轩	深圳市建工集团股份有限公司	李林	鲍建宏	深圳市中行建设工程顾问有限公司	程传信	优良
4	金众麒麟公馆一期、二期总承包工程	深圳市建工集团股份有限公司	舒孝洪	孙辉	深圳市金钢建设监理有限公司	陈磊	优良
5	星河天地花园二期总承包工程	中国华西企业有限公司	黄军	刘杰	深圳市中行建设工程顾问有限公司	刘合楼	优良
6	南方科技大学校园建设工程（二期）项目施工总承包Ⅲ标	中建三局第一建设工程有限责任公司	余仁明	李强	深圳市邦迪工程顾问有限公司	曾伟燕	优良

（第二批）

序号	工程名称	承建单位	项目负责人	技术负责人	监理单位	项目总监	验收等级
1	鸿荣源前海金融中心二期办公 A 座工程、二期办公 B 座工程、二期商业裙楼及地下室工程、三期工程	中国华西企业有限公司	任鹏程	刘炫辰	深圳市建力建设监理有限公司	李绍军	优良
2	深圳中学（泥岗校区）建设工程项目施工总承包	中国华西企业有限公司	冯太平	龙绍章	深圳市东部建设监理有限责任公司	李耀辉	优良
3	南航机库维修中心主体工程施工总承包	深圳市广胜达建设有限公司	顾元华	王洪流	深圳市建控地盘监理有限公司	王维平	优良
4	京基御景半山花园施工总承包工程	泰兴一建建设集团有限公司	吕进	王正碗	深圳市九州建设技术股份有限公司	田民	优良

续表

序号	工程名称	承建单位	项目负责人	技术负责人	监理单位	项目总监	验收等级
5	深圳大学西丽校区建设工程(二期)项目Ⅱ标段	上海建工集团股份有限公司	刘传奎	葛应彬	浙江江南工程管理股份有限公司	诸葛政桦	优良
6	深圳国际会展中心(一期)施工总承包工程	中国建筑股份有限公司	史如明	杨晓毅	广州珠江工程建设监理公司	温育希	优良
7	深圳大学西丽校区建设工程(二期)项目Ⅰ标段	中国建筑一局(集团)有限公司	邵彩辉	许科峰	浙江江南工程管理股份有限公司	诸葛政桦	优良
8	红坳村整村搬迁安置房工程	中建一局集团建设发展有限公司	卢礼剑	李柏翰	深圳市合创建设工程顾问有限公司	曾春根	优良
9	前海嘉里商务中心(T102-0260宗地)总承包工程一标段(办公楼)	中建一局集团建设发展有限公司	于代盛	宋欢	深圳华西建设工程管理有限公司	蔡德民	优良
10	尚智科技园项目施工总承包工程	中建二局第三建筑工程有限公司	李强	田怀伍	深圳市大众工程管理有限公司	蒋永连	优良
11	光明文化艺术中心主体工程	中国机械工业建设集团有限公司	陆伟伟	白艳超	深圳市建控地盘监理有限公司	赵鑫宇	优良

10.2021 年广东省工程建设优秀质量管理小组活动成果名单(深圳企业)

序号	单位名称	小组名称	课题名称	课题类型	小组成员
一类成果					
1	中国华西企业有限公司	龙门标局QC 小组	缩短 I 类技术标编制时间	问题解决型	龙绍章、刘梦欢、苏彬、赵红霞、王一霏、高奇、文静、谢尚书、张晓娜、任松弛
2	中建科技集团有限公司	格栅创新QC 小组	格栅组合模架系统的研制	创新型	曾玉喜、毛丰强、杜飞、窦玉东、马俊、刘芬、陈赓、贺雄、李亚军、姜志鹏
3	中建科技集团有限公司	奋进 QC 小组	提高双面叠合剪力墙空腔内混凝土质量合格率	问题解决型	李亚军、杜飞、马俊、孟凡鑫、窦玉东、贺雄、曾玉喜、陈赓、严瑞
4	中建科技集团有限公司	长圳广厦QC 小组	缩短装配式工程 PC 构件吊装时间	问题解决型	陈赓、毛丰强、杜飞、马俊、窦玉东、曾玉喜、贺雄、李亚军、许夏明、金忠宇
5	中建科技集团有限公司	创未来QC 小组	降低钢筋套筒灌浆连接灌浆空隙率	问题解决型	严瑞、杜飞、马俊、曾玉喜、贺雄、李亚军、盘根宇
6	深圳市华西安装工程有限公司	冠泽金融中心安装QC 小组	提高综合支吊架安装效率	问题解决型	张洪、赵刚、郭洪平、韩和平、王晓辉、黄瑞恒、周宇辰、张刘、刘璐、甘晓东
7	中国华西企业有限公司	超凡 QC 小组	研究电动绳锯转向切割装置	创新型	黄学芳、梁志平、于立、李明、张晓娜、曾华伍、吴阳、黄喜达、邓林宏、贾倩
8	中国华西企业有限公司	合金装备QC 小组	大截面柱铝合金模板免开孔加固装置的研制	创新型	梁勇、贺斌、叶晨浩、冯楚涛、何已乐、宋晨、刘钰、张杰
9	中国华西企业有限公司	十里银滩QC 小组	铝模墙柱脚封堵新工艺的研发	创新型	张勇、陈桐林、廖德才、陈振强、彭传勇、陈保森
10	深圳市鹏城建筑集团有限公司	圆拱形屋面结构定型钢背楞模板体系QC 小组	圆拱形屋面结构定型钢背楞模板体系的研发	创新型	林家兴、滕龙、彭佳盛、梁增明、赵冰琦、王健武、罗威、周林、王露康、宋雪玲
11	深圳市建工集团股份有限公司	清华研究院项目QC 小组	室内楼地面装修找平层与现浇结构一体化精平施工技术创新方法研究	创新型	李少雄、姚霞光、李磊、侯光华、周杰、彭华强、鲍建宏、向慕晴、王毅、郭溜达

续表

序号	单位名称	小组名称	课题名称	课题类型	小组成员
12	深圳市建工集团股份有限公司	寰侨商务大厦项目第一QC小组	免植筋钢管排架单侧支模施工创新方法研究	创新型	张成林、汪仕刚、赵航、涂环宇、尹洪斌、陈果毅、王靖、刘柏、杨志鹏、王永明
二类成果					
1	中国华西企业有限公司	仁恒沙井QC一组	一种可调节工具式外架悬挑层吊檐的研制	创新型	雷强、吴越、张德飞、蒋松、胡华、唐思琦、吴韫曦、郭沁易、蒋鑫、吴星辰
2	中国华西企业有限公司	仁恒沙井QC二组	提高现浇楼板厚度实测合格率	问题解决型	王先雄、雷强、吴越、胡华、但嘉庆、吴奎、任权、唐思琦、陆志强、郭沁易
3	中国华西企业有限公司	深圳中学QC小组	提高外墙梯形节点的实测实量合格率	问题解决型	郑卓成、王攀朝、赵俊、胡文东、李经伟、朱剑、曾华伍、李春雷、秦万全、林裕连
4	中建科技集团有限公司	新能源QC小组	提高基坑止水帷幕的止水合格率	问题解决型	蒋杰、鲁晓通、许夏明、范林飞、罗骏、金忠宇、朱文、赖忠辉、王鹏、黄其新
5	深圳市水务技术服务有限公司	长藤结瓜QC小组	降低泵站直流电源系统母线故障次数	问题解决型	王存才、童志林、肖怀志、陈绿珠、饶康涛、吴科萌、刘世雄、王威
6	深圳市水务技术服务有限公司	生命线QC小组	降低泵站220V直流系统蓄电池故障率	问题解决型	彭建居、尹作林、孙德龙、叶映家、邹凯伦、熊绎、陆泳亨、李聪
7	深圳金信城市建设有限公司	乐平污水处理二厂二期管网工程QC小组	提高HDPE柔性管道铺设合格率	问题解决型	陈欢、沈元达、廖震锋、黄平志、侯仕森、郑锦曼、郑育芳、吴肖华
8	深圳泛华工程集团有限公司	红遍岭南QC小组	降低在超深厚杂填土地质下灌注桩充盈系数	问题解决型	谭明辉、赵新良、郑贺伊、梁威、谢建兵、李艳峰、陈小威、张雨霖
9	深圳市天健坪山建设工程有限公司	拓荒牛QC小组	降低地下综合管廊主体施工模板损耗率	问题解决型	陈煜伟、王玉平、孟腾、何金文、朱坤领、林焕生、刘金妹、程云彬、肖烨、周发飞

续表

序号	单位名称	小组名称	课题名称	课题类型	小组成员
10	深圳市天健坪山建设工程有限公司	斑头雁QC小组	提高钻孔灌注桩Ⅰ类桩验收合格率	问题解决型	陈委深、夏龙、郑贝、陈俊煌、臧桐、任山、李品强、刘小玲、袁重阳、刘卓豪
11	深圳市中弘建设工程有限公司	中弘飞跃QC小组	提高人行道砖铺装一次验收合格率	问题解决型	毛宪波、杨立、张湘安、郑合明、徐佳奇、谢浪、索君凯、郑智耿、刘洋
12	中建二局第二建筑工程有限公司	河畔府邸QC小组	提高锚杆抗浮措施注浆施工一次合格率	问题解决型	唐洪波、詹泽、侯群波、向华、冯文文、朱秧斌、杨彦云、王尉、黄海、涂德航
13	深圳市建设（集团）有限公司	风投大厦QC小组	提高超高层建筑标准层施工效率	问题解决型	李孝军、杨荣、熊定振、赵懿三、邢奇志、张浩斌、曾伟钦、吴迪、单逸、李林
14	深圳市建设（集团）有限公司	风投大厦QC小组	提高圆柱处塔吊附墙预埋合格率	问题解决型	李孝军、杨荣、熊定振、赵懿三、邢奇志、张浩斌、曾伟钦、吴迪、单逸、李林
15	深装总建设集团股份有限公司	哈尔滨太平国际机场航站楼装饰工程QC小组	提高大空间网架结构条形铝板几何图案装配化吊顶安装质量	问题解决型	胡庆红、张炳来、曾志琼、金山、谭小伍、白如冰、柳琳、尤志君、戴利锋、顾婷婷
三类成果					
1	中国华西企业有限公司	京基水贝洪湖苑QC小组	提高超高层建筑施工垃圾运输速度	问题解决型	赵泽、冯楚涛、周刚、付军辉、曾志、王正建、吴军楠、朱诗尧、邓霞、肖闵聪
2	中国华西企业有限公司	装配先锋QC小组	提高洞口防护的周转率	问题解决型	何小军、黄荣涛、龚建强、何咏嘉、何静、舒培、夏侨总、邱凯康、任林海、王彦杰
3	中国华西企业有限公司	新时代先锋QC小组	提高现浇混凝土楼板厚度一次验收合格率	问题解决型	张圣亮、刘念、喻海林、任兰春、宋旺、冯子键、方洪平、胡旺、彭中生
4	中国华西企业有限公司	深汕加工厂焊接QC小组	提高钢箱梁埋弧全熔透焊首检合格率	问题解决型	周蕾、辛帮勇、唐铎华、王永杰、胡剑、侯刚

续表

序号	单位名称	小组名称	课题名称	课题类型	小组成员
5	中国华西企业有限公司	安居锦龙苑 QC 小组	提高预制凸窗吊装一次验收合格率	问题解决型	曹乃斌、张海风、姜浩杰、周晖迪、杨杰、唐先礼、甘伟、罗严峻、刘健、李达
6	中国华西企业有限公司	深圳市中医院综合楼项目 QC 小组	提高两制工作工人工资发放率	问题解决型	林子龙、付文杰、唐封凭、杨子儒、刘云成、李刚、汪子松、李军
7	中国华西企业有限公司	招商盛世 QC 小组	提高高强度混凝土一次施工质量合格率	问题解决型	陈磊、刘海强、王杰、陈双龙、张风、赵星民、汪峰、高奇、许奕鹏、吕翔
8	深圳市市政工程总公司	天健前海 T204-0142 宗地项目部 QC 小组	减小灌注桩混凝土超灌高度	问题解决型	徐亚非、黄绍用、王睿、韩天宇、陈俊鸿、郭语书、赵龙飞、刘泓哲、吴昌焕、朱扬科
9	中建科技集团有限公司	光明长圳 QC 小组	提高双面叠合剪力墙底部混凝土成型质量合格率	问题解决型	毛丰强、杜飞、贺雄、马俊、孟凡鑫、窦玉东、曾玉喜、陈赓、李亚军
10	中建科工集团有限公司	湛江东盛路项目 QC 小组	提高 ALC 墙板专体系一次验收合格率	问题解决型	檀鲁壤、林新炽、吴贵龙、何翔、王琮然、蒋云斌、周宇辉、徐秋培
11	深圳市市政工程总公司	布吉三期 QC 小组	降低水质净化厂中超长薄壁共用墙体的裂缝发生率	问题解决型	陈学水、陈新志、祖光耀、黄旭生、吴兴贵、彭双林、任炳晨、卜天洪、欧阳旺、汤逸辰
12	中建科技集团有限公司	团结友善 QC 小组	提高预制轻质凸窗一次安装合格率	问题解决型	张强、郭顺财、张连生、管耀明、徐立松、冯家齐、杨津、袁屾、陆玉伟、温世优
13	中建科工集团有限公司	汕头旧改 QC 小组	提高地下室疏水板施工一次验收合格率	问题解决型	钱林栋、李静、檀鲁壤、白鹏、刘清林、李鹏辉、黄志芳、黎金红、黄东禄、陈迎春
14	深圳市市政工程总公司	安居萃云阁项目部 QC 小组	提高灌注桩端部及侧部后注浆施工质量合格率	问题解决型	梁志峰、王红涛、侯彦兵、吴茂崇、张逢雨、陆营部、邹伟雄、陈诗骐、薛世淮、吴郝曼婷

序号	单位名称	小组名称	课题名称	课题类型	小组成员
15	深圳市市政工程总公司	坪山大道南段1组	提升综合管廊防水卷材铺贴一次验收合格率	问题解决型	刘斌、李立志、刘徐、周满天、陆瑞、李嘉成、吕忠稳、吴先斌、蔡佳玲
16	深圳市市政工程总公司	坪山大道南段1组	提升综合管廊防钢筋保护层一次交验合格率	问题解决型	刘斌、李立志、刘徐、周满天、陆瑞、李嘉成、舒建、吕忠稳、吴先斌、蔡佳玲
17	深圳市市政工程总公司	布吉三期QC小组	提高薄壁异形导流墙钢筋保护层一次施工合格率	问题解决型	刘忠、王欣清、陈学水、陈新志、祖光耀、吴兴贵、彭双林、欧阳旺、汤逸辰
18	中建科技集团有限公司	"加速度"QC小组	一种装配式环梁施工技术的研发	创新型	沈洋、陈伟、李皓楠、黄凯龙、杨少坡、韦承江、许煜鑫、陈雪操、杨晟、王雪
19	中建科技集团有限公司	二十高QC小组	提高预制条绒栏板一次安装合格率	问题解决型	毛毳、郭顺财、余虎、翟旭、周恒、冯家奇、覃建生、刘舒朗、林志谦
20	深圳泛华工程集团有限公司	恒兴御景园QC小组	提高旋挖桩在特厚淤泥层采用非长护筒泥浆护壁工艺的一次性成孔合格率	问题解决型	范昌斌、贾文志、郑友健、钟朝阳、邓兴飞、杨建澍、汪健、任毅、林益名、张伟
21	深圳市天健坪山建设工程有限公司	大山陂水QC小组	提高透水混凝土碧道一次验收合格率	问题解决型	张平、蒋柱、熊振军、马伟、王海龙、彭学标、张智光、刘金鑫、刘志联、张泽锋
22	中电建生态环境集团有限公司	绿水青山QC小组	提高压力钢管焊缝检测合格率	问题解决型	陈湘斌、邓宏荣、张振洲、程振邦、张家强、史运通、王帅、梁孟晓、周年康、王洪敏
23	中电建生态环境集团有限公司	护面专家QC小组	提高金园水混凝土面板结构外观质量得分率	问题解决型	刘任远、张振洲、程振邦、刘锦戍、熊道品、陶善勇、陈信山、钟奇、赵志民、权维
24	中建二局第二建筑工程有限公司	岚湾正荣府项目QC小组	提高外窗边防渗合格率	问题解决型	孙宇、李元华、高磊、周德阳、高扬明、陈在义、王尧、陈学坤、周昌峰、林威
25	中建四局第五建筑工程有限公司	茂名突击队	提高大面积混凝土地坪一次施工合格率	问题解决型	张飞、曾维晓、张后顺、彭君、兰天明、佘志凯、加聪聪、赵柯涵、王松林

序号	单位名称	小组名称	课题名称	课题类型	小组成员
26	中建二局第二建筑工程有限公司	昂扬 QC 小组	降低框架柱竖向钢筋偏位率	问题解决型	唐洪波、詹泽、王林明、沈郎、班程远、张迪、陈前、蒋权、刘全华、涂德航
27	中建四局第五建筑工程有限公司	铝木结合 QC 小组	混凝土竖向构件铝木结合支模施工方法创新	创新型	叶胜银、张孟、李鑫、王仕利、刘宽琴、陈立治、陈增淋、陈文、林静、姚伟
28	中建二局第二建筑工程有限公司	白云提质争先 QC 小组	提高一次成型金刚砂耐磨地坪合格率	问题解决型	唐洪波、詹泽、马克、王磊、张向涛、许兴龙、张晓鹏、董琼、吴忠举、涂德航
29	中建二局第二建筑工程有限公司	中建二局二公司深圳分公司联投东方华府三期 QC 小组	提高外墙穿墙螺杆孔洞抗渗率	问题解决型	李斌、张龙洋、李政道、吕建辉、王鹏飞、邓坤、雷志强、常耀峰
30	中建四局第五建筑工程有限公司	南山智城攻坚队	降低高强度混凝土浇筑梁板裂缝率	问题解决型	胡玺、杨昌顺、胡燕、王浪、岳朋、吴春、林朝绩、匡理志、王洪涛、何昌鹏

11. 2021年度"广东省房屋市政工程安全生产文明施工示范工地、省建设工程项目施工安全生产标准化工地"复评获奖项目名单(深圳地区)

(排名不分先后)

(上半年)

序号	工程名称	承建、参建单位	项目经理姓名	监理单位	总监姓名	标化工地
			深圳市 61 项	标化工地 58 项		
1	宏发万悦山大厦1、2、3栋主体工程、宏发万悦山名庭4栋、5栋、6栋、7栋	广西华业建筑工程有限公司	吴能健	广东中弘策工程顾问有限公司	李晓教	√
2	固成水质净化厂二期工程设计采购施工总承包(EPC)	中国水利水电第七工程局有限公司	罗冉	深圳市利源水务设计咨询有限公司	康吉森	√
3	万丰海岸城玺园(不含桩基)	中建八局华南建设有限公司	詹俊涛	深圳市竣迪建设监理有限公司	曾惟	
4	深圳市城市轨道交通16号线工程施工总承包一工区	中国铁建股份有限公司 中铁二十五局集团有限公司	李飞前 李强	深圳市东部工程咨询有限公司	李建军	√
5	安居鹏湾府主体工程	中国建筑第八工程局有限公司	樊文飞	深圳市东部建设监理有限责任公司	吴贵青	√
6	赤湾地铁站城市综合体项目	中建三局第二建设工程有限责任公司	瞿超	重庆联盛建设项目管理有限公司	顾怀忠	√
7	安托山停车场综合上盖项目施工总承包一标工程(2#地块4、5、6、7、8栋及2#地块地下室、3#地块)	中建二局第一建筑工程有限公司	姜志强	深圳市邦迪工程顾问有限公司	王艳刚	√
8	深圳市前海-南山排水深隧系统工程土建Ⅰ标项目经理部	中铁隧道局集团有限公司	黄从刚	深圳市深水水务咨询有限公司	赵军	√
9	恒大成二期花园1#、4#-9#楼主体工程项目	中建四局第三建设有限公司	陈世平	广州市恒合工程监理有限公司	吕海东	√
10	恒大都会广场1、2、3、4栋	深圳市越众(集团)股份有限公司	赵岩磊	广州市恒合工程监理有限公司	毛文	√

序号	工程名称	承建、参建单位	项目经理姓名	监理单位	总监姓名	标化工地
11	民治第三工业区城市更新单元项目	中建二局第三建筑工程有限公司	童鹏辉	深圳市建力建设监理有限公司	陈全胜	√
12	罗湖"二线插花地"棚户区改造项目施工总承包Ⅱ标木棉岭片区01-05、01-06地块主体工程	中建三局集团有限公司	闫兵	上海建科工程咨询有限公司	刘竹林	√
13	市第十八高级中学	中建科技集团有限公司	吴勇	深圳市中行建设工程顾问有限公司	魏常富	√
14	中晟会港湾大厦项目主体工程	中国华西企业有限公司	刘丽	深圳市中安项目管理有限公司	夏胜超	√
15	宝安区养老院建设工程项目	深圳中铁二局工程有限公司	冀鸿飞	深圳市甘泉建设监理有限公司	孙清江	√
16	卫星通信运营大厦项目施工总承包工程	中建三局第一建设工程有限责任公司	何凡	上海市建设工程监理咨询有限公司	吴连保	√
17	万丰海岸城璟园（不含桩基）、万丰海岸大厦（不含桩基）	中建五局华南建设有限公司	侯建柱	深圳市竣迪建设监理有限公司	曾惟	√
18	仁恒新都荟、乐都荟大厦、仁恒缤纷荟、世纪荟大厦	中国华西企业有限公司	席宗君蒋国胜	中海监理有限公司	牛建武	√
19	平安财险大厦建设项目施工总承包工程	中建三局第二建设工程有限责任公司参建单位：中建深圳装饰有限公司	宋嘉斌	深圳市大众工程管理有限公司	苏兆森	√
20	岁宝国展中心地下室及一区工程	中建八局第一建设有限公司	陈凯希	深圳市九州建设技术股份有限公司	褚显敏	√
21	百晟上府主体工程	中航建设（深圳）有限公司	张文飞	深圳市九州建设技术股份有限公司	张清瑞	
22	中海地产光明区A510-0151地块项目（暂定名）5栋、6栋、7栋、8栋主体工程	中建四局第五建筑工程有限公司	陈旭	中海监理有限公司	张德东	√

续表

序号	工程名称	承建、参建单位	项目经理姓名	监理单位	总监姓名	标化工地
23	安居鸣鹿苑（主体工程）	中国建筑第二工程局有限公司	尹马林	深圳市竣迪建设监理有限公司	冯宁新	√
24	深圳市长圳公共住房及其附属工程（7 栋 B 座、7 栋 C 座、11 栋 A 座、11 栋 B 座、11 栋 C 座、12 栋、13 栋、14 栋主体工程）	中国建筑第二工程局有限公司	孙军霞	深圳市东部工程咨询有限公司	王万利	√
25	深圳市长圳公共住房及其附属工程（3 栋 A 座、3 栋 B 座、3 栋 C 座、4 栋 A 座、4 栋 B 座、5 栋、17 栋幼儿园、18 栋幼儿园主体工程）	中建二局第一建筑工程有限公司	周洲	深圳市东部工程咨询有限公司	王万利	√
26	万致大厦 1 栋	中国建筑第四工程局有限公司	杨继伦	深圳市赛格监理有限公司	莫斌	√
27	星河雅宝高科创新园四 A 地块施工总承包工程	中国建筑第二工程局有限公司	曹江	深圳市中行建设工程顾问有限公司	王刚	√
28	宝锦华庭 1、2 栋	江苏省华建建设股份有限公司	孙林元	深圳市中侨物业工程监理有限公司	何顾群	√
29	安居锦龙苑	中国华西企业有限公司	曹乃斌	中海监理有限公司	张心玲	
30	实验学校扩建工程	中建科技集团有限公司 参建单位：中建二局安装工程有限公司	马红波	深圳市合创建设工程顾问有限公司	王大川	√
31	安居禧龙苑	中国华西企业有限公司	苏桥秀	深圳市大众工程管理有限公司	李明	√
32	锦顺名居桩基础与主体工程	中国建筑第二工程局有限公司	刘曦	深圳市祺骏建设工程顾问有限公司	胡舜	√
33	梅观高速清湖南段市政道路工程施工二标	中国二十冶集团有限公司	巩俊松	深圳高速工程顾问有限公司	郭跃征	√

续表

序号	工程名称	承建、参建单位	项目经理姓名	监理单位	总监姓名	标化工地
34	龙华区中心医院扩建工程（西区外科大楼）	中建一局集团第二建筑有限公司	程进	深圳市首嘉工程顾问有限公司	何伟	√
35	缙山府一期	浙江同凯建设有限公司	周焕游	深圳市邦迪工程顾问有限公司	彭千红	√
36	悦彩城（北地块）建筑施工总承包工程第Ⅰ合同段	中国建筑第八工程局有限公司 参建单位：中建深圳装饰有限公司	陈阳	深圳市中行建设工程顾问有限公司	陈齐美	√
37	宇宏大厦	中国建筑一局（集团）有限公司	臧电扩	深圳市银建安工程项目管理有限公司	徐煌	√
38	城脉金融中心大厦总承包工程	中建三局集团有限公司	江书洲	深圳市中侨物业工程监理有限公司	钟瑞祥	√
39	华润笋岗万象广场（07-01）东区总承包工程	中建三局第二建设工程有限责任公司	李亚杰	深圳现代建设监理有限公司	孙灏	√
40	银湖二小（未来学校）新建工程项目施工总承包工程	中建四局第五建筑工程有限公司 参建单位：广东联富建设工程有限公司	杨魁	深圳市甘泉建设监理有限公司	张澍	√
41	深圳清华大学研究院新大楼建设项目施工总承包工程	深圳市建工集团股份有限公司	侯光华	深圳市特发工程建设监理有限公司	蒋晓辉	√
42	深圳工商银行大厦施工总承包工程	中国建筑一局（集团）有限公司	李伟福	中咨工程管理咨询有限公司	付玉进	√
43	南山科技创新中心（留仙洞六街坊）施工总承包（一标段）	深圳市建工集团股份有限公司 参建单位：中建科工集团有限公司	汪仕刚	深圳华西建设工程管理有限公司	邓俊安	√
44	深圳地铁南翠华府项目主体及配套工程施工总承包工程	中国二十冶集团有限公司	王友涛	深圳市东部工程咨询有限公司	王树华	√

续表

序号	工程名称	承建、参建单位	项目经理姓名	监理单位	总监姓名	标化工地
45	安托山停车场综合上盖项目施工总承包二标工程（2♯地块2、3栋及2♯地块地下室）	中建二局第三建筑工程有限公司	李炜	深圳市邦迪工程顾问有限公司	王艳刚	√
46	沙河小学拆除重建	深圳市建工集团股份有限公司	孔奇	深圳市九州建设技术股份有限公司	王壹	√
47	神州数码集团总部基地项目一期	中建三局第一建设工程有限责任公司	何亮	深圳市恒浩建工程项目管理有限公司	耿羿	√
48	深圳职业技术学院留仙洞校区 G 栋学生宿舍建设工程	中建一局集团建设发展有限公司	李颖辉	浙江五洲工程项目管理有限公司	池勤建	√
49	深圳职业技术学院留仙洞校区体育及配套设施建设工程	中建一局集团建设发展有限公司	陆凡	浙江五洲工程项目管理有限公司	陈江东	√
50	东关珺府主体工程	中建二局第二建筑工程有限公司	刘伟亚			√
51	深福保科技生态园	深圳市建安（集团）股份有限公司	夏冬冬	深圳市建星项目管理顾问有限公司	涂世杰	√
52	高时新能源产业园主体建筑工程	中国华西企业有限公司	林远鹏	深圳市罗湖工程项目管理有限公司	张颢	√
53	深宇科技园	深圳市金世纪工程实业有限公司	胥刚	深圳市龙城建设监理有限公司	刘建库	√
54	深汕湾智苑（1栋A座、B座、C座、D座，2栋，3栋，4栋，5栋，6栋，7栋，8栋幼儿园，地下室车库，设备用房）总承包项目	中建三局集团有限公司	雷成真	深圳市大众工程管理有限公司	陈勇	√

序号	工程名称	承建、参建单位	项目经理姓名	监理单位	总监姓名	标化工地
55	深圳市长圳公共住房及其附属工程（1栋、2栋、6栋、7栋A座、8栋、9栋、10栋、15栋A座、15栋B座、15栋C座、16栋主体工程）	中建科技集团有限公司	申利朋	深圳市东部工程咨询有限公司	王万利	√
56	勤诚达正大城悦园	中国建筑第四工程局有限公司	温庆兵	深圳现代建设监理有限公司	陈小辉	√
57	罗湖区翠竹街道水贝村城市更新单元三期1-02地块	中国华西企业有限公司 参建单位：深圳嘉鸿建设工程有限公司	周刚	深圳市振强建设工程管理有限公司	钟实民	√
58	生物家园	中国华西企业有限公司	吴大兵	深圳市竣迪建设监理有限公司	吴梓明	√
59	深圳市布吉水质净化厂三期工程	深圳市市政工程总公司 参建单位：深圳市天健第一建设工程有限公司	陈新志	深圳市深水水务咨询有限公司	余元峰	√
60	深圳市城市轨道交通14号线工程施工总承包土建六工区	中铁广州工程局集团有限公司	刘东峰	深圳地铁工程咨询有限公司	李春清	√
深圳企业在其他地区						
1	云珠酒店	中建三局集团有限公司 参建单位：中建深圳装饰有限公司	曾江	广州建筑工程监理有限公司	黄扬军	√
2	海雅缤纷广场四期、六期工程	中国华西企业有限公司	何亮忠	广州广保建设监理有限公司	陆阳	√
3	美好创亿呼吸系统疾病诊疗关键设备及呼吸健康大数据管理云平台研发生产项目	中国华西企业有限公司	李建兵			√

序号	工程名称	承建、参建单位	项目经理姓名	监理单位	总监姓名	标化工地
4	河源市区城南棚户区改造项目风光安置小区(二)	广东省基础工程集团有限公司 参建单位:深圳市中天建建筑有限公司	梁国江	广东宏茂建设管理有限公司	欧阳钊	√

(下半年)

序号	工程名称	承建、参建单位	项目经理姓名	监理单位	总监姓名	标化工地
		深圳市 57 项　　标化工地 57 项				
1	福田区群众文化中心建设项目	中国建筑第四工程局有限公司 参建单位:中建四局安装工程有限公司	袁茂生	深圳华西建设工程管理有限公司	周先珍	√
2	深圳市急救血液信息三中心公共卫生服务综合楼项目施工总承包	中国建筑第八工程局有限公司	郭福良	浙江江南工程管理股份有限公司	陆东伟	√
3	天音大厦	深圳市建安(集团)股份有限公司	卢宗航	中海监理有限公司	梅可	√
4	满京华艺展天地广场桩基础与主体工程	深圳市荣翔建筑工程有限公司	安高明	深圳科宇工程顾问有限公司	郑英福	√
5	宝安区新安街道凸版印刷工业区城市更新单元二期(01)、一期(02)、三期(03)地块施工总承包工程	中国建筑第二工程局有限公司	陈晟	深圳华西建设工程管理有限公司	罗建林	√
6	宝湾大厦(不含桩基)	陕西建工集团股份有限公司	张玉峰	深圳市合创建设工程顾问有限公司	姜奇	√
7	华润城润玺二期花园(一期、二期)总承包工程	华润建筑有限公司	邢政	中海监理有限公司	王长玉	√
8	卓越蔚蓝铂樾府一期主体工程[1#、2#(2A#、2B#)、7#(7A#、7B#)、8#]	国基建设集团有限公司	郭拴明	深圳华西建设工程管理有限公司	黎伟	√

续表

序号	工程名称	承建、参建单位	项目经理姓名	监理单位	总监姓名	标化工地
9	安居白鹭湾府项目主体工程	中建三局第二建设工程有限责任公司	郑天豪	深圳市合创建设工程顾问有限公司	黄鹏程	✓
10	深圳市第十五高级中学设计采购施工总承包（EPC）	中建三局第一建设工程有限责任公司	贺小聪	深圳市邦迪工程顾问有限公司	刘清廉	✓
11	勤诚达正大城乐园	中建四局土木工程有限公司	赵亦祥	深圳科宇工程顾问有限公司	陈立君	✓
12	深圳市沙井水质净化厂二期工程设计采购施工总承包（EPC）	中交第一航务工程局有限公司	张明日	深圳市深水水务咨询有限公司	杜喜讯	✓
13	和樾府一期、二期、三期主体工程	中国建筑第四工程局有限公司	庞日贵	广州越建工程管理有限公司	翟长见	✓
14	安居龙湾府主体工程	中国建筑第八工程局有限公司	李东波	深圳市东部工程咨询有限公司	张华超	✓
15	深圳市黄木岗综合交通枢纽工程二工区	中铁四局集团有限公司	程贤红	铁科院（北京）工程咨询有限公司	史晋锋	✓
16	八卦岭科技大厦项目总承包工程	中国建筑第八工程局有限公司	张金伟	深圳市大众工程管理有限公司	赵群	✓
17	光明北片区碧光路市政工程等十一个市政道路项目	深圳市龙坚建筑工程有限公司	李虎	深圳市天创健建设监理咨询有限公司	邱永海	✓
18	中山大学深圳校区人才保障性住房（一期）项目主体工程	中国建筑第四工程局有限公司	薛志红	深圳市大众工程管理有限公司	范小刚	✓
19	安居瑞龙苑项目主体工程	中建三局第一建设工程有限责任公司	钱启斌	深圳市中行建设工程顾问有限公司	赵亚红	✓
20	臻林天汇大厦主体工程	中国建筑第二工程局有限公司	钟储营	广州宏达工程顾问集团有限公司	谢宽振	✓
21	天健前海工程 T204-0142 宗地施工总承包工程	深圳市市政工程总公司	黄绍用	深圳市长城工程项目管理有限公司	陈志勇	✓
22	空港新城综合管廊二期项目福凤路段（福永大道一环园路）主体结构工程	中国二十冶集团有限公司	李兴杰	深圳市东部工程咨询有限公司	徐凌飞	✓

序号	工程名称	承建、参建单位	项目经理姓名	监理单位	总监姓名	标化工地
23	盛合天宸家园	江苏省华建建设股份有限公司	吴航	深圳科宇工程顾问有限公司	朱愈富	√
24	燕和苑(不含桩基)	中国建筑第四工程局有限公司	刘业晟	深圳市京圳工程咨询有限公司	周江源	√
25	妈湾跨海通道(月亮湾大道-沿江高速)工程施工总承包2标	中国中铁股份有限公司 中铁隧道局集团有限公司 中铁七局集团有限公司	马宏建	英泰克工程顾问(上海)有限公司	王清	√
26	招商臻府(不含桩基)	中建一局集团第二建筑有限公司	汪彦涛	深圳现代建设监理有限公司	李雪峰	√
27	南澳河综合整治剩余工程	深圳市广汇源水利建筑工程有限公司	董鑫	四川省城市建设工程监理有限公司	张忠生	√
28	福景消防站上盖保障房项目	中国建筑第七工程局有限公司	郑江华	深圳华西建设工程管理有限公司	陈璐斯	√
29	峰境瑞府项目主体工程	汕头市建安实业(集团)有限公司	陈升辉	深圳市邦迪工程司顾问有限公司	张杰	√
30	深圳市公安局龙岗分局三所二队一中心1号地块项目	中国建筑第四工程局有限公司	刘海平	深圳市中行建设工程顾问有限公司	詹家存	√
31	深圳科学高中足球学校建设工程	中国建筑第四工程局有限公司	王伟涛			√
32	龙岗区人民医院扩建项目-深圳市龙岗区健康管理服务中心大楼	上海建工五建集团有限公司 参建单位:广东联富建设工程有限公司	郑钡洪	深圳市合创建设工程顾问有限公司	刘勇	√
33	澜汇城泱花园	中国核工业华兴建设有限公司	贾广德	深圳市邦迪工程顾问有限公司	周志诚	√
34	乐创荟大厦主体工程	中建五局华南建设有限公司	张章	深圳市广厦工程顾问有限公司	张建枚	√
35	龙塘停车场综合体工程	深圳市市政工程总公司	吴洵	深圳市祺骏建设工程顾问有限公司	段志毅	√

序号	工程名称	承建、参建单位	项目经理姓名	监理单位	总监姓名	标化工地
36	安居尚龙苑项目	中国建筑第四工程局有限公司	计龙龙	深圳市合创建设工程顾问有限公司	冯桂江	✓
37	中海汇德理花园总承包工程	中国华西企业有限公司	廖加华	中海监理有限公司	郭永志	✓
38	罗湖区笋岗街道长城国际物流用地城市更新单元03-01地块北区/南区、03-02地块、03-03地块总承包工程	中国建筑第二工程局有限公司	王润国	中海监理有限公司	杨远方	✓
39	罗湖"二线插花地"棚户区改造项目施工总承包Ⅳ标布心片区01-01地块主体工程	上海建工集团股份有限公司	高光宏	上海建科工程咨询有限公司	王宇	✓
40	城建大厦施工总承包工程	中国建筑第二工程局有限公司	胡亮	深圳华西建设工程管理有限公司	李云中	✓
41	深圳市城市轨道交通13号线土建一工区	中国建筑股份有限公司 中国建筑第五工程局有限公司	王正国	上海市建设工程监理咨询有限公司	李振宇	✓
42	安托山停车场综合上盖项目1#地块施工总承包	中国建筑第四工程局有限公司	刘伟	深圳市邦迪工程顾问有限公司	王艳刚	✓
43	乐普大厦主体工程	深圳市建工集团股份有限公司	崔士忠	深圳市九州建设技术股份有限公司	李义刚	✓
44	大沙河文体中心及西侧附属绿地整体改造项目	中建五局华南建设有限公司	李昌胜	深圳华西建设工程管理有限公司	杨宪云	✓
45	前海合作区妈湾一路、通港街道路及综合管廊等市政工程	中铁一局集团有限公司	潘美海	北京铁研建设监理有限责任公司	周洪波	✓
46	深圳市城市轨道交通16号线工程施工总承包五工区	中铁十九局集团有限公司	李健学	上海三维工程建设咨询有限公司	陈虹	✓

续表

序号	工程名称	承建、参建单位	项目经理姓名	监理单位	总监姓名	标化工地
47	宝坪路市政工程（南段）二标	中铁十一局集团有限公司	马必雄	深圳市鲁班建设监理有限公司	陈彦五	√
48	安居御龙苑项目	中冶天工集团有限公司	刘东锋	深圳市合创建设工程顾问有限公司	李彪	√
49	微众银行大厦主体工程	中国建筑一局（集团）有限公司	陈思			√
50	华富村施工总承包工程	中国建筑第五工程局有限公司	王晓冬	深圳市合创建设工程顾问有限公司	郭小周	√
51	四期御景佳园主体及桩基础工程	深圳市鹏鑫建筑工程有限公司	谢金华	深圳市恒浩建工程项目管理有限公司	陈安顺	√
52	中山大学·深圳建设工程项目施工总承包（Ⅱ标）主体工程	中国建筑第八工程局有限公司	赵鹏	浙江江南工程管理股份有限公司	许建华	√
53	富通上舍	广东五华二建工程有限公司	张国伟	深圳市中侨物业工程监理有限公司	余铜生	√
54	南山科技创新中心（留仙洞六街坊）二标施工总承包	中建四局第五建筑工程有限公司	胡玺	深圳市邦迪工程顾问有限公司	王中华	√
55	罗湖"二线插花地"棚户区改造项目施工总承包Ⅵ标布心片区01-08 地块主体工程	中国建筑一局（集团）有限公司	戴文彬	上海建科工程咨询有限公司	宗利伟	√
56	原光明农场职工二期发展用地 TFY23 地块主体工程	深圳市华与建设集团有限公司	刘新宇	深圳市竣迪建设监理有限公司	陈文贵	√
57	坪山区第三人民医院项目施工总承包	深圳市建筑工程股份有限公司	赵思治	上海建科工程咨询有限公司	唐滋炎	√

12.2021 年度广东市政金奖名单（深圳地区）

（排名不分先后）

序号	工程名称	建设单位	设计单位	监理单位	施工单位	参建单位
1	广州市轨道交通八号线北延段白云湖车辆段【施工Ⅱ标】	广州地铁集团有限公司	中铁上海设计院集团有限公司	乌鲁木齐铁建工程咨询有限公司	中铁三局集团有限公司	深圳市华胜建设集团有限公司
2	光侨路（光明大街—新公常路）市政工程2标段	深圳市光明区建筑工务署	深圳市新城市规划建筑设计股份有限公司	深圳市深水兆业工程顾问有限公司	深圳市东深工程有限公司	—
3	坪山新区科环路市政工程	深圳市坪山区交通轨道管理中心	深圳市新城市规划建筑设计股份有限公司	深圳市利源水务设计咨询有限公司	广东省建筑工程机械施工有限公司	—

13. 2021 年度广东省市政优良样板工程名单(深圳地区)

序号	工程名称	工程造价（万元）	建设单位	设计单位	监理单位	施工单位	参建单位
1	坪山新区科环路市政工程	6013.41	深圳市坪山区交通轨道管理中心	深圳市新城市规划建筑设计股份有限公司	深圳市利源水务设计咨询有限公司	广东省建筑工程机械施工有限公司	—
2	深圳市龙岗区平湖街道良安田社区污水支管网完善工程	5978.66	深圳市龙岗区建筑工务局	中国市政工程西北设计研究院有限公司	深圳市深水水务咨询有限公司	深圳市市政工程总公司	深圳市天健坪山建设工程有限公司
3	深圳市龙岗区平湖街道上木古社区污水支管网完善工程	3019.50	深圳市龙岗区建筑工务局	中国市政工程西北设计研究院有限公司	深圳市深水水务咨询有限公司	深圳市市政工程总公司	—
4	深圳市龙岗区平湖街道新木社区污水支管网完善工程	5215.37	深圳市龙岗区建筑工务局	中国市政工程西北设计研究院有限公司	深圳市深水水务咨询有限公司	深圳市市政工程总公司	深圳市天健坪山建设工程有限公司
5	深圳市龙岗区平湖街道辅城坳社区（富源路以北片区）污水支管网完善工程	5154.51	深圳市龙岗区建筑工务局	中国市政工程西北设计研究院有限公司	深圳市深水水务咨询有限公司	深圳市市政工程总公司	深圳市天健坪山建设工程有限公司
6	深圳市龙岗区平湖街道辅城坳社区（富源路以南片区）污水支管网完善工程	5493.89	深圳市龙岗区建筑工务局	中国市政工程西北设计研究院有限公司	深圳市深水水务咨询有限公司	深圳市市政工程总公司	深圳市天健坪山建设工程有限公司

续表

序号	工程名称	工程造价（万元）	建设单位	设计单位	监理单位	施工单位	参建单位
7	深圳国际生物谷坝光核心启动区新葵坝路、海康路、海潮路、鼓楼路市政工程	23229.00	深圳市大鹏新区建筑工务署	深圳市综合交通设计研究院 中国市政工程西南设计研究总院有限公司 北京市市政工程设计研究总院有限公司	铁科院（深圳）研究设计院有限公司	达濠市政建设有限公司	—
8	深圳大学附属医院西侧市政道路（学康路）施工总承包工程	6433.46	深圳市南山区建筑工务署	深圳市新城市规划建筑设计股份有限公司	深圳市西伦土木结构有限公司	深圳市信宇建筑工程有限公司	—
9	广州市黄埔区深涌流域等黑臭河涌综合整治工程设计采购施工总承包（EPC）—宏岗河综合整治工程	11209.00	广州市黄埔区河涌管理所	中国电建集团昆明勘测设计研究院有限公司	广州市穗高工程监理有限公司	中电建生态环境集团有限公司 中国水利水电第六工程局有限公司	—
10	阳江高新区疏港大道南道路工程施工	7496.11	阳江市高新投资开发有限公司	广东智铭设计有限公司	珠海市工程监理有限公司	深圳南海岸生态建设集团有限公司	—
11	环城路与莞潢路立交连接工程	5507.00	东莞市城建工程管理局	北京市市政工程设计研究总院有限公司	广州广骏工程监理有限公司	深圳市建宏达建设实业有限公司	中巨（广东）建设有限公司

14. 2021 年度广东省市政建设优秀质量管理小组活动（深圳企业）

序号	单位名称	工程名称	课题名称	QC 小组名称	小组成员
			一等奖		
1	中电建生态环境集团有限公司	2019 年龙岗区龙岗河流域、观澜河流域、深圳河流域消除黑臭及河流水质保障工程	提高金园水混凝土面板结构外观质量得分率	护面专家QC 小组	刘任远、张振洲、程振邦、刘锦戌、熊道品、陶善勇、陈信山、钟奇、赵志民、权维
			二等奖		
1	深圳市天健坪山建设工程有限公司	金辉路综合管廊工程	提高哈芬槽安装质量验收合格率	恒学 QC小组	夏龙、陈焕旭、袁重阳、陈明港、李尚林、林焕生、孙显洲、肖周杰、臧桐、钟硕华
2	深圳金信城市建设有限公司	乐平污水处理二厂二期管网工程	提高 HDPE柔性管道铺设合格率	金信市政QC 小组	陈欢、沈元达、廖震锋、黄平志、侯仕森、郑锦曼、郑育芳、吴肖华
3	深圳金瑞建设集团有限公司	中韩（惠州）产业园起步区一期首批项目支路网市政道路工程	提高混凝土路面外观质量一次验收合格率	金瑞建设QC 小组	周东波、王义明、张镜清、周绍峰、张士君、黄伟亮、孙召辉、雷季春
4	深圳市市政工程总公司	笔架山水厂-东湖水厂 DN1200 原水管修复工程项目	长距离钢管曲线内衬施工质量控制	笔架山QC 小组	黄春潮、叶作贵、张荣隆、卢自尧、艾玺、胡金鹏、洪曼
5	深圳市佳泰业建设有限公司	新和社区新洲村新下路及周边公园环境提升工程	提高新修水泥混凝土路面一次性验收合格率	开拓者QC 小组	黄学彬、李泽铃、林静鸿、余泽龙、肖晓伟、李文龙、陈梓楠
6	深圳市佳泰业建设有限公司	大元背村南侧道路（龙山二路至龙山三路段）和东侧排水工程	提高沥青混凝土路面平整度合格率	飞跃 QC小组	黄学彬、李泽铃、林静鸿、余泽龙、肖晓伟、李文龙、陈梓楠
7	深圳市天健坪山建设工程有限公司	坪山河流域短小支流综合整治工程-大山陂水	提高透水混凝土路面一次验收合格率	大山陂水QC 小组	张平、蒋柱、熊振军、马伟、王海龙、彭学标、张智光、刘金鑫、刘志联、张泽锋
8	深圳市佳泰业建设有限公司	龙岗区龙城街道岗背村内涝整治工程	提高新建雨水检查井施工质量	奋进 QC小组	黄学彬、李泽铃、林静鸿、余泽龙、肖晓伟、李文龙、陈梓楠

序号	单位名称	工程名称	课题名称	QC 小组名称	小组成员
9	深圳市东深工程有限公司	阜阳市颍州区和平沟泵站工程施工标	提高消力池土工布焊接初检合格率	辉煌 QC 小组	覃辉煌、付涛、余奇友、薛忠强、董贤强、曾庆峰、杨帆、吴鑫强、朱海燕
10	深圳市天健坪山建设工程有限公司	金辉路综合管廊工程	提高钻孔灌注桩Ⅰ类桩质量合格率	斑头雁 QC 小组	张平、陈委深、郑贝、陈俊煌、臧桐、任山、李品强、袁重阳、刘卓豪、林焕生
11	深圳市市政工程总公司	深圳市布吉水质净化厂三期工程	降低生物反应池和二沉池间共用池壁的裂缝发生率	布吉三期 QC 小组	陈学水、陈新志、祖光耀、黄旭生、杨诗炳、吴兴贵、彭双林、任炳晨、欧阳旺、汤逸辰
12	深圳市粤通建设工程有限公司	上横朗新村城中村综合治理工程（施工）	提高发达城市"城中村改造"民用建筑外墙真石漆施工质量一次验收合格率	外墙真石漆 QC 小组	王翔、宁大为、吴健挺、李汉玉、杨肖宁、陈志福、麦灿文、缪学桥、舒国勇、刘晓和
13	深圳市天健坪山建设工程有限公司	金辉路综合管廊工程	降低地下综合管廊主体施工模板损耗率	拓荒牛 QC 小组	陈煜伟、王玉平、孟腾、何金文、林焕生、蒲郎玛、刘金妹、程云彬、周发飞、钟硕华
14	深圳市路桥建设集团有限公司	红荔路交通与空间环境综合提升工程	提高渠化岛及路口处无障碍"零高差"合格率	红荔路 QC 小组	翁开翔、陶竞、刘永才、钱勇、林江、李惠果、刘志龙、关基尘、张晓峰、张文辉
15	深圳市天健坪山建设工程有限公司	金辉路综合管廊工程	提高管廊腋角混凝土质量一次验收合格率	咩咩 QC 小组	陈委深、夏龙、何金文、王盼、陈丹泓、程云彬、李品强、彭曙生
16	深圳金瑞建设集团有限公司	石化区西部公用管廊（滨海大道-滨海三路段）项目施工	提高旋挖灌注桩一次成桩合格率	金瑞建设 QC 小组	邱时华、黄程明、黄俊鑫、林燕坑、唐金鹏、刘玉彦、苗铭育、黄东

续表

序号	单位名称	工程名称	课题名称	QC 小组名称	小组成员
			三等奖		
1	深圳市天健工程技术有限公司	天健前海 T204-0142 宗地施工总承包工程	开发一体化的钢筋拉伸试验自动操作系统	天行健 QC 小组	黄小芳、熊劲松、周荣华、谢应豪、覃家烈、周思雄、刘莎莎
2	深圳市市政工程总公司	八卦岭片区道路局部维修工程	降低沥青道路路面反射裂缝数量	天健沥青研究所 QC 小组	范璐璐、刘忠、涂亮亮、曾俊杰、陈建友、游长磊、彭景伟、黄祖豪、沈迪航、黄思任
3	深圳市市政工程总公司	深圳市坪山区新横坪公路市政化改造工程-坪山大道南段	提升咬合桩钢筋笼验收一次合格率	坪山大道南段1组	刘斌、肖杰、刘徐、周满天、陆瑞、李嘉成、吕忠稳、蔡佳玲
4	深圳市市政工程总公司	深圳市坪山区新横坪公路市政化改造工程-坪山大道南段	提升综合管廊防钢筋保护层一次交验合格率	坪山大道南段1组	刘斌、李立志、刘徐、周满天、陆瑞、李嘉成、舒建、吕忠稳、吴先斌、蔡佳玲
5	深圳金信城市建设有限公司	中山路道路环境提升工程	减少透水混凝土路面开裂	环境提升 QC 小组	高海波、张宝强、杨楚泉、徐浩杰、邹双莲、陈德华
6	深圳市天健工程技术有限公司	新城立交工程设计施工总承包(EPC)	压浆搅拌机的改造	天行健 QC 小组	黄小芳、申双田、熊劲松、廖典将、谢应豪、饶陆珠
7	深圳市天健工程技术有限公司	深圳天健前海 T204-0142 宗地项目基坑第三方监测	提高地下水位自动化监测点存活率	天行健 QC 小组	黄小芳、林磊、黄金龙、刘宇杰、刘昭昌、何国桢、尹紫娟
8	深圳金信城市建设有限公司	吉华街道甘坑客家小镇生态(临时)停车场工程	提高植草砖路面平整度	停车场工程 QC 小组	高海波、张群喜、杨楚泉、徐浩杰、邹双莲、林泽鑫
9	深圳市东门建设有限公司	2020 年度管道专项清淤及结构性缺陷修复项目	提高雨污水检查井验收质量合格率	花都管道修复 QC 小组	陈小庆、赵淑洪、苏水金、李亮、林兴彪、孔德兴、郑炳亮、黄靖媚
10	深圳市天健坪山建设工程有限公司	深圳国家生物医药产业基地配套集中废水处理厂及干管工程	提高微拉顶管一次安装合格率	生物医药 QC 小组	蒋柱、向华、汪智临、唐小波、林瑜佳、郑邦松、张明禹、欧文博、李海源、彭奥

序号	单位名称	工程名称	课题名称	QC 小组名称	小组成员
11	深圳市东深工程有限公司	南山区高新南七道（高新南六道-科苑南路）雨水系统完善工程	提高水泥混凝土路面外观一次施工合格率	辉煌 QC 小组	覃辉煌、曾庆峰、余奇友、薛忠强、董贤强、杨帆、李宇昌、吴鑫强、朱海燕
12	深圳市华侨建筑工程有限公司	广东明科科技产业项目	提高现浇钢筋混凝土施工质量一次验收合格	华侨 QC 小组	连礼派、丰增兵、张红娟、陈述筱、黄田锦、叶扬波、李小燕、吴朝辉、谢建、吴映钦
13	深圳市市政工程总公司	深圳市坪山区新横坪公路市政化改造工程-坪山大道南段	提升综合管廊防水卷材铺贴一次验收合格率	坪山大道南段 1 组	刘斌、李立志、刘徐、周满天、陆瑞、李嘉成、农俊江、吕忠稳、杨槛坤、蔡佳玲
14	深圳市天健坪山建设工程有限公司	深圳国家生物医药产业基地配套集中废水处理厂及干管工程	提高混凝土灌注桩Ⅰ类桩合格率	深圳医药水厂 QC 小组	蒋柱、向华、汪智临、唐小波、林瑜佳、郑邦松、张任耀、苏昊育、易次、方梓轩
15	深圳市新朗建设工程有限公司	中山市富华道升级改造工程（第 2 次）	提高梯道桥台基础灌注桩的成桩效率	扬帆远航 QC 小组	黎华友、阮辅校、冯鹏程、冯世象、林远荣、冯伟民、林雪媛、江莎、李强
16	深圳市市政工程总公司	南海大道下穿工程（高新中二道下穿南海大道）改造工程	提高下穿隧道 U 型槽侧墙质量验收合格率	南海下穿 QC 小组	郁龙清、槐燕红、汪杰山、吕燕荣、郭鑫文、朱武、候文杰、柏文通、李嘉玉
17	深圳市金河建设集团有限公司	西涌河防洪达标整治工程	提高砼预制构件安装质量合格率	西涌河 QC 小组	李爵荣、刘卓霖、朱炜坤、王展丰、王宋佳、王填、吴霖、郑奋佳、吴彬
18	深圳市东深工程有限公司	麻磡河流域综合治理工程（径流转输工程）	降低泵站大体积混凝土底板裂缝出现率	辉煌 QC 小组	覃辉煌、沈海、付涛、薛忠强、余奇友、曾庆峰、朱海燕、江蕾
19	深圳市路桥建设集团有限公司	2021 年度深圳市罗湖区道路设施日常养护标	提高二次过街渠化岛大体积立缘石安装平整度及外观美感	罗湖养护 QC 小组	麦伟明、文欣、张志成、张云赫、贺文、吴昊、申银银、廖承益、郭振伟、赖敏杰

序号	单位名称	工程名称	课题名称	QC小组名称	小组成员
20	中电建生态环境集团有限公司	2019年龙岗区龙岗河流域、观澜河流域、深圳河流域消除黑臭及河流水质保障工程	提高压力钢管焊缝检测合格率	绿水青山QC小组	陈湘斌、邓宏荣、张家强、张振洲、史运通、程振邦、王帅、梁孟晓、周年康、王洪敏
21	深圳市市政工程总公司	南海大道下穿工程（高新中二道下穿南海大道）改造工程	降低隧道二衬结构渗水率	南海下穿QC小组	郁龙清、槐燕红、汪杰山、吕燕荣、郭鑫文、刘燚林、朱武、彭康文、张亚南
22	深圳市路桥建设集团有限公司	红荔路交通与空间环境综合提升工程	提高大规格高强混凝土预制块仿石道板铺装缝宽达标率	红荔路QC小组	翁开翔、刘永才、陶竞，钱勇、林江、李惠果、刘志龙、关基尘、张晓峰、刘观尧
23	深圳市东深工程有限公司	麻磡河流域综合治理工程（径流调蓄转输工程）	提高道路基层质量检测一次合格率	辉煌QC小组	覃辉煌、余奇友、薛忠强、董贤强、曾庆峰、杨帆、李宇昌、吴鑫强、朱海燕
24	深圳市粤通建设工程有限公司	惠深沿海高速公路莲塘至盐田段隧道日常养护及运营管理项目	提高隧道出口牌电光标志可视度	标志可视度QC小组	谢国贤、骆万春、谢立志、刘涛、曾卫彬、吴国强、陈琦、何杨城、杨怀锋

15. 2021 年度广东省市政工程安全文明施工示范工地名单（深圳地区）

2021 年上半年广东省市政工程安全文明施工示范工地名单

序号	备案号	工程名称	工程造价/万元	承建单位	建设单位	参建单位	监理单位	项目经理	安全员	总监理工程师
1	2019-26	深圳市高新区交通改造工程	25700.04	深圳市市政工程总公司	深圳市南山区建筑工务署	—	深圳市鲁班建设监理有限公司	刘斌	杨春生	徐世斌
2	2019-27	2019 年龙岗区深圳河流域消除黑臭及河流水质保障工程——南湾街道	175000	深圳市市政工程总公司	深圳市龙岗区水务工程建设管理中心	—	深圳市鲁班建设监理有限公司	张良	何旭	曹田中
3	2019-28	2019 年龙岗区深圳河流域消除黑臭及河流水质保障工程——平湖街道	34000	深圳市市政工程总公司	深圳市龙岗区水务工程建设管理中心	—	深圳建星项目管理顾问有限公司	祖光耀	罗林辉	徐仲民
4	2019-29	2019 年龙岗区深圳河流域消除黑臭及河流水质保障工程——布吉片区	102000	深圳市市政工程总公司	深圳市龙岗区水务工程建设管理中心	—	深圳市华建工程项目管理有限公司	吴振元	周会强	祁治
5	2020-8	桂湾一路、临海大道、滨海大道地下道路机电装修工程	31860	中铁四局集团机电设备安装有限公司/深圳市科源建设集团有限公司	深圳市前海建设投资控股集团有限公司	—	深圳地铁工程咨询有限公司铁科院（北京）工程咨询有限公司	胡兴旺	陈鼎葛新昆杜根亮李刚	季顺安王建勇吴强

续表

序号	备案号	工程名称	工程造价/万元	承建单位	建设单位	参建单位	监理单位	项目经理	安全员	总监理工程师
6	2020-17	核龙线大鹏段（文化路口-核电站门口）市政化改造工程Ⅱ标段	21037.27	深圳市建工建设集团有限公司	深圳市大鹏新区建筑工务署	—	深圳市建星项目管理顾问有限公司	盛杰宇	周辉	祝建平
7	2020-60	光侨路（光明大街-新公常路）市政工程2标段	14188.62	深圳市东深工程有限公司	深圳市光明区建筑工务署	—	深圳市深水兆业工程顾问有限公司	左岳群	徐斌	刘军

2021年下半年广东省市政工程安全文明施工示范工地复评通过的项目名单

序号	备案号	工程名称	工程造价/万元	建设单位	代建单位	承建单位	监理单位	参建单位	项目经理	安全员	总监理工程师
1	2020-50	2020年龙岗区龙岗河流域、深圳河流域、观澜河流域河流水质提升及污水处理提质增效工程（一阶段、二阶段）-（坂田工区二）	55178	深圳市龙岗区水务局	—	中电建生态环境集团有限公司	深圳市恒浩建工程项目管理有限公司	中国水电建设集团十五工程局有限公司	王斌	魏强	李彦荣 李汉泉

序号	备案号	工程名称	工程造价/万元	建设单位	代建单位	承建单位	监理单位	参建单位	项目经理	安全员	总监理工程师
2	2020-70	深圳市盐港东立交工程	146628	深圳市交通公用设施建设中心	—	中交第二航务工程局有限公司	深圳市深龙港建设监理有限公司	—	杜修荣	彭阳	张小毛
3	2020-12	坪山区新横坪公路坪山段市政化改造工程-坪山大道南段	94708.30	深圳市坪山区交通轨道管理中心	—	深圳市市政工程总公司	深圳市合创建设工程顾问有限公司	深圳市天健坪山建设工程有限公司	任勇	刘勇	张振兴
4	2020-117	固戍水质净化厂二期工程设计采购施工总承包（EPC）	123918.88	深圳市固戍水质净化有限公司	—	中国水利水电第七工程局有限公司 中国市政工程中南设计研究总院有限公司	深圳市利源水务设计咨询有限公司	—	罗冉 王艳华	王之宇	康吉森
5	2020-124	前海桂湾公园Ⅲ标绿化景观工程施工总承包	19818.05	深圳市前海开发投资控股有限公司	—	深圳中绿环境集团有限公司	中海监理有限公司	—	郑惠芬	李继廉	陈伟成

续表

序号	备案号	工程名称	工程造价/万元	建设单位	代建单位	承建单位	监理单位	参建单位	项目经理	安全员	总监理工程师
6	2020-125	西涌河防洪达标整治工程	8880.98	深圳市大鹏新区建筑工务署	—	深圳市金河建设集团有限公司	广东城华工程咨询有限公司	—	李友信	蔡剑	刘新
7	2020-133	坪山区宝珠路市政工程（一期一标段）	3147.97	深圳市坪山区交通轨道管理中心	—	深圳市粤通建设工程有限公司	深圳市九州建设技术股份有限公司	深圳市天健坪山建设工程有限公司	张森雄	林华炳	曾令辽
8	2020-150	铁岗-石岩水库水质保障工程（二期）（设计采购施工总承包）	128424	深圳市宝安区水务局	—	中电建生态环境集团有限公司	北京燕波工程管理有限公司	中国电建集团华东勘测设计研究院有限公司 中国水利水电第七工程局有限公司 中国水利水电第十四工程局有限公司	李春伟	蔡玉明	刘良明
9	2020-152	葵涌河小流域综合治理工程完善段	7507.96	深圳市大鹏新区建筑工务署	—	中国葛洲坝集团第二工程有限公司	广东华禹工程咨询有限公司	深圳市粤港建筑工程有限公司	程盛华	王红军	王利荣

续表

序号	备案号	工程名称	工程造价/万元	建设单位	代建单位	承建单位	监理单位	参建单位	项目经理	安全员	总监理工程师
10	2020-153	深圳市布吉水质净化厂三期工程	69318.13	深圳环水启航水质净化厂有限公司	—	深圳市市政工程总公司	深圳市深水水务咨询有限公司	深圳市天健沥青道路工程有限公司	陈新志	郑伟	余元峰
11	2020-154	甲子塘水厂深度处理建设工程	16368.6	深圳市深水光明水务有限公司	—	深圳市市政工程总公司	深圳市大兴工程管理有限公司	—	郭韶敏	伍志鹏	周磊
12	2021-5	2019年龙岗区龙岗河流域、观澜河流域消除黑臭及河流水质保障工程（龙岗工区二）	42828.613	深圳市龙岗区水务工程建设管理中心	—	中电建生态环境集团有限公司 中国水电基础局有限公司	建艺国际工程管理集团有限公司 深圳市合创建设工程顾问有限公司	—	胡二飞 段延旗	于政强 张宏强 王杨	韩春水 马亮亮
13	2021-17	坪山河流域短小支流综合整治工程-大山陂水	6053.65	深圳市坪山区水务局	—	深圳市市政工程总公司	深圳市恒浩建工程项目管理有限公司	深圳市天健坪山建设工程有限公司	明国维	王进	杨立新

续表

序号	备案号	工程名称	工程造价/万元	建设单位	代建单位	承建单位	监理单位	参建单位	项目经理	安全员	总监理工程师
14	2021-20	广州市轨道交通七号线一期西延顺德段机电工程总承包项目	65543	广东顺广轨道交通有限公司	—	中国中铁股份有限公司	北京铁城建设监理有限责任公司	深圳中铁二局工程有限公司	蒋昌平	俞荣山	张鑫
15	2021-25	深圳市埔地吓水质净化厂三期工程设计采购施工总承包（EPC）	47607.631	深圳市环水启航水质净化有限公司	—	上海市政工程设计研究总院（集团）有限公司 中铁一局集团有限公司	深圳市鲁班建设监理有限公司	—	李文	刘波	吴忠亚
16	2021-26	五和大道（梅观高速-雅南路）段品质提升工程（施工）	5911.15	深圳市龙华区建筑工务署	—	深圳市路桥建设集团有限公司	深圳市西伦土木结构有限公司	—	谭海山	丁灏	吕继祥
17	2021-33	坂田街道市第六高级中学配套道路工程	8389.976998	深圳市龙岗区建筑工务署	—	广东省建筑工程机械施工有限公司	广东鲁班行技术管理有限公司	—	刘均	张龙照	黄晓宏

续表

序号	备案号	工程名称	工程造价/万元	建设单位	代建单位	承建单位	监理单位	参建单位	项目经理	安全员	总监理工程师
18	2021-24	深圳市城市轨道交通12号线工程施工总承包场段一工区赤湾停车场工程	113611.89	深圳地铁建设集团有限公司	—	中国水利水电第八工程局有限公司	铁科院（北京）工程咨询有限公司	—	李育	谭周勇	余建林
19	2021-44	深圳市城市轨道交通四期共建管廊工程-12号线共建管廊工程（一工区）	141063.63	深圳市地铁集团有限公司	—	中国水利水电第七工程局有限公司	北京铁城建设监理有限责任公司	—	张兴全	路轩恺	吴建军
20	2021-53	深圳市青少年足球训练基地1标段设计施工一体化工程（EPC）	24599.55	深圳市土地投资开发中心	—	深圳市交运工程集团有限公司	浙江江南工程管理股份有限公司	浙江西城工程设计有限公司 深圳市嘉美茵体育工程技术有限公司	鲜永忠	张弟	李进

续表

序号	备案号	工程名称	工程造价/万元	建设单位	代建单位	承建单位	监理单位	参建单位	项目经理	安全员	总监理工程师
21	2021-62	光辉大道市政工程Ⅰ标	11785.37	深圳市光明区建筑工务署	—	深圳鹏投建设有限公司	深圳市恒浩建工程项目管理有限公司	深圳市金润建设工程有限公司	胡小敏	林亚臭	吴江平
22	2021-84	深圳国际低碳城启动区-综合管廊二期工程	31598.0991	深圳市龙岗区建筑工务署	—	中铁大桥局集团有限公司	深圳市首嘉工程顾问有限公司	—	徐翔	李晨	刘中正
23	2021-108	麻磡河流域综合治理工程（径流调蓄转输工程）	12408.74	深圳市南山区水务局	深圳市工勘岩土集团有限公司	深圳市东深工程有限公司	深圳市深水水务咨询有限公司	中深达建工（深圳）有限公司	王进京	杨暑峰	程志炫
24	2021-121	大磡河流域水环境综合治理工程（径流调蓄转输工程）快速发包	47397.01	深圳市南山区水务局	深圳市工勘岩土集团有限公司	深圳市建安（集团）股份有限公司	深圳市深水水务咨询有限公司	深圳市市政工程总公司	项开发	王玮	陈锐滨
26	2021-124	九龙山数字城重大项目场平工程	25661.41744	深圳市龙华区建筑工务署	—	深圳市市政工程总公司	友谊国际工程咨询股份有限公司	—	周汉琛	陈伟	肖平理

续表

序号	备案号	工程名称	工程造价/万元	建设单位	代建单位	承建单位	监理单位	参建单位	项目经理	安全员	总监理工程师
27	2021-134	南山水质净化厂一套系统升级改造工程	13656.447	深圳市水务（集团）有限公司	深圳市利源水务设计咨询有限公司	深圳市路桥建设集团有限公司	深圳市大兴工程管理有限公司	—	梅春生	凌国辉	郭太福

16. 2021年度深圳市优质工程奖名单

（排名不分先后）

序号	工程名称	施工单位	项目经理	监理单位	总监理工程师	主要参建单位	建筑面积/m²
深圳市优质工程金牛奖							
宝安区							
1	艺展天地展示中心 A408-1099 号宗地项目	江苏省华建建设股份有限公司	马尚善	深圳市建力建设监理有限公司	左利清	—	213171
罗湖区							
1	莲塘口岸-旅检区建筑施工总承包	上海宝冶集团有限公司	彭亮	深圳市首嘉工程顾问有限公司	潘多忠	深圳广田集团股份有限公司 中国一冶集团有限公司	99177
南山区							
1	华联城市商务中心(T103-0116地块)总承包工程	中国建筑第二工程局有限公司	张凌	中海监理有限公司	张玉民	—	86697
2	景兴海上大厦	江苏省华建建设股份有限公司	石伟国	深圳市中行建设工程顾问有限公司	黄蔚	江苏省江建集团有限公司	136505
3	前海法治大厦项目施工总承包工程	中国建筑第五工程局有限公司	张湘林	浙江江南工程管理股份有限公司	干汗锋	—	35380
4	前海国际会议中心总承包工程	中国建筑第八工程局有限公司	孙磊	深圳华西建设工程管理有限公司	梁玉家	—	40545
5	深湾汇云中心一期工程	中国建筑一局(集团)有限公司	闫国丰	深圳华西建设工程管理有限公司	肖瑞	—	131729
坪山区							
1	实验学校南校区二期设计采购施工总承包(EPC)工程	中建科技集团有限公司 中建二局第一建筑工程有限公司	刘刚	深圳市中行建设工程顾问有限公司	周道合	—	101531

续表

序号	工程名称	施工单位	项目经理	监理单位	总监理工程师	主要参建单位	建筑面积/m²
深圳市优质工程奖（房建工程）							
宝安区							
1	灵芝学校建设工程	中建河图建设有限公司	钱进	深圳市启光建设监理有限公司	孙昌忠	—	32597
大鹏新区							
1	大鹏新区鹏安苑保障性住房项目	深圳市鹏城建筑集团有限公司	蔡希杰	深圳市龙城建设监理有限公司	崔发志	—	16039
福田区							
1	福田保税区实验学校项目	深圳市建设（集团）有限公司	谷俊国	深圳市合创建设工程顾问有限公司	赵建民	深圳市越升建筑集团有限公司	42926
2	平安金融中心南塔	中国建筑一局（集团）有限公司	王鸿章	上海市建设工程监理咨询有限公司	郭贵平	—	198689
3	深业上城（南区）三期项目	中国建筑第八工程局有限公司	杨鼎	上海市建设工程监理咨询有限公司 深圳市英来建设监理有限公司	黎锐文	—	280612
4	天健公馆	深圳市市政工程总公司	李孝军	深圳市长城建设监理有限公司	蒋艳芳	—	62489
光明区							
1	璟霆大厦总承包施工工程	深圳市华晟建设集团股份有限公司	吴高进	深圳市建力建设监理有限公司	谭涛	—	92457
2	康佳光明科技中心（一期）	中建二局第三建筑工程有限公司	陈泽锋	深圳市恒浩建工程项目管理有限公司	蔡芳华	—	55257
龙岗区							
1	康利物联谷大厦、信息谷大楼总承包工程	中国华西企业有限公司	何亮忠	深圳市邦迪工程顾问有限公司	周先军	—	230815

续表

序号	工程名称	施工单位	项目经理	监理单位	总监理工程师	主要参建单位	建筑面积/m²
2	龙东消防站建设工程	金中天建设集团有限公司	冼永锋	深圳市恒浩建工程项目管理有限公司	胡金	广东省金信路桥有限公司	5041
3	龙岗智慧家园（二期）2栋、3栋	中建海峡建设发展有限公司	杨志鸿	深圳市中侨物业工程监理有限公司	张远波	—	191695
4	深圳北理莫斯科大学建设工程施工总承包Ⅱ标段	中国建筑第八工程局有限公司	赵华	深圳市东部工程咨询有限公司	董伟兵	—	169000
5	有所为大厦1栋商业办公楼工程	深圳市建工集团股份有限公司	林正源	深圳市大众工程管理有限公司	李明	深圳市华根基础工程有限公司	63144
南山区							
1	百度国际大厦西塔楼	中国建筑第四工程局有限公司	单慧鹏	深圳市九州建设技术股份有限公司	汤朝辉	四川省资阳市永成劳务发展有限公司 广州江河幕墙系统工程有限公司	125550
2	汉京金融中心	中国建筑第四工程局有限公司	马飞	中海监理有限公司	黄粮财	中建科工集团有限公司 深圳市方大建科集团有限公司	165749
3	深圳湾科技生态园项目四区施工总承包12栋	中国建筑第二工程局有限公司	邵宝奎	深圳市首嘉工程顾问有限公司	江文涛	深圳金粤幕墙装饰工程有限公司	404543
4	太子湾总部商务东、西广场项目施工总承包工程	中国华西企业有限公司	张圣亮	深圳市鸿业工程项目管理有限公司 深圳市中行建设工程顾问有限公司	黄旭东 高振忠	—	128445

续表

序号	工程名称	施工单位	项目经理	监理单位	总监理工程师	主要参建单位	建筑面积/m²
5	月亮湾综合车场	汕头市建安实业(集团)有限公司	李庆丰	深圳科宇工程顾问有限公司	冯玉利	—	98500
6	长源京基御景峯公馆施工总承包工程	江苏省华建建设股份有限公司	王勇	深圳市九州建设技术股份有限公司	邓应龙	—	308258

深圳市优质工程奖(市政工程)

序号	工程名称	施工单位	项目经理	监理单位	总监理工程师	主要参建单位	总造价(万元)
				大鹏新区			
1	大鹏新区排牙山-七娘山节点生态恢复工程	深圳市华晟建设集团股份有限公司	王克鸿	深圳市方圆建设工程监理有限公司	彭帆	深圳市联天钢结构桥梁工程有限公司	3422
2	深圳国际生物谷坝光核心启动区新葵坝路、海康路、鼓楼路、海潮路市政工程	达濠市政建设有限公司	蔡超	铁科院(深圳)研究设计院有限公司	胡柏庆	—	23229
				龙岗区			
1	四联河地面坍塌隐患治理及水环境综合整治工程	深圳市广汇源水利建筑工程有限公司	张开成	深圳市深水水务咨询有限公司	石武汉	—	34057
				南山区			
1	深圳大学附属医院西侧市政道路(学康路)施工总承包工程	深圳市信宇建筑工程有限公司	冯金笑	深圳市西伦土木结构有限公司	胡金玉	—	6433
				坪山区			
1	坪山新区科环路市政工程	广东省建筑工程机械施工有限公司	刘热强	深圳市利源水务设计咨询有限公司	王明辉	深圳市兴远工程有限公司	6013

17. 2021年度年深圳市优质结构工程奖名单

（排名不分先后）

（上半年）

房建工程

序号	工程名称	施工单位	项目经理	桩基单位/劳务单位	监理单位	项目总监	建筑面积/m²
				宝安区			
1	宝安区中心区N1区学校建设工程	深圳市建筑工程股份有限公司	罗箐	—	深圳市合创建设工程顾问有限公司	王大川	28195
2	大铲湾港区集装箱码头辅建区1～10栋、连廊	南京建工集团有限公司	冯志龙	深圳市湛联基础建筑工程有限公司 深圳市实力建设设备劳务有限公司	深圳市城建监理有限公司	郭优珠	178155
3	会展湾云岸广场主体工程	江苏省江建集团有限公司	童苏扬	深圳市湛联基础建筑工程有限公司 扬州市江都区金马劳务有限公司	深圳市中深建设监理有限公司	刘洪斌	127805
4	嘉富新禧花园	银广厦集团有限公司	濮胜越	—	深圳市龙城建设监理有限公司	李强	134878
5	南航机库维修中心主体工程施工总承包	深圳市广胜达建设有限公司	顾元华	—	深圳市建控地盘监理有限公司	王维平	53829
6	鹏鼎时代大厦项目总承包工程	江苏省华建建设股份有限公司	丁佩	—	深圳华西建设工程管理有限公司	王会兵	130066
7	仁恒缤纷荟大厦（不含桩基础）	中国华西企业有限公司	蒋国胜	—	中海监理有限公司	尹斌	91402
8	仁恒乐都荟大厦（不含桩基础）	中国华西企业有限公司	席宗君	—	中海监理有限公司	牛建武	76702

续表

序号	工程名称	施工单位	项目经理	桩基单位/劳务单位	监理单位	项目总监	建筑面积/m²
9	仁恒世纪荟大厦（不含桩基础）	中国华西企业有限公司	蒋国胜	—	中海监理有限公司	牛建武	69011
10	仁恒新都荟大厦（不含桩基础）	中国华西企业有限公司	席宗君	—	中海监理有限公司	牛建武	66331
11	深圳宝安国际机场卫星厅	中国建筑股份有限公司	卢育坤	—	重庆赛迪工程咨询有限公司	刘克斌	238885
12	深圳外国语学校宝安学校	中建五局华南建设有限公司	李建文	—	深圳市英来建设监理有限公司	魏力开	68700
13	深圳外国语学校宝安学校（小学部）	中建五局华南建设有限公司	李桥平	—	深圳市英来建设监理有限公司	魏力开	38000
14	西乡实验学校建设工程	深圳市越众（集团）股份有限公司	潘先智	—	深圳市吴源建设工程监理有限公司	张振平	52024
大鹏区							
1	安居东湾半岛花园	中国建筑第四工程局有限公司	秦嘉伟	—	中海监理有限公司	王敬波	140239
2	诺德阅山海花园	中铁建工集团有限公司	李勇	—	深圳市深龙港建设监理有限公司	张佶	119293
福田区							
1	荔园外国语小学扩建多功能综合楼工程	深圳市建工建设集团有限公司	阳灵泉	—	深圳市粤鹏建设有限公司	郭启超	11000
2	平安财险大厦建设项目施工总承包工程	中建三局第二建设工程有限责任公司	宋嘉斌	中建一局集团建设发展有限公司	深圳市大众工程管理有限公司	苏兆森	114507
3	深圳明德实验学校（香蜜湖校区）扩建综合楼工程	深圳市焕升建筑工程有限公司	张垚	深圳市越升建筑集团有限公司 深圳市越升建筑劳务有限公司	深圳市建控地盘监理有限公司	蒋凌东	15008

续表

序号	工程名称	施工单位	项目经理	桩基单位/劳务单位	监理单位	项目总监	建筑面积/m²
4	深圳市中医院综合楼项目施工总承包工程	中国华西企业有限公司	陈然	—	广东工程建设监理有限公司	祝晓璠	47495
5	中洲滨海商业中心1栋（01-01-1地块）	中国建筑第二工程局有限公司	聂敏文	—	中海监理有限公司	吕育平	298779
6	中洲滨海商业中心2栋（01-01-2地块）	中建二局第三建筑工程有限公司	杨勋	—	中海监理有限公司	吕育平	277173
光明区							
1	百晟上府	中航建设（深圳）有限公司	张文飞	深圳百勤建设工程有限公司	深圳市九州建设技术股份有限公司	张清瑞	102779
2	东周学校	深圳市建工建设集团有限公司	周光明	—	深圳市大众工程管理有限公司	邵济敏	50303
3	红花消防站建设工程桩基础、主体工程	深圳市福田建安建设集团有限公司	聂丽春	—	浙江华洲国际设计工程顾问有限公司	程绩	5125
4	宏发天汇城二期（1栋A、B、C及1栋裙楼）工程	深圳榕亨实业集团有限公司	齐旭辉	深圳市海盛建筑劳务分包有限公司	深圳市中行建设工程顾问有限公司	魏常富	139584
5	瑞丰光电大厦工程	中国华西企业有限公司	吕超斌	深圳市中建基础工程有限公司 深圳市华西劳务有限公司	深圳市英来建设监理有限公司	盘子明	51166
6	卫星物联网产业大厦主体工程	中建三局集团有限公司	王赛赛	—	中海监理有限公司	庞剑光	185786

续表

序号	工程名称	施工单位	项目经理	桩基单位/劳务单位	监理单位	项目总监	建筑面积/m²
7	中山大学.深圳建设工程项目设计施工总承包(Ⅰ标)主体工程	上海宝冶集团有限公司	杨松波	—	浙江江南工程管理股份有限公司	许建华	360000
龙岗区							
1	国际低碳城产业园区配套住房项目	深圳市广胜达建设有限公司	吴清涛	—	英泰克工程顾问(上海)有限公司	谭青和	76087
2	梦网科技大厦1、2栋	中国建筑第四工程局有限公司	肖国强	—	深圳市都信建设监理有限公司	梁柱德	20384
3	民太安保险大厦	北京城建远东建设投资集团有限公司	黄剑斌	深圳市精筑劳务有限公司	广东建设工程监理有限公司	韩晓光	44905
4	坪地第二小学改扩建工程	中建海峡建设发展有限公司	卓宜润	—	江西中昌工程咨询监理有限公司	卢普胜	54758
5	仁恒四季新园1栋～9栋	龙信建设集团有限公司	陈亚明	广州华磊建筑基础工程有限公司	上海市建设工程监理咨询有限公司	沈志	226143
6	实验学校扩建工程设计施工一体化	中建科技集团有限公司	马红波	—	深圳合创建设工程顾问有限公司	王大川	59113
7	招商银行金融创新大厦(G04203-0083)	中建一局集团建设发展有限公司	邵奎亮	—	深圳市京圳工程咨询有限公司	李萍	61160
8	中国医学科学院肿瘤医院深圳医院改扩建工程(一期)	中国建筑第八工程局有限公司	杨涛	—	重庆赛迪工程咨询有限公司	范美胜	29574
龙华区							
1	桂花路停车场综合体工程	深圳市市政工程总公司	田林盛	—	深圳市深龙港建设监理有限公司	丛日军	25358

序号	工程名称	施工单位	项目经理	桩基单位/劳务单位	监理单位	项目总监	建筑面积/m²
2	红山中学高中部工程总承包（EPC）	深圳市市政工程总公司	吴文明	—	上海建科工程咨询有限公司	聂新华	72000
3	简上体育综合体	中建三局第二建设工程有限责任公司	杨晓东	—	深圳华西建设工程管理有限公司	彭传刚	64000
4	利亚德南方厂区施工总承包工程	中铁建工集团有限公司	骆盐府	—	深圳市首嘉工程顾问有限公司	荣峰	90978
5	联建产业园总包工程	联建建设工程有限公司	徐灿	—	东莞市建设监理有限公司	汪小兵	126734
6	深圳市第二十一高级中学	深圳市市政工程总公司	刘华	—	深圳市恒浩建工程项目管理有限公司	宋义刚	72000
7	中惠福研发厂区（二期）	江苏省华建建设股份有限公司	肖鹏飞	—	深圳市九州建设技术股份有限公司	牛小龙	74070
罗湖区							
1	翠湖大厦	深圳博建智慧建造科技有限公司	吴铁男	—	深圳科宇工程顾问有限公司	乐志虹	52955
2	深圳市第十幼儿园园舍拆除重建施工总承包工程	上海建工集团股份有限公司	陆军华	—	浙江江南工程管理股份有限公司	余立林	5146
3	银湖二小（未来学校）新建工程项目施工总承包工程	中建四局第五建筑工程有限公司	叶海龙	广东联富建设工程有限公司	深圳市甘泉建设监理有限公司	张澍	42632
4	招商盛世广场总承包工程	中国华西企业有限公司	陈家喜	—	深圳海勤工程管理有限公司	文冰	159899

续表

序号	工程名称	施工单位	项目经理	桩基单位/劳务单位	监理单位	项目总监	建筑面积/m²
5	兆鑫汇金广场主体工程	江苏省华建建设股份有限公司	马伟	—	深圳市邦迪工程顾问有限公司	上官社荣	191643
南山区							
1	北京大学深圳研究生院留学生公寓建设工程项目施工总承包	中国建筑第六工程局有限公司	翟瑞海	—	深圳市大众工程管理有限公司	黄湘平	22915
2	华联城市商务中心(T103-0114地块)总承包工程	中国建筑第二工程局有限公司	张凌	—	中海监理有限公司	张玉民	113589
3	南方科技大学校园建设工程(二期)项目施工总承包Ⅰ标	江苏省华建建设股份有限公司	陈俊	—	深圳市东部建设监理有限责任公司	周青	151167
4	南山供电营业中心招拍挂地块	深圳市越众(集团)股份有限公司	邵伟	—	中咨工程管理咨询有限公司	汪玉峰	22028
5	南山外国语文华学校改扩建项目施工总承包工程	广东联富建设工程有限公司	刘宝定	—	深圳市特发工程建设监理有限公司	桂绍俊	29609
6	前海嘉里商务中心(T102-0260宗地)总承包工程一一标段(办公楼)	中建一局集团建设发展有限公司	王维迎	上海市基础工程集团有限公司	深圳华西建设工程管理有限公司	蔡德民	124972
7	深圳大学科技园一期	深圳市鹏润达控股集团有限公司	容志全	—	深圳市施友建设监理有限公司	孟庆标	67240

续表

序号	工程名称	施工单位	项目经理	桩基单位/劳务单位	监理单位	项目总监	建筑面积/m²
8	深圳大学西丽校区建设工程（二期）项目Ⅱ标段	上海建工集团股份有限公司	刘传奎	—	浙江江南工程管理股份有限公司	诸葛政桦	294000
9	深圳大学西丽校区建设工程（二期）项目Ⅰ标段	中国建筑一局（集团）有限公司	邵彩辉	—	浙江江南工程管理股份有限公司	诸葛政桦	144941
10	深圳地铁南翠华府项目主体及配套工程施工总承包	中国二十冶集团有限公司	王友涛	—	深圳市东部建设监理有限责任公司	王树华	206743
11	太子湾领航大厦项目总承包工程	深圳市第一建筑工程有限公司	黄合全	深圳市建筑工程股份有限公司	深圳现代建设监理有限公司	刘汝才	47858
坪山区							
1	高时新能源产业园主体建筑工程	中国华西企业有限公司	林远鹏	—	深圳市罗湖工程项目管理有限公司	张颢	96811
2	海普瑞生物医药生态园（东区）—11#、12#、13#	银广厦集团有限公司	吴浩文	—	深圳市粤鹏建设有限公司	陈忠敏	81479
3	沙壆学校项目勘察设计施工总承包工程	中国建筑一局（集团）有限公司	姚庚明	—	深圳市恒浩建工程项目管理有限公司	崔凤山	55403
4	深福保科技生态园	深圳市建安（集团）股份有限公司	夏冬冬	—	深圳市建星项目管理顾问有限公司	涂世杰	74628
5	深圳技术大学建设项目（一期）施工总承包Ⅲ标	上海建工集团股份有限公司	蔡伟国	—	上海建科工程咨询有限公司	魏桂华	234227

续表

序号	工程名称	施工单位	项目经理	桩基单位/劳务单位	监理单位	项目总监	建筑面积/m²
6	市第二十高级中学	中建科技集团有限公司	魏红难	—	深圳市九州建设技术股份有限公司	胡志强	73000
7	市第十八高级中学	中建科技集团有限公司	吴勇	—	深圳市中行建设工程顾问有限公司	魏常富	73000
深汕合作区							
1	海逸村项目(1栋、2栋 A、2栋 B、地下停车库、地下设备房)	中国十七冶集团有限公司	赵云	—	中海监理有限公司	魏运伦	79359
盐田区							
1	合景同创广场(二期)	中国建筑一局(集团)有限公司	曾宪著	—	深圳市邦迪工程顾问有限公司	张智风	68454
2	盐田北综合车场工程	深圳榕亨实业集团有限公司	吴彬	—	深圳市恒浩建工程项目管理有限公司	李正祥	60986
3	盐田外国语学校综合楼	深圳市市政工程总公司	任丽玮	—	深圳市恒浩建工程项目管理有限公司	季震国	17274

市政工程

序号	工程名称	施工单位	项目经理	参建单位	监理单位	项目总监	工程造价(万元)
宝安区							
1	福永河水环境综合整治工程	山东天成水利建设有限公司	董玉梅	—	深圳市合创建设工程顾问有限公司	周浪	31170
2	深圳国际会展中心配套市政项目 10 标会议中心站	中铁铁建股份有限公司 中铁二十五局集团有限公司	刘国山	—	铁科院(北京)工程咨询有限公司	郭杰	42410

续表

序号	工程名称	施工单位	项目经理	参建单位	监理单位	项目总监	工程造价（万元）
3	深圳国际会展中心配套市政项目 5 标	中铁铁建股份有限公司中铁十九局集团有限公司	邓江龙	—	北京赛瑞斯国际咨询有限公司	杨冬林	60189
4	深圳国际会展中心配套市政项目 6 标	中国铁建股份有限公司中铁城建集团有限公司	王俊河	—	北京赛瑞斯国际咨询有限公司	杨冬林	109551
大鹏新区							
1	深圳液化天然气应急调峰站项目配套码头工程	中交第四航务工程勘察设计院有限公司中交四航局第二工程有限公司	洪亮	—	广州粤科工程建设监理咨询有限公司	曾建青	78900
福田区							
1	福田保税区新洲路南延（桂花路西延连接新洲路）工程	深圳市路桥建设集团有限公司	庞聪	深圳市益恒建设工程有限公司	深圳市东鹏工程建设监理有限公司	段浩焰	5088
光明区							
1	洲河流域水环境综合整治-中上游段干流综合整治工程-上下村调蓄池工程	中国水利水电第十一工程局有限公司	杨仲洪	深圳市浩然工程发展有限公司	深圳市深水水务咨询有限公司	程红盘	38620
龙岗区							
1	2019 年龙岗区龙岗河流域、观澜河流域消除黑臭及河流水质保障工程（龙城工区）	中电建生态环境集团有限公司中国水利水电第十四工程局有限公司	胡二飞赵建敏	—	深圳市建艺国际工程顾问有限公司	韩春水	15253

序号	工程名称	施工单位	项目经理	参建单位	监理单位	项目总监	工程造价（万元）
2	甘坑河综合整治工程	中电建生态环境集团有限公司	陈克均	—	广东华禹工程咨询有限公司	罗方峰	19838
3	龙岗街道仙田九年一贯制学校周边市政配套道路工程	深圳市宏大建设集团有限公司	刘海基	深圳市恒利建筑工程有限公司	深圳市建星项目管理顾问有限公司	李进云	3377
4	深圳市埔地吓水质净化厂三期工程设计采供施工总承包（EPC）	中铁一局集团有限公司	李文	—	深圳市鲁班建设监理有限公司	吴忠亚	47600
龙华区							
1	红木山水厂二期工程-二期（配套区域监测及供水应急调度中心标段）	中国二十二冶集团有限公司	陈军华	—	深圳市大兴工程管理有限公司	张义为	6593
罗湖区							
1	丹平快速一期工程东湖立交工程	深圳市罗湖建筑安装工程有限公司	洪君	—	北京逸群工程咨询有限公司	马红卫	45976
南山区							
1	南海大道下穿工程（高新中二道下穿南海大道）改造工程	深圳市市政工程总公司	刘斌	—	深圳市鲁班建设监理有限公司	徐世斌	29204
2	前海月湾河（环状水廊道）二期工程（H1＋767.81-H1＋903.78）地铁9号线保护区段市政工程	中建路桥集团有限公司	高国林	—	铁科院（北京）工程咨询有限公司	吴强	2709

续表

序号	工程名称	施工单位	项目经理	参建单位	监理单位	项目总监	工程造价（万元）
3	深圳港妈湾港区海星码头1♯～4♯泊位改造工程水工工程	中交第四航务工程局有限公司	佘希武	深圳市联众建设工程有限公司	深圳海勤工程管理有限公司	欧阳欣	45686
4	深圳市麒麟山天鹅湖碧道工程	中电建生态环境集团有限公司	靖谋	—	深圳市深水水务咨询有限公司	王隽焱	4269
5	月亮湾立交-桂庙路主线桥项目	中铁广州工程局集团有限公司	雷志辉	—	深圳市恒浩建工程项目管理有限公司	程立柱	41963
坪山区							
1	横塘水生态海绵综合示范区施工总承包工程	广东联富建设工程有限公司	赵明	—	深圳市大兴工程管理有限公司	邓龙	3621
盐田区							
1	深圳市坪盐通道工程4标	广西路桥工程集团有限公司	韦作明	—	深圳市恒浩建工程项目管理有限公司	黄敬贤	94129

（下半年）
房建工程

序号	工程名称	施工单位	项目经理	桩基单位/劳务单位	监理单位	项目总监	建筑面积（m²）
宝安区							
1	宝安区养老院建设工程	深圳中铁二局工程有限公司	冀鸿飞	—	深圳市甘泉建设监理有限公司	孙清江	67119
2	福海街道福新小学扩建工程	广东联富建设工程有限公司	田殊驰	—	深圳市大众工程管理有限公司	徐天平	28667
3	和樾府一期、二期、三期主体工程	中国建筑第四工程局有限公司	庞日贵	—	广州越秀地产工程管理公司	翟长见	169435

序号	工程名称	施工单位	项目经理	桩基单位/劳务单位	监理单位	项目总监	建筑面积（m²）
4	嘉富宝禧花园	银广厦集团有限公司	濮胜越	—	深圳市龙城建设监理有限公司	李强	221064
5	南太科技中心	中国核工业第二二建设有限公司	严磊	—	深圳市罗湖工程项目管理有限公司	曹君彩	194595
6	山门消防站建设工程	深圳南海岸生态建设集团有限公司	赖次绍	—	深圳市鸿业工程项目管理有限公司	郭凯	7929
7	深城投湾流大厦	汕头市建安实业（集团）有限公司	杨朝海	—	深圳市九州建设技术股份有限公司	牛小龙	44857
8	盛合天宸家园	江苏省华建建设股份有限公司	吴航	—	深圳科宇工程顾问有限公司	朱愈富	74270
9	万丰海岸大厦、万丰海岸城瑧园总承包工程	中建五局华南建设有限公司	侯建柱	—	深圳市竣迪建设监理有限公司	曾惟	524466
10	万科星城商业中心	湖南建工集团有限公司	李文胜	—	深圳市中行建设工程顾问有限公司	司建波	236460
11	卫星通信运营大厦项目施工总承包工程	中建三局第一建设工程有限责任公司	何凡	—	上海市建设工程监理咨询有限公司	吴连保	106992
12	新桥街道黄埔小学扩建工程	中国二十二冶集团有限公司	冯国富	—	深圳市中侨工程监理公司	张远平	22379
13	中晟会港湾大厦项目主体工程	中国华西企业有限公司	刘丽	—	深圳市中安项目管理有限公司	夏胜超	118010
14	宝城 39 区九年一贯制学校建设工程	中国建筑一局（集团）有限公司	李添辉	—	建艺国际工程管理集团有限公司	夏志成	53922

续表

序号	工程名称	施工单位	项目经理	桩基单位/劳务单位	监理单位	项目总监	建筑面积（m²）
大鹏新区							
1	安居红豆湾府主体工程	中建五局第三建设有限公司	闵文辉	—	中海监理有限公司	李洪武	115542
2	安居银叶湾府主体工程	中建五局第三建设有限公司	张健	—	深圳市鲁班建设监理有限公司	孟祥云	93097
3	生物家园	中国华西企业有限公司	吴大兵	—	深圳市竣迪建设监理有限公司	吴梓明	139113
福田区							
1	安居百泉阁施工总承包工程	中国建筑一局（集团）有限公司	孙健	—	深圳市中航建设工程顾问有限公司	吴斌	61634
2	福田区景龙小学整体拆建工程施工总承包工程	中国建筑第八工程局有限公司	蔡超	—	广东建设工程监理有限公司	刘克雄	29662
光明区							
1	华强创意产业园五期（6栋）6栋A座、B座、C座、D座主体工程	四川摩天集团有限公司	杨珍	—	深圳市罗湖工程管理有限公司	谢安元	81679
2	联想创新科技园总承包施工一期主体工程（1、2、3、5栋及门卫室1、2）	中国建筑第八工程局有限公司	王文朋	—	武汉华胜工程建设科技有限公司	韩猛	201221
3	民轩揽翠台总承包工程	中国华西企业有限公司	韩飞龙	—	深圳市大众工程管理有限公司	肖必武	54072
4	勤诚达正大城乐园	中建四局土木工程有限公司	赵亦祥	—	深圳科宇工程顾问有限公司	陈立君	158000
5	勤诚达正大城悦园	中国建筑第四工程局有限公司	温庆兵	—	深圳现代建设监理有限公司	陈小辉	230800

续表

序号	工程名称	施工单位	项目经理	桩基单位/劳务单位	监理单位	项目总监	建筑面积（m²）
6	深圳市中医院光明院区一期项目	深圳市建工集团股份有限公司	胡勇军	—	深圳市九州建设技术股份有限公司	陈辉	440225
7	星源材质华南基地二期功能膜项目主体工程	深圳大安建筑工程有限公司	李飞	—	深圳市九州建设技术股份有限公司	石亚军	88047
8	智衍创新大厦施工总承包	上海宝冶集团有限公司	陈彪	—	深圳市恒浩建工程项目管理有限公司	刘强	60154
9	中海地产光明区 A510-0151 地块项目（暂定名）5 栋、6 栋、7 栋、8 栋主体工程	中建四局第五建筑工程有限公司	张益江	—	中海监理有限公司	张德东	111697
10	中海地产光明区 A510-0151 地块项目 1 栋、2 栋、3 栋、4 栋主体工程	陕西建工第五建设集团有限公司	雷国峰	—	中海监理有限公司	张德东	107044
龙岗区							
1	安居锦龙苑主体工程	中国华西企业有限公司	曹乃斌	—	中海监理有限公司	张心玲	133420
2	安居禧龙苑 1 栋、2 栋主体工程	中国华西企业有限公司	苏桥秀	—	深圳市大众工程管理有限公司	李明	48987
3	百富科技大厦	中国建筑一局（集团）有限公司	吴寿昌	—	深圳市银建安工程项目管理有限公司	曹远福	46151
4	宝锦华庭 1、2 栋	江苏省华建建设股份有限公司	孙林元	—	深圳市中桥物业工程监理有限公司	何顾群	81246

续表

序号	工程名称	施工单位	项目经理	桩基单位/劳务单位	监理单位	项目总监	建筑面积（m²）
5	佳兆业中央广场二期5栋	中建一局集团建设发展有限公司	郑文锦	—	深圳华西建设工程管理有限公司	任继强	218039
6	深圳科学高中足球学校建设工程	中国建筑第四工程局有限公司	王伟涛	—	浙江五洲工程项目管理有限公司	朱志刚	122428
7	深圳市公安局龙岗分局三所三队一中心1号地块项目施工总承包工程	中国建筑第四工程局有限公司	刘海平	—	深圳市中行建设工程顾问有限公司	詹家存	55503
8	文科大厦	中国建筑一局（集团）有限公司	冯冬安	—	深圳市银建安工程项目管理有限公司	陈利	40138
9	香港中文大学（深圳）二期建设工程施工总承包Ⅰ标段	深圳市建工集团股份有限公司	敖文斌	—	深圳市九州建设股份有限公司	何天佳	28722
10	银台智慧创新厂区主体工程	江苏省华建建设股份有限公司	徐益民	—	深圳市佳安特工程建设管理有限公司	崔燕玉	87956
龙华区							
1	安居尚龙苑项目主体工程	中国建筑第四工程局有限公司	计龙龙	—	深圳市合创建设工程顾问有限公司	王龙柱	71128
2	锦顺名居桩基与主体工程	中国建筑第二工程局有限公司	刘曦	—	深圳市祺骏建设工程顾问有限公司	胡舜	177881
3	龙塘停车场综合主体工程	深圳市市政工程总公司	吴洵	—	深圳市祺骏建设工程顾问有限公司	段志毅	34669
4	民治第三工业区城市更新项目	中建二局第三建筑工程有限公司	童鹏辉	—	深圳市建力建设监理有限公司	陈全胜	555470

续表

序号	工程名称	施工单位	项目经理	桩基单位/劳务单位	监理单位	项目总监	建筑面积（m²）
5	水谢公馆主体工程	中国建筑第四工程局有限公司	于晓玲	—	深圳市英来建设监理有限公司	朱立祥	72386
6	中海汇德里花园总承包工程	中国华西企业有限公司	雷洪波	—	中海监理有限公司	郭永志	187735
罗湖区							
1	安居锦园	中建科技集团有限公司	张建新	—	中咨工程管理咨询有限公司	周文明	44350
2	京基水贝洪湖印象广场	中国华西企业有限公司	周刚	—	深圳市振强建设工程管理有限公司	钟实民	276202
3	京基水贝洪湖苑	中国华西企业有限公司	周刚	—	深圳市振强建设工程管理有限公司	钟实民	41639
4	罗湖"二线插花地"棚户区改造项目施工总承包2标段木绵岭区01-05地块主体工程	中建三局集团有限公司	闫兵	—	上海建科工程咨询有限公司	刘竹林	115985
5	罗湖"二线插花地"棚户区改造项目施工总承包V栋布心片区01-06地块主体工程	上海宝冶集团有限公司	邵小谦	—	上海建科工程咨询有限公司	周立新	53600
6	罗湖"二线插花地"棚户区改造项目施工总承包标木棉岭区01-06地块主体工程	中建三局集团有限公司	闫兵	—	上海建科工程咨询有限公司	刘竹林	11565

续表

序号	工程名称	施工单位	项目经理	桩基单位/劳务单位	监理单位	项目总监	建筑面积（m²）
7	罗湖区翠竹街道水贝村城市更新单元三期1-02地块	中国华西企业有限公司	周刚	—	深圳市振强建设工程管理有限公司	钟实民	256497
8	仁恒世纪大厦主体工程	龙信建设集团有限公司	陈建飞	—	深圳市英来建设监理有限公司	刘运才	80255
9	悦彩城（北地块）建筑施工总承包工程第1合同段	中国建筑第八工程局有限公司	陈阳	—	深圳市中行建设工程顾问有限公司	陈齐美	221785
南山区						
1	安居博文苑	中国建筑第四工程局有限公司	杨武勇	—	中咨工程建设监理有限公司	陈强	46131
2	安托山停车场综合上盖项目施工总承包二标工程（2#地块2、3栋及2#地块地下室）	中建二局第三建筑工程有限公司	李炜	—	深圳市邦廸工程顾问有限公司	王艳刚	92349
3	创智云城项目二期1标段施工总承包工程	中建三局第一建设工程有限责任公司	李强	—	四川省城市建设工程监理有限公司	赵绪鹏	414838
4	创智云城项目二期2标段施工总承包工程	中国建筑第八工程局有限公司	曹亚阁	—	深圳市大众工程管理有限公司	青远	260211
5	大疆天空之城大厦二期	中国建筑第四工程局有限公司	朱白云	深圳宏业基岩土科技股份有限公司	深圳市大兴工程管理有限公司	彭光华	124383
6	汇城茗院主体工程	中建三局第一建设工程有限责任公司	彭展彬	—	深圳市鼎成国际建设工程管理有限公司	张海军	94717

续表

序号	工程名称	施工单位	项目经理	桩基单位/劳务单位	监理单位	项目总监	建筑面积(m²)
7	留仙洞公司返还用地主体工程	深圳市建工集团股份有限公司	罗文海	—	深圳科宇工程顾问有限公司	李勇	85149
8	深圳工商银行大厦施工总承包工程	中国建筑一局(集团)有限公司	张亿凯	—	中咨工程建设监理有限公司	付玉进	84632
9	深圳市急救血液信息三中心公共卫生服务综合楼项目施工总承包	中国建筑第八工程局有限公司	郭福良	—	浙江江南工程管理股份有限公司	陆东伟	54462
10	深圳市职业技术学院留仙洞校区体育及配套设施建设工程	中建一局集团建设发展有限公司	陆凡	—	浙江五州工程项目管理有限公司	陈江东	43742
11	深圳职业技术学院留仙洞校区G栋学生宿舍建设工程	中建一局集团建设发展有限公司	李颖辉	—	浙江五州工程项目管理有限公司	汪洋	76666
12	泰伦广场主体工程	中国建筑一局(集团)有限公司	贺茂军	—	深圳市京圳工程咨询有限公司	王斌	298497
13	微众银行大厦主体工程	中国建筑一局(集团)有限公司	陈思	—	深圳市城建监理有限公司	曹晓初	153333
14	香山道公馆施工总承包工程	泰兴一建建设集团有限公司	鞠永智	—	深圳市中侨物业工程监理有限公司	梁得贤	24039
15	新时代广场(二期)施工总承包工程	中国华西企业有限公司	张圣亮	—	深圳现代建设监理有限公司	田本生	135151

续表

序号	工程名称	施工单位	项目经理	桩基单位/劳务单位	监理单位	项目总监	建筑面积（m²）
16	粤海街道文体中心	中建钢构工程有限公司	邵鹏	—	广东重工建设监理有限公司	龙秀丽	38911
				坪山区			
1	东关珺府	中建二局第二建筑工程有限公司	刘伟亚	—	深圳市科宇工程顾问有限公司	张国伟	243500
2	佳华领悦广场主体工程	中国华西企业有限公司	綦远志	深圳市华根基础工程有限公司	深圳市鸿业工程项目管理有限公司	李继桦	212800
3	坪山区第三人民医院项目施工总承包	深圳市建筑工程股份有限公司	赵思治	—	上海建科工程咨询有限公司	唐滋炎	178762
4	深宇科技园	深圳市金世纪工程实业有限公司	胥刚	—	深圳市龙城建设监理有限公司	刘建库	154892
5	深圳技术大学建设项目（一期）施工总承包Ⅱ标（7栋图书馆、8栋大数据与互联网学院）	中国建筑第五工程局有限公司	黄旭光	—	上海建科工程咨询有限公司	聂洪泉	116156
6	汤坑第一工业区城市更新配套学校	深圳市天健第三建设工程有限公司	林华胜	深圳市市政工程总公司	深圳市合创建设工程顾问有限公司	欧阳庚	42970
				深汕合作区			
1	深汕湾智苑（1栋A座、B座、C座、D座、2栋、3栋、4栋、5栋、6栋、7栋、地下车库，设备用房）	中建三局集团有限公司	雷成真	深圳宏业基岩土科技股份有限公司	深圳市大众工程管理有限公司	陈勇	190683

续表

序号	工程名称	施工单位	项目经理	桩基单位/劳务单位	监理单位	项目总监	建筑面积(m²)
盐田区							
1	东顺雅苑主体工程	中建新疆建工(集团)有限公司	王西朝	—	深圳市赛格监理有限公司	索桂喜	83469
2	鹏广商务广场	江苏弘盛建设工程集团有限公司	陈宜汉	—	深圳鲲鹏工程顾问有限公司	张向阳	176554
3	盐田港冷链服务仓项目工程施工总承包	湖南四建安装建筑有限公司	张光明	—	深圳市英来建设监理有限公司	梁顺家	95532

序号	工程名称	施工单位	项目经理	参建单位	监理单位	项目总监	工程造价(万元)
市政、水务、轨道交通工程							
宝安区							
1	固戍水质净化厂二期工程施工采购设计总承包(EPC)	中国水利水电第七工程局有限公司	罗冉	—	深圳市利源水务设计咨询有限公司	康吉森	123919
2	通成路(铁仔山北麓-共和工业路)新建工程(K0+120-K0+828.645)	中铁十一局集团有限公司	陈启兵	—	深圳市东部工程咨询有限公司	彭强	17982
大鹏新区							
1	核龙线大鹏段(文化路-核电站门口)市政化改造工程Ⅱ标	深圳市建工建设集团有限公司	盛杰宇	—	深圳市建星项目管理顾问有限公司	祝建平	21037

序号	工程名称	施工单位	项目经理	参建单位	监理单位	项目总监	工程造价（万元）
				光明区			
1	东明大道（南光高速-东长路）市政工程2标段	深圳市市政工程总公司	唐雷霆	—	深圳市霍克建设监理有限公司	高家云	5985
2	公常路中山大学深圳校区段下穿改造工程	中交一公局集团有限公司	付金	—	深圳市鲁班建设监理有限公司	陈先荣	170163
3	甲子塘水厂深度处理建设工程	深圳市市政工程总公司	郭韶敏	—	深圳市大兴工程管理有限公司	周磊	12034
4	楼环路（公常路-双明大道）市政工程	中铁十局集团有限公司	卢运成	—	深圳市建控地盘监理有限公司	周全	18169
				龙岗区			
1	龙岗河流域水环境综合整治工程-黄沙河综合整治工程	深圳市金河建设集团有限公司	郑祥立	—	深圳市深水水务咨询有限公司	李士明	24972
				南山区			
1	深圳前海合作区梦海前湾河桥（原3号景观桥）市政工程	中铁十六局集团有限公司	王关东	—	北京铁研建设监理有限责任公司	杜毅	14676
				坪山区			
1	深圳市城市轨道交通14号线工程（昂鹅车辆段及主所工区）	中铁三局集团有限公司	刘栋	—	铁四院（湖北）工程监理咨询有限公司	张晓青	283502

续表

序号	工程名称	施工单位	项目经理	参建单位	监理单位	项目总监	工程造价（万元）
盐田区							
1	明珠道改造工程南段（盐田路-明珠立交段）	深圳市金河建设集团有限公司	何会雄	—	建艺国际工程管理集团有限公司	孙明	40186

18. 2021 年深圳市工程建设领域科技计划项目立项一览表

序号	项目名称	申报单位	参与单位	项目类型	项目主要内容	项目起止时间
1	深圳市房屋建筑碳中和评价方法和标准体系研究	深圳大学	深圳市建筑装饰(集团)有限公司 深圳市装饰行业协会	软科学研究	基于建筑碳核算相关标准体系以及数据清单分析,编制深圳市建筑业碳排放源清单(含碳源、碳汇和固碳),搭建碳排放监测平台,评估碳达峰碳中和发展进程,形成建碳达峰筑业碳中和发展指数。从多个维度构建动态碳中和综合评价方法体系,建立建筑业碳达峰碳中和关键技术和模式优选目录。绘制建筑业碳达峰碳中和优化技术路线图,并形成自评报告和专项决策建议	2021 年 7 月—2022 年 6 月
2	绿色建造标准体系研究	深圳市绿色建造学会	深圳市建设科技促进中心	软科学研究	通过绿色建造标准体系研究,明确绿色建造的概念、内涵、技术框架及示范试点项目的具体工作内容。该体系是涵盖策划、设计、生产、施工、运营、拆除等融和一体化的全产业体系链,为绿色建造技术体系、管理体系、实施体系和评价体系的建立提供基础性成果	2021 年 6 月—2022 年 12 月

续表

序号	项目名称	申报单位	参与单位	项目类型	项目主要内容	项目起止时间
3	深圳市工程建设行业科技创新能力评估	深圳市建设科技促进中心	—	软科学研究	基于国内外科技创新能力评估评价理论、方法和政策,分析深圳市工程建设行业科技发展现状,构建深圳市工程建设行业科技创新能力评估体系,横纵向对比评估深圳市工程建设科技创新成果,并根据评估结果对深圳市工程建设科技创新发展提出建议	2020 年 11 月—2022 年 2 月
4	超大型城市产业用房信息普查关键技术研究及应用	深圳市房地产和城市建设发展研究中心	—	软科学研究	综合产权数据精准定位技术、产业用房数据库建设规范、多级联动共建共享机制、全产业企业空间分布批量处理技术等方面研究,提出一种具有通用特征的关键算法、技术及具体实现方法,从资源的空间数据自身特征及应用需求出发,摸索一条实现同类超大型城市的各类用房(如商办用房、住宅等)普查可参考的技术路线	2021 年 8 月—2022 年 8 月

续表

序号	项目名称	申报单位	参与单位	项目类型	项目主要内容	项目起止时间
5	基坑和边坡监测预警管理体系应用研究	深圳市建筑工程质量安全监督总站 深圳市建设工程质量检测中心	深圳城安软通科技集团有限公司 万达信息股份有限公司	软科学研究	搭建深圳市基坑和边坡监测预警平台(含移动端),与市级智慧住建监督管理平台数据互联互通,实现自动报警及信息化管理,保证平台的稳定性和灵活性。建立和完善相应行业管理规范、技术标准,建成深圳市基坑与边坡监测预警监督管理体系	2019年3月—2022年4月
6	装配式混凝土建筑项目质量及安全评价体系研究	深圳瑞捷工程咨询股份有限公司 深圳市建设科技促进中心	—	软科学研究	通过对装配式混凝土建筑项目质量安全评价体系进行研究,分析全国、广东省及深圳市装配式混凝土建筑的质量安全管控体系,提出一套全面科学、能够反映装配式混凝土建筑质量安全的评价体系,并将该评价体系在项目中进行应用验证,探索强化监管的关键环节和核心内容,为政府部门、建设单位等提供可量化考核及评价依据	2021年2月—2022年4月

续表

序号	项目名称	申报单位	参与单位	项目类型	项目主要内容	项目起止时间
7	城市轨道交通全自动运行模式下联调联试管理和技术要点研究	铁科院(深圳)研究设计院有限公司	—	软科学研究	根据全自动运行系统的特点,探索全自动联调组织管理模式,充分验证全自动运行系统功能、系统间联动功能及应急处理场景,形成一套成熟、可推广的全自动运行系统联调联试管理办法和技术要点总结,为城市轨道交通全自动运行模式提供联调联试的指导性文件	2021年5月—2023年6月
8	"光储直柔"建筑碳中和关键技术的研发与实践	中建科技集团有限公司	清华大学深圳国际研究生院	科研开发	开展直流柔性建筑的关键技术研究,实现光伏、储能设备、充电桩、建筑直流负荷的高效融合。研究柔性用电管理策略,形成"光储直柔"建筑能源系统设计方法。研究"光储直柔"的产业转化方法,构建低碳城市解决方案,为未来低碳城市创新产业发展提供基础	2021年6月—2022年6月

续表

序号	项目名称	申报单位	参与单位	项目类型	项目主要内容	项目起止时间
9	低压直流建筑关键技术验证与产品研发	深圳市建筑科学研究院股份有限公司	—	科研开发	基于前期搭建的实验平台和示范建筑,深入研究直流建筑系统设计方法,开展系统测试和控制策略验证等,为低压直流系统的标准化提供数据支撑。根据应用场景要求开发直流配储控一体机和自适应插排等智能终端产品,实现建筑节能和减排,以及城市可持续发展的长远战略目标	2020年1月—2021年12月
10	居住建筑防疫体系研究及验证	深圳大学	力高集团深圳市今典建筑科技有限公司	科研开发	通过建筑防疫工作中存在的问题及原因分析,结合目前防疫需求,建立以建筑设计、设备、运维管理与物业服务等多手段多形式的居住建筑防疫体系,并研发相应的居住建筑防疫产品。建立多尺度建筑防疫体系规范,实现城市防疫工作的标准化、规范化	2021年9月—2023年9月

序号	项目名称	申报单位	参与单位	项目类型	项目主要内容	项目起止时间
11	BEEHOME 零碳移动式建筑	怡坤和(深圳)生态科技有限公司	—	科研开发	以移动式建筑单体为研究对象,开发一套在极端情况下的建筑材料与生产技术、自然能源采集与系统设备集成技术、舒适宜居技术、产品标准化、工业化的生产标准与应用标准相关问题的解决方案,实现建造及使用过程的零碳目标	2019年11月—2021年10月
12	卫生间产业化研究	深圳市建筑设计研究总院有限公司 深圳市微空间建筑科技有限公司	—	科研开发	整合卫生空间研究、设计、建设及后期管养的全产业链资源,集成"建筑模块化、BIM建筑信息化、绿色环保、物联网+"四大技术体系,为我国城市公厕建造提供一种经济环保、智能高效的创新解决方案	2020年1月—2022年12月

序号	项目名称	申报单位	参与单位	项目类型	项目主要内容	项目起止时间
13	基于AIOT技术的数字家庭关键技术及实施路径研究	中海企业发展集团有限公司	深圳市建设科技促进中心 华为终端有限公司 北京如影智能科技有限公司 浙江摩根智能技术有限公司	科研开发	项目以社区与家庭为载体,以AIOT技术为手段,开展绿色低碳数字家庭综合实践研究。主要内容按照2021年4月印发的《住房和城乡建设部等部门关于加快发展数字家庭提高居住品质的指导意见》中设施建设、服务功能建设、系统建设等有关要求开展研究,并结合实际项目,探索15项专利技术、华为鸿蒙系统及"AI离线语音系统"等创新技术的落地应用,形成低碳化、系统化、可复制的数字家庭实施路径	2021年7月—2022年12月
14	基于Web—BIM技术的建筑装饰产业互联网管理平台开发	深圳市建筑装饰(集团)有限公司	东南大学 深圳市装饰行业协会	科研开发	开发基于Web—BIM技术的建筑装饰互联网管理平台,该平台拟通过BIM模型信息解构重组,通过轻量化处理后同步在Web端,将BIM技术应用在装饰领域,打通建筑全生命周期的数字化信息化管控通道,实现装饰工程从设计端、生产端、施工端、运维端一体化,提高建筑工程作业效率和质量,方便后期运维管理	2021年2月—2022年6月

续表

序号	项目名称	申报单位	参与单位	项目类型	项目主要内容	项目起止时间
15	深圳地铁一体化工程项目管理平台	深圳市地铁集团有限公司 深圳地铁建设集团有限公司 广州擎云计算机科技有限公司 上海同岩土木工程科技股份有限公司	—	科研开发	开发一套覆盖轨道交通项目规划、勘察设计、征拆前期、土建施工、安装装修、机电设备、试运行、工程资料预归档、参建单位考核履约评价,以及投资、进度、质量、安全等全生命周期数字化管控的轨道交通一体化工程项目管理平台,借助云计算、大数据技术,形成城市轨道交通建设全生命周期信息化管理解决方案	2018 年 11 月—2022 年 12 月
16	建筑消防综合管理系统的开发	深圳森磊弘泰消防科技有限公司	—	科研开发	利用 PDF 图纸图像处理、人工智能、视频语音自动标记打点等技术开发一款操作简单、界面友好,适用于工程项目多参与方的综合信息化管理平台。该平台能够满足各参与方实时交流、资料信息共享、远程指导等要求,实现数据固化、可追溯,提高消防设计审查、消防验收、项目管理准确率和工作效率。该平台可用于消防安全救援,提高救援效率	2018 年 10 月—2021 年 12 月

序号	项目名称	申报单位	参与单位	项目类型	项目主要内容	项目起止时间
17	老旧小区绿色拆除与区块链应用关键技术研究	深圳市天健（集团）股份有限公司	深圳市建设科技促进中心	科研开发	以建筑废弃物综合利用需求为导向,反向设计建筑物分类拆除、分类收集方案,指导建筑物拆除过程的绿色文明施工,实现建筑物拆除"安全高效、污染控制、分类拆除"。根据建筑废弃物成分类型设计综合利用再生建材产品,实现建筑物拆除和建筑废弃物综合利用紧密结合,探索区块链技术在建筑废弃物综合利用数字化管理中的应用,为管理部门提供数据支撑	2021 年 7 月—2023 年 6 月
18	基于机器学习与人工智能的轨道交通设计规划	深圳市市政设计研究院有限公司	深圳地铁建设集团有限公司 深圳铁路投资建设集团有限公司	科研开发	采用 BIM＋AI＋机器学习技术研究轨道交通工程的智能自动化设计、参数化构件模型、模块化设计理念,并结合轨道交通工程的特点和深度应用,研发一套基于 BIM 技术、AI 技术和机器学习技术的三维正向设计平台。该平台支持与主流 BIM 设计软件的兼容,可实现轨道交通领域多专业一站式交互规划设计方案的构思、生成、编辑、输出、协同等功能	2021 年 4 月—2023 年 4 月

序号	项目名称	申报单位	参与单位	项目类型	项目主要内容	项目起止时间
19	住院楼病毒气溶胶传播风险评估与防控设计研究	深圳大学	—	科研开发	通过普通医院住院楼的人员行为时空规律、疫情时期普通医院住院楼病毒传播风险的空间差异和人群差异、住院楼病毒传播的时空路径机理、住院楼防控病毒传播的设计策略及效果验证等提出住院楼病毒传播风险控制理论模型、医院防控病毒的空间组织方法以及典型空间图谱，为普通医院住院楼提供设计理论与方法	2021 年 4 月—2022 年 4 月
20	基于图像识别技术测定岩土密度、孔隙率等基本物理参数的关键技术研究	深圳市滨海岩土与环境工程有限公司	—	科研开发	开发基于图像识别技术的图像处理系统及辅助工具，实现岩土密度、孔隙率等基本物理参数快速准确测定，避免对原状土体的扰动，提升勘察技术方法水平，推动工程勘察的信息化和智能化发展。编制岩土基本物理参数图像识别的技术标准	2021 年 8 月—2023 年 8 月

序号	项目名称	申报单位	参与单位	项目类型	项目主要内容	项目起止时间
21	抗浮设防水位区划图与地下结构抗浮关键技术研究	深圳市滨海岩土与环境工程有限公司	同济大学 深圳欧博工程设计顾问有限公司 铁科院深圳研究设计院有限公司 深圳市绿景天盛实业有限公司	科研开发	结合深圳地区经验，研究针对不同地层结构类型抗浮设计设防水位取值与浮力折减分析方法，提出不同地层抗浮设计水位取值及相关浮力折减系数。结合深圳地貌单元分布，形成深圳地区抗浮设防水位区划图。根据抗浮设防水位区划成果，推荐适用于不同地层条件的最优结构抗浮方案	2021 年 6 月—2023 年 6 月
22	基于可恢复性能的装配式干连接框架结构体系研究	深圳市特区建工科工集团有限公司	哈尔滨工业大学(深圳) 中铁建设集团有限公司	科研开发	针对节点受力性能与优化等方面开展技术研究，包括不同拼接方式(传统耗能钢筋节点与新型节点)的计算比对分析，水平构件的节点传力特点及有限元分析，结构体系计算方法等；建立验证试验方案，通过节点力学性能、构件力学、体系力学等试验及其结果分析，对装配式框架结构干连接技术进行优化	2021 年 5 月—2022 年 10 月

序号	项目名称	申报单位	参与单位	项目类型	项目主要内容	项目起止时间
23	全装配式混凝土框架节点抗震性能及设计方法研究	深圳市市政工程总公司	深圳市天健(集团)股份有限公司 西安理工大学	科研开发	通过试验研究、非线性有限元模拟及理论分析,建立全装配式节点的受力性能、破坏机理及恢复力模型,提出全装配式节点合理的连接形式及设计计算方法,确定全装配式节点的最优化设计方案	2021年1月—2023年2月
24	考虑上覆土体与结构共同作用的大跨度楼盖的舒适度研究	深圳市建筑设计研究总院有限公司	深圳市建筑工务署工程设计管理中心 深圳市建筑工程质量安全监督总站 深圳中建院建筑科技有限公司 上海蓝科建筑减震科技股份有限公司	科研开发	通过对不同上覆土体类型、压实程度、厚度等参数对楼盖振动响应的影响分析,研究上覆土体的大跨度楼盖或屋盖的舒适度计算方法,为该类型楼盖或屋盖提出设计建议	2021年6月—2023年6月
25	装配式新型钢混组合连续梁桥关键技术研究	深圳市茅桥设计集团有限公司	中慧长源工程设计集团有限公司 深圳道森工程设计有限公司	科研开发	通过结构设计原理和施工技术研究,研发适用于装配式新型钢混组合连续梁桥的建造新技术,建立新型钢混组合连续梁桥装配式建造技术体系以及"制造-拼装-架设"的工业化体系	2021年2月—2022年12月

续表

序号	项目名称	申报单位	参与单位	项目类型	项目主要内容	项目起止时间
26	大跨度钢箱-混凝土组合拱桥新技术研发与应用	深圳市茅桥设计集团有限公司	中慧长源工程设计集团有限公司	科研开发	通过大跨度钢箱-混凝土组合拱桥结构体系、钢与混凝土关键连接构造及大跨度钢箱-混凝土组合拱桥受力机理研究,提出大跨度钢箱-混凝土组合拱桥设计理论和计算方法,形成大跨度钢箱-混凝土组合拱桥新技术,为大跨拱桥建设提供技术支撑	2021年6月—2023年5月
27	综合管廊通风系统优化设计研究	深圳中冶管廊科技有限公司	深圳城市公共安全技术研究院 深圳供电局 中国人民警察大学	科研开发	通过综合管廊舱室通风换气实际需求研究、电力电缆实际运行工况与总发热量的关系研究、智能化通风运营机制研究和多元化通风系统配置研究,提出基于确保综合管廊安全运行条件下的通风系统智能化运行机制,并研究出电力电缆在地下综合管廊舱室内的发热与散热计算参数参考取值范围	2021年5月—2022年10月

序号	项目名称	申报单位	参与单位	项目类型	项目主要内容	项目起止时间
28	基于图形识别、机器学习和参数化设计的建筑图纸读取、识别与三维重建研究	万翼科技有限公司	—	科研开发	基于图形算法识别和AI图像识别技术,建立一套云端的建筑图纸数据信息智能提取方法,将数据信息以建筑信息模型(BIM)的轻量化格式存储。基于BIM模型,使用像素识取法、矩阵运算、轨迹球镜头控制等方法实现模型交互,通过绘图命令、函数语言和循环语句等实现设计参数信息的转化运算,得到工程量清单、钢筋算量等可用于实际工程项目的数据	2021年1月—2022年12月
29	基于深度学习的轨道交通智能审图研发	深圳市市政设计研究院有限公司、深圳市大正建设工程咨询有限公司	—	科研开发	在梳理相关法规和技术标准,尤其是强制性条文的基础上,对条文精准解读和量化。基于人工智能深度学习技术,研发智能化的审图系统,通过轨道建设、结构等专业二维图纸进行专业化训练和大量项目试用,快速迭代提升人工智能审图能力。在此基础上,逐步向AI建模、AI审图智能化运营转换	2021年4月—2024年4月

序号	项目名称	申报单位	参与单位	项目类型	项目主要内容	项目起止时间
30	衡动建安工程成本管理评估AI计算系统研究	深圳市新非比工程顾问有限公司	—	科研开发	项目将成本数据标准化处理后,转化为成本语言,建立开放式数据管理库,采用人工智能的方式按项目特征进行成本估测,提高测算的效率及精确度,加快决策速度。采用 SVM 多维度分类技术,输入大量数据,在高维空间中寻找热点的共通性。采用 Tensorflowonspark,实现大数据 AI 人工模型的估算	2021 年 5 月—2023 年 5 月
31	装配式地铁车站建造关键技术研究及工程示范	深圳市勘察设计研究院有限公司	东华理工大学	科研开发	通过装配式梁板柱连接节点结构力学性能、地铁车站装配式建筑结构体系整体性能、地铁车站装配式建筑施工关键技术等研究,结合深圳地铁车站工程示范应用,完善地铁车站装配式结构设计理论与方法,形成装配式地铁车站成套施工技术,实现装配式地铁车站全寿命周期风险管控	2022 年 1 月—2024 年 12 月

续表

序号	项目名称	申报单位	参与单位	项目类型	项目主要内容	项目起止时间
32	深圳地铁工程数字化及智慧化施工管理系统	深圳地铁建设集团有限公司 深圳市地铁集团有限公司 千方捷通科技股份有限公司 深圳市市政设计院有限公司	北京冠华天视数码科技有限公司 深圳市筑智通科技有限公司 上海逸风自动化科技有限公司 深圳市星网信通科技有限公司 陕西力拓智能交通科技有限公司	科研开发	借助数字沙盘轻量化引擎、倾斜摄影、BIM、GIS、全自动化监测、物联网、智能感知、云计算、大数据、AI、5G 等技术,开发一套集地铁建设智慧监管、智能值班管理、智慧工地建设、安全管控新模式、应急指挥管理等相融合的施工管理系统。建立一套满足轨道交通全生命周期、全领域、全参与、全要素的 BIM 标准体系。针对轨道交通工程的轨道、结构、通信、综合监控等二十多个专业特点,搭建参数化的 BIM 构件产品库	2019 年 6 月— 2022 年 12 月
33	基于机器学习方法的地铁施工环境影响智慧感知及安全智能预警技术研究	中建四局土木工程有限公司	中国建筑第四工程局有限公司 广州大学	科研开发	基于智能监测、检测设备的地铁施工环境响应智慧感知技术,建立一套智慧监测检测方法。基于机器学习方法的智能数据分析预测系统,开发一套地铁隧道盾构掘进参数智能预测算法。研究地铁施工对环境影响机理,通过数值模拟与模型实验,提出环境沉降与隧道收敛合理阈值,根据智能感知与机器学习方法分析得到的数据建立智能预警系统	2021 年 7 月— 2023 年 6 月

序号	项目名称	申报单位	参与单位	项目类型	项目主要内容	项目起止时间
34	地铁实体工程防水检测和质量评定标准技术研究	深圳地铁建设集团有限公司	深圳市居安建筑科技有限公司 深圳市建筑工程质量安全监督总站	科研开发	研究地铁实体工程防水检测的创新方法、技术、检测手段、设备,提高地铁实体工程防水检测质量。建立实体工程防水检测和质量评定标准	2020年1月—2021年10月
35	地铁纵长结构混凝土应力释放和锚定技术	深圳地铁建设集团有限公司	中铁南方投资集团有限公司 深圳市居安建筑科技有限公司 中国铁路设计集团有限公司广东分公司 深圳市港嘉工程检测有限公司	科研开发	通过优化混凝土原材料,降低水化热和收缩率,降低混凝土成长期的温度应力和收缩应力。通过理论分析、建模计算、实验研究,分析混凝土构件的受力机制和变形机制,在考虑后浇带混凝土浇筑施工时机的同时,分析合拢后纵长混凝土年度温度应力和收缩应力的特点,对不同混凝土构件的受力、变形特点进行应力释放设计	2020年1月—2021年12月

续表

序号	项目名称	申报单位	参与单位	项目类型	项目主要内容	项目起止时间
36	基于装备式框架梁护坡结构的一体化技术研究	铁科院（深圳）研究设计院有限公司	深圳市大鹏新区住房和建设局	科研开发	本研究针对边坡框架梁支护结构施工过程中人工刻槽、支模、浇筑等施工效率低、步骤繁琐问题，通过线下制作框架梁节点、横竖梁结构，研发一种装备式框架梁支护结构，并提出装备式框架梁连接结构、结构类型及安装工艺。根据坡面刻槽施工特点，提出一种边坡坡面刻槽机应用技术，提高边坡加固施工效率	2021年6月—2023年6月
37	新型基坑装配式预应力张弦梁钢支撑系统研究	深圳市巨鲲科技有限公司	上海巨鲲科技有限公司 中建三局集团华南有限公司	科研开发	研发一种新型基坑装配式预应力张弦梁钢支撑系统，并开展新型装配式预应力张弦梁钢支撑结构受力机理、节点连接可靠度、钢支撑稳定性分析。开发基于物联网技术的装配式预应力张弦梁钢支撑自动化监测、报警系统	2021年4月—2023年4月

续表

序号	项目名称	申报单位	参与单位	项目类型	项目主要内容	项目起止时间
38	罗湖区边检总站二大院棚户区改造项目大直径盾构下穿桩基扰动机理及稳定性研究	深圳市罗湖人才安居有限公司	深圳市建设综合勘察设计院有限公司中国矿业大学（北京）	科研开发	基于罗湖区边检总站二大院棚户区改造项目，通过隧道开挖扰动程度（由扰动后土体单元体应变大小衡量）对隧道开挖扰动区域进行分区，结合土体力学参数与孔隙比之间的关系研究，提出典型区域围岩力学参数，明确大直径盾构隧道开挖的扰动分区、工程桩桩基持力特性规律、隧道施工与桩基间的相互作用规律	2021年4月—2021年12月
39	地下空间建设开发利用智慧工程装备关键技术及应用研究	中建科技集团有限公司	—	科研开发	基于智能建造技术、视觉识别、自动导航等技术，研发两款适宜现阶段地下空间建设开发使用的混凝土表面处理和喷漆建筑机器人，实现地下空间建设开发项目施工现场定位、自动导航、自动施工和质量检测	2021年4月—2022年10月

序号	项目名称	申报单位	参与单位	项目类型	项目主要内容	项目起止时间
40	基于梁板结构体系支撑的深基坑地下室盖挖顺作法施工工法	深圳市盛业地下工程有限公司	深圳市勘察研究院有限公司柏涛国际工程设计顾问（深圳）有限公司	科研开发	提出一种基于梁板结构体系支撑的深基坑地下室盖挖顺作法施工工法,用地下室结构的梁板层取代深基坑支护的内支撑	2021年4月—2023年4月
41	多单元同孔压力型可回收锚索锚固关键技术研究	深圳市滨海岩土与环境工程有限公司	天津大学清华大学深圳市检测中心中建三局第三建设工程有限责任公司	科研开发	研究多单元同孔压力型可回收锚索的刚度计算方法以及支护桩加多单元同孔压力型可回收锚索的设计计算方法,提高锚索变形控制能力。研究锚索回收工艺改进方法、提高锚索回收率。研发锚索压应力智能化监测装置,实现包括单元体压应力、锚索端部应力、单元体位移量等多参数的实时数据获取及传输	2021年6月—2023年6月
42	抗拔桩检测连接技术研究	深圳市盐田区工程质量安全监督中心	深圳市福田建设工程质量检测中心深圳市勘察研究院有限公司深圳市建研检测有限公司	科研开发	研发、设计预应力管桩、灌注桩竖向抗拔静载试验反力快速连接装置。该装置全程免焊接,积木式装配,准备工作时长将由传统焊接连接耗时1～2天缩短至2～3小时	2021年5月—2022年5月

序号	项目名称	申报单位	参与单位	项目类型	项目主要内容	项目起止时间
43	智能安全防护平台云系统的研究与开发	深圳汇林达科技有限公司	深圳华研筑科技有限公司	科研开发	5G 互联网技术与物联网技术相结合,对铝合金脚手架控制系统多向化控制进行研究,研发出升降脚手架智能控制系统-智能安全防护平台云系统。系统功能包括脚手架集成控制、客户系统模块、在线监测、资产管理和方案设计模块等	2021 年 3 月—2022 年 8 月
44	基于深度学习算法的不安全行为智能识别研究与应用	中建三局集团(深圳)有限公司	中建三局第一建设工程有限责任公司 电子科技大学(深圳)高等研究院	科研开发	研发一套基于人工智能的开放性智慧工地平台,实现规范标准的协作流程,统一的开放接口,使智慧工地与其他系统进行有效集成。研究建设硬件应用市场,满足各种类型项目的点状应用。将人工智能、传感技术、虚拟现实等高科技技术加载到建筑、机械、人员穿戴设施、场地进出关口等各类物体中,实现物联网应用	2021 年 4 月—2022 年 12 月

续表

序号	项目名称	申报单位	参与单位	项目类型	项目主要内容	项目起止时间
45	基于BIM-LiDAR-UAV/UGV的大尺度空间下大规模预制构件几何质量智能检测关键技术研究	深圳大学	—	科研开发	采用BIM、UAV倾斜摄影测量和UGV点云数据采集技术,实现对大尺度空间下大规模预制构件的几何质量智能一体化检测、检测环境全方位立体的智能感知以及所有预制构件数据(构件表面点云数据)精确高效的采集	2021年7月—2023年6月
46	基于BIM实现铝合金模板生命全周期系统设计与研发	深圳市前海格锐建筑技术有限公司	—	科研开发	对BIM铝合金模板管理系统软件应用各界面信息和功能的二次开发,系统部署支持负载均衡、应用服务器、数据库服务器的集群,并开发移动设备端App,实现铝合金模板的全生命周期全过程管理、设计插件提效、免预拼装、模型轻量化、移动app扫描定位辅助拼装等	2021年3月—2022年6月

序号	项目名称	申报单位	参与单位	项目类型	项目主要内容	项目起止时间
47	基于信息化技术的超高层结构建造应力变化及质量管控综合技术研究	中建二局第二建筑工程有限公司	—	科研开发	通过超高层施工不同工况下结构应力变化及应力释放规律、钢结构关键节点受力变化与施工方式的关系、高强混凝土施工质量智慧管理系统及监测设备及精益建造体系研究,实现超高层多专业工艺与工法的衔接,实现设计、生产、施工的一体化、全建设周期的标准化施工,提高管理,降低措施成本,提高绿色施工水平	2021 年 10 月—2023 年 9 月
48	"工程 e"工程质量安全工作在线化 SaaS 平台的研发	深圳云联万企科技有限公司	—	科研开发	利用大数据、人工智能、云计算等信息技术,研发一套跨地域、全行业、全生命周期管理的工程项目管理在线工作平台。该套平台采用 SaaS 模式为用户提供云在线服务,实现对工程质量、安全、文件、工程资料等管理的全套互联网化解决方案	2019 年 4 月—2021 年 12 月

续表

序号	项目名称	申报单位	参与单位	项目类型	项目主要内容	项目起止时间
49	"空中造楼机"现场、现浇智能化绿色建造技术	深圳大学、卓越置业集团有限公司 深圳市特区建工集团有限公司	国家起重运输机械质量监督检验中心 深圳无忧工程信息科技有限公司	科研开发	开展住宅产品标准化与"空中造楼机"装备标准化协同配套研发,以及基于BIM理念的"空中造楼机"三维参数化建模专用软件研发。采用人工智能、5G、工业互联网技术,远程控制"空中造楼机"现场、现浇智能化绿色建造,实现自主回落转场,重复循环建造。打造集"智能建造""绿色建造""精准建造"三位一体的新型工业化、自动化建造技术	2021年7月—2023年12月
50	卷帘式复合降噪爬架设计开发及推广应用研究	深圳市市政工程总公司	深圳市天健(集团)股份有限公司 深圳市航天新材科技有限公司 深圳慧盛模板脚手架工程有限公司	科研开发	通过隔音材料选取与测试、卷帘机构与爬架结构的一体化设计、爬架主体结构优化强化研究,设计开发一种卷帘式复合降噪爬架,制定设计要点和降噪评价标准	2021年1月—2022年12月
51	公路工程智能测量放样机器人研发与应用	中建三局集团(深圳)有限公司	中建三局第一建设工程有限责任公司 电子科技大学(深圳)高等研究院	科研开发	完成一套基于自动导引运输车(AGV)平台的设备及控制系,实现公路工程建设的过程中自动测量、自动放样和远程控制、定位	2020年12月—2023年6月

序号	项目名称	申报单位	参与单位	项目类型	项目主要内容	项目起止时间
52	装配式内装技术体系研发与产业化应用	深圳时代装饰股份有限公司	深圳时代建筑科技有限公司	科研开发	开展装配式内装技术体系优化研发,解决装配式集成化程度低、局部耐久性差、表面质感单一、受力性能一般等问题,实现全屋高效室内集成装配式装修。装配式内装技术体系包括装配式墙体、装配式吊顶、装配式地板、集成厨房、整体卫浴、收纳系统、装配式水电、装配式门窗、BIM及信息化管理等	2021年6月—2023年6月
53	室内装修材料全生命周期管控技术	中建科技集团有限公司	—	科研开发	采用精装修污染全过程控制技术体系,以"后评价+前处理"为核心,通过对装修设计方案评估优化、材料/家具选择和质量控制、施工过程管理服务、管控效果测试等对装修全过程的空气污染进行预防和管控,确保室内空气质量符合健康要求,提升项目品质。初步研究潮湿对住宅室内环境影响以及防潮技术应用实践	2020年4月—2022年3月

续表

序号	项目名称	申报单位	参与单位	项目类型	项目主要内容	项目起止时间
54	基于5G工业互联网的城市超高层建筑群风振舒适度在线监测与安全预警系统	哈尔滨工业大学(深圳)	深圳市人才安居集团有限公司 深圳市建设工程质量检测中心 深圳市京基集团 深圳市金地大百汇房地产开发有限公司	科研开发	融合5G工业互联网和"北斗"精准时间授时技术,搭建城市超高层建筑群风振舒适度实时监测安全预警系统,实现基于动倾角量测的高层结构动位移的实时在线监测,快速准确地评价结构的刚度变化和安全性,实现超高层结构舒适度实时在线监测与机理解读。建立基于超高层结构倾角响应的实时位移估算与安全性评价方法,实现城市尺度的超高层建筑群安全预警	2021年4月—2023年12月
55	5G＋BIM超高层建筑风振舒适度智慧分析预警系统	中国建筑第二工程局有限公司	—	科研开发	组合基于5G的建筑监测数据实时无损传输系统、风振数据分析系统和基于BIM的建筑变形响应可视化系统、结构安全预警系统建立形成BIM＋5G超高层建筑风振舒适度智慧分析预警系统,在已采用BIM技术的项目上应用,为在建和待建建筑提供设计参考	2021年1月—2023年12月

序号	项目名称	申报单位	参与单位	项目类型	项目主要内容	项目起止时间
56	城市轨道交通基础设施服役状态检测技术研究	铁科院（深圳）研究设计院有限公司	深圳地铁集团有限公司	科研开发	通过轨道交通基础设施服役状态的线上和线下检测监测技术综合研究,研发对应的数据分析处理应用工具,挖掘分析检测监测数据的潜在价值,建立城轨安全运营综合评估体系并促进相关检测产品升级换代	2021 年 5 月—2023 年 4 月
57	房屋建筑结构安全监测预警系统研究	深圳市住房和建设局 深圳市城市公共安全技术研究院有限公司	—	科研开发	开展河道、暗河、地铁、隧道、深基坑对既有建筑结构的安全隐患排查,建立房屋建筑结构全生命周期的电子健康档案。建立信息实时共享、互联互通的大数据库,以物联网、云服务等智能信息技术为支撑,开发房屋建筑结构安全监测预警系统。选择典型区域或领域,开展既有建筑结构安全监测预警平台部署及应用	2020 年 8 月—2021 年 12 月

序号	项目名称	申报单位	参与单位	项目类型	项目主要内容	项目起止时间
58	幕墙信息化管理平台	深圳市住房和建设局、深圳市建设工程质量检测中心	深圳市智慧建筑创新有限公司 深圳市建筑科学研究院股份有限公司	科研开发	搭建基于GIS的全市建筑幕墙可视化信息管理平台系统，通过无人机倾斜摄影数据建模、模型轻量化处理、模型单体化技术和云计算提升IT服务整体性能，实现我市既有建筑幕墙基础信息的可视化展示、各基础业务信息的快速查询管理等	2020年1月—2021年12月
59	深圳市既有建筑幕墙安全问题研究及对策	深圳市住房和建设局 深圳市建设工程质量检测中心	—	科研开发	开展硅酮结构胶老化过程中的硬度变化与拉伸黏结性能的对应关系研究，建筑幕墙约束条件改变后面板模态参数的变化机理研究。提出基于硬度测试的幕墙硅酮结构胶拉伸黏结性能检测方法，基于动态测试的既有建筑幕墙面板安全性检测方法	2020年1月—2021年12月

序号	项目名称	申报单位	参与单位	项目类型	项目主要内容	项目起止时间
60	既有隐框玻璃幕墙面板脱落风险检测系统研究	中建深圳装饰有限公司	—	科研开发	研发一套既有隐框玻璃幕墙脱落风险检测设备及配套软件,实现振动激励与采集一体、无损检测、实时数据分析、无线与云平台互联下载被测结构信息及检测数据上传等功能,快速无损检测既有隐框玻璃幕墙安全状况。建立幕墙面板脱落程度识别及安全风险评估方法,判断幕墙完好性及连接可靠性	2021年4月—2022年12月
61	基于三维探地雷达的地铁隧道基础设施综合检测与健康管理研究	深圳大学 深圳地铁建设集团有限公司	—	科研开发	集成探地雷达技术,深度挖掘探地雷达响应的内在特性,建立高效精准的地铁基础设施状态探地雷达检测平台,并利用计算机视觉和深度学习方法,研究检测数据驱动的地铁隧道与衬砌病害智能感知与分类方法,形成地铁隧道基础设施建设与运维全寿命周期的健康管理体系,可用于大范围的隧道病害检测	2021年7月—2023年6月

续表

序号	项目名称	申报单位	参与单位	项目类型	项目主要内容	项目起止时间
62	水泥基人造石性能提升关键技术研究	深圳市润丰新材料科技有限公司	华润水泥技术研发有限公司 东莞市环球经典新型材料有限公司	科研开发	通过国内外相关研究成果和前期生产经验的分析研究,开展绿色环保的水泥基人造石性能提升关键技术研究。包括通过UHPC配方设计技术、PMC聚合物改性混凝土技术、早强混凝土技术相结合提高水泥基人造石的关键性能,扩展产品的应用范围;研究生产线废水、废料处理工艺及水泥基人造石低能耗生产方式,实现无机人造石的绿色循环生产及超低碳排放	2021年1月—2022年6月
63	新型单体(复合)柔性母线研究	深圳市亿泰达智能科技发展有限公司	—	科研开发	研究一种长度不受限、可灵活拼装、IP等级高、耐火等级高、节省铜材的新型单体复合柔性母线	2021年3月—2022年3月

续表

序号	项目名称	申报单位	参与单位	项目类型	项目主要内容	项目起止时间
64	面向工商业建筑的数字化相变蓄冷系统研究与示范	深圳国信储能技术有限公司	中国建筑材料科学研究总院有限公司	科研开发	开发面向工商业建筑的数字化相变蓄冷系统,包括开发高性能、长寿命、低成本相变蓄冷材料及其封装单元;开发基于LES技术的kW级新型相变蓄冷模块;建立新型相变蓄冷模块的工业化生产线;开发基于数字化控制的MW级相变蓄冷矩阵系统;开展MW级相变蓄冷矩阵系统在工商业建筑供冷中的应用示范	2021年5月—2024年5月
65	预拌混凝土抗裂指标建立与评定	深圳地铁建设集团有限公司	北京城建设计发展集团股份有限公司 中铁建南方建设投资有限公司 深圳市居安建筑科技有限公司 深圳市港嘉工程检测有限公司	科研开发	开展预拌混凝土特点及裂缝产生原因和规律分析研究,采用理论分析和试验结合的研究方法,建立影响混凝土开裂的收缩率、泌水率、抗裂性和绝热温升指标。通过配合比优化设计、突出抗裂性能优化,获取低收缩率的预拌混凝土,建立预拌混凝土评估体系	2020年7月—2022年8月

序号	项目名称	申报单位	参与单位	项目类型	项目主要内容	项目起止时间
66	氯盐损伤再生混凝土力学及渗透性能研究	铁科院(深圳)研究设计院有限公司	—	科研开发	研究锈蚀损伤状态下不同再生骨料替代率混凝土立方体试块的抗压强度与锈蚀率、锈胀裂缝宽度之间的关系、锈胀裂缝的时变规律,以及混凝土棱柱体试块应力应变全曲线关系、弹性模量的变化规律、锈胀裂缝的时变规律。通过检测试块不同深度处的氯离子含量,研究在单面侵蚀和双面侵蚀两种状态下再生骨料混凝土氯离子渗透规律	2021年6月—2023年6月
67	装配式钢结构外围护墙板材料的优化	深圳市建设(集团)有限公司	华南理工大学土木与交通学院	科研开发	针对目前装配式钢结构建筑外围护墙板材料存在问题,在泡沫混凝土中添加纤维、石墨烯、自修复剂等材料,经不断试验确定以上材料的最佳掺量,制成轻质保温、自修复性能好的外围护墙板材料	2021年3月—2022年3月

续表

序号	项目名称	申报单位	参与单位	项目类型	项目主要内容	项目起止时间
68	高抗车辙刚柔复合路面的关键材料与工艺研究	深圳市路桥建设集团有限公司	—	科研开发	研发高性能水泥基灌浆材料,解决现有半柔路面养生时间长、灌浆材料开裂风险大、表面泛白等问题,形成能够规模化应用的高抗车辙刚柔复合路面的成套技术。开展抗车辙复合路面力学性能与车辙发展过程研究,针对不同实际工程问题确定复合路面的应用层位和厚度	2021 年 1 月—2023 年 12 月
69	国产化 BIM 快速建模软件 Railworks 应用示范	铁科院(深圳)研究设计院有限公司 北京经纬信息技术有限公司 深圳地铁建设集团有限公司	—	科技应用工程	在深圳城市轨道交通 16 号线的龙南至龙东站项目中进行基于云端国产化 BIM 快速建模软件 Railworks 的应用和优化升级,打造国产化的 BIM 快速建模工具,提高工程项目进度、质量、安全及资金等方面的精细化管控能力	2021 年 4 月—2022 年 12 月

序号	项目名称	申报单位	参与单位	项目类型	项目主要内容	项目起止时间
70	莲塘口岸工程	深圳市土地投资开发中心	深圳市华阳国际工程设计股份有限公司 上海宝冶集团有限公司	科技应用工程	项目采用全专业全过程 BIM 正向设计、装配式机房、超高大倾角斜柱施工、超长预应力屋面无裂缝施工、装配式超大规格外倾立肋幕墙施工等关键技术,采用国内首台超大 CT 型监管设备。项目整体创新性采用立体口岸交通设计,实现客货运"一站式"查验模式,集约用地,提高口岸通关效率	2014 年 5 月—2022 年 4 月
71	宝安区中心医院整体改造(二期)	深圳市越众(集团)股份有限公司	—	科技应用工程	项目应用《建筑业 10 项新技术》中绿色施工智能化监测监控系统、地下连续墙施工技术等 9 大项 15 小项。应用创新技术包括智能建筑机器人施工技术、一种新型钢筋套丝机加工平台设备、结合新型复合木方快速拆装施工技术、一种新型预埋件悬挑脚手架施工技术、大跨度钢构人行天桥(跨河道及国道)施工技术、高空大跨度钢结构悬挑连廊安装施工技术、医疗废水回收处理技术等	2021 年 1 月—2025 年 1 月

序号	项目名称	申报单位	参与单位	项目类型	项目主要内容	项目起止时间
72	深湾汇云中心	深圳市地铁集团有限公司 万科企业股份有限公司 中国建筑一局（集团）有限公司	深圳市欧博工程设计顾问有限公司 深圳市勘察测绘院（集团）有限公司 深圳华西建设工程管理有限公司	科技应用工程	项目设计基于"TOD"模式，以国家绿色建筑三星级为目标。绿色建筑技术包括强化自然通风及采光设计、配置高效雨水回收系统及光伏发电系统等。施工技术包括填海区连通多条地铁线分期施工的超大超深基坑设计与施工综合技术、可适应性液压自爬模及分离式施工立体空间防护技术、大跨度钢结构梁柱节点吊挂结构顺做施工技术、超高层垂直运输综合施工技术和地铁上盖物业荷载转换及减振消能的地铁保护施工技术等	2014年12月— 2022年12月
73	中兴通讯总部大厦	中兴通讯股份有限公司	深圳市万科发展有限公司 中国建筑一局（集团）有限公司	科技应用工程	项目以国家绿色建筑三星级为目标。绿色建筑技术包括中水处理回用系统、能耗监测系统与高效机房等。采用BIM技术实现制冷机房预制化、综合管线合理排布及后期运维管理。施工技术包括"线上＋线下"智慧工地管理模式、混凝土裂缝控制技术、钢与混凝土组合结构技术、超高层高压垂吊式电缆敷设技术等	2018年10月— 2024年9月

序号	项目名称	申报单位	参与单位	项目类型	项目主要内容	项目起止时间
74	南山区高新公寓棚户区改造项目设计采购施工总承包工程	深圳市南山人才安居有限公司	中建三局第一建设工程有限责任公司	科技应用工程	应用《建筑业 10 项新技术》中 9 大项 24 小项新技术。应用新技术包括超长桩受力和变形监测技术、装配式混凝土结构施工技术等。建立装配式建筑信息管理平台,实现对构件运输、支撑安全监测、质量检查、验收等方面的控制和管理。开展高强度钢材受力及应用效果研究以及超高层风洞舒适性研究等	2019 年 12 月—2023 年 8 月
75	宝安 39 区海乐花园棚户区改造项目	深圳市宝安人才安居有限公司	中建三局第一建筑工程有限责任公司	科技应用工程	应用《建筑业 10 项新技术》中 9 大项 24 小项新技术。应用创新技术构件铰接或构件与现浇结构连接节点的创新和优化、预制构件的吊装和支撑工具优化、建立装配式建筑信息管理平台、BIM 技术全过程应用。整合绿色建筑技术,打造绿色、生态、开放、共享的人才安居工程	2018 年 5 月—2021 年 9 月

序号	项目名称	申报单位	参与单位	项目类型	项目主要内容	项目起止时间
76	坪山新能源汽车产业园区 1-3 栋项目	中建科技集团有限公司	—	科技应用工程	项目采用技术包括基于参数化设计的全装配式 PC 外墙研发与应用、装配式钢混组合结构免外架施工、高层摩天工厂 SP 预应力空心板应用、装配式高大模板支撑体系的研究与应用、智慧建造与 BIM 全过程管理等	2020 年 1 月—2022 年 4 月
77	坪山生物医药产业加速器园区项目（一标段）工程总承包（EPC）	中建科技集团有限公司	—	科技应用工程	项目开展装配式设计、工法工艺、智慧工地、资源再利用、BIM 等新技术的应用，以及模数化组合框架拼装单元式外围护结构系统、基于多高层工业厂房结构体系关键节点施工工艺的云图库、基于智能制造的装配式环梁施工技术、高支模在线监测技术、基于 AI 云平台的建设工程智能摄像头、回收 FRP 的路面混凝土材料、回收骨料混凝土材料、环保型气凝胶等应用	2021 年 4 月—2023 年 2 月

续表

序号	项目名称	申报单位	参与单位	项目类型	项目主要内容	项目起止时间
78	罗湖区翠竹街道木头龙小区更新单元项目总承包	中国建筑一局（集团）有限公司	香港华艺设计顾问（深圳）有限公司 广州容柏生建筑结构设计事务所 深圳工勘基础工程有限公司	科技应用工程	项目应用《建筑业10项新技术》中10大项29小项新技术，包括地下连续墙施工技术、施工噪声控制技术、深基坑施工监测技术等，采用创新技术包括多柱径共用同一直径工具节技术、导向管法钢柱下插技术和逆作法"一桩一柱"施工关键技术等	2020年2月—2023年4月
79	星展广场	中建二局第一建筑工程有限公司	—	科技应用工程	项目采用《建筑业10项新技术》中的8大项24小项新技术，结合项目特点发掘的创新技术包括钢筋桁架楼承板与铝合金模板组合技术、一种新型柱筋加固装置、项目资源和设备集成共享系统、"BIM＋"技术应用、环境监测平台智能控制混凝土自动喷淋养护技术、钢筋桁架楼承板与铝合金模板组合施工技术等	2019年12月—2022年4月

续表

序号	项目名称	申报单位	参与单位	项目类型	项目主要内容	项目起止时间
80	海境界家园二期	深圳市蛇口湾厦置业有限公司	中国建筑科学研究院有限公司深圳分公司 南京慧和建筑技术有限公司 派盟交通咨询（上海）有限公司	科技应用工程	项目中实施绿色建筑、健康建筑，建立健康装修全过程管控体系，优化地下空间人居环境，应用智能化、信息化技术开展绿色健康建筑智慧运维，实时监测分析建筑环境、能源水平与碳排放情况，打造可量化、可获得、可感知的绿色宜居项目	2015 年 7 月—2023 年 12 月

19. 2021 年度深圳市建筑业新技术应用示范工程名单

（排名不分先后）

序号	工程名称	执行单位名称	建筑面积 /m²	项目经理	项目技术负责人	新技术应用情况
1	安居百泉阁施工总承包工程	中国建筑一局（集团）有限公司	61634	孙健	胡旭华	该工程推广应用了住建部《建筑业10项新技术（2017版）》中8大项中22小项新技术，深圳市住建局新技术推广5小项，其中"集成附着式升降脚手架技术""铝合金模板施工技术""建筑物墙体免抹灰技术""基于移动互相网的项目动态管理信息技术"应用效果较好。该工程应用新技术的整体水平达到深圳市先进水平
2	安居东湾半岛花园	中国建筑第四工程局有限公司	140316	秦嘉伟	赵乐群	该工程推广应用了住建部《建筑业10项新技术（2017版）》中的9大项21子项，其中"灌注桩后注浆技术""组合铝合金模板技术""集成附着式升降脚手架技术""建筑物墙体免抹灰技术"经济效益显著,应用效果较好,该工程应用新技术的整体水平达到深圳市先进水平
3	宝能科技园（南区）一期A区二标施工总承包工程	深圳建业工程集团股份有限公司	101271	张泽强	张守锐	该工程按照住建部《建筑业10项新技术（2017版）》标准套用共7大项11小项，其中"组合铝合金模板施工技术""基于BIM的管线综合技术""封闭降水及水收集综合应用技术"应用效果较好。基本达到新技术应用评审要条件,提供的验收资料基本齐全,新技术应用整体水平达到深圳市先进水平

序号	工程名称	执行单位名称	建筑面积/m²	项目经理	项目技术负责人	新技术应用情况
4	大亚湾核电基地综合6号楼	汕头市建筑工程总公司	8908	张敬孝	陈晓鹏	该工程推广应用了住建部《建筑业10项新技术（2017版）》中的6大项10子项，以及其他新技术1大项4小项。应用数量大。其中"机电消声减振综合施工技术""工具式定型化临时设施技术"应用效果显著。取得了明显的经济效益和社会效益。该工程应用新技术的整体水平达到深圳市先进水平
5	冠泽金融中心二期	中国华西企业有限公司	337297	任鹏程	刘炫辰	该工程推广应用了住建部《建筑业10项新技术（2017版）》中的9大项21子项。应用数量大，推广面广。其中"高性能钢材应用技术""整体爬升钢平台技术"应用效果显著，取得了明显的经济效益和社会效益。该工程应用新技术的整体水平达到深圳市先进水平
6	冠泽金融中心三期	中国华西企业有限公司	79829	任鹏程	胡宁	该工程推广应用了住建部《建筑业10项新技术（2017版）》中的8大项23子项，其中"工业化成品支吊架技术""地下连续墙施工技术""钢结构滑移、顶（提）升施工技术"应用效果较好，该工程应用新技术应用整体达到深圳市先进水平
7	光明区全面消除黑臭水体治理工程（光明水质净化厂服务范围）EPC（设计采购施工总承包）	中交第一航务工程局有限公司	226157.95万元	陈慧源	孙业发	该工程推广应用了住建部《建筑业10项新技术（2017版）》中的7大项14小项。应用数量大，推广面广。其中"高强钢筋应用技术""基于BIM的现场施工管理信息技术"应用效果显著。工程质量符合验收规范要求，取得了明显的经济效益和社会效益。该工程应用新技术的整体水平达到深圳市先进水平

序号	工程名称	执行单位名称	建筑面积/m²	项目经理	项目技术负责人	新技术应用情况
8	红坳村整村搬迁安置房工程	中建一局集团建设发展有限公司	417000	卢礼剑	李柏翰	该工程推广应用了住建部《建筑业10项新技术(2017版)》中的8大项25子项,获省级工法1项,市级工法1项,授权实用新型专利技术7项,其中"高强钢筋直螺纹连接技术""集成附着式脚手架技术""预制混凝土外墙挂板技术"应用效果显著。该工程应用新技术的整体水平达到深圳市领先水平
9	红土创新广场施工总承包工程	中建三局集团有限公司	167325	尹军华	陈凯	该工程推广应用住建部《建筑业10项新技术(2017版)》中的8大项30小项新技术,另有5项关键创新技术,其中"液压爬升模板技术""钢与混凝土组合结构应用技术"应用突出;"可翻转免拆卸内置自爬升塔吊支撑系统施工工法"具有创新性,获广东省省级工法;"一种可翻转支撑装置及塔吊爬升方法""爬升式塔吊的支撑架与墙体连接节点及实施方法"均获国家发明专利,应用效果显著。该工程应用新技术的整体水平达到深圳市领先水平
10	京基御景半山花园施工总承包工程	泰兴一建建设集团有限公司	304905	吕进	闻杰	该工程推广应用了住建部《建筑业10项新技术(2017版)》中的9大项22子项,其他创新技术11项,获省级工法1项,适应新型专利技术2项,经济效益1046万元,其中"清水混凝土模板技术""建筑垃圾减量化与资源化利用技术""基于BIM的管线综合技术",应用效果较好,该工程应用新技术的整体水平达到深圳市领先水平

序号	工程名称	执行单位名称	建筑面积/m²	项目经理	项目技术负责人	新技术应用情况
11	南方科技大学校园建设工程(二期)项目施工总承包Ⅰ标	江苏省华建建设股份有限公司	151167	陈俊	王平	该工程推广应用了住建部《建筑业10项新技术(2017版)》中的8项24小项,深圳市住建局推广的新技术3小项,施工期间获省级工法2项,授权使用新型专利技术8项。其中"钢结构虚拟预拼装技术""机电管线及设备工厂化预制技术""金属风管预制安装施工技术""建筑垃圾减量化与资源化利用技术"等新技术降低建造成本,经济效益突出,应用效果显著,该工程应用新技术的整体水平达到深圳市领先水平
12	南山供电营业中心招拍挂地块	深圳市越众(集团)股份有限公司	22028	邵伟	刘梅凯	该工程推广应用了住建部《建筑业10项新技术(2017版)》中的7大项14小项。应用数量大,推广面广。其中"高强钢筋应用技术""基于BIM的现场施工管理信息技术"应用效果显著。工程质量符合验收规范要求,取得了明显的经济效益和社会效益。该工程应用新技术的整体水平达到深圳市先进水平
13	尚智科技园项目施工总承包工程	中建二局第三建筑工程有限公司	291614	李强	田怀伍	该工程推广应用了住建部《建筑业10项新技术(2017版)》中的7大项26子项新技术,以及深圳市新技术1大项3小项,自主创新技术4项。应用数量大,推广面广。其中"集成式附着式升降脚手架技术""钢结构深化设计与物联网应用技术"应用效果明显。结构工程质量符合验收规范要求取得了明显的经济效益和社会效益。该工程应用新技术的整体水平达到深圳市先进水平

续表

序号	工程名称	执行单位名称	建筑面积/m²	项目经理	项目技术负责人	新技术应用情况
14	深圳宝安国际机场卫星厅	中国建筑股份有限公司	238900	卢育坤	许啟新	该工程推广应用了住建部《建筑业10项新技术(2017版)》中的9个大项共计54个子项,以及其他创新技术12项,获得省级工法3项。应用数量大,推广面广。其中"钢结构深化设计与物联网应用技术""钢结构滑移、顶(提)升施工技术""基于互联网的项目多方协同管理技术"应用效果显著。工程质量符合验收规范要求,取得了显著的经济效益和社会效益。该工程应用新技术的整体水平达到深圳市领先水平
15	深圳大学西丽校区建设工程(二期)项目Ⅰ标段	中国建筑一局(集团)有限公司	145000	邵彩辉	许科峰	该工程推广应用了住建部《建筑业10项新技术(2017版)》中的8大项28小项,以及其它新技术5项。应用数量大,推广面广。其中"预制构件工厂化生产加工技术""销键型脚手架及支撑架""基于BIM的管线综合技术"应用效果显著。工程质量符合验收规范要求,工程应用新技术的整体水平达到深圳市先进水平
16	深圳实验光明学校(原新城学校)建设工程	广东联富建设工程有限公司	71211	唐晓强	罗宗壮	该工程推广应用了住建部《建筑业10项新技术(2017版)》中的6大项13子项,以及其他新技术1项,应用数量较大。其中"混凝土叠合楼板技术""预制混凝土外墙挂板技术"应用效果显著。工程质量验收合格,取得了明显的经济效益和社会效益。该工程应用新技术的整体水平达到深圳市先进水平

续表

序号	工程名称	执行单位名称	建筑面积/m²	项目经理	项目技术负责人	新技术应用情况
17	深圳市城市轨道交通6号线工程长圳车辆段综合工程6103标段	中国建筑一局（集团）有限公司	215600	张波	陈刚	该工程推广应用了住建部《建筑业10项新技术（2017版）》中的8大项15小项，应用数量大，推广面广。其中高强钢筋应用技术、建筑垃圾减量化与资源化利用技术等方面应用效果显著。结构工程质量符合验收规范要求，主体结构施工实际工期比合同工期提前100天，取得了明显的经济效益和社会效益。该工程应用新技术的整体水平达到深圳市先进水平
18	深圳市妇幼保健院福强院区住院大楼项目施工总承包工程	江苏省华建建设股份有限公司	70317	钱龙	缪长春	该工程推广应用了住建部《建筑业10项新技术（2017版）》中的8大项24子项，经济效益238万元，其中"清水混凝土模板技术""钢与混凝土组合结构应用技术""基于BIM的管线综合技术""建筑垃圾垂直运输技术"，应用效果较好，该工程应用新技术的整体水平达到深圳市先进水平
19	深圳市坪山竹坑保障房项目设计施工总承包	中国建筑第八工程局有限公司	248866	谭友维	冯龙	该工程推广应用了住建部《建筑业10项新技术（2017版）》中的7大项25子项。其中"EPC模式下的预制装配式建筑综合技术"应用效果显著。工程质量符合验收规范要求。取得了明显的经济效益和社会效益。该工程应用新技术的整体水平达到深圳市先进水平

序号	工程名称	执行单位名称	建筑面积/m²	项目经理	项目技术负责人	新技术应用情况
20	特区建发东部大厦项目	中国建筑第七工程局有限公司	83000	陈成	马贵红	该工程推广应用了住建部《建筑业10项新技术(2017版)》中的7大项19小项。应用数量大,推广面广。其中"金属风管预制安装施工技术""垃圾管道垂直运输技术"应用效果显著。结构工程质量验收符合规范要求,取得了明显的经济效益和社会效益。该工程应用新技术的整体水平达到深圳市先进水平
21	天悦壹号雅轩、玺苑、玖苑(不含桩基)	江苏省华建建设股份有限公司	217570	孙春华	杨杰	该工程推广应用了住建部《建筑业10项新技术(2017版)》中的8项24小项,授权使实用新型专利技术2项,其中"混凝土叠合楼板技术""预制混凝土外墙挂板技术""组合铝合金模板施工技术""集成附着式升降脚手架技术""给予BIM的现场施工管理信息化技术",应用效果显著,该工程应用新技术的整体水平达到深圳市领先水平
22	星河天地花园二期总承包工程	中国华西企业有限公司	121444	黄军	刘杰	该工程推广应用了住建部《建筑业10项新技术(2017版)》中的7大项21子项,其中"集成附着升降脚手架""铝合金模板""建筑垃圾减量化与资源化利用技术""建筑物墙体免抹灰技术",经济效益可观,应用效果较好。该工程应用新技术的整体水平达到深圳市先进水平

续表

序号	工程名称	执行单位名称	建筑面积/m²	项目经理	项目技术负责人	新技术应用情况
23	誉珑荟庭	深圳市建工集团股份有限公司	100489	李林	鲍建宏	该工程推广应用了住建部《建筑业 10 项新技术(2017 版)》中的 10 大项 33 子项,深圳市住建局新技术推广 3 小项,自主创新技术 10 小项,获省、市级工法 5 项,授权使用新型专利技术 1 项,其中"集成附着式升降脚手架技术""组合铝合金模板技术""金属风管预制安装施工技术""建筑物墙体免抹灰技术",应用效果显著,该工程应用新技术的整体水平达到深圳领先水平
24	招商盛世广场总承包工程	中国华西企业有限公司	159900	陈家喜	童劲淞	该工程推广应用了住建部《建筑业 10 项新技术(2017 版)》中的 8 大项 18 小项。应用数量大,推广面广。其中"高强钢筋应用技术""组合铝合金模板施工技术"应用效果明显。结构工程质量符合验收规范要求,取得了明显的经济效益和社会效益。该工程应用新技术的整体水平达到深圳市先进水平
25	中洲滨海商业中心 2 栋 01-01-2 地块	中建二局第三建筑工程有限公司	277173	李广辉	杨勋	该工程推广应用了"建设部建筑业(2017)10 项新技术"中的 8 大项 23 子项,自主创新技术 6 项,新技术应用创效 2563 万元,获省、市级工法 2 项,市级工法 1 项,授权使用新型专利技术 6 项,其中"集成附着式升降脚手架技术""组合铝合金模板技术""建筑垃圾减量化与资源化利用技术""给予 BIM 的现场施工管理信息化技术"和自主创新的"型钢混凝土结构梁底钢筋与钢柱焊接施工技术",应用效果显著,该工程应用新技术的整体水平达到深圳领先水平

20.2021 年度深圳市建筑业绿色施工示范工程奖名单

序号	工程名称	施工单位	工程规模/m²	项目负责人	项目技术负责人
1	安居锦园	中建科技集团有限公司	44350	张建新	杨昆
2	红坳村整村搬迁安置房工程	中建一局集团建设发展有限公司	417000	卢礼剑	仲敏
3	金众麒麟公馆一期/二期总承包工程	深圳市建工集团股份有限公司	148861	杜宪贵/舒孝洪	孙辉
4	龙城街道回龙埔新工业区城市更新单元安居型商品房项目	中国华西企业有限公司	58310	林庆	贾林昌
5	尚智科技园项目施工总承包工程	中建二局第三建筑工程有限公司	291614	李强	田怀伍
6	深圳宝安国际机场卫星厅	中国建筑股份有限公司	238885	卢育坤	许啟新
7	深圳机场开发区西区六期(领航城领逸大楼)	中国建筑第二工程局有限公司	69650	徐永东	林贵鹏
8	太平洋工业区更新项目一期1-02、1-03 地块施工总承包	中建二局第一建筑工程有限公司	143622	杨峰	黄河
9	太子湾二组团 DY02-04 项目总承包工程	中国建筑第四工程局有限公司	119642	许维陆	徐真
10	誉珑名苑、誉珑荟庭、誉珑豪轩、誉珑明轩	深圳市建工集团股份有限公司	310000	李林	鲍建宏

21. 2021 年度深圳市建设工程安全生产与文明施工优良工地表彰名单

（排名不分先后）

（上半年）

房建工程

序号	工程名称	结构施工单位	项目经理	参建单位	监理单位	总监	建筑面积/m²
				宝安区			
1	宝安 1990（图书馆、文化馆、音乐厅）升级改造工程项目	中建科工集团有限公司	陈伟文	—	广东建设工程监理有限公司	谢华	61096
2	宝安区新安街道凸版印刷工业区城市更新单元二期(01)、一期(02)、三期(03)地块施工总承包工程	中国建筑第二工程局有限公司	陈晟	—	深圳华西建设工程管理有限公司	罗建林	300000
3	宝湾大厦（不含桩基）	陕西建工集团股份有限公司	张玉峰	—	深圳市合创建设工程顾问有限公司	姜奇	103828
4	滨海廊桥工程公园配套构筑物（含廊桥主廊、次廊、跨宝源路过街设施）	中建科工集团有限公司	陈松鹤	—	铁科院（北京）工程咨询有限公司	马进平	13000
5	和樾府一期、二期、三期主体工程	中国建筑第四工程局有限公司	庞日贵	—	广州越秀地产工程管理有限公司	翟长见	169435
6	嘉富宝禧花园	银广厦集团有限公司	濮胜越	—	深圳市龙城建设监理有限公司	李强	221064
7	嘉富新禧花园	银广厦集团有限公司	濮胜越	—	深圳市龙城建设监理有限公司	李强	134878
8	玖玖颂阁（不含桩基）	福建省惠东建筑工程有限公司	徐向斌	—	深圳市建力建设监理有限公司	谢广基	104140

序号	工程名称	结构施工单位	项目经理	参建单位	监理单位	总监	建筑面积/m²
9	联投东方世家花园（A417-1811）（不含桩基）	中建二局第二建筑工程有限公司	李斌	—	深圳市赛格监理有限公司	黄文尚	190994
10	满京华艺展天地广场桩基础与主体工程	深圳市荣翔建筑工程有限公司	安高明	—	深圳科宇工程顾问有限公司	米永科	145602
11	满京华云著华庭桩基础与主体工程	中国建筑第二工程局有限公司	郑家俊	—	深圳科宇工程顾问有限公司	米永科	150300
12	盛合天宸家园	江苏省华建建设股份有限公司	吴航	—	深圳科宇工程顾问有限公司	王波浩	74270
13	松溪家园1栋(1-7单元)	中建三局第三建设工程有限公司	毛长征	—	深圳市合创建设工程顾问有限公司	岳永明	144394
14	燕和苑（不含桩基）	中国建筑第四工程局有限公司	刘业晟	—	深圳市京圳工程咨询有限公司	周江源	53160
15	招商臻府（不含桩基）	中建一局集团第二建筑有限公司	汪彦涛	—	深圳现代监理有限公司	李雪峰	151999
大鹏新区							
1	安居白鹭湾府项目主体工程	中建三局第二建设工程有限责任公司	肖诗凯	—	深圳市合创建设工程顾问有限公司	黄鹏程	49323
2	诺德阅山海花园	中铁建工集团有限公司	李勇	—	深圳市深龙港建设监理有限公司	张佶	119293
3	生物家园	中国华西企业有限公司	吴大兵	—	深圳市竣迪建设监理有限公司	吴梓明	139114

续表

序号	工程名称	结构施工单位	项目经理	参建单位	监理单位	总监	建筑面积/m²
4	卓越蔚蓝铂樾府二期主体工程【6#（6A#、6B#）】	国基建设集团有限公司	郭拴明	—	深圳华西建设工程管理有限公司	黎伟	185800
5	卓越蔚蓝铂樾府一期主体工程【1#、2#（2A#、2B#）、7#（7A#、7B#）、8#】	国基建设集团有限公司	郭拴明	—	深圳华西建设工程管理有限公司	黎伟	185800
6	卓越蔚蓝铂樾府一期主体工程【3#、9#（9A#、9B#、9C#）、11#（幼儿园）】、卓越蔚蓝铂樾府二期主体工程（4#、5#）	深圳市鹏城建筑集团有限公司	宋子豪	—	深圳华西建设工程管理有限公司	黎伟	140000
福田区							
1	八卦岭科技大厦项目总承包工程	中国建筑第八工程局有限公司	岳振江	—	深圳市大众工程管理有限公司	赵群	88123
2	福景消防站上盖保障房项目	中国建筑第七工程局有限公司	郑江华	—	深圳华西建设工程管理有限公司	陈璐斯	12798
3	福田区群众文化中心建设项目	中国建筑第四工程局有限公司	袁茂生	—	深圳华西建设工程管理有限公司	周先珍	105165
4	福投控大厦项目工程	中国建筑第七工程局有限公司	刘文清	—	深圳市恒浩建工程项目管理有限公司	孙学治	106905
5	海德园项目主体工程	深圳市鹏城建筑集团有限公司	邱伟	—	深圳市中行建设工程顾问有限公司	程传信	232484

续表

序号	工程名称	结构施工单位	项目经理	参建单位	监理单位	总监	建筑面积/m²
6	华富村施工总承包工程	中国建筑第五工程局有限公司	王晓冬	—	深圳市合创建设工程顾问有限公司	郭小周	479615
7	深圳明德实验学校(香蜜湖校区)扩建综合楼工程	深圳市焕升建筑工程有限公司	张垚	深圳市越升建筑集团有限公司 深圳市越升建筑劳务有限公司	深圳市建控地盘监理有限公司	蒋凌东	15008
8	深圳市急救血液信息三中心公共卫生服务综合楼项目施工总承包	中国建筑第八工程局有限公司	郭福良	—	浙江江南工程管理股份有限公司	陆东伟	54462
9	汤坑第一工业区城市更新配套学校主体工程	深圳市天健第三建设工程有限公司	林华胜	—	深圳市合创建设工程顾问有限公司	欧仁庚	42970
10	天健天骄东郡施工总承包工程	中建二局第一建筑工程有限公司	熊立莉	—	深圳市鲁班建设监理有限公司	魏琴	33878
11	中海阳光橡树园1栋、2-5栋	南通建工集团股份有限公司	葛存来	—	中海监理有限公司	王登奎	166278
光明区							
1	峰境瑞府项目主体工程	汕头市建安实业(集团)有限公司	陈升辉	—	深圳市邦迪工程顾问有限公司	张杰	106301
2	红花消防站建设工程桩基础、主体工程	深圳市福田建安建设集团有限公司	聂丽春	—	浙江华洲国际设计工程顾问有限公司	程绩	5091
3	联想创新科技园总承包施工二期主体工程(4栋厂房及门卫室3)	中国建筑第八工程局有限公司	王文朋	—	武汉华胜工程建设科技有限公司	黄欣	75613

续表

序号	工程名称	结构施工单位	项目经理	参建单位	监理单位	总监	建筑面积/m²
4	联想创新科技园总承包施工工程一期主体工程（1、2、3、5栋及门卫室1、2）	中国建筑第八工程局有限公司	王文朋	—	武汉华胜工程建设科技有限公司	黄欣	201221
5	民轩揽翠台总承包工程	中国华西企业有限公司	李刚	—	深圳大众工程管理有限公司	肖必武	54072
6	内衣基地产业配套宿舍项目（主体工程）	中建二局第一建筑工程有限公司	翟志梅	—	深圳市特发工程管理有限责任公司	文峰	155466
7	勤诚达正大城乐园	中建四局土木工程有限公司	赵亦祥	—	深圳科宇工程顾问有限公司	陈立君	164607
8	深圳市第十五高级中学设计采购施工总承包（EPC）	中建三局第一建设工程有限责任公司	贺小聪	—	深圳市邦迪工程顾问有限公司	刘清廉	69880
9	玺云著花园一期（1、2、3、4、7栋）项目主体工程	深圳市建工集团股份有限公司	熊永冬	—	中海监理有限公司	王德恒	87390
10	原光明农场职工一期发展用地TFY18-TFY20地块主体工程	深投建设（深圳）有限公司	蔡立勇	—	深圳市竣迪建设监理有限公司	陈文贵	131000
11	原光明农场职工一期发展用地TFY21地块主体工程	深投建设（深圳）有限公司	蔡立勇	—	深圳市竣迪建设监理有限公司	陈文贵	158000
12	原光明农场职工一期发展用地TFY22地块主体工程	深投建设（深圳）有限公司	黄伟旭	—	深圳市竣迪建设监理有限公司	陈文贵	58000
13	智慧能源产业园	中国南海工程有限公司	李军	—	北京帕克国际工程咨询股份有限公司	陈金龙	330513

续表

序号	工程名称	结构施工单位	项目经理	参建单位	监理单位	总监	建筑面积/m²
14	中海地产光明区A510-0150地块项目1栋、2栋、3栋、4栋主体工程(中海地产光明区A510-0151地块项目(暂定名)9栋、10栋、13栋、15栋主体工程)	陕西建工第五建设集团有限公司	雷国峰	—	中海监理有限公司	张德东	130685

<table>
<tr><td colspan="8" align="center">龙岗区</td></tr>
</table>

序号	工程名称	结构施工单位	项目经理	参建单位	监理单位	总监	建筑面积/m²
1	安居禧龙苑	中国华西企业有限公司	苏桥秀	—	深圳市大众工程管理有限公司	李明	48987
2	百富科技大厦	中国建筑一局(集团)有限公司	吴寿昌	—	深圳市银建安工程项目管理有限公司	曹远福	46151
3	宝鸿华府1-6栋主体工程	江苏弘盛建设工程集团有限公司	顾庆昊	惠州市春晓建筑劳务有限公司	深圳市金钢建设监理有限公司	刘玉芹	161890
4	创维创客工业园1、2栋	中建八局第一建设有限公司	周砚成	—	深圳市银建安工程项目管理有限公司	周祥	174021
5	富通·九曜公馆主体工程	广东五华二建工程有限公司	李文雄	—	深圳市中侨物业工程监理有限公司	余铜生	185533 m
6	赣锋科技大厦	深圳市建工集团股份有限公司	及瑞虹	—	深圳市龙城建设监理有限公司	刘学云	81545
7	龙岗区第四人民医院	中国建筑一局(集团)有限公司	敬波	—	深圳市合创建设工程顾问有限公司	张强	108804
8	龙岗区龙城高级中学扩建工程	中国建筑第六工程局有限公司	李红刚	—	中咨工程管理咨询有限公司	贺剖之	37455

续表

序号	工程名称	结构施工单位	项目经理	参建单位	监理单位	总监	建筑面积 /m²
9	龙岗区人民医院扩建项目－深圳市龙岗区健康管理服务中心大楼	上海建工五建集团有限公司	郑钡洪	广东联富建设工程有限公司	深圳市合创建设工程顾问有限公司	刘勇	60843
10	启迪协信科技园10栋-17栋	中国建筑第八工程局有限公司	朱辉	—	深圳市恒浩建工程项目管理有限公司	陈立明	186813
11	深圳科学高中足球学校建设工程	中国建筑第四工程局有限公司	王伟涛	—	浙江五洲工程项目管理有限公司	朱志刚	122428
12	深圳市公安局龙岗分局三所三队一中心1号地块总承包工程	中国建筑第四工程局有限公司	刘海平	—	深圳市中行建设工程顾问有限公司	黄蔚	55503
13	市第十七高中建设工程设计施工总承包	中建科工集团有限公司	涂达辽	—	上海市建设工程监理咨询有限公司	王晓琦	131172
14	银台智慧创新厂区主体工程	江苏省华建建设股份有限公司	杨晶晶	—	深圳市佳安特工程建设管理有限公司	崔燕玉	87956
15	中国医学科学院肿瘤医院深圳医院改扩建（一期）项目主体工程	中国建筑第八工程局有限公司	杨涛	—	重庆赛迪工程咨询有限公司	范美胜	29574
龙华区							
1	安居瑞龙苑项目主体工程	中建三局第二建设工程有限责任公司	钱启斌	—	深圳市中行建设工程顾问有限公司	赵亚红	136242
2	安居尚龙苑项目主体工程	中国建筑第四工程局有限公司	计龙龙	—	深圳市合创建设工程顾问有限公司	冯桂江	71128
3	恒壹四季华府主体	中建四局第五建筑工程有限公司	袁陆冰	—	深圳科宇工程顾问有限公司	周友余	55621

序号	工程名称	结构施工单位	项目经理	参建单位	监理单位	总监	建筑面积/m²
4	红山中学高中部	深圳市市政工程总公司	吴文明	—	上海建科工程咨询有限公司	聂新华	72000
5	简上商务大厦主体工程	中国建筑第四工程局有限公司	赵见岗	—	深圳市英来建设监理有限公司	王振国	21686
6	卡尔丹顿工业厂区	汕头市达濠建筑总公司	曾科	—	广东天衡工程建设咨询管理有限公司	余涌锐	122450
7	莱蒙国际大厦主体工程	中国建筑第四工程局有限公司	程吉	—	深圳市英来建设监理有限公司	刘伟	107091
8	澜汇城泱花园工程	中国核工业华兴建设有限公司	贾广德	—	深圳市邦迪工程顾问有限公司	周志诚	157917
9	乐创荟大厦主体工程	中建五局华南建设有限公司	张章	—	深圳市广厦工程顾问有限公司	张建枚	164488
10	联建产业园总包工程	联建建设工程有限公司	徐灿	—	东莞市建设监理有限公司	汪小兵	126734
11	龙塘停车场综合体项目	深圳市市政工程总公司	吴洵	—	深圳市祺骏建设工程顾问有限公司	段志毅	35274
12	民丰学校	中国建筑第四工程局有限公司	孙石虎	—	深圳市合创建设工程顾问有限公司	刘世成	57533
13	民新派出所项目主体工程	中建三局第二建设工程有限责任公司	郭仁勇	—	深圳市建控地盘监理有限公司	王维平	24815
14	壹成时代花园(二期)	中建三局第一建设工程有限责任公司	李健章	—	深圳市建力建设监理有限公司	邓集锋	87062
15	中海汇德理花园总承包工程	中国华西企业有限公司	廖嘉华	—	中海监理有限公司	郭永志	187735

续表

序号	工程名称	结构施工单位	项目经理	参建单位	监理单位	总监	建筑面积/m²
				罗湖区			
1	城建大厦施工总承包工程	中国建筑第二工程局有限公司	胡亮	—	深圳华西建设工程管理有限公司	李云中	191043
2	黄贝岭旧村改造项目（04-01 地块)总承包工程	中国建筑第六工程局有限公司	李广场	深圳市万萌建科集团有限公司	深圳市启光建设监理有限公司	黄粟成	75819
3	罗湖"二线插花地"棚户区改造项目施工总承包Ⅴ标 01-06 地块主体工程	上海宝冶集团有限公司	邹小谦	—	上海建科工程咨询有限公司	周立新	53680
4	罗湖"二线插花地"棚户区改造项目施工总承包Ⅳ标布心片区 01-01 地块主体工程	上海建工集团股份有限公司	高光宏	—	上海建科工程咨询有限公司	王宇	325138
5	罗湖区翠竹街道水贝村城市更新单元三期 1-02 地块	中国华西企业有限公司	周刚	深圳嘉鸿建设工程有限公司	深圳市振强建设工程管理有限公司	钟实民	256497
6	罗湖区笋岗街道长城国际物流用地城市更新单元 03-01 地块北区/南区、03-02 地块、03-03 地块总承包工程	中国建筑第二工程局有限公司	郭娟	—	中海监理有限公司	杨远方	562934
7	仁恒世纪大厦主体工程	龙信建设集团有限公司	陈建飞	—	深圳市英来建设监理公司	刘运才	80255
8	润安深南大厦总承包工程	中建三局集团有限公司	罗卫华	—	中海监理有限公司	张昌桂	148000

序号	工程名称	结构施工单位	项目经理	参建单位	监理单位	总监	建筑面积/m²
				南山区			
1	安居博文苑	中国建筑第四工程局有限公司	杨武勇	—	中咨工程管理咨询有限公司	陈强	46131
2	安托山停车场综合上盖项目1#地块施工总承包	中国建筑第四工程局有限公司	刘伟	—	深圳市邦迪工程顾问有限公司	王艳刚	142563
3	创智云城项目三期施工总承包工程	中国建筑第五工程局有限公司	夏芳	—	四川省城市建设工程监理有限公司	赵绪鹏	234773
4	大沙河文体中心及西侧附属绿地整体改造项目	中建五局华南建设有限公司	李昌胜	—	深圳华西建设工程管理有限公司	杨宪云	133239
5	华润城润玺二期花园(一期、二期)总承包工程	华润建筑有限公司	林伟文	—	中海监理有限公司	王长玉	285596
6	乐普大厦主体工程	深圳市建工集团股份有限公司	崔士忠	—	深圳市九州建设技术股份有限公司	李义刚	205317
7	留仙洞公司返还用地主体工程	深圳市建工集团股份有限公司	罗文海	—	深圳科宇工程顾问有限公司	李勇	85149
8	南山外国语文华学校改扩建项目施工总承包工程	广东联富建设工程有限公司	刘宝定	—	深圳市特发工程建设监理有限公司	桂绍俊	29609
9	前海交易广场南区施工总承包Ⅱ标工程	中建科工集团有限公司	杨啸磊	中铁一局集团有限公司	深圳市恒浩建工程项目管理有限公司	吴勇	92570
10	碳云大厦主体工程	中建三局第一建设工程有限责任公司	宁亮	—	深圳华西建设工程管理有限公司	刘小平	144009
11	天健前海T204-0142宗地项目施工总承包工程	深圳市市政工程总公司	黄绍用	—	深圳市长城工程项目管理有限公司	王志强	95404

续表

序号	工程名称	结构施工单位	项目经理	参建单位	监理单位	总监	建筑面积/m²
12	天音大厦	深圳市建安(集团)股份有限公司	卢宗航	—	中海监理有限公司	梅可	147441
13	臻林天汇大厦主体工程	中国建筑第二工程局有限公司	钟储营	—	广州宏达工程顾问集团有限公司	龚子辉	117134
坪山区							
1	安居凤凰苑主体工程	中国建筑一局(集团)有限公司	赵智奇	—	深圳市合创建设工程顾问有限公司	黄学	445419
2	安居御龙苑	中冶天工集团有限公司	刘东锋	—	深圳市合创建设工程顾问有限公司	李彪	66078
3	佳华领悦广场主体工程	中国华西企业有限公司	梁志平	—	深圳市鸿业工程项目管理有限公司	李继桦	212800
4	老坑学校主体工程	中国建筑一局(集团)有限公司	周双全	重庆市津北建筑工程有限公司	深圳市大众工程管理有限公司	乌云高娃	68467
5	马峦街道公共文化服务中心建设工程	中建科技集团有限公司	张斌	—	深圳市金钢建设监理有限公司	曹国华	21717
6	坪山区盘松路地块项目(01 地块)主体工程	中国建筑第七工程局有限公司	丁德亮	—	深圳市恒浩建工程项目管理有限公司	胡杰	224000
7	沙墩学校项目勘察设计施工总承包工程	中国建筑一局(集团)有限公司	姚庚明	—	深圳市恒浩建工程项目管理有限公司	崔凤山	55403
8	市第二十高级中学	中建科技集团有限公司	魏红难	—	深圳市九州建设技术股份有限公司	胡志强	73000
9	市第十八高级中学	中建科技集团有限公司	吴勇	—	深圳市中行建设工程顾问有限公司	魏常富	73000

续表

序号	工程名称	结构施工单位	项目经理	参建单位	监理单位	总监	建筑面积/m²
深汕特别合作区							
1	安居深乐村	中铁南方投资集团有限公司	余茂东	—	深圳市中行建设工程顾问有限公司	高建明	442730
2	海逸村项目（1栋、2栋A座、2栋B座、地下停车库、地下设备房）	中国十七冶集团有限公司	赵云	—	中海监理有限公司	魏运伦	79359
3	晟大科技厂区1栋、2栋、3栋、4栋、5栋、6栋、4-5栋厂房连廊、地下车库及设备用房	深圳市润鹏建设工程有限公司	黄健	深圳市润博建设有限公司	深圳市鸿图建设管理集团有限公司	许海涛	78452
盐田区							
1	佳兆业御璟佳园广场主体及桩基础工程	深圳市新启源实业发展有限公司	张义德	—	深圳市恒浩建工程项目管理有限公司	刘刚	149151
2	四期御景佳园主体及桩基础工程	深圳市鹏鑫建筑工程有限公司	谢金华	—	深圳市恒浩建工程项目管理有限公司	陈安顺	119206
3	盐田北综合车场工程	深圳榕亨实业集团有限公司	吴彬	—	深圳市恒浩建工程项目管理有限公司	李正祥	60986
4	盐田外国语学校综合楼、梅沙运动中心	深圳市市政工程总公司	任丽玮	—	深圳市恒浩建工程项目管理有限公司	季震国	26955
5	卓越荣津瀚海湾名庭	中国建筑第二工程局有限公司	梁鹏辉	—	深圳华西建设工程管理有限公司	刘金荣	108862

市政工程

序号	工程名称	结构施工单位	项目经理	参建单位	监理单位	总监	工程造价/万元
宝安区							
1	宝安（大空港片区）全面消黑工程 EPC 总承包项目部一工区	中国水利水电第十一工程局有限公司	李晓干	—	深圳市宝安区建设工程监理有限公司	吴文祥	33000
2	宝安区 2019 年全面消除黑臭水体工程（茅洲河片区）（设计采购施工总承包）三工区	中国水利水电第十一工程局有限公司	孙洪涛	—	深圳市深水水务咨询有限公司	邓华勇	74967
3	宝安区 2019 年全面消除黑臭水体工程（茅洲河片区）（设计采购施工总承包）一工区	中电建生态环境集团有限公司 中国水利水电第七工程局有限公司	陈述可 刘波	—	深圳市深水水务咨询有限公司	邓华勇	55796
4	大空港新城区截流河综合治理工程-主体部分（不含生态修复）	中国水利水电第八工程局有限公司	陈克兵	—	深圳市深水水务咨询有限公司	袁红雷	239606
5	东莞长安至深圳南山高速公路第 2 合同段深中通道深圳侧接线	中铁大桥局集团有限公司	郑双祥	—	深圳市高速工程顾问有限公司	刘鹏	109896
6	空港新城启动区综合管廊及道路一体化工程-沙井南环路西延段道路工程（海滨大道-锦程路）	中国二十冶集团有限公司	高云风	—	深圳市东鹏工程建设监理有限公司	王茹军	114507

序号	工程名称	结构施工单位	项目经理	参建单位	监理单位	总监	工程造价/万元
7	妈湾跨海通道（月亮湾大道-沿江高速）工程施工总承包2标二工区	中铁七局集团有限公司	马宏建	—	英泰克工程顾问（上海）有限公司	王清	354400
8	茅洲河流域（宝安片区）水环境综合整治工程-潭头河湿地	中国水利水电第六工程局有限公司	于松	—	深圳市深水兆业工程顾问有限公司	刘红卫	21691
9	沙井街道新和大道（宝安大道-松福大道）综合改造工程	深圳市森昊建筑工程有限公司	熊碧辉	—	深圳市鲁班建设监理有限公司	郭斯钢	12562
10	深圳市城市轨道交通四期共建管廊工程-12号线共建管廊工程一工区	中国水利水电第七工程局有限公司	张兴全	—	北京铁城建设监理有限责任公司	吴建军	86771
11	深圳市妈湾跨海通道工程施工总承包2标一工区	中铁隧道局集团有限公司	马宏建	—	英泰克顾问工程（上海）有限公司	王清	555928
12	深圳市沙井水质净化厂三期工程设计采购施工总承包（EPC）	中交第一航务工程局有限公司	张明日	—	深圳市深水水务咨询有限公司	杜喜讯	97354
大鹏新区							
1	大鹏新区迎宾路市容环境综合提升工程	深圳中绿环境集团有限公司	彭诚	深圳市天建泰建筑工程有限公司	深圳天邦建设工程顾问有限公司	李明强	7557
2	南澳河综合整治剩余工程	深圳市广汇源水利建筑工程有限公司	董鑫	—	四川省城市建设工程监理有限公司	张忠生	5525

续表

序号	工程名称	结构施工单位	项目经理	参建单位	监理单位	总监	工程造价/万元
				福田区			
1	侨香三道（安托山一路至安托山四路）干线管廊、安托山二路（侨香三道至侨香四道）支线（缆线）管廊工程	深圳市福田建安建设集团有限公司	蔡国振	—	中海监理有限公司	赵丽	5604
2	新洲河流域水环境提升工程-景观提升工程（示范段）	深圳市市政工程总公司	周新鑫	—	深圳市深水水务咨询有限公司	王立国	16814
				光明区			
1	光辉大道市政工程Ⅱ标	中国铁建大桥工程局集团有限公司	惠中华	—	深圳市恒浩建工程项目管理有限公司	吴江平	31206
2	光辉大道市政工程Ⅰ标	深圳鹏投建设有限公司	胡小敏	深圳市金润建设工程有限公司	深圳市恒浩建工程项目管理有限公司	吴江平	11785
3	光明北片区碧光路市政工程等十一个市政道路项目（碧丽路、圳美一路、圳新路）	深圳市龙坚建筑工程有限公司	李虎	—	深圳市天创健建设监理咨询有限公司	邱永海	45638
4	甲子塘水厂深度处理建设工程	深圳市市政工程总公司	郭韶敏	深圳市天健第一建设工程有限公司	深圳市大兴工程管理有限公司	周磊	10234
5	科学城智慧公园项目（湾流区）	深圳市龙坚建筑工程有限公司	贾广焕	—	深圳市天创健建设监理咨询有限公司	邱永海	34534
6	茅洲河碧道试点段建设项目（光明段）施工	深圳市市政工程总公司	石成定	—	深圳市深龙港建设监理有限公司	胥辉龙	97093

序号	工程名称	结构施工单位	项目经理	参建单位	监理单位	总监	工程造价/万元
7	信宏城城市更新单元市政配套工程	深圳市福田建安建设集团有限公司	余兴阳	—	深圳市甘泉建设监理有限公司	邓琳	5513
龙岗区							
1	2019年龙岗区龙岗河流域、观澜河流域消除黑臭及河流水质保障工程（龙岗街道-龙岗工区二）	中电建生态环境集团有限公司 中国水电基础局有限公司	胡二飞 段延旗	—	建艺国际工程管理集团有限公司	韩春水	42829
2	2020年龙岗区龙岗河流域、深圳河流域、观澜河流域河流水质提升及污水处理提质增效工程（一、二阶段）深圳河流域施工（南湾街道）	深圳市市政工程总公司	刘柱	—	深圳市天创建建设监理咨询有限公司 晨越建设项目管理集团股份有限公司	邓思伟 马能刚	135590
3	龙岗街道龙园路延长段拓宽改造工程	深圳市森昊建筑工程有限公司	王金章	—	深圳市广厦工程顾问有限公司	徐少彪	5835
4	龙岗区优质饮用水入户工程（2019年）-深水龙岗水务集团供水片区（横岗街道）	深圳市隆金达实业有限公司	余妍妍	—	—	—	8843
龙华区							
1	五和大道（梅观高速-雅南路）段品质提升工程（施工）	深圳市路桥建设集团有限公司	谭海山	—	深圳市西伦土木结构有限公司	吕继祥	5911

序号	工程名称	结构施工单位	项目经理	参建单位	监理单位	总监	工程造价/万元
罗湖区							
1	布吉南环路（西环路至禾坑路段）建设工程一期（龙岗大道至禾坑路段）工程	中国水利水电第七工程局有限公司	程宁宇	—	深圳市鲁班建设监理有限公司	周洪彦	47136
南山区							
1	滨海大道（总部基地段）交通综合改造工程设计施工总承包（EPC）	中国中铁股份有限公司中铁四局集团有限公司	姬繁	—	江苏建科工程咨询有限公司	唐海洋	339965
坪山区							
1	宝坪路市政工程（南段）二标	中铁十一局集团有限公司	马必雄	—	深圳市鲁班建设监理有限公司	陈彦五	25803
2	金辉路综合管廊工程（施工）	深圳市市政工程总公司	尹剑辉	深圳市天健坪山建设工程有限公司	深圳市中行建设工程顾问有限公司	李正龙	44700
3	坪山河流域短小支流综合整治工程-大山陂水	深圳市市政工程总公司	明国维	天健坪山建设工程有限公司	深圳市恒浩建工程项目管理有限公司	杨立新	6054
4	坪山区优质饮用水入户（第二阶段）项目	深圳市市政工程总公司	易凌志	—	深圳市东鹏工程建设监理有限公司	李云海	6038
5	坪山区正本清源查漏补缺工程（三标段）EPC总承包工程	深圳市粤通建设工程有限公司	刘斌	深圳市天健坪山建设工程有限公司	深圳市霍克建设监理有限公司	钟奇志	34922
6	坪山区正本清源查漏补缺工程（一标段）EPC总承包	中国水利水电第四工程局有限公司	徐海斌	深圳广水建设集团有限公司深圳市锋潮建设工程有限公司	深圳市东鹏工程建设监理有限公司	刘传金	44819

轨道交通工程

序号	工程名称	结构施工单位	项目经理	参建单位	监理单位	总监	工程造价/万元
				宝安区			
1	深圳市城市轨道交通12号线工程施工总承包土建七工区（科技馆站、永和区间、和会区间、会科区间、科海区间）	中国电建市政建设集团有限公司	张凯	—	深圳地铁工程咨询有限公司	梁万鹏	75180
2	深圳市城市轨道交通12号线工程施工总承包土建三工区-流塘站（15号线部分）	中国水利水电第七工程局有限公司	赵朝辉	—	深圳市东部工程咨询有限公司	樊启洪	263959
3	深圳市城市轨道交通12号线工程施工总承包土建五工区（机场东站、黄田站-机场东站区间）	中国水利水电第十一工程局有限公司	余良碧	—	中煤中原（天津）建设监理咨询有限公司	王丙湘	175004
4	深圳市轨道交通12号线共建管廊工程施工总承包土建二工区	中国电建集团铁路建设有限公司	柯昌喜	—	中咨工程管理咨询有限公司	伍英东	26579
				福田区			
1	深圳市城市轨道交通14号线工程施工总承包土建一工区清水河站	中铁隧道局集团有限公司	唐贤海	—	西安铁一院工程咨询监理有限责任公司	倪俊波	222012
2	深圳市黄木岗综合交通枢纽工程二工区	中铁四局集团有限公司	程贤红	—	铁科院（北京）工程咨询有限公司	史晋锋	208200

续表

序号	工程名称	结构施工单位	项目经理	参建单位	监理单位	总监	工程造价/万元
龙岗区							
1	深圳地铁 14 号线土建三工区（石芽岭-六约北区间、六约北-四联站区间、四联站-坳背站区间）	中铁六局集团有限公司	常建军	—	广东中弘策监理工程顾问有限公司	胡利兵	283591
2	深圳市城市轨道交通 14 号线工程施工总承包土建二工区布吉站、布吉站～石芽岭区间	中铁隧道局集团有限公司	谢春来	—	广东中弘策工程顾问有限公司	胡利兵	107826
3	深圳市城市轨道交通 16 号线工程施工总承包四工区（双龙站～龙南站区间、龙东村站～同乐村站区间）	中国铁建股份有限公司中铁十一局集团有限公司	李飞前阮诗晓	—	中咨工程管理咨询有限公司	雷鸣	191012
4	深圳市轨道交通四期共建管廊工程-14 号线共建管廊工程 14GL-101 标土建二工区（7♯井、10♯井）	中铁六局集团有限公司	龙国俊	—	英泰克工程顾问(上海)有限公司	王渠	81941
南山区							
1	深圳城市轨道交通 13 号线 13101 标科苑站、登后区间、后科区间	中国建筑股份有限公司中建交通建设集团有限公司	周伟	—	上海市建设工程监理咨询有限公司	李振宇	132807

序号	工程名称	结构施工单位	项目经理	参建单位	监理单位	总监	工程造价/万元
2	深圳市城市轨道交通 12 号线工程施工总承包土建二工区（桃园站-南头古城站、中山公园站-同乐站区间）	中国水利水电第四工程局有限公司	张长龙	—	铁四院（湖北）工程监理咨询有限公司	赵辉进	184326
3	深圳市城市轨道交通 13 号线工程深圳湾口岸站主体结构、内湖停车场出入段线	中国建筑股份有限公司中国建筑第五工程局有限公司	王正国	—	上海市建设工程监理咨询有限公司	李振宇	108856
坪山区							
1	深圳市城市轨道交通 14 号线工程车辆段及主所工区	中国中铁股份有限公司中铁三局集团有限公司	刘栋	—	铁四院（湖北）工程监理咨询有限公司	张晓青	283502
2	深圳市城市轨道交通 16 号线工程施工总承包七工区（田心站）	中铁十二局集团有限公司	王毅军	—	中铁济南工程建设监理有限公司	董效佩	197108
3	深圳市城市轨道交通 16 号线田心车辆段及出入线工程	中国铁建股份有限公司中铁十四局集团有限公司	王强	—	广东重工建设监理有限公司	黄国贤	224417
盐田区							
1	深圳市城市轨道交通 8 号线二期工程 8141 标土建一工区（盐田食街站、盐田路站～北山道站区间）	中交第二公路工程局有限公司	云建平	—	广州轨道交通建设监理有限公司	谢伦胜	157400

续表

序号	工程名称	结构施工单位	项目经理	参建单位	监理单位	总监	工程造价/万元
2	深圳市城市轨道交通 8 号线二期工程施工总承包土建二工区	中交第二航务工程局有限公司	李计金	—	北京中铁诚业工程建设监理有限公司	赵晓军	64433

（下半年）

房建工程

序号	工程名称	施工单位	项目经理	参建单位	监理单位	总监	建筑面积/m²
				宝安区			
1	安居鸿栖台（不含桩基础）	中建二局第三建筑工程有限公司	周贵虎	—	深圳市竣迪建设监理有限公司	吴泰新	213762
2	安居空港花园（不含桩基）	中铁五局集团建筑工程有限责任公司	黄友发	—	深圳市华建工程项目管理有限公司	袁学民	231192
3	宝安环境治理技术应用示范基地项目（二期）施工总承包工程	中铁一局集团有限公司	石杨	—	江西中昌工程咨询监理有限公司	徐然	89461
4	宝辰大厦（不含桩基）	中国建筑第五工程局有限公司	刘扬华	—	深圳市特发工程管理有限责任公司	彭建斌	136070
5	臣田商务大厦（不含桩基）	中国建筑第五工程局有限公司	黄锋	—	深圳市银建安工程项目管理有限公司	陈建平	241275
6	都市茗荟花园（二期）	深圳市旭生骏鹏建筑工程有限公司	毛慕星	—	深圳市昊源建设监理有限公司	陈江	201257
7	福海街道福新小学扩建工程	广东联富建设工程有限公司	田殊驰	深圳市隆金达实业有限公司	深圳市大众工程管理有限公司	徐天平	28667
8	国际酒店项目EPC 工程总承包Ⅰ标段	中建科工集团有限公司	熊伟	—	浙江江南工程管理股份有限公司	王友波	295500

序号	工程名称	施工单位	项目经理	参建单位	监理单位	总监	建筑面积/m²
9	鸿鹏大厦	广东中联建建筑工程有限公司	黄金源	—	深圳市建力建设监理有限公司	陈宏	82644
10	湖泮轩（不含桩基）	中建三局第一建设工程有限责任公司	郑大睿	—	深圳市邦迪工程顾问有限公司	张智风	113302
11	会展湾里岸广场（A区、B区）	江苏省江建集团有限公司	吴永福	—	深圳市中深建设监理有限公司	阳运田	213900
12	机场综合值班宿舍楼主体工程	中建二局第一建筑工程有限公司	罗晓生	—	深圳华西建设工程管理有限公司	章樊斌	94924
13	嘉洲大厦	广东电白二建集团有限公司	宋晓文	—	深圳市中侨物业工程监理有限公司	李如春	151685
14	满京华云著雅庭桩基础与主体工程	中国建筑第二工程局有限公司	郑家俊	—	深圳科宇工程顾问有限公司	米永科	56537
15	南太科技中心	中国核工业第二二建设有限公司	严磊	—	深圳市罗湖工程项目管理有限公司	曹君彩	194595
16	深圳空管站值班用房工程	中建科工集团有限公司	苏相岗	—	广州中南民航工程咨询监理有限公司	邓天君	6683
17	深圳市第二十四高级中学（不含桩基）	中建科工集团有限公司	袁时全	—	浙江江南工程管理股份有限公司	张超	110000
18	深圳市第十三高级中学主体工程	中建科工集团有限公司	许通	—	深圳市九州建设技术股份有限公司	袁龙凯	109997
19	深圳市嘉康食品有限公司肉类综合加工厂项目（二期）	中国水利水电第十一工程局有限公司	赵国谦	—	深圳市全安建设监理有限公司	邓岳益	34468

序号	工程名称	施工单位	项目经理	参建单位	监理单位	总监	建筑面积/m²
20	深圳市特种设备安全检验测试基地项目施工总承包工程	中国建筑第二工程局有限公司	高瑞广	—	浙江五洲工程项目管理有限公司	阎钢	47400
21	万科大都会家园（A007-0569）（A007-0570）	深圳市深安企业有限公司	李俊男	—	深圳市合创建设工程顾问有限公司	师进田	201468
22	万科都会四季花园（07-04-1 地块）	中国建筑第四工程局有限公司	王洁	—	深圳市邦迪工程顾问有限公司	金文	80417
23	怡亚通大厦项目施工总承包工程	深圳市建安（集团）股份有限公司	段旖	—	深圳市恒浩建工程项目管理有限公司	陈炯炯	75197
24	云展大厦（不含桩基）	中建二局第一建筑工程有限公司	黄洪文	—	深圳市竣迪建设监理有限公司	姚勇	205802
25	融创华发冰雪文旅城人才房项目01 地块（一期）（二期）（不含桩基）	中建八局第一建设有限公司	吴忠祥	—	广东重工建设监理有限公司	许万茂	151263
大鹏新区							
1	安居君兰湾府	中建三局第二建设工程有限责任公司	申伟	—	深圳市东部工程咨询有限公司	李路明	71941
2	鹏溪苑施工总承包工程	中国建筑第六工程局有限公司	柴广录	—	深圳华西建设工程管理有限公司	鲁俊杰	39429
3	深圳国际生物谷坝光综合体育中心主体工程	中建四局第三建设有限公司	毛云锋	—	浙江江南工程管理股份有限公司	黄四芳	29927
4	深圳市大鹏新区人民医院项目施工总承包Ⅱ标	中建科工集团有限公司	刘家文	—	浙江五洲工程项目管理有限公司	杨荣兵	182635

序号	工程名称	施工单位	项目经理	参建单位	监理单位	总监	建筑面积/m²
5	卓越蔚蓝铂樾府一期主体工程（10#）	上海建工集团股份有限公司	宋攀	—	深圳华西建设工程管理有限公司	黎伟	13574
福田区							
1	安托山 10-03 地块保障房项目	中建三局第二建设工程有限责任公司	方刚	—	深圳现代建设监理有限公司	辛弃疾	101227
2	大悦广场施工总承包工程	江苏省华建建设股份有限公司	赵传顶	—	深圳市鲁班建设监理有限公司	刘斌	196880
3	福昌大厦二期福汇华苑施工总承包工程	中建三局第二建设工程有限责任公司	李志超	—	深圳市物业工程建设监理有限公司	刘慧仁	43523
4	福沙消防站上盖保障房项目	中国建筑第七工程局有限公司	郑江华	—	深圳华西建设工程管理有限公司	陈璐斯	12628
5	福田区景龙小学整体拆建工程施工总承包工程	中国建筑第八工程局有限公司	蔡超	—	广东建设工程监理有限公司	刘克雄	29662
6	富通上舍	广东五华二建工程有限公司	张国伟	—	深圳市中侨物业工程监理有限公司	余铜生	13365
7	华强科创广场主体工程	深圳市第一建筑工程有限公司	余海明	—	深圳市长城建设监理有限公司	张宇青	191848
8	皇岗中学拆建教学综合楼工程项目施工总承包	中建三局第一建设工程有限责任公司	杨天琦	—	—	—	78500
9	佳兆业航运红树湾府主体工程	深圳市泓宇建筑工程有限公司	文军	—	深圳市恒浩建工程项目管理有限公司	谢凯敏	66683
10	荔园外国语小学扩建多功能综合楼工程	深圳市建工建设集团有限公司	阳灵泉	—	深圳市粤鹏建设有限公司	郭启超	11000

序号	工程名称	施工单位	项目经理	参建单位	监理单位	总监	建筑面积/m²
11	深圳市税务局新沙地块项目	深圳华泰盛工程建设有限公司	李功焱	—	深圳市大众工程管理有限公司	梁冰	19209
12	中康安居房及变电综合楼主体工程	中建四局第五建筑工程有限公司	易文涛	深圳市建匠工程有限公司	深圳市大兴工程管理有限公司	孙志文	24449
13	竹子林地区B301-0019地块保障房建设工程项目	深圳市建安（集团）股份有限公司	田壮	深圳市灿烁建筑工程有限公司	深圳市九州建设技术股份有限公司	赵洪军	29780
光明区							
1	安居萃云阁项目主体工程	深圳市市政工程总公司	梁志峰	—	深圳市竣迪建设监理有限公司	胡仕桥	54393
2	峰境瑞府（A513-0134）项目主体工程	中国建筑第四工程局有限公司	唐维涛	—	深圳市邦迪工程顾问有限公司	曾碧达	94357
3	光明凤凰广场施工总承包工程	中铁建工集团有限公司	丁德成	—	深圳市特发工程管理有限责任公司	汪斌	170136
4	海吉星农产品光明物流园项目——北侧交易主体（1栋）主体工程，南侧配套区（2栋A座、B座、C座）地基与基础工程及主体工程	中建科工集团有限公司	于国松	—	浙江江南工程管理股份有限公司	贾龙斌	307733
5	深铁瑞城（1～24栋）	中建一局集团建设发展有限公司	刘洋	—	深圳华西建设工程管理有限公司	谢树仁	270584
6	深圳市光明区A621-0044地块	中建一局集团建设发展有限公司	张园园	—	中新创达咨询咨询有限公司	袁文海	145870

续表

序号	工程名称	施工单位	项目经理	参建单位	监理单位	总监	建筑面积/m²
7	卫光生命科学园（二期）1A、1B、2、10号楼主体施工总承包工程	中国建筑第四工程局有限公司	路则科	—	广东鲁班行技术管理有限公司	彭志斌	147350
8	原光明农场职工二期发展用地TFY23地块主体工程	深圳市华与建设集团有限公司	刘新宇	—	深圳市竣迪建设监理有限公司	陈文贵	198959
9	光明汇先丰保障性住房工程	中国一冶集团有限公司	曹建平	—	—	—	122218
10	中山大学·深圳建设工程项目施工总承包（Ⅲ标）	上海建工集团股份有限公司	徐育雷	—	浙江江南工程管理股份有限公司	许建华	505004
龙岗区							
1	深圳市第三人民医院改扩建工程（二期）施工总承包Ⅰ标	上海宝冶集团有限公司	王灿超	—	重庆赛迪工程咨询有限公司	熊东	155230
2	百外教育集团大厦	中建二局第一建筑工程有限公司	郑劲松	—	深圳市深龙港建设监理有限公司	王钢虎	82349
3	合正方州泓园1-4栋；合正方州雅居1-3栋	中国建筑一局（集团）有限公司	童婷婷	—	深圳市中行建设工程顾问有限公司	高建午	317235
4	合正方州科创广场1栋、2栋、3栋	中国核工业第二二建设有限公司	蒲文保	—	深圳市邦迪工程顾问有限公司	周先军	187656
5	合正方州润园1栋、2栋、3栋、4栋	中建三局第一建设工程有限责任公司	汪一淋	—	深圳市中行建设工程顾问有限公司	高建午	322831
6	和昌拾里悦府1栋	深圳市建工集团股份有限公司	董凯	—	深圳现代建设监理有限公司	曾敏	168162

续表

序号	工程名称	施工单位	项目经理	参建单位	监理单位	总监	建筑面积/m²
7	和成金竹家园 1-2 栋工程	中建四局第三建设有限公司	曾海龙	—	深圳市邦迪工程顾问有限公司	李传森	88869
8	佳兆业壹都汇大厦住宅商业办公及配套	深圳市鹏鑫建筑工程有限公司	李勇胜	—	深圳市恒浩建工程项目管理有限公司	王树汀	81265
9	里城玺樾山花园 10-13 号楼	深圳市建工集团股份有限公司	张慧杰	—	—	—	113196
10	龙城街道黄阁北九年一贯制学校新建工程	中铁二局集团有限公司	王庆文	—	上海建设工程监理咨询有限公司	龙义	53478
11	龙城街道龙飞学校新建工程	中建八局第二建设有限公司	郭好聪	—	广州珠江建设工程监理有限公司	张合力	40099
12	珑城原点广场 1 栋、2 栋	中国建筑第四工程局有限公司	丁兴	—	深圳市邦迪工程顾问有限公司	李明月	201052
13	仁恒梦创广场 1 栋	中国华西企业有限公司	王攀朝	—	深圳现代建设监理有限公司	李亚旭	309603
14	世茂之都（G01046-0098 宗地）三标段（9-11 栋）主体工程	中建三局第三建设工程有限责任公司	龚禧	—	深圳市邦迪工程顾问有限公司	谢辉	125727
15	香港中文大学（深圳）二期建设工程施工总承包Ⅰ标	深圳市建工集团股份有限公司	陶友军	—	深圳市九州建设技术股份有限公司	何天佳	28722
16	星河雅宝高科创新园三地块施工总承包工程	上海建工集团股份有限公司	刘潇春	—	深圳市中行建设工程顾问有限公司	田宏伟	322018
17	招商臻城花园 2-5 栋	深圳市建工集团股份有限公司	王军	—	深圳市赛格监理有限公司	谢伟华	87931

序号	工程名称	施工单位	项目经理	参建单位	监理单位	总监	建筑面积/m²
				龙华区			
1	高时生态产业园桩基础及主体工程	中国华西企业有限公司	黄光林	—	深圳市龙建建设监理有限公司	李志芳	101493
2	龙和苑主体工程	中建四局第五建筑工程有限公司	李月浩	—	深圳市邦迪工程顾问有限公司	周诚恩	102820
3	龙华区职业技术学校主体工程	中国建筑第四工程局有限公司	蒋光辉	—	上海建设工程监理咨询有限公司	陈宝葵	55670
4	鹏瑞颐璟府(一期)项目主体工程	中国建筑第五工程局有限公司	陈伟	—	深圳华西建设工程管理有限公司	吴绍祥	364003
5	山水华庭(主体)	深圳市建工集团股份有限公司	邵培元	—	深圳市九州建设技术股份有限公司	徐坚玉	29492
6	深国际万科和颂轩二期主体工程	深圳市鹏城建筑集团有限公司	薛中勇	—	深圳市邦迪工程顾问有限公司	高明锋	80072
7	深圳美术馆新馆深圳第二图书馆项目施工总承包工程	中建三局第一建设工程有限责任公司	梁永建	—	浙江江南工程管理股份有限公司	吴一民	140774
8	深圳市新华医院项目主体工程	中国建筑第八工程局有限公司	范波	—	浙江江南工程管理股份有限公司	胡新	509614
9	盛荟城朗庭主体工程	深圳泛华工程集团有限公司	彭荣军	—	深圳市国银建设工程项目管理有限公司	冯岭	70831
10	盛荟城朗悦坊主体工程	深圳泛华工程集团有限公司	彭荣军	—	深圳市国银建设工程项目管理有限公司	冯岭	33876

续表

序号	工程名称	施工单位	项目经理	参建单位	监理单位	总监	建筑面积/m²
11	万科启城家园（1-6栋主体工程）	中国华西企业有限公司	杨刚	—	深圳市特发工程建设监理有限公司	廖正平	2150927
罗湖区							
1	万科老地方大厦	中国建筑第四工程局有限公司	夏文	—	深圳市赛格监理有限公司	陈志勇	95683
2	布心中学改扩建工程主体工程	中国建筑第八工程局有限公司	黄枝尧	—	深圳市九州建设技术股份有限公司	甘来	56788
3	东海富汇豪庭主体工程	中国建筑第二工程局有限公司	王化锋	—	深圳市银建安工程项目管理有限公司	蒲大宝	239192
4	东湖中学改扩建工程（主体）	中国建筑第八工程局有限公司	李中星	—	深圳市九州技术股份有限公司	刘惠群	43862
5	罗湖"二线插花地"棚户区改造项目施工总承包Ⅱ标木棉岭片区01-04地块主体工程	中建三局集团有限公司	闫兵	—	上海建科工程咨询有限公司	刘竹林	443699
6	罗湖"二线插花地"棚户区改造项目施工总承包Ⅵ标布心片区01-08地块主体工程	中国建筑一局（集团）有限公司	戴文彬	—	上海建科工程咨询有限公司	宗利伟	213163
7	深圳市第二实验学校初中部拆建工程	中建三局集团有限公司	李继伟	—	深圳市九州建设技术股份有限公司	顾本生	71940
8	深圳中学初中部拆除扩建工程	中国建筑第四工程局有限公司	廖飞	—	深圳市邦迪工程顾问有限公司	杨阿非	58227

续表

序号	工程名称	施工单位	项目经理	参建单位	监理单位	总监	建筑面积/m²
9	特力金钻交易大厦施工总承包工程(主体工程)	中国建筑一局(集团)有限公司	陈建忠	—	深圳市特发工程管理有限责任公司	吴桂清	53102
南山区							
1	南油集团前海易保园区施工总承包工程	深圳深安企业有限公司	林荣彬	—	深圳市鸿业工程项目管理有限公司	郭凯	162600
2	安居南馨苑	中建科技集团有限公司	陈健	—	深圳市合创建设工程顾问有限公司	刘准星	77835
3	半山港湾花园施工总承包工程	深圳市第一建筑工程有限公司	高万昌	—	深圳市恒浩建工程项目管理有限公司	温伟斌	183647
4	白石岭住宅项目汉园茗院A区主体工程	泰兴一建建设集团有限公司	吕进	—	深圳市鼎成国际建设工程管理有限公司	武满宏	177115
5	光峰科技总部大厦施工总承包工程	中建八局第一建设有限公司	徐玉坤	—	深圳市银建安工程项目管理有限公司	孙治国	79646
6	汉园茗院项目B区主体工程	泰兴一建建设集团有限公司	吕进	—	深圳市鼎成国际建设工程管理有限公司	武满宏	100291
7	华强金融大厦主体结构工程	四川摩天集团有限公司	刘继承	—	深圳市长城工程项目管理有限公司	章银河	92038
8	华润置地总部大厦总承包工程	中国建筑第五工程局有限公司	周裕桂	—	中海监理有限公司	陈杰	164604
9	寰侨商务大厦施工总承包工程	深圳市建工集团股份有限公司	王靖	—	深圳市特发工程管理有限责任公司	姚贞强	77841
10	金蝶软件园二期主体工程	中国建筑第八工程局有限公司	王凯峰	—	—	—	109375

续表

序号	工程名称	施工单位	项目经理	参建单位	监理单位	总监	建筑面积/m²
11	康泰集团大厦施工总承包工程	中国建筑一局(集团)有限公司	黎奋进	—	深圳市恒浩建工程项目管理有限公司	曹辉	139468
12	龙光总部中心项目总包工程	中建四局第六建设有限公司	佘勇	金刚幕墙集团有限公司	中海监理有限公司	黄利文	392798
13	南山区高新公寓棚户区改造项目设计采购施工总承包工程	中建三局第一建设工程有限责任公司	李健	—	建艺国际工程管理集团有限公司	吴国祥	352080
14	前海合作区前湾十单元学校项目(民办学校部分)施工总承包工程	中国建筑一局(集团)有限公司	张福江	—	深圳市恒浩建工程项目管理有限公司	陈鹏	77316
15	前海交易广场南区施工总承包Ⅰ标段工程	中建二局第二建筑工程有限公司	刘国义	中铁一局集团有限公司	深圳市恒浩建工程项目管理有限公司	吴勇	19517
16	前海天境花园总承包工程	龙光工程建设有限公司	宋润武	—	中海监理有限公司	张冬梅	261556
17	前海中集国际商务中心(T102-0289)一期主体工程	中集三局集团有限公司	冯海峰	—	中海监理有限公司	吴儒儒	149351
18	前海周大福金融大厦项目(二期)总承包工程	中国建筑第八工程局有限公司	陈东林	—	深圳市恒浩建工程项目管理有限公司	朱子启	132413
19	深铁懿府4♯地块二期9栋幼儿园、10-13栋和4♯地块地下室主体工程	中国建筑第四工程局有限公司	徐真	—	深圳市东部工程咨询有限公司	巩传柱	135176
20	深圳职业技术学院北校区一期	中国建筑一局(集团)有限公司	金强		浙江五洲工程项目管理有限公司	申志高	99310

续表

序号	工程名称	施工单位	项目经理	参建单位	监理单位	总监	建筑面积/m²
21	长源小学拆除重建工程（二期）代建施工总承包	中建科工集团有限公司	李欣慰	—	深圳市合创建设工程顾问有限公司	李玉杰	18524
坪山区							
1	和城里项目主体工程	泰兴一建建设集团有限公司	周国九	—	深圳市中侨物业工程监理有限公司	马东	321783
2	锦绣学校项目	中国建筑第四工程局有限公司	李庆	—	深圳市特发工程建设监理有限公司	赵晓辉	73907
3	坪山城投智园项目（施工总承包）	广东省建筑工程集团有限公司	梅冬	—	深圳科宇工程顾问有限公司	王金安	242589
4	坪山高中园	中建科工集团有限公司	陈晶	—	浙江江南工程管理股份有限公司	陈道杨	293400
5	坪山生物医药产业加速器园区项目（一标段）工程总承包（EPC）	中建科技集团有限公司	赵旭琼	—	深圳市合创建设工程顾问有限公司	刘伏云	523425
6	坪山新能源汽车产业园区 1-3 栋项目	中建科技集团有限公司	范林飞	—	深圳市中行建设工程顾问有限公司	方瑞志	256246
7	润樾山花园主体工程	中国建筑第七工程局有限公司	张旗红	—	深圳华西建设工程管理有限公司	张源钢	179140
8	深圳市第十四高级中学主体工程	中建五局第三建设有限公司	刘杰	—	浙江江南工程管理股份有限公司	桑文国	110000
9	汤坑小学扩建工程	深圳市市政工程总公司	廖志坚	—	深圳市合创建设工程顾问有限公司	欧仁庚	62797
10	万樾府项目	中国建筑第七工程局有限公司	张英	—	北京远达国际工程管理咨询有限公司	王文辉	175110

续表

序号	工程名称	施工单位	项目经理	参建单位	监理单位	总监	建筑面积/m²
11	新产业生物研发大厦施工总承包工程	中建三局集团有限公司	周昌祺	—	浙江东亿工程管理有限公司	张建文	145238
12	新合路学校（二期)施工总承包	深圳市深安企业有限公司	陈林	—	深圳市中行建设工程顾问有限公司	刘巍	81601
13	怡瑞达云秀府（1栋、2栋)主体工程	中建四局第五建筑工程有限公司	刘佳	—	深圳邦迪工程顾问有限公司	李安学	53402
盐田区							
1	万纬有信达供应链智能仓总承包工程	中建三局第一建设工程有限责任公司	郁明	—	广州珠江工程建设监理有限公司	谢彰哲	108721

轨道交通工程

序号	工程名称	施工单位	项目经理	参建单位	监理单位	总监	工程造价/万元
宝安区							
1	东莞长安至深圳南山高速公路（广深沿江高速公路深圳段）二期路基桥涵工程（第1合同段）	深圳市路桥建设集团有限公司	黄伟强	—	深圳高速工程顾问有限公司	刘鹏	103623
2	深圳市城市轨道交通11号线二期工程停车场工区	中铁八局集团有限公司	魏礼	—	铁四院（湖北)工程监理咨询有限公司	夏勇	66100
福田区							
1	深圳市黄木岗综合交通枢纽工程一工区主体结构工程	中铁隧道局集团有限公司	丁慧文	—	铁科院（北京)工程咨询有限公司	史晋锋	201800

续表

序号	工程名称	施工单位	项目经理	参建单位	监理单位	总监	工程造价/万元
光明区							
1	深圳市城市轨道交通 13 号线二期(北延)二工区(观光站～月亮路站区间)	中国建筑第四工程局有限公司	涂波	—	上海地铁咨询监理科技有限公司	张军	19460
2	深圳市城市轨道交通 13 号线二期(北延)工程土建四工区(下村站)	中国建筑股份有限公司 中国建筑一局(集团)有限公司	陈刚	—	北京中铁诚业工程建设监理有限公司	樊立魏	30495
龙岗区							
1	深圳市城市轨道交通 3 号线四期工程施工总承包三工区(六联站)	中铁建南方建设投资有限公司 中铁十一局集团有限公司	黄红雷 张宇	—	深圳市东部工程咨询有限公司	汤武仁	153261
2	深圳市轨道交通四期共建管廊工程-14 号线共建管廊工程 14GL-101 标土建六工区	中铁上海工程局集团有限公司	周向煌	—	广东重工建设监理有限公司	马宝林	69148
南山区							
1	深圳市城市轨道交通 13 号线主体工程 13101 标松坪站、科兴站、科苑站～深大东站区间、深大东站～深大站区间	中建交通建设集团有限公司	刘密	—	上海三维工程建设咨询有限公司	张小平	132148

续表

序号	工程名称	施工单位	项目经理	参建单位	监理单位	总监	工程造价/万元
2	穗莞深城际轨道交通深圳机场至前海段工程Ⅱ标施工总承包土建二工区（前海站）	中国水利水电第七工程局有限公司	韩龙伟	—	中铁二院（成都）咨询监理有限责任公司	毛勇	278000

坪山区

序号	工程名称	施工单位	项目经理	参建单位	监理单位	总监	工程造价/万元
1	深圳市城市轨道交通16号线工程施工总承包轨道三工区	中国铁建股份有限公司 中铁十一局集团有限公司	杨易成 席光勇	—	深圳市地铁工程咨询有限公司	程刚	30154
2	深圳市城市轨道交通16号线工程施工总承包六工区（江岭站）	中铁二十二局集团有限公司 中国铁建股份有限公司	赵传标	—	上海三维工程建设咨询有限公司	陈虹	50521

盐田区

序号	工程名称	施工单位	项目经理	参建单位	监理单位	总监	工程造价/万元
1	深圳市城市轨道交通8号线二期工程8141标土建三工区（小梅沙站）	中交一公局集团有限公司	段岳强	—	北京中铁诚业工程建设监理有限公司	赵晓军	32000
2	深圳市城市轨道交通8号线二期工程8141标土建一工区（北山道站～盐田食街站区间）	中交第二公路工程局有限公司	云建平	—	广州轨道交通建设监理有限公司	谢伦胜	11800

市政水务工程

序号	工程名称	施工单位	项目经理	参建单位	监理单位	总监	工程造价/万元

宝安区

序号	工程名称	施工单位	项目经理	参建单位	监理单位	总监	工程造价/万元
1	深圳机场4♯调蓄池泵闸站拆除及新建工程施工总承包1标	中国建筑一局（集团）有限公司	文江	—	深圳市深水水务咨询有限公司	田大军	33502

续表

序号	工程名称	施工单位	项目经理	参建单位	监理单位	总监	工程造价/万元
大鹏新区							
1	淡水涌、西贡河、南门头河等三条河防洪达标整治工程设计施工一体化	广东水电二局股份有限公司	肖为民	—	—	—	7169
2	深圳国际生物谷坝光核心启动区核坝路市政工程	中国二十冶集团有限公司	曹宏涛	—	深圳市合创建设工程顾问有限公司	谢明生	103943
3	土洋河综合整治工程	福建省水利水电工程局有限公司	卫有强	—	广东华禹工程咨询有限公司	王利荣	6171
福田区							
1	新洲路路面局部修缮及慢行系统提升工程	深圳市建安(集团)股份有限公司	李乐军	—	深圳市合创建设工程顾问有限公司	胡千舟	23503
光明区							
1	碧石路(明湖公园-东明大道)市政工程施工总承包	深圳市路野建设集团有限公司	罗小斐	—	深圳市深水兆业工程顾问有限公司	郑海鹏	4391
2	光明区存量排水设施提质增效工程(公明核心片区及白花社区)施工	中国水电建设集团十五工程局有限公司	黎白玉	—	深圳市深水水务咨询有限公司	王勇	25000
3	光明区存量排水设施提质增效工程(公明核心片区及白花社区)施工一工区	中电建生态环境集团有限公司 中国水利水电第十一工程局有限公司	谢晓欢	—	深圳市深水水务咨询有限公司	王勇	69411

续表

序号	工程名称	施工单位	项目经理	参建单位	监理单位	总监	工程造价/万元
4	华夏二路综合管廊项目主体结构工程	中国建筑第八工程局有限公司	鱼志鸿	—	深圳市深水兆业工程顾问有限公司	郑海鹏	27929
龙岗区							
1	2020 年龙岗区龙岗河、深圳河、观澜河流域河流水质提升及污水处理提质增效工程-二阶段-龙城工区	中电建生态环境集团有限公司 中国水利水电第十四工程局有限公司	侯志强 赵建敏	—	深圳市大兴工程管理有限公司/四川省城市建设工程监理有限公司	鲁松柏/桂凯	75442
2	2020 年龙岗区龙岗河流域、深圳河流域、观澜河流域河流水质提升及污水处理提质增效工程（二阶段)-(平湖工区）	中电建生态环境集团有限公司 中国水利水电第七工程局有限公司	侯志强 黄庄志	—	深圳市甘泉建设监理有限公司	黄海珍	383558
3	2020 年龙岗区龙岗河流域、深圳河流域、观澜河流域河流水质提升及污水处理提质增效工程（一阶段)(园山工区）	中电建生态环境集团有限公司 中国水利水电第十一工程局有限公司	郑岳	—	深圳市中行建设工程顾问有限公司	庞成平	71268
4	2020 年龙岗区提质增效工程一阶段深圳河流域施工（吉华街道）、2020 年龙岗区提质增效工程二阶段深圳河流域施工（吉华街道）	深圳市市政工程总公司	金治安	—	深圳市广厦工程顾问有限公司	肖炎平	135590

续表

序号	工程名称	施工单位	项目经理	参建单位	监理单位	总监	工程造价/万元
5	创作路南段市政工程	中铁大桥局集团有限公司	刘少军	—	深圳市合创建设工程顾问有限公司	吴明强	12416
6	坪地电缆隧道综合管廊项目富坪中路(AK0＋710～AK2＋455)主体结构工程	中国二十冶集团有限公司	覃琼利	—	深圳市深水水务咨询有限公司	司马玉峰	9600
7	深圳市 16 号线共建管廊(综合井 1-综合井 9)工程	中铁十六局集团有限公司	韩君	—	上海地铁咨询监理科技有限公司	张卓军	99743
8	深圳市 16 号线共建管廊(综合井 1-综合井 9)工程综合井 1-综合井 3 区间	中铁二十五局集团有限公司	郑东平	—	上海地铁咨询监理科技有限公司	张卓军	62215
9	深圳市 16 号线共建管廊工程二标施工总承包二工区	中冶城市投资控股有限公司中冶天工集团有限公司	叶福兴	—	铁四院(湖北)工程监理咨询有限公司	胡银平	55663
龙华区							
1	非政府投资建筑小区存量管网首次进场项目(民治大浪片区)	中国水利水电第七工程局有限公司	刘清伟	—	深圳市鲁班建设监理有限公司	贾义华	7994
2	九龙山数字城重大项目场平工程	深圳市市政工程总公司	周汉琛	—	友谊国际工程咨询股份有限公司	肖平理	25661
罗湖区							
1	罗湖区环银湖水库碧道建设工程	中深建业建设集团有限公司	米学东	—	深圳市华建工程项目管理有限公司	崔胜男	5869

续表

序号	工程名称	施工单位	项目经理	参建单位	监理单位	总监	工程造价/万元
				南山区			
1	白芒河流域水环境综合治理工程（水质保障部分）	中国建筑第四工程局有限公司	张健	—	深圳市恒浩建工程项目管理有限公司	邓进	47500
2	大磡河流域水环境综合治理工程（径流调蓄转输工程）快速发包	深圳市建安（集团）股份有限公司	项开发	—	深圳市深水水务咨询有限公司	陈锐滨	47397
3	二单元5街坊市政道路品质综合提升工程	深圳市路桥建设集团有限公司	张晓峰	—	万宇国际工程咨询（北京）有限公司	孙守年	7698
4	桂庙路快速化改造（一期）工程（隧道内路面标）	深圳市路桥建设集团有限公司	王培	—	建艺国际工程管理集团有限公司	郑义	6192
5	南山水质净化厂一套系统升级改造工程	深圳市路桥建设集团有限公司	梅春生	—	深圳市大兴工程管理有限公司	郭太福	13656
6	前海路（棉山路至妈湾大道段）	深圳市建工集团股份有限公司	李洁	—	深圳市西伦土木结构有限公司	胡金玉	34500
7	深圳市13号线共建综合管廊一工区（松坪站至西丽火车站区间）主体结构工程	中冶华南建设工程有限公司	鲁金辉	中国二十冶集团有限公司	上海市建设工程监理咨询有限公司	张爱群	10958
				坪山区			
1	2019—2020年度坑梓街道城中村综合治理工程	深圳市润源建筑工程有限公司	刘自香	—	深圳市甘泉建设监理有限公司	杨广	11224
2	坪山区丹梓北路（深汕公路至淡水河段）道路工程	深圳市粤通建设工程有限公司	梁金纯	深圳市天健坪山建设工程有限公司	深圳市城建监理有限公司	贾昶	26688

续表

序号	工程名称	施工单位	项目经理	参建单位	监理单位	总监	工程造价/万元
3	坪山区市政路老旧排水管网修复工程（二标段）EPC 总承包	中国电建市政建设集团有限公司	宋建国	—	深圳市甘泉建设监理有限公司	杨广	37151
4	坪山区正本清源查漏补缺工程（二标段）EPC 总承包	中国电建市政建设集团有限公司	宋建国	—	深圳市甘泉建设监理有限公司	杨广	38847

22.2021年度深圳市建设工程市级工法名单

（排名不分先后）

（第一批）

序号	工法名称	工法编号	主要完成单位	主要编写者（按主次排序）
1	凹凸条纹彩色清水混凝土墙施工工法	SZSJGF001—2021	深圳市鹏城建筑集团有限公司	赵冰琦、吴自全、蔡希杰、梁增明、彭佳盛
2	半潜驳船移动干坞预制沉管管节施工工法	SZSJGF002—2021	中铁隧道集团三处有限公司	钟玉明、张朋辉、黄友义、孟树红、刘永成
3	超薄型内嵌单片式钢板-混凝土组合剪力墙施工工法	SZSJGF003—2021	中建二局第二建筑工程有限公司	张龙洋、李斌、张校源、常耀峰、田晓航
4	超大埋深双模盾构机模式转换技术工法	SZSJGF004—2021	中建八局轨道交通建设有限公司	周勇、诸广生、向星铭、王元伟、谭瑞
5	超大溶洞双层钢拱架砼护拱施工工法	SZSJGF005—2021	中铁广州工程局集团深圳工程有限公司	许连松、张强、黄友义、黄兴江、刘刚
6	超高层纯钢结构建筑体系临边隔墙组合墙施工工法	SZSJGF006—2021	中国建筑第四工程局有限公司	纪晓龙、陈国秀、谭健平、郭云来、王路
7	超高层高空大悬挑钢桁架支撑平台设计与施工工法	SZSJGF007—2021	中国建筑第四工程局有限公司	李娟红、李冬、贺伟华、王健、寇立夫
8	超高层高空连廊安装与装修同步施工综合提效施工工法	SZSJGF008—2021	中建三局第一建设工程有限责任公司	刘晓鸿、王文斌、肖毅、赖仲栋、张鹏
9	超高层框架混凝土结构竖向先行支撑闷拆施工工法	SZSJGF009—2021	中国建筑一局（集团）有限公司	戚金有、刘乐、李怡秋、孙征遥、衣家正
10	超高层上高空侧立壳曲冠顶钢结构施工工法	SZSJGF010—2021	中建三局第一建设工程有限责任公司	赵磊、李湘明、王文斌、廖明浩、吴亮亮
11	超厚覆盖层大直径嵌岩灌注桩钻进与清孔双反循环成桩综合	SZSJGF011—2021	深圳市工勘岩土集团有限公司	王志权、李波、吴胤、雷斌、沙桢晖
12	大截面陶棍幕墙整体吊装施工工法	SZSJGF012—2021	中铁广州工程局集团深圳工程有限公司	金涛、阳贵平、李家宏、张佳烈、何万里
13	大跨度水中桥接长预应力束施工工法	SZSJGF013—2021	中国建筑一局（集团）有限公司	匡丕榜、戚培海、杨业、廖良雄、乔建徽

续表

序号	工法名称	工法编号	主要完成单位	主要编写者(按主次排序)
14	大跨度悬钢挑桁架高空散拼安装工法	SZSJGF014—2021	中国建筑一局(集团)有限公司	戚金有、刘乐、李怡秋、孙征遥、衣家正
15	大跨径钢混组合箱梁高精度智能制造施工工法	SZSJGF015—2021	中铁广州工程局集团深圳工程有限公司	罗玉伟、吴东、黄友义、冯哲、王伟
16	大面积深基坑三级梯次联合支护综合施工工法	SZSJGF016—2021	深圳市工勘岩土集团有限公司	李洪勋、雷斌、李波、许国兵、刁春德
17	大型城市河流中单-双壁钢板桩组合导流围堰施工工法	SZSJGF017—2021	中电建生态环境集团有限公司	马涛、程木辉、魏越波、韩景超、梁建博
18	大型体育场屋面 AB 式檩条单元吊装工法	SZSJGF018—2021	中建二局安装工程有限公司	王振国、张军辉、高辰冬、谢一鸣、梁延斌
19	大直径超深灌注桩强力涡轮渣浆泵反循环二次清孔施工工法	SZSJGF019—2021	深圳市工勘岩土集团有限公司	杨静、雷斌、尚增弟、陈涛、洪雨娇
20	低温烧结高性能轻骨料预制大尺寸凸窗施工工法	SZSJGF020—2021	中建科技集团有限公司	张强、吴勇、冯伟东、郭顺财、张连生
21	承台预制砖胎模拼装加固施工工法	SZSJGF021—2021	深圳市建工集团股份有限公司	张欣、黄恭达、张伟涛、彭露、罗路翔
22	地铁车站富水砂卵石层浅埋暗挖通道(平顶直墙)CRD法施	SZSJGF022—2021	中国建筑第四工程局有限公司	武建飞、李玉龙、罗军、杨辉、蒋蕤
23	地铁车站钢纤维大体积混凝土裂缝控制施工工法	SZSJGF023—2021	中铁广州工程局集团深圳工程有限公司	韩岗、曹亮、田毛进、郭继禄、卢疆
24	地铁车站高压电缆管沟原位保护围护结构施工关键技术	SZSJGF024—2021	中铁六局集团有限公司	赵素娴、童孝龙、赵岭、和龙娜、龙泽智
25	地下连续墙硬岩全套管管靴超前环钻与潜孔锤跟管双动力钻	SZSJGF025—2021	深圳市工勘岩土集团有限公司、深圳市金刚钻机械工程有限公司	廖启明、高子建、雷斌、李凯、尚增弟
26	电梯井道内可提升洗泵管冲洗系统施工工法	SZSJGF026—2021	中建二局第二建筑工程有限公司	张龙洋、李斌、林波、田晓航、常耀峰

序号	工法名称	工法编号	主要完成单位	主要编写者（按主次排序）
27	多级潜流湿地多种滤料填筑技术施工工法	SZSJGF027—2021	中电建生态环境集团有限公司	陈铁柱、李万来、杨海洋、罗代军、廖敏辉
28	发泡聚氨酯保温层拱形屋面施工工法	SZSJGF028—2021	深圳市鹏城建筑集团有限公司	张明德、吴自全、何东进彭佳盛、舒云聪
29	仿人工水草生态基安装施工工法	SZSJGF029—2021	中电建生态环境集团有限公司	杨凯、王思潮、毛战坡、李天助、刘成志
30	非标准层铝模板和木模板结合施工工法	SZSJGF030—2021	中建二局第二建筑工程有限公司	张龙洋、廖剑权、常耀峰、李斌、田晓航
31	非全混凝土外墙建筑综合防渗漏施工工法	SZSJGF031—2021	深圳市建工集团股份有限公司	蔡志赢、孟阳庆东、张慧杰、王天鹏、吴康
32	复杂地质条件下大型沉井下沉施工工法	SZSJGF032—2021	中国水利水电第七工程局有限公司	王志强、张光辉、薛惠江、吴先灿、王成
33	复杂地质条件下泉涌堵漏施工工法	SZSJGF033—2021	中国建筑第四工程局有限公司	邱伟、丁兴、韵金亮、谢玖刚、杨金荣
34	复杂工况暗涵机器人清淤施工工法	SZSJGF034—2021	中电建生态环境集团有限公司	吴基昌、张振洲、龙舟、赵锋涛、李铎
35	钢结构装配式平台配合旋挖与全套管全回转组合钻进施工工	SZSJGF035—2021	深圳市工勘岩土集团有限公司	刘轶博、雷斌、黄友义、谢守军、张工
36	高层建筑输送泵管装配式工具加固施工工法	SZSJGF036—2021	深圳市建工集团股份有限公司	蔡志赢、陈金龙、夏阳、刘贝、何勇
37	高端小区雨、污管线排查施工工法	SZSJGF037—2021	中国电建市政建设集团有限公司	谭盼、曾春晖、毕金灿、肖英锦、吴波
38	高架桥墩隔离桩的一种MJS旋喷桩施工工法	SZSJGF038—2021	中铁隧道集团三处有限公司	董子龙、张华瑞、黄友义、储瑞申、王帅旗
39	高支模区域铝膜板新型支撑体系应用施工工法	SZSJGF039—2021	中铁建设集团南方工程有限公司	贾锐锐、杨旭彬、姚支清、牟映文、周长标
40	公共建筑金属屋面曲面重型装饰板安装工法	SZSJGF040—2021	中建二局安装工程有限公司	罗瑞云、李向前、高辰冬、谢一鸣、杨杨
41	核电站大直径异形钢模块预制吊装场地处理施工工法	SZSJGF041—2021	中国建筑第二工程局有限公司核电建设分公司	周志勇、李燕、李强、金五一

序号	工法名称	工法编号	主要完成单位	主要编写者(按主次排序)
42	护栏底座后浇钢护栏逆做安装施工工法	SZSJGF042—2021	深圳市路桥建设集团有限公司	黄政、雷有坤、付娆、文欣、潘新东
43	机场采光顶智能自动化遮阳系统施工工法	SZSJGF043—2021	深装总建设集团股份有限公司	胡庆红、尤志君、柳琳、李红英、岳丹
44	基坑内支撑梁板联合洗车喷淋系统一体化施工工法	SZSJGF044—2021	深圳宏业基岩土科技股份有限公司	朱辉宝、李燕、刘峻滕、曾博、万丕新
45	基坑逆作法钢管结构柱与工具柱同心同轴对接施工工法	SZSJGF045—2021	深圳市工勘岩土集团有限公司	王健、林强有、雷斌、童心、卢晓杰
46	基坑土洗滤压榨后残留废渣模块化自动固化台模振压制砖施	SZSJGF046—2021	深圳市工勘岩土集团有限公司	王健、雷斌、李凯、陈涛、李森
47	基坑支撑梁混凝土垫层与沥青组合脱模处理施工工法	SZSJGF047—2021	深圳市工勘岩土集团有限公司	左人宇、李凯、吴胤、雷斌、袁甲
48	基坑支撑梁上模块式移动棚石方爆破防护施工工法	SZSJGF048—2021	深圳市工勘岩土集团有限公司	李超、李波、吴胤、雷斌、姚泽熙
49	基于BIM的基坑场地排水系统施工工法	SZSJGF049—2021	深圳宏业基岩土科技股份有限公司	张领帅、曾博、郭秋红、刘峻滕、郑信杰
50	基于BIM仿真复杂地质下大直径旋挖灌注桩施工质量控制及	SZSJGF050—2021	深圳市建工集团股份有限公司	杨鸿操、罗文海、涂笑衍、陈果毅、熊星明
51	基于铝模体系特殊部位的防渗漏施工工法	SZSJGF051—2021	深圳市建工集团股份有限公司	李朝阳、陈宇、刘杨、王刚、朱达宇
52	基于全混凝土外墙结构的铝模配合悬挑架施工工法	SZSJGF052—2021	中建二局第二建筑工程有限公司	张龙洋、田晓航、余文龙、廖剑权、常耀峰
53	基于收缩外立面及侧立式壳曲冠顶结构的超高层塔吊转换与	SZSJGF053—2021	中建三局第一建设工程有限责任公司	李湘明、朱冰诺、王文斌、赵磊、吴亮亮
54	建筑模板结合复合木方快速拆装施工工法	SZSJGF054—2021	深圳市越众(集团)股份有限公司	林峰、张伟华、王爱树、王志辉、张飞

序号	工法名称	工法编号	主要完成单位	主要编写者(按主次排序)
55	金属大管径供水管道试压工法	SZSJGF055—2021	深圳市广汇源水利建筑工程有限公司	古志军、陈少强、贾春玲、曾仕霞、邱润宏
56	抗拔桩嵌岩段孔壁泥皮旋挖伸缩钻头清刷施工工法	SZSJGF056—2021	深圳市工勘岩土集团有限公司	童心、雷斌、黄凯、李波、尚增弟
57	抗震支架异形曲面铝板天花吊顶施工工法	SZSJGF057—2021	中国建筑第二工程局有限公司、深圳海外装饰工程有限	黄俊、漆佳欣、陈之、李奇志、王民
58	可周转式后浇带支撑施工工法	SZSJGF058—2021	中建二局第一建筑工程有限公司	徐小帆、周洲、孟金龙、王坤、杨春
59	跨铁路线钢箱梁顶推结合拖拉同步快速施工工法	SZSJGF059—2021	中铁广州工程局集团深圳工程有限公司	吴东、冯哲、黄友义、王伟、陈鹏
60	垃圾焚烧电厂烟囱筒身液压顶升平台翻模施工工法	SZSJGF060—2021	中国建筑一局(集团)有限公司	李伟玲、黄志堂、刘根深、江海勇、肖杨
61	利用永临结合式塔型结构实现 Z 字形悬挑连廊同步提升施工	SZSJGF061—2021	中建三局第一建设工程有限责任公司	刘晓鸿、王文斌、肖毅、吴亮亮、赖仲栋
62	邻近地铁深基坑超大截面支撑梁后拆除施工工法	SZSJGF062—2021	中国建筑第四工程局有限公司	李娟红、沈武、俞宏富、孙丽锋、寇立夫
63	临江坞口 C9 锁扣钢管桩＋钢板桩组合围堰施工工法	SZSJGF063—2021	中铁隧道集团三处有限公司	杨旭东、黄友义、沙平平、周凌宁、周轶
64	龙骨模块化拼装造型吊顶施工工法	SZSJGF064—2021	深投建设(深圳)有限公司	周创、林淑雄、姬文学、蔡立勇、刘帅
65	密集钢筋节点钢管柱内混凝土浇筑施工工法	SZSJGF065—2021	深圳市建工集团股份有限公司	周杰、汪仕刚、郎宇飞、杨东、陈雅
66	明挖隧道内支撑格构柱阻水处理施工工法	SZSJGF066—2021	陕西建工第五建设集团有限公司	余超、刘博、杨帆、孔旺旺、梁富斌
67	模板免开洞塔吊附墙件预埋施工工法	SZSJGF067—2021	中国建筑第二工程局有限公司	陈向平、王俊国、成磊、陈敦科、陈镜宇

序号	工法名称	工法编号	主要完成单位	主要编写者(按主次排序)
68	逆作法大直径钢管结构柱全套管全回转"三线一角"综合定	SZSJGF068—2021	深圳市工勘岩土集团有限公司、深圳市金刚钻机械工程有限公司	王健、童心、雷斌、王刚、刘彪
69	嵌固式防脱落结构内墙瓷砖快速铺贴施工工法	SZSJGF069—2021	深投建设(深圳)有限公司	周创、林淑雄、姬文学、蔡立勇、莫圳荣
70	桥梁水中钻孔灌注桩超长钢护筒部分拔除重复利用施工工法	SZSJGF070—2021	中国建筑一局(集团)有限公司	刘玥岩、廖良雄、徐铮、任长睿、王鹏
71	轻量化支点顶模集成平台安装施工工法	SZSJGF071—2021	中建三局集团有限公司	曾佳明、余大涛、韩祥、刘飞、罗淙仁
72	曲形变截面鱼腹式钢箱梁制作施工工法	SZSJGF072—2021	中国一冶集团有限公司	徐攀、龚俊、王佳源、雷文浩、黄蔚
73	热缩笼芯囊抗浮锚杆兼做铺筋马镫施工工法	SZSJGF073—2021	中建一局集团第五建筑有限公司	田旭、蔡井超、李艳秋、张建国、王佳鹏
74	山地钢结构天平式高空作业平台施工工法	SZSJGF074—2021	中国建筑第二工程局有限公司	付建武、李安青、郑永生、陈泽锋、王硕
75	深基坑内支撑梁板木模加固混凝土同步施工工法	SZSJGF075—2021	深圳市建工集团股份有限公司	李少雄、姚霞光、张伟涛、李磊、侯光华
76	深基坑自动化监测工法	SZSJGF076—2021	中国建筑一局(集团)有限公司	赵博宇、张宇、吴家俊、赵智奇、郑昊腾
77	市政道路墙式防撞护栏模块化快速施工工法	SZSJGF077—2021	深圳市路桥建设集团有限公司	黄政、付娆、雷有坤、杨仁强、孙选如
78	室内、外楼地面石材防泛碱综合施工工法	SZSJGF078—2021	深圳市建工集团股份有限公司	杨磊、曹天华、赵航、张煦然、曾维镪
79	室外大型泳池大管径UPVC管道施工工法	SZSJGF079—2021	中国建筑第八工程局有限公司	陆薇、郑丽丽、李野、赫爱令、吴佳劲
80	四边不出筋密布开槽型叠合板施工工法	SZSJGF080—2021	中建科技集团有限公司	冯伟东、郭顺财、张强、袁屾、杨津
81	四跨连续梁先中跨后边跨合拢施工工法	SZSJGF081—2021	中国建筑一局(集团)有限公司	廖良雄、凌峰、匡丕榜、戚培海、杨彬柯
82	深厚松散填石边坡偏心潜孔锤及全套管跟管综合成锚施工工	SZSJGF082—2021	深圳市工勘岩土集团有限公司	李凯、雷斌、黄友义、王健、童心

序号	工法名称	工法编号	主要完成单位	主要编写者(按主次排序)
83	塔吊基础与基坑支护体系相结合的设计与施工工法	SZSJGF083—2021	中国建筑第四工程局有限公司	夏文、王倩妮、张善硕、王雁普、杨春海
84	填石淤泥区大直径灌注桩旋挖钻机下沉超长钢护筒施工工法	SZSJGF084—2021	深圳宏业基岩土科技股份有限公司	王凤梅、郭秋苹、常峻岭、容雪芬、黄勇
85	调蓄池增效真空冲洗系统施工工法	SZSJGF085—2021	中国电建市政建设集团有限公司	李恩泽、张家强、毕金灿、吴波、常伟力
86	铁路隧道深大竖井突(涌)水淹井静水灌注改性水泥浆封堵	SZSJGF086—2021	中铁隧道集团三处有限公司	郑德春、裴超、李东、赵峰刚、魏永杰
87	外墙涂料分隔缝打磨成型施工工法	SZSJGF087—2021	深圳市建工集团股份有限公司	张伟、熊宁、张晓杰、王刚、贾尚庭
88	洗车池污废一站式绿色循环利用施工工法	SZSJGF088—2021	深圳市工勘岩土集团有限公司	李波、刘福胜、雷斌、鲍万伟、王健
89	新型跨线步履式无轨道三角轻型安全挂篮施工工法	SZSJGF089—2021	中国建筑第四工程局有限公司	汪大庆、李多贵、郑建南,郝朝伟,柯梁颖
90	新型水刷石饰面施工工法	SZSJGF090—2021	深圳市建设(集团)有限公司	朱丹、张浩斌、赵懿三、邓少夫、曹春阳
91	悬拉钢索桥"支座滑移+双机抬吊"高空吊装施工工法	SZSJGF091—2021	中国建筑第四工程局有限公司	纪晓龙、陈国秀、谭健平、朱白云、刘光荣
92	旋挖钻筒三角锥出渣减噪施工工法	SZSJGF092—2021	深圳市工勘岩土集团有限公司	李波、雷斌、黄凯、童心、秦满辉
93	一次成型金刚砂地坪后浇带施工工法	SZSJGF093—2021	中建二局第二建筑工程有限公司	王山峰、孙鹏飞、史永超、许兴龙、苏明珠
94	一体集成式边坡生态修复施工工法	SZSJGF094—2021	深圳市瑞壹建设工程有限公司	曾德林、杨立、吴荣坤、申党飞、丘艳玲
95	一种(海绵基层)透水混凝土基层施工工法	SZSJGF095—2021	深圳市宝龙泰建设工程有限公司	王英涛、邓志飞、王岚、秦德营、陆燕平
96	一种带刻槽的八边形墩柱立式预制工法	SZSJGF096—2021	中铁大桥局集团有限公司	刘卫松、陈南宁、莫宇善、赵怀智、刘少军
97	异型铝合金模板一体化施工工法	SZSJGF097—2021	中建二局第二建筑工程有限公司	王山峰、孙鹏飞、史永超、范金奇、苏明珠

序号	工法名称	工法编号	主要完成单位	主要编写者(按主次排序)
98	淤泥地质河湖复合型氧化塘技术施工工法	SZSJGF098—2021	中国电建市政建设集团有限公司	丁熠、白成龙、马培爽、张家强、张会军
99	预制梁超高阻尼支座预埋安装施工工法	SZSJGF099—2021	中国建筑一局(集团)有限公司	兰海波、江浩、廖良雄、林永文、张勇刚
100	智慧化泵房施工工法	SZSJGF100—2021	深圳市广汇源水利建筑工程有限公司	古志军、曾义恩、姚廷涛、吴小超、文增滔
101	住宅建筑屋面浮筑地台与浮筑楼板隔声减振施工工法	SZSJGF101—2021	中国建筑第二工程局有限公司	李聪聪、魏小强、温栋栋、郑富家、李子凯
102	装配式玻璃与铝板幕墙龙骨框架安装施工工法	SZSJGF102—2021	中建科技集团有限公司	陆万柱、沈洋、陈朝华、杨行国、柯明辉
103	装配式大空间穿孔铝板吸音墙施工工法	SZSJGF103—2021	深圳市中深装建设集团有限公司	徐翠媚、李贵丽、卫泳岐、李志发、林德斌
104	装配式地铁车站钢管混凝土立柱施工工法	SZSJGF104—2021	中铁广州工程局集团深圳工程有限公司	李家宏、贺英杰、任涛、张琦、王旭峰
105	装配式钢筋桁架组合模板施工工法	SZSJGF105—2021	深圳市建设(集团)有限公司	朱丹、于方震、冉冰川、吴迪、魏文康
106	装配式工业飞碟造型智能集成吊顶施工工法	SZSJGF106—2021	深圳市中深装建设集团有限公司	柯颖锋、袁雄文、王武烈、陈万略、廖欢
107	装配式建筑特殊位置爬架支座附着施工工法	SZSJGF107—2021	中建二局第一建筑工程有限公司	王坤、周洲、孟金龙、杨春、徐小帆
108	装配式模块化建筑高性能保温隔热高气密性外墙施工工法	SZSJGF108—2021	中建科技集团有限公司	齐贺、朱清宇、袁媛、张欢、陆韬
109	装配式墙板与楼板预留连接精准定位电气线管施工工法	SZSJGF109—2021	深投建设(深圳)有限公司	周创、林淑雄、姬文学、蔡立勇、陈俊明
110	装配式双面叠合剪力墙结构体系施工工法	SZSJGF110—2021	中建科技集团有限公司	贺雄、毛丰强、杜飞、庄镇利、李亚军
111	装配式无阴影透光石材装饰内墙安装工法	SZSJGF111—2021	深装总建设集团股份有限公司	胡庆红、柳琳、尤志君、金山、岳丹
112	装配式住宅零高差内阳台铝合金门框预铺挤浆法塞缝施工工	SZSJGF112—2021	中建科技集团有限公司	陈赓、毛丰强、杜飞、马俊、曾玉喜

序号	工法名称	工法编号	主要完成单位	主要编写者（按主次排序）
113	装配整体式剪力墙结构全拼装式标准外防护施工工法	SZSJGF113—2021	中建一局集团第二建筑有限公司	王志刚、曲波、贾马、朱建业、王帅可
114	装饰纤维水泥板挂板施工工法	SZSJGF114—2021	中国建筑一局（集团）有限公司	应荣平、李亚洲、朱磊、岳建宝、侯增博

（第二批）

序号	工法名称	工法编号	主要完成单位	主要编写者（按主次排序）
1	600 mm 以上厚度基础底板后浇带止水新做法施工工法	SZSJGF115—2021	泰兴一建建设集团有限公司	谢华伟、张灿、严俊佳、屈鹏程
2	采用可调节制梁台座的混凝土箱梁预制施工工法	SZSJGF116—2021	中国建筑第二工程局有限公司	姚孟龙、张洪毓、卓廷明、任铮、王鉴淞
3	采用铝模支撑体系的钢筋桁架楼承板施工工法	SZSJGF117—2021	中国建筑第二工程局有限公司	何明辉、王润国、蒲俊、王培、吴帆
4	超大型设备"空中接力式"转运吊装施工工法	SZSJGF118—2021	中建三局集团有限公司	李高钦、夏小林、吴燕芳、闫凤丽、吴田丰
5	超高层双飘板圆弧梁狭窄空间一体支模施工工法	SZSJGF119—2021	深圳市建工集团股份有限公司	黄建红、汪仕刚、李翠玲、杨鸿操、姚浩
6	超高层异形曲面钢模铝模结合技术施工工法	SZSJGF120—2021	中建二局第三建筑工程有限公司	刘友鑫、潘光标、付建武、朱明亮、戴志聪
7	超高超长悬挑混凝土梁板结构空中支模施工工法	SZSJGF121—2021	深圳市建工集团股份有限公司	蔡志赢、陈杰、张晓杰、黄壮雄、何勇
8	超高大悬挑爬架辅助钢格构支撑架施工工法	SZSJGF122—2021	中国华西企业有限公司	鲍振堂、甘宇生、罗超、张秋阳、王梦坤
9	城市超高压线下构件起重吊装施工工法	SZSJGF123—2021	中铁广州工程局集团深圳工程有限公司	张琦、李家宏、黄彪、任涛、魏仕钦
10	城市道路检查井井圈绿色提升加固施工工法	SZSJGF124—2021	深圳市路桥建设集团有限公司	杨仁强、林江、李祖佳、杨永辉、邱国斌
11	城市轨道交通装配式轨道板道床施工工法	SZSJGF125—2021	中铁南方投资集团有限公司 中铁三局集团线桥工程有限公司	赵勇、刘恒、刘锦辉、刘志权、陈长胜

序号	工法名称	工法编号	主要完成单位	主要编写者（按主次排序）
12	抽水蓄能电站地下厂房饰面免装修清水混凝土施工工法	SZSJGF126—2021	中国水利水电第十四工程局有限公司	李国瑞、刘芳明、李辉、朱育宏、华石坤
13	抽水蓄能电站地下洞室群精细爆破施工工法	SZSJGF127—2021	中国水利水电第十四工程局有限公司	刘芳明、和丽钢、朱育宏、李辉、蔡斌
14	大跨度内缩层爬架附着可周转临时钢梁施工工法	SZSJGF128—2021	中国建筑一局（集团）有限公司	欧阳航、邓国静、杨露、杨松、张嘉斌
15	大跨度预应力钢筋混凝土双 T 板滑移法施工工法	SZSJGF129—2021	中国建筑第二工程局有限公司	陈亿强、魏能文、刘嘉燏、龙令孝、张浩东
16	大型预制清水混凝土外墙挂板（竖条板）施工工法	SZSJGF130—2021	浙江省一建建设集团有限公司	倪超、邱嘉敏、陈树楷、王烜煌、罗成
17	大直径灌注桩硬岩旋挖导向分级扩孔施工工法	SZSJGF131—2021	深圳市工勘岩土集团有限公司	刘彪、朱陶园、雷斌、孔德健、高世泉
18	地铁安保区地连墙成槽入岩综合施工工法	SZSJGF132—2021	中建二局第三建筑工程有限公司	闫宁、方楚雄、秦锐、张光庭、郭红帅
19	地铁上盖结构竖向隔振橡胶支座安装施工工法	SZSJGF133—2021	中国华西企业有限公司	赵俊、郑卓成、谭开智、赵红霞、林强
20	地铁上盖塔吊十字交叉梁基础施工工法	SZSJGF134—2021	中国建筑一局（集团）有限公司	陈湘建、柳辉、冯晓鹏、钟鑫、赵元元
21	地下管涵基坑逆作法开挖支护与管线保护施工工法	SZSJGF135—2021	深圳市市政工程总公司 深圳市工勘岩土集团有限公司	王波、龙桂华、雷斌、郭恒开、唐迅
22	地下结构排水减压抗浮施工工法	SZSJGF136—2021	中国建筑第二工程局有限公司	李奇志、黄俊、宋永良、陈之、魏小强
23	地下室预应力底板刚性防水施工技术研究与应用	SZSJGF137—2021	中建科工集团有限公司	郑捷、蔡世桐、李梓航、沈能典、彭思炼
24	定型化型钢胎架变截面拱形箱梁预制施工工法	SZSJGF138—2021	中铁广州工程局集团深圳工程有限公司	朱桢华、吴正军、魏川、龚文波、刘旭阳
25	反压土结合预应力钢支撑的基坑支护施工工法	SZSJGF139—2021	中国建筑第二工程局有限公司	倪瑾瑾、杨健、吴灏斌、孟珊、武俊

序号	工法名称	工法编号	主要完成单位	主要编写者(按主次排序)
26	废弃泥浆改性处理多次循环利用施工工法	SZSJGF140—2021	深圳宏业基岩土科技股份有限公司	郑昂东、张轩、刘百伟、黄超、张家明
27	风口与吊顶板集成附着安装施工工法	SZSJGF141—2021	银广厦集团有限公司	李颖、陈迪、赵福光、吴晓舟、陈瑶
28	复杂地下空间片区超高层建筑嵌固端设计与施工工法	SZSJGF142—2021	中国建筑第二工程局有限公司	韦静林、赵乐、柳印生、张满江红、王维
29	复杂条件大直径深长嵌岩桩全回转与RCD组合钻进施工工法	SZSJGF143—2021	深圳市工勘岩土集团有限公司	黄凯、雷斌、李悦、何凯超、童心
30	钢管混凝土柱装配式塔吊抱箍施工工法	SZSJGF144—2021	中建科技集团有限公司	陈伟、沈洋、王进才、黄凯龙、冯祺
31	钢混组合结构地下室与基坑支护结构干涉处理及安全监测工法	SZSJGF145—2021	中建科工集团有限公司	戴修成、李宗伟、吴维、许通、宋克
32	高层机房浮动地台装配式施工工法	SZSJGF146—2021	中国华西企业有限公司	张洪、余昕、朱珍瑶、邓顺江、古建银
33	高承压裂隙水地层钻孔灌注桩施工工法	SZSJGF147—2021	深圳市市政工程总公司	龙桂华、胡鹰志、欧阳枧、黄春潮、胡涛涛
34	高压旋喷扩体承压型囊式预应力锚索深基坑支护施工工法	SZSJGF148—2021	深圳市深安企业有限公司	吴潮丰、吴楚辉、练建平、赵博宇、余丙竹
35	格构式高分子新型复合模板施工工法	SZSJGF149—2021	中国华西企业有限公司	龙绍章、刘东、赵翔、雷富匀、唐巍
36	工具式外挑网悬挑防护棚施工工法	SZSJGF150—2021	中国建筑一局(集团)有限公司	杨程、严中山、冉飞、阿说什呷、李佳
37	管桩穿越卵(碎)石层的超深送桩施工工法	SZSJGF151—2021	深圳市基础工程有限公司	史新鹏、陈金培、陈朝骏、游红玲、黄飞飞
38	后浇带PVC管模独立支撑施工工法	SZSJGF152—2021	深圳市建设(集团)有限公司	崔纪乐、冉冰川、曾祥旭、魏文康、于方震
39	后浇带组合式三角形桁架支撑体系施工工法	SZSJGF153—2021	中国建筑第二工程局有限公司	侯景强、朱钰、吴迪、张冲、周泽安
40	弧形钢结构屋面机电管线安装施工工法	SZSJGF154—2021	中国建筑一局(集团)有限公司	刘占强、郭晓娟、李孟函、李龙、姜立涛

序号	工法名称	工法编号	主要完成单位	主要编写者(按主次排序)
41	基坑逆作法旋挖扩底与先插钢管柱组合结构全回转定位施工工法	SZSJGF155—2021	深圳市工勘岩土集团有限公司	李超、雷斌、郑磊、雷帆、鲍万伟
42	基坑土洗滤、压榨、制砖全过程综合利用绿色施工工法	SZSJGF156—2021	深圳市工勘岩土集团有限公司	王健、雷斌、王志权、童心、沙桢晖
43	基于固废资源化利用的预制混凝土薄板基础胎模快速施工工法	SZSJGF157—2021	深圳市深安企业有限公司	练建平、吴潮丰、傅贤强、余丙竹、夏传年
44	基于强力搅拌技术的浅层软土地基固化处理工法	SZSJGF158—2021	深圳市市政工程总公司	任勇、刘斌、张建同、李立志、刘徐
45	基于物联网混凝土浇筑管理施工工法	SZSJGF159—2021	中建二局第三建筑工程有限公司	张后利、李琼波、李志鹏、童衍军、韩杰
46	基于装配式张弦梁钢支撑系统的深基坑支护施工工法	SZSJGF160—2021	中建三局集团有限公司	邹炜、陈昆鹏、张健康、刘晓云、王震
47	建筑防排烟竖井内衬风管逆向分段装配施工工法	SZSJGF161—2021	深圳市建工集团股份有限公司	杨明明、伍活虎、蒋涛、田捷、翁建权
48	结构及建筑找坡定型收面施工工法	SZSJGF162—2021	深圳市建工集团股份有限公司	张欣、黄恭达、高玉亭、符小龙、杨辉
49	金属冲孔安全网防护的弧形外脚手架施工工法	SZSJGF163—2021	中国建筑第八工程局有限公司	吕家杰、郑少星、胡帅、王杰、邝楚钊
50	紧邻已运营地铁上盖转换结构微扰动施工工法	SZSJGF164—2021	中国建筑第八工程局有限公司	邝楚钊、李宗阳、熊建东、张胜阳、王正
51	精确定位的电缆固定支架制作安装施工工法	SZSJGF165—2021	银广厦集团有限公司	李颖、陈迪、赵福光、吴晓舟、陈瑶
52	卡槽式楼梯模板施工工法	SZSJGF166—2021	中国华西企业有限公司	贺小龙、李海川、刘梦欢、刘嘉、夏华彬
53	利用工具式限位器加固的卫生间反坎与楼板混凝土一体化施工工法	SZSJGF167—2021	银广厦集团有限公司	李颖、陈迪、赵福光、吴浩文、濮胜越

序号	工法名称	工法编号	主要完成单位	主要编写者(按主次排序)
54	利用开口钢集水井处理集水坑表层地下水施工工法	SZSJGF168—2021	银广厦集团有限公司	李颖、陈迪、赵福光、吴晓舟、孙黄为
55	临时设施管线综合布置节地施工工法	SZSJGF169—2021	中建四局第五建筑工程有限公司	柯灿荣、尹土军、余伟伟、陆涛、方冬艳
56	螺旋加固灌浆套管装配式剪力墙环箍加密连接施工工法	SZSJGF170—2021	中铁广州工程局集团深圳工程有限公司	阳贵平、张佳烈、田港、张兴、周莉
57	铝合金模板毛化处理施工工法	SZSJGF171—2021	深圳市建工集团股份有限公司	孙辉、邹贤飞、吴毅、符小龙、郭又铭
58	铝模体系厨卫间"三防一控"综合施工工法	SZSJGF172—2021	深圳市建工集团股份有限公司	孙辉、郭又铭、李小月、胡勇军、邹贤飞
59	明挖基坑地连墙内衬墙可调式方钢桁单侧支模施工工法	SZSJGF173—2021	中铁广州工程局集团深圳工程有限公司	王涛龙、汤雄峰、杜佳伟、王小虎、陈鹏
60	木模板加工及余料收集平台绿色施工工法	SZSJGF174—2021	深圳泛华工程集团有限公司	李志强、谭明辉、梁威、陈新瑞、李彦
61	内缩结构外附塔吊及施工电梯超长附着施工工法	SZSJGF175—2021	中国建筑第八工程局有限公司	冯天娇、吴振宇、贾非、曾谋、汤放
62	逆作法钢管柱后插法钢套管与液压千斤顶组合定位施工工法	SZSJGF176—2021	深圳市工勘岩土集团有限公司 深圳市金刚钻机械工程有限公司	廖启明、鲍万伟、杨静、雷斌、王刚
63	嵌岩钻孔灌注桩桩端缺陷高压清洗灌浆置换施工工法	SZSJGF177—2021	深圳宏业基岩土科技股份有限公司	张领帅、朱辉宝、林全忠、陆生果、王伟杰
64	轻钢龙骨隔墙倒挂施工工法	SZSJGF178—2021	中建一局集团建设发展有限公司 中建一局(广东)建设有限公司	康凯、周海涛、何家兴、邢振宇、李根义
65	全封闭式声屏障高肋抗风板安装施工工法	SZSJGF179—2021	森特士兴集团股份有限公司	刘爱森、卢家俊、殷建强、王占青、张志林
66	设备基础多群组螺栓悬空支架精密安装施工工法	SZSJGF180—2021	中国华西企业有限公司	吴昊、吴庆超、刘梦欢、潘孝金、徐昌

序号	工法名称	工法编号	主要完成单位	主要编写者（按主次排序）
67	深厚填石层潜孔锤引孔与旋喷钻喷一体化成桩地基处理施工工法	SZSJGF181—2021	深圳市工勘岩土集团有限公司 深圳市金刚钻机械工程有限公司	廖启明、王健、雷斌、王刚、张大傲
68	深基坑地下室通道结构施工防渗漏一体化施工工法	SZSJGF182—2021	深圳市建工集团股份有限公司	周杰、杨晓磊、张雷、段科、刘涛
69	深基坑狭窄肥槽预拌流态固化土施工工法	SZSJGF183—2021	中国建筑第八工程局有限公司	黄海明、陆杨、刘嘉、李吉田、滕林洋
70	施工现场可移动新型降尘喷淋装置施工工法	SZSJGF184—2021	中建二局第三建筑工程有限公司	吴海山、孙自飞、付建武、于佳楠、刘瑾铭
71	室内楼地面装修找平层与现浇楼板结构一体化精平施工工法	SZSJGF185—2021	深圳市建工集团股份有限公司	李少雄、曹天华、刘杨、侯光华、李磊
72	受限空间冷却塔选型、安装及测试施工工法	SZSJGF186—2021	中国建筑一局（集团）有限公司	刘培源、李营、贝洪飞、杨国明、黄建坤
73	数据机房预制模块化箱体底座预埋板整体高精度定位施工工法	SZSJGF187—2021	中建二局第三建筑工程有限公司	栗建庭、杜菁华、刘刚、姜垚、赵云基
74	水厂变形缝三重防水结构施工工法	SZSJGF188—2021	深圳市市政工程总公司	牛双建、陈学水、汤逸辰、黄旭生、陈新志
75	填海区盖挖逆作与顺作法结合的地下通道设计与施工工法	SZSJGF189—2021	中国建筑第二工程局有限公司	黄俊、李奇志、邓明亮、陈之、魏小强
76	填石边坡桩板墙高位预应力锚索栈桥平台顶驱双套管钻进施工工法	SZSJGF190—2021	深圳市工勘岩土集团有限公司 深圳市金刚钻机械工程有限公司	廖启明、李凯、雷斌、王刚、张大傲
77	土压平衡盾构机长距离下穿浅基础房屋施工工法	SZSJGF191—2021	中铁六局集团有限公司	王雄友、方继安、向云、左文亮、薛传林
78	洗车喷淋与地磅称重系统集约化联合施工工法	SZSJGF192—2021	深圳宏业基岩土科技股份有限公司	李燕、常峻岭、宋伟、陈泽栋、郭秋红

序号	工法名称	工法编号	主要完成单位	主要编写者（按主次排序）
79	现浇结构凹槽的可拆式组合铝合金模板施工工法	SZSJGF193—2021	中建四局土木工程有限公司	杨松林、樊彬、马龙翔、陆扬锐、田瑞佳
80	新型磷石膏材料抹灰施工工法	SZSJGF194—2021	中核华泰建设有限公司	廖洋、叶历成、李奎、李翔、袁利民
81	新型装配式预埋可调节抗震支吊架施工工法	SZSJGF195—2021	深圳市宏源建设工程有限公司	李正国、王静山、李振华、魏晓煌、刘金宝
82	悬挑边梁外侧模固定施工工法	SZSJGF196—2021	深圳泛华工程集团有限公司	王畅、曾令新、王志明、陈琳、林海辉
83	旋挖桩孔内掉钻螺杆机械手捞施工工法	SZSJGF197—2021	深圳市工勘岩土集团有限公司	刘峥志、雷斌、吴根雄、向翱、陈国文
84	旋挖钻斗顶推式出渣降噪施工工法	SZSJGF198—2021	深圳市工勘岩土集团有限公司	李凯、雷斌、王蕊、林桂森、童心
85	岩壁吊车梁混凝土施工工法	SZSJGF199—2021	中国水利水电第十四工程局有限公司	李国瑞、刘芳明、何毅、郭建峰、熊富有
86	岩壁吊车梁岩台（双向控爆法）开挖施工工法	SZSJGF200—2021	中国水利水电第十四工程局有限公司	张春洪、刘芳明、和丽钢、何毅、熊富有
87	岩溶构造区紧邻隧道暗河的涌水处置施工工法	SZSJGF201—2021	中国建筑一局（集团）有限公司	罗俐、梁岩、王红运、李海兄、孙贵祥
88	沿海动水区淤泥质复合地层DJP复合管桩施工工法	SZSJGF202—2021	上海隧道工程有限公司北京荣创岩土工程股份有限公司	刘宽、万波、戴斌、周振、甘文爽
89	液压自爬式卸料平台变向斜爬施工工法	SZSJGF203—2021	中国建筑第二工程局有限公司	陈果、刘龙龙、彭伟豪、黄宜婷、罗瑞
90	一种基于BIM的工艺样板施工工法	SZSJGF204—2021	深圳市建工集团股份有限公司	潘网明、张明勇、王新锋、花俊、陈宁
91	一种基于模数化吊装钢梁的预制构件吊装施工工法	SZSJGF205—2021	中建一局集团建设发展有限公司中建一局（广东）建设有限公司	李颖辉、张明、陆兆欣、陆凡、黄伟
92	一种新型简洁式装配式建筑叠合板后浇带模板体系施工工法	SZSJGF206—2021	中铁广州工程局集团深圳工程有限公司	李晓昇、丰雄亚、李逸威、王佳伟、罗杰

序号	工法名称	工法编号	主要完成单位	主要编写者(按主次排序)
93	一种新型拉杆式可层间周转式型钢悬挑架施工工法	SZSJGF207—2021	中建一局集团建设发展有限公司 中建一局(广东)建设有限公司	李颖辉、孙健、方向、汪严、汪俊峰
94	装配式预制混凝土曲面外挂板安装施工工法	SZSJGF208—2021	中建科技集团有限公司	肖竟成、杜飞、毛丰强、林棉文、庄镇利
95	永临结合十字钢箱梁塔吊基础施工工法	SZSJGF209—2021	中国建筑一局(集团)有限公司	孙万里、伍俊、厉元庆、吴羽俊、滕朔
96	再生喷射混凝土结构支护施工工法	SZSJGF210—2021	深圳市市政工程总公司	牛双建、白龙威、刘忠、陈新志、曾俊杰
97	长距离大纵坡T梁安装架设施工工法	SZSJGF211—2021	中国建筑一局(集团)有限公司	罗俐、梁岩、王红运、蒋太银、文国红
98	中小河道及水域水陆两栖浮船不断流全季节清淤施工工法	SZSJGF212—2021	中建三局集团有限公司	胡广、吴燕芳、李高钦、闫凤丽、陈之春
99	住宅工程装配式隔墙体系同层排水卫浴间施工工法	SZSJGF213—2021	中建科技集团有限公司	谭诚、窦玉东、毛丰强、杜飞、庄镇利
100	装配式地铁车站永临一体化结构施工工法	SZSJGF214—2021	中铁广州工程局集团深圳工程有限公司	李家宏、林定位、张琦、任涛、贺英杰
101	装配式定型钢楼梯施工工法	SZSJGF215—2021	中国建筑一局(集团)有限公司	仲敏、周永佳、陈浩昊、卢礼剑、吴桐
102	装配式钢结构定型洗车槽施工工法	SZSJGF216—2021	深圳市市政工程总公司	陈德泉、徐亚非、梁志峰、张子阳、范继明
103	装配式建筑竖向构件钢筋灌浆套筒高效连接及灌浆饱满度定量控制施工工法	SZSJGF217—2021	深圳市深安企业有限公司	练建平、黄培峰、谢军邦、赵博宇、蒙亮灼
104	装配式建筑预制PC板线管一体化施工工法	SZSJGF218—2021	中核华泰建设有限公司	季安、李秀飞、郭世林、黄彦召、卢嘉鹏
105	装配式免木天花轻钢龙骨结构施工工法	SZSJGF219—2021	深圳市中装建设集团股份有限公司	刘丰钧、王露华、钟连群、刘小城
106	装配式预制剪力墙结构体系施工工法	SZSJGF220—2021	中建科技集团有限公司	曾玉喜、毛丰强、杜飞、陈赓、庄镇利

续表

序号	工法名称	工法编号	主要完成单位	主要编写者（按主次排序）
107	自变角液压爬模施工工法	SZSJGF221—2021	中国华西企业有限公司	刘东、龙绍章、雷富匀、周林蕊、田小军
108	综合土壤改良蜂巢式雨水花园施工工法	SZSJGF222—2021	中铁广州工程局集团深圳工程有限公司	李晓昇、汤雄峰、黄彪、朱振兴、喻萍
109	组合周转式竖向钢构件安装平台施工工法	SZSJGF223—2021	广西华业建筑工程有限公司	颜传富、陈忠全、李作东、龙叙强、卢昭君
110	组装式旗台施工工法	SZSJGF224—2021	中国华西企业有限公司	郭阳、张秋阳、李作辉、段宇豪、金代敏

23. 2021 年度深圳市工程建设优秀 QC 小组活动成果获奖名单

序号	QC 小组名称	课题名称	小组类型	小组所在单位	小组成员
一等奖					
1	装配先锋 QC 小组	装配式建筑楼梯间提升操作平台的研制	创新型	中国华西企业有限公司	何小军、黄学芳、何咏嘉、黄荣涛、龚建强、穆小芳、宋文佳、黄卫、李天奇、刘永春
2	华联八小时之外 QC 小组	研发圆弧板外立面垂直度控制工艺	创新型	中建二局第一建筑工程有限公司	张凌、陈丽霞、娄元博、李敏、魏娟、史梦南、尹俊宇、高昆、田兴凯、帅鹏程
3	禧龙封神 QC 小组	悬挑花园层外爬架附着装置的研发	创新型	中国华西企业有限公司	袁源、田景铭、崔苗、蒲德荣、龚建强、黄焰、洪冰城、黄金达、张凯、杨志
4	美好创亿 QC 小组	提高深层水泥搅拌桩一次成桩合格率	问题解决型	中国华西企业有限公司	黄显清、李开燕、陈显能、谢云飞、张森、黄伟强、陈明浩、冯小斌、邓磊、黄劲松
5	新动力 QC 小组	提高钢柱脚一次吊装时效符合率	问题解决型	中建科技集团有限公司	蒋杰、鲁晓通、许夏明、范林飞、罗骏、金忠宇、马昌志、赖忠辉、吴剑桥、黄其新
6	汽车小镇 QC 小组	提高卫生间立管一次安装合格率	问题解决型	中建二局第一建筑工程有限公司	沈欢欢、李翔宇、陈丽霞、龙寨甲、李宏泽、邓封兵、唐福波、张洪、谭力文、魏超
7	朝气蓬勃 QC 小组	提高叠合楼板厚度一次验收合格率	问题解决型	中国建筑一局（集团）有限公司	李鑫、邢浩民、李盛、陈龙喜、张钊源、孙爽、杨志鹏、古兴明、李轶
8	迅捷 QC 小组	创新叠墅外立面线条施工新方法	创新型	中国建筑一局（集团）有限公司	李剑颢、张钊源、孙爽、李涛、王超、田瀚林
9	卓越依山畔海 QC 小组	预制楼梯一体化平台通道的研制	创新型	中国建筑第二工程局有限公司	唐彩莲、王斌明、王嘉裕、毛宗均、张朝茂、徐小雷、姜恒、徐也、杨金瑞、梁鹏辉
10	前海逐梦第一 QC 小组	提高超高层建筑标准层施工效率	问题解决型	深圳市建设（集团）有限公司	李孝军、杨荣、熊定振、赵懿三、曾伟钦、曹春阳、魏文康、吴迪、单逸、李林

序号	QC 小组名称	课题名称	小组类型	小组所在单位	小组成员
11	冠泽金融中心安装 QC 小组	提高综合支吊架安装效率	问题解决型	深圳市华西安装工程有限公司	张洪、赵刚、郭洪平、韩和平、王晓辉、黄瑞恒、周宇辰、张刘、刘璐、甘晓东
12	龙门标局 QC 小组	缩短 Ⅰ 类项目投标技术标编制时间	问题解决型	中国华西企业有限公司	崔苗、刘梦欢、苏彬、韦雄峰、韩旭东、高奇、文静、谢尚书、张晓娜、任松驰
13	榕汇 QC 小组	降低柔性铸铁管工作时的噪音值	问题解决型	深圳榕亨实业集团有限公司	齐旭辉、蒋冬、朱耿鹏、周鹃花、陈建飞、宋锡鑫、赖奕谋、戴潞、陈嘉煜
14	匠筑农园 QC 小组	提高大屋面防水卷材施工成型质量	问题解决型	中国建筑第八工程局有限公司	黄奎彰、李进伟、黄治琛、胡新准、王海洋、张新贵、周光、周敏、莫柳锋、罗志仙
15	星河雅宝云顶雄鹰 QC 小组	超高层风井模板支撑系统研发	创新型	中国建筑第二工程局有限公司	王云鑫、张潇丹、张相平、曹江、韦国豪、周芸芸、陈祈明、高帅、张陆、姜岩峰
16	深圳建工寰侨商务大厦项目第一 QC 小组	免植筋钢管排架单侧支模施工创新方法研究	创新型	深圳市建工集团股份有限公司	张成林、陈果毅、王靖、尹洪斌、熊子良、杨志鹏、林春龙、戴少东、曾景新、郑平安
17	九力 QC 小组	铝模斜撑锚板与板厚控制装置研制	创新型	中建二局第三建筑工程有限公司	赵刚、孔慧、郑旭、王英、唐先能、罗佳宾、韩涛、王吉忠、刘韬、吴家鑫
18	星火 QC 小组	降低底板后浇带的一次验收渗漏率	问题解决型	深圳市宏源建设工程有限公司	赖广文、许海鹏、李振华、蒋冬、唐永成、秦雨、张泽虹、赖培鑫、王姣、马英德
19	龙城攻坚小组	提高预铺反粘热塑性 TPO 地下防水施工一次合格率	问题解决型	中建新疆建工(集团)有限公司	杨凯睿、李涛、李兆坤、潘星、郭凤刚、麦永翔、王佳兴
20	前海逐梦第二 QC 小组	提高圆柱处塔吊附墙预埋合格率	问题解决型	深圳市建设(集团)有限公司	李孝军、杨荣、熊定振、赵懿三、曾伟钦、曹春阳、魏文康、吴迪、单逸、李林

续表

序号	QC 小组名称	课题名称	小组类型	小组所在单位	小组成员
21	"电力十足"QC 小组	提高静压管桩一次验收合格率	问题解决型	中国水利水电第七工程局有限公司	朱浩宇、吴先灿、蒲志平、李志海、龚兵文、陆浩、薛惠江、赵永强、王之宇、何林涛
22	东津新区 QC 小组	健康监测下网架提升方法研究	创新型	中铁建工集团有限公司	刘智、史学、曾波、陈虹文、陈惠强、孙宇、崔相昆、甘文民、唐石璞、王文青
23	深圳建工清华研究院第八 QC 小组	室内楼地面装修找平层与现浇楼板结构一体化精平施工技术创新方法研究	创新型	深圳市建工集团股份有限公司	侯光华、段科、李少雄、姚霞光、李磊、鲍建宏、彭华强、魏丁、王渝于、张钊
24	鹏城 QC 小组	提高管道包封模板一次安装合格率	问题解决型	中国电建市政建设集团有限公司	张家强、史运通、崔维齐、张会军、毕金灿、梁孟晓、郭红兵、王洪敏、朱真吾、曹亚美
25	碧翠湖小组	一种可周转砌体操作平台的研发	创新型	中国华西企业有限公司	熊箭、徐航、刘冰、王磊、蒋强、曾庆文、潘博、王忠、代和梅、冷观麒
26	仁恒沙井 QC 一组	一种可调节工具式外架悬挑层吊檐的研制	创新型	中国华西企业有限公司	雷强、吴越、张镱飞、蒋松、胡华、唐思琦、吴辊曦、郭沁易、蒋鑫、吴星辰
27	超凡 QC 小组	研究电动绳据转向切割装置	创新型	中国华西企业有限公司	黄学芳、梁志平、于立、李明、曾华伍、吴阳、黄喜达、邓林宏、张晓娜、贾倩
28	管道先锋 QC 小组	提高管道接口CCTV 检测合格率	问题解决型	中国电建市政建设集团有限公司	张习哲、左联宾、胡彭、毕金灿、马培爽、梁孟晓、唐铭、郭杰、刘吉松、王树才
29	装配先锋 QC 小组	提高洞口防护的周转率	问题解决型	中国华西企业有限公司	何小军、黄荣涛、龚建强、何咏嘉、何静、舒培、夏侨总、邱凯康、任林海、王彦杰

续表

序号	QC 小组名称	课题名称	小组类型	小组所在单位	小组成员
30	深圳中学 QC 小组	提高外墙梯形节点的实测实量合格率	问题解决型	中国华西企业有限公司	郑卓成、王攀朝、赵俊、曾华伍、朱剑、李经伟、秦万泉、胡文东、蒋林峰、左淑昂
31	探索者 QC 小组	提高叠合板拼缝一次验收合格率	问题解决型	中建二局第三建筑工程有限公司	王英、王响、胡星、李亚男、张世纪、赵亚宾、赵磊、甘定如、焦阳、杜文杰
32	中洲滨海商业中心 QC 小组	一种新型的钢管柱顶混凝土浇筑操作平台的研制	创新型	中国建筑第二工程局有限公司	刘家亮、聂敏文、唐宝裕、吴皓宇、徐路、崔傲、吴玉龙、王炜圣、王洋、赵岳芹
33	水贝印象 QC 小组	提高超高层建筑施工垃圾输送速度	问题解决型	中国华西企业有限公司	赵泽、冯楚涛、周刚、曾志、付军辉、朱诗尧、吴军楠、黄学芳、邓霞、王正建
34	初心 QC 小组	提高地下室底板疏水层导水管安装合格率	问题解决型	中建二局第三建筑工程有限公司	翟俊超、裴振华、赵伟、苏敏、刘佳、于叶才
35	招商盛世 QC 小组	提高高强度混凝土一次施工质量合格率	问题解决型	中国华西企业有限公司	陈磊、刘海强、王杰、陈双龙、张风、赵星民、汪峰、高奇、许奕鹏、吕翔
二等奖					
1	"烟道能手" QC 小组	提高成品烟道安装一次成优率	问题解决型	中国核工业华兴建设有限公司	钟强、李文俊、李瑞昕、刘升平、赵佳宇、郑志兵、黄焱、李聪、李辉
2	天悦壹号玺苑-机电精英 QC 小组	提高薄壁不锈钢管安装合格率	问题解决型	江苏省华建建设股份有限公司	缪昌华、孙国兵、赵睿、陈灿军、赵军、李正余、张越、何桐、李丰任
3	城建大厦 QC 小组	研究地连墙与内衬墙连接构造新做法	创新型	中国建筑第二工程局有限公司	乔会丹、胡亮、邰冶、范孟超、闻照峰、蒲军伍、黄震、陈志明、余星星、曹腾
4	深圳建工玺云著花园 QC 小组	铝合金模板竖向构件斜撑体系改进技术	攻关型	深圳市建工集团股份有限公司	孙猛、杨辉、王凯、林杰、李文海、易念翔、李迅、张伟、舒孝洪、夏阳
5	青苗 QC 小组	一种工具化高空天桥提升操作平台的研发	创新型	中国华西企业有限公司	王真、刘鲲、郭波、吴洪霞、李洋、林强、李会、欧阳路平、周天、刘小福

序号	QC 小组名称	课题名称	小组类型	小组所在单位	小组成员
6	漳州中梁玖号院项目 QC 小组	降低墙面抹灰裂缝出现率	问题解决型	中国建筑第二工程局有限公司核电建设分公司	曾唯硕、彭菲、申云生、杨得荣、叶晓融、郭文涛、兰丽珍
7	圆拱形屋面结构定型钢背楞模板体系 QC 小组	圆拱形屋面结构定型钢背楞模板体系的研发	创新型	深圳市鹏城建筑集团有限公司	林家兴、蔡希杰、彭佳盛、梁增明、赵冰琦、王健武、罗威、周林、王露康、宋雪玲
8	学苑之星	可调节式钢筋笼主筋间距控制器的研制	创新型	陕西建工第五建设集团有限公司	刘启友、刘晓虎、刘聪、滕立辉、陈智、王选辉、刘小亮、李军、万梁龙、李斯达
9	合金装备	大截面柱铝合金模板免开孔加固装置的研制	创新性	中国华西企业有限公司	梁勇、贺斌、叶晨浩、冯楚涛、何已乐、宋晨、刘钰、张杰
10	茅洲河碧水 QC 小组	提高市政管道施工中井盖安装一次验收合格率	问题解决型	中国电建市政建设集团有限公司	张习哲、甄志军、石书坤、刘兴延、魏大凯、赵海阔、郑欣石
11	坪山正本清源 QC 小组	提高混凝土检查井一次安装合格率	问题解决型	中国电建市政建设集团有限公司	宋建国、董伟、李斌、曾春晖、张文彬、谭盼、李纯岩、朱立阳
12	卓越依山畔海 QC 小组	提高预制叠合板拼缝成型一次验收合格率	问题解决型	中国建筑第二工程局有限公司	唐彩莲、王斌明、王嘉裕、毛宗均、张朝茂、徐小雷、姜恒、徐也、杨金瑞
13	中国建筑第八工程局有限公司追月 QC 小组	提高地下车库混凝土基层施工一次性合格率	问题解决型	中建八局第二建设有限公司	蒋立勇、董福永、张善壮、陈余耀、李凯、刘冲、江超、梁富泉、余志强、谢晋瑾
14	深汕加工厂焊接 QC 小组	提高钢箱梁埋弧全熔透焊首检合格率	问题解决型	中国华西企业有限公司	周蕾、辛帮勇、唐铎华、王永杰、胡剑、侯刚
15	十里银滩 QC 小组	铝模墙柱脚封堵新工艺的研发	创新型	中国华西企业有限公司	陈桐林、张勇、陈振强、廖德才、彭传勇、陈保森
16	江门合景领峰花园 QC 小组	提高铝膜混凝土平整度一次验收合格率	问题解决型	中国建筑一局(集团)有限公司	李鑫、程龙、谢辉、刘源、张钊源、柏昱、王英斌、阳浩、孙爽

序号	QC小组名称	课题名称	小组类型	小组所在单位	小组成员
17	华联启轩QC小组	钢框-砼筒错层施工屋面防渗漏工艺创新	创新型	中建二局第一建筑工程有限公司	张凌、陈丽霞、娄元博、李敏、陈宏仁、史梦南、夏建新、张齐、王志强、曾军
18	广州万达文化旅游城住宅楼（自编四期B4区）项目QC小组	研究高层住宅圆弧形压槽铝模施工新方法	创新型	中国建筑第二工程局有限公司	杨建兵、陶腾、郭卓、李东兴、邓琰、黎俊希、刘进、李富国、吴智金、李泽思
19	惠州御湖郡QC小组	降低铝合金窗边渗漏率	问题解决型	中国华西企业有限公司	吕建、王永齐、李鹏、张开元、吴俊、高翔智、任阳军、苏文华、李成红、黄灿杰
20	"绿水青山QC小组"	提高压力钢管焊缝检测合格率	问题解决型	中电建生态环境集团有限公司	陈湘斌、邓宏荣、张振洲、程振邦、张家强、史运通、王帅、梁孟晓、周年康、王洪敏
21	护面专家QC小组	提高金园水混凝土面板结构外观质量得分率	问题解决型	中电建生态环境集团有限公司	刘任远、张振洲、程振邦、刘锦戌、熊道品、陶善勇、陈信山、钟奇、赵志民、权维
22	固成水质路面创新QC小组	可以重复使用的路面创新	创新型	中国水利水电第七工程局有限公司	朱浩宇、吴先灿、王业鑫、蒲志平、邱海龙、罗吉秀、胥玲红
23	"一路前行"QC小组	一种移动脱模起吊设备研制	创新型	中国核工业华兴建设有限公司	钟强、李文俊、李瑞昕、赵佳宇、黄焱、李聪、唐明、刘升平
24	黄埔南岗一期机电总包机电QC小组	提高大型管道支吊架埋板锚栓的安装合格率	攻关型	中国建筑第二工程局有限公司	谢军初、康远、王晓星、喻保国、雷印洋、赖昌胜、赵启雄、黄文辛、于小淞
25	铝木结合QC小组	混凝土竖向构件铝木结合支模施工方法创新/创新型	创新型	中建四局第五建筑工程有限公司	叶胜银、张孟、王仕利、王成、陈立治、刘宽琴、陈增淋、陈文、姚伟、林静
26	南京G11项目QC小组	提高混凝土圆柱成型质量	问题解决型	中国建筑第二工程局有限公司核电建设分公司	朱献刚、裘学、王俊辉、董志强、王宇、任文花、刘海波

序号	QC 小组名称	课题名称	小组类型	小组所在单位	小组成员
27	深大二期提升改进小组	提高焊缝焊接一次合格率	现场型	上海建工集团股份有限公司	费思异、刘峰、吕涛、刘传奎、张保桐、金鑫、张益伟、张津衔、彭亦帆
28	闪电凯旋 QC 小组	提高蒸压加气混凝土砌块填充墙验收合格率	现场型	中建八局第二建设有限公司	蒋立勇、张善壮、王强、李凯、赵俊武、刘冲、陈凤汀、郑宁、王標
29	宝湾大厦 QC 小组	提高封闭式楼梯踏步观感质量一次合格率	现场型	陕西建工集团股份有限公司	王宇、崔轩、杨帆、赵建宝、张逢凯、金勇、王涛、张星、邓团辉、孙运鹏
30	展翅高飞 QC 小组	提高塔吊附墙位置混凝土一次成型的合格率	问题解决型	中建二局第三建筑工程有限公司	孙自飞、范伟、王英、于佳楠、田瀚、邓世林、刘瑾铭、高扬、吴海山、刘玉涛
31	聊胜一筹 QC 小组	提高铝合金模板徐构件外观质熨一次验收合格率	问题解决型	中国建筑第二工程局有限公司核电建设分公司	管亮、杨海、时迎强、冯壮、孙超、季强、贾任庆、杨一良
32	深圳市中医院 QC 小组	提高两制工作工人工资发放率	问题解决型	中国华西企业有限公司	林子龙、付文杰、唐封凭、杨子儒、刘云成、李刚、汪子松、李军
33	基坑支护 QC 小组	提高基坑支护喷射砼验收一次合格率	问题解决型	中建二局第一建筑工程有限公司	李遇贵、林贵鹏、郭建伟、何有林、张巍译、林梓键、罗坤、郑裕金、曾小清
34	前海嘉里 QC 小组	提高现浇混凝土楼梯成型验收合格率	问题解决型（现场型）	中建一局集团建设发展有限公司	张建锋、宋欢、金凤文、焦国伟、熊嘉威、万子豪、周庆阳、苏文昌、尹嘉俊、李文升
35	中国电子 QC 小组	提高支护桩钢筋笼一次验收合格率	现场型	中国建筑一局(集团)有限公司	周奕凯、陈虎、冯天明、胡方兵、易源源、高远飞
36	科慧花园 QC 小组	研制一种楼层施工废水收集装置	创新型	中国华西企业有限公司	赵志波、蔡春霆、陈代军、刘洪玮、尹宁、陈宏创、罗霜、王翔、黄博、唐钰凯
37	新时代先锋 QC 小组	提高现浇楼板一次合格率	问题解决型	中国华西企业有限公司	张圣亮、喻海林、任兰春、刘念、宋旺、方洪平、张林城、胡旺、彭中生

序号	QC 小组名称	课题名称	小组类型	小组所在单位	小组成员
38	深圳市人民医院坂田院区项目 QC 小组	轻钢龙骨硅酸钙板隔墙施工质量控制	问题解决型	中国建筑第八工程局有限公司	温友珍、曹磊、王兵、徐佳、王云慧、熊天富、郭帅
39	凸版新领域 QC 小组	降低单侧支模区域地下室外墙湿渍率	问题解决型	中国建筑第二工程局有限公司	陈磊、陈晟、龙伟华、刘承其、王莹、张家豪、何严、王鹏飞、付林
40	景福花园 QC 小组	提高全套筒咬合桩钢筋笼一次性安装合格率	问题解决型	中国建筑第二工程局有限公司	聂青峰、阳华、莫凌励、徐迟野、张景明、吴平、杜德瑞、鞠沅绣
41	红遍岭南 QC 小组	降低在超深厚杂填土地质下灌注桩充盈系数	现场型	深圳泛华工程集团有限公司	谭明辉、赵新良、郑贺伊、梁威、谢建兵、李艳峰、陈小威、张雨霖
42	碧桂园云凤阁 QC 小组	降低铝合金模板混凝土表面抹灰空鼓率	问题解决型	中国华西企业有限公司	周晓斌、雷远彬、曾燕、周文杰、廖飞、吕军、陈泱伊、寇宁爽
43	启迪二期 QC 小组	提高深基坑狭窄肥槽侧壁防水施工一次验收合格率	问题解决型	中国建筑一局（集团）有限公司	胡建、张静、黄水成、于广洋、郑良环、张钊源、孙爽、王吉德、贝嘉
44	腾讯广州总部大楼项目 QC 小组	提高超高层钢骨柱柱脚埋件安装精度	现场型	中国建筑第二工程局有限公司	罗资奇、邝喜旗、李日荣、刘盛芬、刘劲刚、龙土钦、龙土钦、赵汝腾、李昕、梁婉娴
45	东方文化广场项目 QC 第二小组	提高钢结构预埋件焊缝一次性验收合格率	现场型	中建新疆建工（集团）有限公司	马东林、翁益池、刘晶、李涛、吴华秋、吴琪、刘奎、刘伟、宋斌
46	EG 小组	提高外墙混凝土装饰线条一次成型合格率	问题解决型	中建二局第三建筑工程有限公司	谢峰、李庆、周学太、熊斌斌、颜龙、石硕、熊琦玮、李朋朋、蓝志诚、张忠友
47	深圳建工金裕星河丹堤二期项目 QC 小组	外墙窗边渗漏质量问题控制与塞缝施工技术创新方法研究	创新型	深圳市建工集团股份有限公司	蔡志赢、秦帆、郭立瑶、郑耿展、朱震淮、杨春玉、陈浩、张雷、马军研

序号	QC 小组名称	课题名称	小组类型	小组所在单位	小组成员
48	建美 QC 小组	减少户内管井反坎渗漏率	问题解决型	中建二局第三建筑工程有限公司	刘骥、冯春锋、麦坚斌、陆玉阳、何思强、王康、黄炜彬
49	南京 G30 攻坚 QC 小组	一种插钎式可调节混凝土楼板厚度控制器的研制	创新型	中国建筑第二工程局有限公司核电建设分公司	史其渤、印凯、王康、武春阳、周军、徐鹏、谢孟轩、申亚俊、岳金钰
50	与狼共舞 QC 小组	提高大直径钢筋直螺纹连接一次验收合格率	问题解决型	中铁广州工程局集团深圳工程有限公司	蒋证全、杨茂平、黄兴江、冯超、刘刚、黄浩、赵定凯、陈川、李天鹏
51	恒大成花园 QC 小组	提高外墙真石漆施工质量一次合格率	问题解决型	江苏省华建建设股份有限公司	吴碧桥、沈祝君、谢俊荣、刘成、缪昌华、费军、石存志、王义犇、翟和喜、陈瑞华
52	成都川航机库网架 QC 小组	提高钢结构焊接球网架安装效率	问题解决型	中国华西企业有限公司	赵吉祥、张帮盛、辛帮勇、唐伟、杨廷超、鄢定泽、贺林、侯勇
53	库坑中学 QC 小组	提高框架柱混凝土成型质量合格率	现场型	中建四局第五建筑工程有限公司	张文远、龙大云、李元、胡森、刘天森、张美德、胡恒、曾顺良
54	创维 QC 小组	提高筏板基础预铺反粘防水施工一次验收合格率	问题解决型	中国建筑一局(集团)有限公司	应博、吕培鑫、许廷志、蔡亮、张学峰、童杨、张钊源、孙爽、申小强
55	中建八局第二建设有限公司粤鹰 QC 小组	提高地下室种植顶板防水施工质量一次合格率	现场型	中建八局第二建设有限公司	怀鹏、王巧、郑凯、王通、陈升、杜亚茹、王子瑞、梁剑芳
56	深圳地铁 13 号线七工区 QC 小组	降低数码微差爆破对深基坑格构柱的损伤率	问题解决型	中国建筑第二工程局有限公司	冯志强、马颖博、张旭、刘广燕、唐毅、王帅、李树明、张浩
57	矩阵 QC 小组	提高铝模装配式接茬部位一次验收合格率	现场型	中建新疆建工(集团)有限公司	宋健文、刘振浩、康筱、何建、张应、谭应港、陈兴俊、王韧威、倪永领、任鹏飞
58	马田 QC 小组	提高城中村雨污水管接驳效率	问题解决型	中国华西企业有限公司	杨永平、陈家喜、杨云富、杨刚、胡勇、张玉、李春林、蔡桥、李先乔、聂玉念

续表

序号	QC 小组名称	课题名称	小组类型	小组所在单位	小组成员
59	辉煌 QC 小组	提高现浇层转装配层套筒灌浆连接预埋钢筋施工一次合格率	现场型	深圳市东深工程有限公司	付涛、覃辉煌、余奇友、薛忠强、杨帆、吴翠萍、陈玮、曾庆峰、沈梦德
60	鹏城 QC 小组	提高新建地下雨污管道闭水试验通过率	问题解决型	中国电建市政建设集团有限公司	左联宾、崔维齐、梁孟晓、许楠、雒小庆、王洪敏、朱真吾、周年康、唐铭、郭红兵
三等奖					
1	挑战者号 QC 小组	降低预制内墙板裂缝率	问题解决型	中建二局第三建筑工程有限公司	黎中文、朱富强、童章虎、苏湘军、廖建颖、周晓红、徐睿涵
2	安居锦龙苑 QC 小组	提高预制凸窗吊装一次验收合格率	问题解决型	中国华西企业有限公司	曹乃斌、姜浩杰、张海凤、周晖迪、杨杰、唐先礼、甘伟、罗严峻、刘健、李达
3	"无畏者"号 QC 小组	提高复杂地质条件下静力爆破施工一次合格率	问题解决型	中国建筑第八工程局有限公司	尤水鑫、廖旺强、李乾坤、程伟、许文彬、魏书剑、余川杨、徐赞、谢潇潇、赵文强
4	汉钢电炉项目 QC 小组	提高杯口基础格构柱安装效率	问题解决型	中国华西企业有限公司	曾茂、卢英明、陈西涛、冯建飞、蒲少飞、郑在文、彭文福、黄志华、何欢
5	风投大厦 QC 小组	外墙脚手架连墙件新技术研制	创新型	深圳市建设（集团）有限公司	朱丹、李孝军、杨荣、熊定振、曾伟钦、吴迪、单逸、李林
6	进取 QC 小组	屋面悬挑板模板支撑探究	创新型	中建二局第三建筑工程有限公司	李辰、蔡文浩、乐小贺、张号、孙佳佛、翟铭萱、陈永汉、张茂泽
7	中国建筑第八工程局有限公司紫荆一号 QC 小组	提高梁柱节点混凝土截面偏差合格率	现场型	中建八局第二建设有限公司	董福永、蒋立勇、张善壮、王强、陈余耀、余志强、梁富泉、赵俊武、江超、李凯
8	坪山正本清源 QC 小组	提高手摇式顶管一次顶进合格率	问题解决型	中国电建市政建设集团有限公司	宋建国、董伟、李斌、曾春晖、张文彬、谭盼、李纯岩、王文海

续表

序号	QC 小组名称	课题名称	小组类型	小组所在单位	小组成员
9	龙马精神 QC 小组	提高外墙免抹灰结构施工质量合格率	问题解决型	中建二局第三建筑工程有限公司	龙刚、黄勇、王英、秦锐、王胜利、何建明、田欧
10	卓越 QC 小组	提高冲孔灌注桩一次成桩合格率	现场型	深圳市广汇源水利建筑工程有限公司	李俊萱、邓远刚、梁其宇、刘嘉洁、邓晓坤、常月、朱云鸿、姜晓天、陈荣概、黄小锋
11	卓越 QC 小组	提高超高层剪力墙一次成型实测实量合格率	现场型	中建八局第二建设有限公司	刘民、王立业、傅垚、朱凯、李文亮、欧阳标文、王单寒、李钧松
12	埋件安装 QC 小组	提高预埋件安装一次合格率	问题解决型	中国建筑第二工程局有限公司核电建设分公司	程璇、凌洪基、朱俊、刘晓彬、王叶凯、刘剑、周志勇、杨祥、岑由准、刘文生
13	春沐源生态小镇项目工程 QC 小组	提高 APF-C 预铺式高分子自粘胶膜防水卷材施工质量	问题解决型	中建八局第二建设有限公司	曹磊、李佳岢、陈通、卢琪敏、李威震、王海旭、汪晓辉、韩璐
14	横琴口岸铁军 QC 小组	降低石材铺装破损率	问题解决型	中国建筑第二工程局有限公司	李奇志、覃昌吼、程瑶、徐达、陈之、郭镇威、陈建军、郭斌、丁瑞、王超
15	仁恒沙井 QC 二组	提高现浇楼板厚度实测合格率	问题解决型	中国华西企业有限公司	胡华、吴越、王先雄、雷强、但嘉庆、郭沁易、陆志强、吴奎、任权、唐思琦
16	广州 QC 小组	提高小微水体生态修复水质达标率	问题解决型	中国电建市政建设集团有限公司	高连琳、范志超、郑发云、王鹏、李建林、陈建楠、晋鹏飞
17	宁波杭州湾项目 QC 小组	提高电箱封堵一次成型合格率	问题解决型	中国建筑第二工程局有限公司核电建设分公司	陈银河、王康、王磊洋、解志文、彭国、杨红龙、赵阳、马成龙、周锐
18	东海莲塘 QC 小组	提高地下室无梁板柱帽一次成型合格率	问题解决型	中国建筑第二工程局有限公司	党宗盛、康积源、李召亮、李鹏、杨峰、李齐雨、曾庆坤、朱帆、史泰隆
19	利亚德南方厂区 QC 小组	装配式建筑型钢悬挑外脚手架固定支座可回收应用技术创新	创新型	中铁建工集团有限公司	吴树森、阮远、赵自国、张华鸿、白海、焦若天、叶光标、龙文正、毓泉柱、陈荣辉

序号	QC 小组名称	课题名称	小组类型	小组所在单位	小组成员
20	城脉 QC 特攻小组	提升轻型顶模集成平台顶升速度	问题解决型	中建三局集团有限公司	曾佳明、江书洲、佘大涛、傅峰环、陈彬、周长江、夏盛鑫、魏然、刘飞、王义
21	创智云城二期项目 QC 小组	提高框架剪力墙混凝土质量合格率	问题解决型	中国建筑第八工程局有限公司	曹亚阁、高庆、陈诗明、张士忠、刘旺、张国精、林荣青、邢建南、张金梦
22	龙华之星 QC 小组	提高直线加速器大体积混凝土施工质量合格率	现场型	中建三局第一建设工程有限责任公司	龙洪、王聪、陈彬、丁华营、李世民、杨春、谭本杰、田鉴、翁焕坤、刘俊超
23	华为 G 区项目 QC 小组	提高地下室顶板防水一次施工合格率	问题解决型	中国建筑一局（集团）有限公司	周彪、王永、谭桂华、倪昭涛、张钊源、杨其能、刘栋栋、孙爽
24	汇金广场 QC 小组	提高型钢混凝土柱成型质量	问题解决型	江苏省华建建设股份有限公司	马伟、成国荣、倪新星、蔡心映、李强、卞睿邦、管亚、叶竹兴、苗磊、奚俊
25	"飞虎"QC 小组	提高幕墙主龙骨安装验收合格率	问题解决型	中国建筑第二工程局有限公司核电建设分公司	张令阳、王雨豪、谭方安、李果、翁利平、李正、袁枭、杨通乾、杨光池、庄阳杰
26	辉煌 QC 小组	降低平湖街道旧墟镇小学混凝土成型质量缺陷率	现场型	深圳市东深工程有限公司	沈海、覃辉煌、余奇友、薛忠强、杨帆、吴翠萍、陈玮、曾庆峰、沈梦德
27	平湖卓越项目 QC 小组	提高室内墙面预埋线盒合格率	问题解决型	中国建筑第二工程局有限公司核电建设分公司	王尔亮、王康、袁赛健、代新安、邱新宇、康锦太、徐良
28	安居萃云阁项目部 QC 小组	灌注桩后注浆施工质量控制	现场型	深圳市市政工程总公司	梁志峰、王红涛、侯彦兵、张基、吴茂崇、张逢雨、陆营部、邹伟雄、薛世淮、张子阳
29	开拓 QC 小组	减少地连墙刚性接头渗漏率	问题解决型	中建二局第三建筑工程有限公司	谢凯、程斌、杨小龙、朱均、邓德林、李辉扬、彭成远
30	成都华熙艺术村飞跃 QC 小组	提高外墙保温层施工质量验收合格率	问题解决型	中国建筑第二工程局有限公司	闫冲冲、陈友胜、刘华富、韩臣杰、冀恒志、蒋世勇、周耀辉、马永杰

序号	QC 小组名称	课题名称	小组类型	小组所在单位	小组成员
31	超越小组	提高成品排烟道一次安装合格率	问题解决型	中建二局第三建筑工程有限公司	李志鹏、方楚雄、张后利、刁德山、许江桥、刘坤嘉、李琼波、王征、韩杰、陈帅衡
32	拆除小分队 QC 小组	提高混凝土支撑梁拆除效率	问题解决型	中铁广州工程局集团深圳工程有限公司	唐远松、刘山川、段云飞、李佳、彭涛、张志宏、魏耀巍、徐和、欧阳、姚福飞
33	广州七号线二期一项目经理部 QC 小组	提高明挖车站成槽机回填土层地下连续墙成槽质量	问题解决型	中铁广州工程局集团深圳工程有限公司	韩岗、曹亮、陈青柳、钟国庆、杜泽明、郭继禄、瞿湘奇、常延峰
34	深根固柢 QC 小组	提高预应力管桩焊缝一次验收合格率	现场型	深圳泛华工程集团有限公司	曾令新、陈琳、林海辉、赵新良、李涛、郝冲、赛海波、杨振宇、黄康喜、李彦
35	"何弃疗"QC 小组	避免 MR-LINC 直线加速器结构超厚墙体混凝土开裂	问题解决型	中建三局集团有限公司	符志伟、刘洪霖、李先华、舒心春、周登科、陈海彬、乔勃凯、张杰、王智郡、李晓康
36	科技、质量、未来 QC 小组	提高铝合金模板混凝土一次成型合格率	问题解决型	江苏省华建建设股份有限公司	周起太、刘成、黄勇、饶义、张进军、聂李乐、王子林、江文书、秦小景、程凯
37	宜彝高速公路 7 标项目第一 QC 小组	提高复杂施工环境下桥梁墩柱钢筋笼保护层合格率	问题解决型	中铁广州工程局集团深圳工程有限公司	蒋证全、杨茂平、黄兴江、冯超、刘刚、赵定凯、骆秋林、王薪、王玉星
38	龙华攻坚 QC 小组	减少公寓卫生间防水渗漏率	问题解决型	中建二局第三建筑工程有限公司	高超、陈凯、冯争光、李敏娜、段连蕊、胡星、张书豪、李鑫
39	精益求精 QC 小组	创新高空、大跨度悬挑支模架搭设体系	创新型	江苏省华建建设股份有限公司	朱洪峰、谢华伟、张灿、蔡海峰、邱晨杰、王伟强、叶羽、张其阳、时曙光、徐鹏飞

续表

序号	QC 小组名称	课题名称	小组类型	小组所在单位	小组成员
40	北线引水 QC 小组	提升高位水池施工质量	现场型	中国水利水电第七工程局有限公司	史喜珍、甘甜、王伟、李盛林、何守贯、王新顺、张海林、丁利锋、史年龙、史乃川
41	清华科技园 QC 创新小组	提高钢结构焊缝一次验收合格率	问题解决型	中国建筑第二工程局有限公司	常华、夏国浩、余康智、王明辉、陈浴淋、钟雨轩、石全、何博、杨汪洋、张恒睿
42	御苑 QC 小组	降低外墙窗口渗水率	问题解决型	中建二局第三建筑工程有限公司	董军旗、崔贵军、范荣华、谢锦秋、李永泽
43	龙腾虎跃 QC 小组	提高砼柱凿毛施工质量	问题解决型	中国建筑第二工程局有限公司核电建设分公司	高吉伟、何宇、陈鹏、刘卫国、刘军、闫明辉、马丽萍
44	"黑土"QC 小组	提高路基基础一次验收合格率	问题解决型	中铁广州工程局集团深圳工程有限公司	张海飞、武斌、吴伟、段子祥、唐勇、蒋海峡
45	恒兴御景园 QC 小组	提高旋挖桩在特厚淤泥层采用非长护筒泥浆护壁工艺的一次性成孔合格率	攻关型	深圳泛华工程集团有限公司	范昌斌、贾文志、郑友健、钟朝阳、邓兴飞、杨建澍、汪健、任毅、林益名、张伟
46	创新协同 QC 小组	提高砌筑工程薄砌法施工一次性合格率	现场型	中国核工业第二二建设有限公司	张小刚、卢胜、刘彬、于健、杨昊、谭斐珉、廖乐华、李程里、曾永杰、王澂
47	华润陵城风电工程土建 QC 攻关小组	提高风机基础钢制大模板施工一次验收合格率	问题解决型	中国建筑第二工程局有限公司核电建设分公司	郜现强、彭骥、曲永、姚明学、尚林河、冯利斌、佟学良、程晓东
48	粤港澳青年创业区项目 QC 小组	提高钢筋保护层厚度合格率	现场型	中建三局第二建设工程有限责任公司	卫洋洲、熊亚明、田绍雨、薛成、李志、曾维、白烨尧、刘武平、魏学尧
49	深圳建工中医院光明院区项目 QC 小组	防水结构倒八字角一次成型施工技术研究	创新型	深圳市建工集团股份有限公司	胡勇军、张洪刚、郅澎涛、任卧龙、李勇军、温育鑫、李霞、张杰、纪海生、李鹏军

序号	QC 小组名称	课题名称	小组类型	小组所在单位	小组成员
50	红荔路 QC 小组	提高大规格高强混凝土预制块仿石道板铺装缝宽达标率	问题解决型	深圳市路桥建设集团有限公司	翁开翔、刘永才、钱勇、林江、陶竞、李惠果、张晓峰、关基尘、刘志龙、刘观尧
51	海口市江东新区临空经济区安置房 QC 小组	降低铝模混凝土气泡、麻面概率	现场型	中铁建工集团有限公司	陈超毅、王万华、黄明刚、陈志强、李永贵、王青刚、杨成鑫、赵春平、蔡佳伟、胡跃琨
52	深圳建业工程集团股份有限公司潮阳宝能城项目部 QC 活动小组	提高砌体工程施工质量	现场型	深圳建业工程集团股份有限公司	方连营、严庆伞、吴永森、黄健民、曾宪义、刘泽国、许伟龙、郑芝钦
53	肇庆宝能城项目部 QC 活动小组	提高楼板保护层厚度合格率	现场型	深圳建业工程集团股份有限公司	何超列、马掌印、刘庆、于文凯、黄建云、伍昱汛、余李平
54	盐田北综合车场工程提高钢筋安装质量 QC 小组	提高钢筋安装质量合格率	现场型	深圳榕亨实业集团有限公司	郑少文、周鹃花、吴彬、黄思文、陈建飞、董德凤
55	前海国际会议中心总承包项目 QC 小组	提高铝箔贴面酚醛复合风管安装一次合格率	攻关型	中建八局第二建设有限公司	张道胜、甄申、张善壮、王晨晨、张铭凯、祁吉卫、刘桂文、陈余耀、李凯、江超
56	武汉金茂·远航 QC 活动小组	降低高层全剪外墙窗洞口斜角开裂率	问题解决型	中国建筑一局（集团）有限公司	高利强、彭磊、袁作林、张钊源、孙煜杰、孙爽、唐鼎、杨超越、邹亚光
57	前海国际会议中心 QC 小组	提高大跨度门式刚架结构的安装精度	现场型	中建八局第二建设有限公司	李玉磊、张善壮、王奠卿、李凯、杨少杰、江超、王健、陈余耀、刘冲、赵俊武
58	春沐源生态小镇一期 QC 小组	提升现浇梁板结构尺寸合格率	现场型	中建八局第二建设有限公司	刘家瑞、张苗、曹磊、李佳岢、陈通、李威震、甘嘉豪、韩璐、王宏有
59	茅洲河碧水 QC 小组	提高砖砌检查井砌筑一次验收合格率	问题解决型	中国电建市政建设集团有限公司	张习哲、甄志军、冷奥林、刘兴延、魏大凯、赵海阔、郑欣石
60	深圳建工沙河小学项目 QC 小组	承插型盘扣式模板支架搭设质量控制方法研究	现场型	深圳市建工集团股份有限公司	张成林、王健、周金标、王泽新、黄盟、刘文、杨哲、王建云、刘倩、陈镓楷

续表

序号	QC 小组名称	课题名称	小组类型	小组所在单位	小组成员
61	破浪 QC 小组	提高混凝土楼板面施工质量一次验收合格率	问题解决型	中建二局第三建筑工程有限公司	赵刚、刘友鑫、潘光标、卢晓东、朱明亮、黄晓青、陈嘉伟、黎东兴、唐志军
62	红荔路 QC 小组	提高渠化岛及路口处无障碍"零高差"合格率	问题解决型	深圳市路桥建设集团有限公司	翁开翔、陶竞、刘永才、钱勇、林江、李惠果、刘志龙、关基尘、张晓峰、张文辉
63	东方文化广场项目 QC 第一小组	提高圆柱混凝土一次成型合格率	现场型	中建新疆建工(集团)有限公司	马东林、翁益池、高龙、刘晶、刘伟、吴琪、刘奎、宋斌、李涛
64	"一路前行"QC 小组	提高倒置屋面一次施工合格率	问题解决型	中国核工业华兴建设有限公司	钟强、李文俊、李瑞昕、赵佳宇、唐明、黄焱、李聪、刘升平
65	第三视角 QC 小组	提高弧形柱与交叉斜柱核心区超密钢筋安装一次验收合格率	问题解决型	中建二局第三建筑工程有限公司	李德、李敏子、王常营、梁振强、欧阳顺志、廖新毅、柳吉林、杨倩
66	求实 QC 小组	降低烟道洞口渗漏率	问题解决型	中建二局第三建筑工程有限公司	林锦庭、桂智乐、郭小亮、马伟峰、吕永江、任井龙、兰畅、苟元、张泽华、徐朴
67	宝吉 QC 小组	提高商业项目构造柱浇筑成型一次合格率	现场型	中国建筑一局(集团)有限公司	周奕凯、陈虎、冯天明、胡方兵、易源源、高远飞
68	诺德阅山海花园 QC 小组	提高铝模混凝土成型观感控制	现场型	中铁建工集团有限公司	李勇、程洋、于涛、段宝杰、姜焘、孟建国、姚春东、孙德林、翟梓凯、黄坤鹏
69	前海市政工程 V 标项目部 QC 小组	提高高分子自粘胶膜防水卷材施工一次合格率	问题解决型	中铁广州工程局集团深圳工程有限公司	朱勇、李家宏、王涛龙、马渊博、王小虎、徐建华、李卓橙、王润、李新
70	"雷霆"QC 小组	提高屋面防水施工质量	问题解决型	中国建筑第二工程局有限公司核电建设分公司	谭方安、李果、周兴全、覃昱文、杨通乾、李正、翁利平、袁枭、韩林忠、韩伟强

序号	QC 小组名称	课题名称	小组类型	小组所在单位	小组成员
71	闪电小子 QC 小组	缩短侧墙钢模倒用周期的方法	创新型	中铁广州工程局集团深圳工程有限公司	刘东峰、张正、诸葛运臣、蒋俊、罗刚、王会阳、吴楚湘、仇鼎阳
72	御溪谷三期项目 QC 小组	提高砼墙空调管洞预留合格率	现场型	中建八局第二建设有限公司	赵庆洪、何华钦、林铎远、陈南琼、冯家俊、张天星、代威、王帅帅、杨会平
73	尚智科技园 QC 小组	非标层铝木结合框架柱加固方式创新	创新型	中建二局第三建筑工程有限公司	周岳常、田怀伍、赵亚宾、陈小勇、洪斌、谢宏轩、朱国鑫、马玉、成健文
74	天行健 QC 小组	提高地下水位自动化监测点存活率	问题解决型	深圳市天健工程技术有限公司	黄小芳、林磊、黄金龙、刘昭昌、刘宇杰、何国贞、尹紫娟
75	龙城 QC 小组	降低管道缺陷率	问题解决型	中电建生态环境集团有限公司	吴基昌、胡二飞、张振洲、程振邦、赵建敏、贺治鹏、刘亚奇、王帅、王煜城、高佳蕾
76	中建二局华南分公司珠澳湾世纪中心 QC 小组	提高预留预埋精准度	问题解决型	中国建筑第二工程局有限公司	易凌、袁野、于凯、梁全佺、赵兴文
77	"飞翔之心" QC 小组	降低 PE 排水管道内窥检测缺陷率	问题解决型	中电建生态环境集团有限公司	刘民辉、张振洲、程振邦、侯飞、赵锋涛、王集权、王德平、张宝生、王斌、任海亮
78	安居萃云阁项目部 QC 小组	超长灌注桩施工质量控制	现场型	深圳市市政工程总公司	梁志峰、王红涛、侯彦兵、张基、吴茂崇、张逢雨、陆营部、邹伟雄、薛世淮、张子阳
79	中建一局华南区域公司深圳地铁 13 号线六工区 QC 小组	提高直螺纹接头车丝质量合格率	现场型	中国建筑一局（集团）有限公司	朱元、覃事振、唐必波、张海生、王俊、宋江旭
80	悦泰·珠西 QC 小组	提高钢管柱安装定位精准度	攻关型	中铁建工集团有限公司	田存银、张威、殷俊涛、王晓阳、刘立新、廖正平、邓晓聪、海承波

序号	QC 小组名称	课题名称	小组类型	小组所在单位	小组成员
81	防沉降式井盖施工质量 QC 小组	提高可调式防沉降井盖-热再生沥青路面交接区域施工质量合格率	现场型	深圳市粤通建设工程有限公司	杨虎湘、黄虹、曹学军、刘涛、吴银潭、骆万春、阎利华、陆杜华、郑伟城、丁可帅
82	鹏鼎时代大厦 QC 小组	降低核心筒外板面混凝土裂缝风险	问题解决型	江苏省华建建设股份有限公司	丁佩、徐柏华、张晶、鲍益峰、乔万江、许荣鑫、丁继承、杜鹏
83	宏电大厦工程 QC 小组	提高地下室金刚砂耐磨地面施工合格率	问题解决型	浙江省一建建设集团有限公司	倪超、黄哲峰、邱嘉敏、陈树楷、李浩明、戴迪、郑修阳、周子皓、罗成
84	贵阳宝能科技城一期一标项目 QC 小组	提高剪力墙砼成型合格率	现场型	深圳建业工程集团股份有限公司	熊文涛、喻愿峰、韩文杰、李胜、杨照运、李波、李思雨、卢庆达、陈苓、张进勇
85	平乐骨伤科医院新院区改建装修项目"平乐"QC 小组	提高混凝土构件增大截面质量合格率	问题解决型	中建三局集团有限公司	杨阳、黄国红、刘建、代关鹏、曾文基、邓保成、闫鹏、曾智豪、周佳杰、王一帆
86	四十四 QC 小组	提高高低标号混凝土一次浇筑合格率	现场型	中国核工业第二二建设有限公司	严磊、秦盼、周炜、于健、葛枫、水万里、杨玉珽、张俊翔
87	天健天骄项目部 QC 小组	降低地下室底板混凝土渗漏率	现场型	深圳市市政工程总公司	吴镇华、赵龙飞、梁志峰、周保生、陈志强、程光明、刘志健、帅永明、李志彬、吴润嘉
88	星辰 QC 小组	提高住宅外墙抹灰施工一次验收合格率	问题解决型	中建二局第三建筑工程有限公司	李亮、张子健、苏宾何、刘志伟、杜文杰、吴惠强
89	深圳大学西丽校区项目 QC 小组	降低剪力墙竖向钢筋位移率	问题解决型（现场型）	中建一局集团建设发展有限公司	尹迅斌、许科峰、王帅、王佳伟、罗依伦、谢金辉、黄建林、甘惠文
90	工匠 QC 小组	提高旋挖灌注咬合桩的成桩合格率	问题解决型	中建二局第三建筑工程有限公司	刘钊、吴纯德、冯珊、赵国军、王英军、王阳、王晶、付伟、白向阳、黄敬伟

序号	QC 小组名称	课题名称	小组类型	小组所在单位	小组成员
91	东方安置房东方龍 QC 小组	提高底板垫层平整度合格率	问题解决型	中建新疆建工(集团)有限公司	周健武、刘仲珍、卢鸿城、李林、吴育清、吴旭、黄德义、沈杨鹏、何建均、唐铭
92	精益求精 QC 小组	提高装配式铝模混凝土工程实测实量一次达标合格率	现场型	深圳泛华工程集团有限公司	王冠军、张绍径、王良、陈德博、陈立平、贺城彬、叶秀华
93	上饶光伏发电项目 QC 小组	光伏板安装质量控制	现场型	中核华泰建设有限公司	张道亚、吴泽江、张伦、肖亚、窦万全、王增军、董存
94	深汕湾智苑科技园项目 QC 小组	提高双面弯弧铝板幕墙拼缝合格率	现场型	中建三局集团有限公司	雷成真、沈光丰、祁琪、陈彬、江铭阳、王鑫、李永智、孙雪丹、李奎、舒志清
95	福田中心区交通设施及空间环境综合提升工程‖标段(B包)项目 QC 小组	提高石材铺装一次验收合格率	现场型	中国建筑第七工程局有限公司	李杨、杨勇、杨振禄、张前前、阙凤扬、刘洋
96	洛阳保利大都会 QC 小组	提高框剪结构楼板厚度成品施工质量	问题解决型	中国建筑第二工程局有限公司核电建设分公司	田宏业、刘佳、张海涛、张向伟、刘杨涛、王行杨、焦银辉、百红芹、贺艺山、贾佳
97	道桥医生 QC 小组	降低沥青路面坑槽修补的返修率	现场型	深圳市路桥建设集团有限公司	杨仁强、张爱军、向玮、陈伯延、张昭海、王传智、王奕文、丁无忌、高咏友、黄政
优秀奖					
1	天行健 QC 小组	钢筋检验引伸计的自动装置	问题解决型	深圳市天健工程技术有限公司	黄小芳、熊劲松、谢应豪、覃家烈、周思熊、饶陆珠
2	博雅 QC 小组	降低 alc 墙板连接处渗漏率	问题解决型	中建二局第三建筑工程有限公司	李建成、郭云响、赖伟豪、陈华可、黄桐滨、李建兴、关志文、孟欢欢
3	长圳保障房项目 QC 小组	提高预制凸窗吊装一次合格率	现场型	中建三局集团有限公司	宋晨辉、彭海、鲁智谱、陈彬、陈维康、梅军、黄仁品、潘立豹、王仕琦、庞精喜

续表

序号	QC 小组名称	课题名称	小组类型	小组所在单位	小组成员
4	穿越火线 QC 小组	车站主体侧墙养护新方法	创新型	中铁广州工程局集团深圳工程有限公司	刘东峰、张正、诸葛运臣、蒋俊、罗刚、王会阳、吴楚湘
5	创新-务实 QC 小组	提高铝模剪力墙混凝土一次成型质量	现场型	中建八局第二建设有限公司	文绍林、黄威伦、毕研超、沈星桥、郝康康、傅海福、唐成元、王小伟、陈晓军、关永如
6	御溪谷三期项目 QC 小组	提高铝合金模板开洞合格率	现场型	中建八局第二建设有限公司	赵庆洪、何华钦、林泽远、陈南琼、陈凯、王帅帅、吴昆鹏、杨会平
7	中滔广场 QC 小组	在场地狭小且地下水量丰富的条件下，降低地下室底板渗漏率	创新型	深圳泛华工程集团有限公司	曾令新、陈琳、林海辉、赵新良、郝冲、李涛、赛海波、李彦、曾辉
8	华泰机电深圳中学 QC 小组	综合支吊架质量控制	现场型	中核华泰建设有限公司	裴军、欧阳金、王海奇、吴超、王涛、张健康、刘鹏、徐文强
9	盾推新工匠 QC 小组	上软下硬段降低盾构隧道管片错台率	现场型	中国建筑第八工程局有限公司	鱼志鸿、李兆国、张立波、崔成、程耀珍、宋晓光、王鑫、李龙伟
10	天行健 QC 小组	优化混凝土抗渗仪自动精准定时调压能力	问题解决型	深圳市天健工程技术有限公司	黄小芳、熊劲松、谢应豪、覃家烈、周思熊、饶陆珠
11	龙华攻坚 QC 小组	提高预留消防管槽一次成型合格率	问题解决型	中建二局第三建筑工程有限公司	高超、陈凯、冯争光、陈斌、李敏娜、宋春桃、蓝希望、吴忠阳、杨洋、冯典
12	铁石二期项目矿山法隧洞初期支护 QC 小组	提高隧洞初期支护钢拱架安装合格率	攻关型	中电建生态环境集团有限公司	李春伟、蒲学义、杜永涛、邹刚、董小军、徐源、许真、陈奇、冷昊宸、陈泓宇
13	润安深南大厦项目南一号 QC 小组	降低工程模板材料周转损耗率	问题解决型	中建三局集团有限公司	李沛霖、李东庚、刘路路、林伟坚、聂康盛、谢磊、卢诚文、蔡云、田冠华、王帅
14	临安滨湖新天地 E 地块 QC 小组	提高烧结页岩多孔砖垂直度、平整度合格率	现场型	深圳建业工程集团股份有限公司	唐俊、马晓晨、申屠栋栋、戴鑫、王亚、顾力源、林成森、郁城、韩立新、耿德军

序号	QC 小组名称	课题名称	小组类型	小组所在单位	小组成员
15	天健天骄西筑项目部 QC 小组	降低旋挖灌注桩塌孔率	现场型	深圳市市政工程总公司	徐亚非、帅永明、陈志强、吴润嘉、蒙鹏军、龚雪龙、鲍惠鹏、王柏铭、熊飞、齐霞
16	武汉优炫 QC 小组	减少大体积混凝土的裂缝	问题解决型	中国建筑第二工程局有限公司核电建设分公司	朱峻峰、杨登林、魏旸威、王君宇、冯赟、熊其海、高正、高成
17	天行健 QC 小组	压浆搅拌机的改造	问题解决型	深圳市天健工程技术有限公司	黄小芳、熊劲松、林磊、申双田、廖典将、饶珠陆
18	玖誉府 QC 小组	降低屋面施工渗漏风险	现场型	四川航天建筑工程有限公司	张中荣、瞿绍发、李斌、林伟、吕敬海、陈甲东、邹爽、陈治旭
19	西江国际 QC 小组	降低屋面架空隔热层安装质量缺陷率	问题解决型	中铁广州工程局集团深圳工程有限公司	赵能、唐远松、云宁、段云飞、肖亚、郝雅芳、严宋波、徐和、彭涛
20	红岭石厦 QC 小组	一种附着式隔音墙	创新型	中建四局第五建筑工程有限公司	许大伟、陆程鹏、曾庆耀、李树龙、陈睿、谢俊宜、曾磊
21	深汕鹅埠 QC 小组	真石漆外立面施工改进措施	现场型	中国建筑第七工程局有限公司	李杨、李建红、乔小迪、李杰、李坤鹏、黄建、王国栋
22	华泰机电凯里 QC 小组	卫生间立管处漏水问题质量控制	现场型	中核华泰建设有限公司	申伟国、朱葛、杜项宇、王彦、王曙光、夏辉烈、谢明、夏先朋
23	上海立达学院扩建12♯、13♯学生公寓工程 QC 小组	混凝土模卡砌块预制墙安装精度控制	现场型	中核华泰建设有限公司	刘鑫、徐泽平、朱晨阳、陈茂、缪鹏、孙晋涛、杨志明、范亚星、余城龙、杨辉
24	提升后浇带快易收口施工质量 QC 小组	提升后浇带快易收口施工质量	问题解决型	深圳市越众（集团）股份有限公司	林峰、张伟华、陈家敷、王爱树、宗庆凯、朱金园、张飞、牟犇、石年海、杨子慧
25	防裂缝 QC 小组	降低现浇混凝土墙体裂缝发生率	问题解决型	中国建筑第二工程局有限公司核电建设分公司	金五一、凌洪基、朱俊、杨祥、王叶凯、刘剑、周志勇、岑由准、李荣褰、蒋宏柏

序号	QC小组名称	课题名称	小组类型	小组所在单位	小组成员
26	凸版印刷工业区城市更新项目QC小组	大体积混凝土温度裂缝控制施工方法研究	现场型	四川航天建筑工程有限公司	王贞才、王贵华、周树文、蔡军、阮俊刚、王鹏、贺勇、李辉亚
27	光明QC小组	降低铝模剪力墙混凝土气泡、烂根发生率	现场型	陕西建工第五建设集团有限公司	雷国锋、李秉亮、张勇、杨帆、耿海波、党红樟、段嘉祥、杨雨菲、刘威、王江宁
28	天健前海 T024-0142 宗地项目部QC小组	灌注桩混凝土超灌控制	现场型	深圳市市政工程总公司	徐亚非、王睿、黄绍用、韩天宇、陈俊鸿、郭语书、赵龙飞、吴昌焕、朱扬科、刘泓哲
29	深圳光明金融街项目QC小组	降低轻质隔墙板拼缝开裂风险	问题解决型（现场型）	中建一局集团建设发展有限公司	赵冰、张园园、李森龙、王加彬、杨上钰、武斌、刁元甫、王宇、林智鹏、黎育松
30	深职院留仙洞校区项目QC小组	预埋线管连接技术创新	创新型	中建一局集团建设发展有限公司	李颖辉、张明、刘洪涛、孙凯、黄伟、张广东、陆兆欣、张小芳、程旺、寸待斌
31	卓越小组	提高消防管刷漆质量验收合格率	问题解决型	中建二局第三建筑工程有限公司	李志鹏、方楚雄、张后利、刁德山、国静、程文状、梁崇令、朱振庆
32	中建一局深圳地铁项目QC小组	提升混凝土外观质量合格率	现场型	中国建筑一局（集团）有限公司	朱元、覃事振、唐必波、张海生、王俊、宋江旭
33	深圳肿瘤医院改扩建一期项目QC小组	复杂地质中工程桩成型质量控制	问题解决型	中国建筑第八工程局有限公司	杨涛、尹镔、莫东永、唐世飞、钟立强、黄家权、王全超、刘颖、李耀、李慈
34	悦动生态城1号小区QC小组	提高木模板现浇混凝土平整度合格率	现场型	中核华泰建设有限公司	罗勇、唐士伟、王刚、柯文博、陈磊国、刘正斌、赵冰楠
35	观平路QC小组	缩短狭小空间电力管沟施工时间	现场型	中国建筑第七工程局有限公司	张宝、真济光、张建男、陈剑汉、刘双全、孙均冲、杨泽、江乾河、韦长亮、乔文杰
36	猴赛雷QC小组	提高主楼先行内支撑后拆除的施工效率	问题解决型	中国建筑一局（集团）有限公司	贺茂军、戚金有、刘乐、张钊源、李怡秋、黄海利、杨赫、王建良、孙征遥、衣家正

序号	QC 小组名称	课题名称	小组类型	小组所在单位	小组成员
37	中邦东莞悦山湖项目 QC 小组	提高混凝土结构实测实量合格率	现场型	深圳市中邦(集团)建设总承包有限公司	李绍林、卢云波、夏际超、陈鹏、何祖伟、王映、黄晓明、刘秋平、秦升、段华英
38	中核科创园项目 QC 小组	基坑围护冠梁模板支设优化措施	创新型	中核华泰建设有限公司	张斌、朱治国、朱冀、向飞、姬传强、顾雪生、腾翔、史浩天、王合艳、莫败
39	中建一局华南区域公司"帝王蟹"QC 小组	降低地连墙槽壁坍塌频率	现场型	中国建筑一局(集团)有限公司	张辉、刁维权、张闯、吴羽俊、姜银旭、相新力
40	御溪谷腾飞派 QC 小组	提升蒸压加气混凝土砌块墙体质量	现场型	中建八局第二建设有限公司	赵庆洪、何华钦、林铎远、陈南琼、张天星、谢玩松、张泽康、王帅帅、冯家俊、黄振宇
41	铭辰 QC 小组	提高机电工程安装主体预埋线盒合格率	现场型	中建新疆建工(集团)有限公司	康筱、贺瑞瑞、王旭博、赵士超、屈树森、万梓键、高举勇、朱炳强、马炀、周家增
42	深圳建工东亚星河传奇 QC 小组	铝模体系下狭窄空间模板安拆方法研究	攻关型	深圳市建工集团股份有限公司	蔡志赢、欧宽、蔡伟波、周嘉威、陈宝隆、李勉荣、陈镇濠、严辉坤、陈德嵘、罗威
43	深圳市地铁 13 号线土建六工区 QC 小队	提高地铁车站侧墙水平施工缝丁基腻子止水带安装合格率	现场型	中国建筑一局(集团)有限公司	朱元、覃事振、陈伟、邱超、唐必波、杨贵钦
44	安居凤凰苑 PhoenixQC 小组	提高灌注桩桩头破除施工质量	现场型	中国建筑一局(集团)有限公司	叶文彬、张晋锵、樊军、王洁明、李余凡、曾文静
45	提高护栏立柱安全稳定性 QC 小组	提高护栏立柱安全稳定性	现场型	深圳市粤通建设工程有限公司	曾广源、谢立志、郑志刚、奉豪、朱小瑞、陈安达、邱文武、李锦正
46	坪地工区(二)QC 小组	提高污水管道闭水试验一次自检合格率	问题解决型	中电建生态环境集团有限公司	黄大全、张振洲、程振邦、段延旗、何清凯、贺梁、程潇、罗友兵、庞军、杜香霖

续表

序号	QC 小组名称	课题名称	小组类型	小组所在单位	小组成员
47	光明中集之星 QC 小组	提高混凝土反坎成型质量合格率	问题解决型	中建三局集团有限公司	王赛赛、龙智、罗凡、曾楚雄、何博、曾浩、刘创、刘雁、万志成
48	平湖街道雁田水库（木古河流域）水质保障项目 QC 小组	提高钻孔灌注桩成桩质量	问题解决型	中电建生态环境集团有限公司	刘新建、张振洲、程振邦、张鸿涛、张应林、张旻舳、张昭、吴泽通、杨芍、成康
49	华泰机电习水 QC 小组	门窗接地问题质量控制	现场型	中核华泰建设有限公司	钟旭、何勇、韩贵阳、杨朝仁、崔婷、周宏宇
50	越众西乡实验学校 QC 小组	借助实用软件技术及工具辅助实现高质量、高效率施工	创新型	深圳市越众（集团）股份有限公司	林峰、张伟华、陈家敷、王爱树、宗庆凯、朱金园、王志辉、石年海、牟犇、张飞
最佳发布奖					
1	深圳建工清华研究院第八 QC 小组	室内楼地面装修找平层与现浇楼板结构一体化精平施工技术创新方法研究	创新型	深圳市建工集团股份有限公司	侯光华、段科、李少雄、姚霞光、李磊、鲍建宏、彭华强、魏丁、王渝于、张钊
2	装配先锋 QC 小组	装配式建筑楼梯间提升操作平台的研制	创新型	中国华西企业有限公司	何小军、黄学芳、何咏嘉、黄荣涛、龚建强、穆小芳、宋文佳、黄卫、李天奇、刘永春
3	星火 QC 小组	降低底板后浇带的一次验收渗漏率	问题解决型	深圳市宏源建设工程有限公司	赖广文、许海鹏、李振华、蒋冬、唐永成、秦雨、张泽虹、赖培鑫、王姣、马英德

24."深圳市第五届(2021)建设工程建筑信息模型(BIM)应用大赛"获奖名单

获奖类别	奖项等级	企业名称	项目名称	主要完成人员
BIM应用综合奖	一等奖	中国建筑第二工程局有限公司	BIM在腾讯广州总部大楼施工中的应用	罗资奇、邝喜旗、李日荣、郭俊才、陈志标、虞凯华、杨振、肖壮宇
	二等奖	深圳市建工集团股份有限公司	深圳清华大学研究院新大楼建设项目施工阶段BIM技术综合应用	潘志忠、涂笑衍、姚霞光、李少雄、游武兼、贾朝聪、王毅、汤昭怡
		1.深圳市建设(集团)有限公司 2.悉地国际设计顾问(深圳)有限公司 3.深圳市科源建设集团股份有限公司	中国国有资本风投大厦施工总承包工程BIM综合应用	李孝军、熊定振、单逸、李林、刘志敏、林方伟、蒋岱童、张晋
	三等奖	中国建筑第八工程局有限公司	BIM+项目管理在前海国际会议中心项目的应用实施	周想、张善壮、陈余耀、刘冲、姚煜鑫、李上、高佩、左振
		1.深圳市建筑工务署教育工程管理中心 2.深圳市九州建设技术股份有限公司 3.深圳市建工集团股份有限公司	做高质量工程的守护者——深圳市中医院光明院区项目施工阶段BIM技术落地应用	汪文斌、谢孟光、刘宴、王瀚、王智钊、李霞、巫耿威、伍世亮
		1.深圳市工务署工程管理中心 2.上海市建设工程监理咨询有限公司 3.中国建筑第二工程局有限公司	深圳市质子肿瘤治疗中心项目BIM综合应用	陈仕华、谭毅、王俊彦、江家宜、宋韦伯、刘航、程锦涛、雷坚
		1.中国建筑第二工程局有限公司 2.广东省建筑设计研究院有限公司	珠海机场改扩建工程(一标段)航站楼项目施工阶段BIM应用	纪来有、杨振、孙胜伟、汤亮、李建华、赵继成、刘展序、李钦
		中建一局集团第五建筑有限公司	华侨城深圳湾新玺名苑施工总承包BIM应用	张建国、叶鹏飞、陈振东、秦旭东、陈锟、杨春儒、刘赟、陈永

获奖类别	奖项等级	企业名称	项目名称	主要完成人员
BIM 应用综合奖	优秀奖	1.深圳市建筑工务署教育工程管理中心 2.奥意建筑工程设计有限公司 3.深圳市建工集团股份有限公司	香港中文大学（深圳）二期建设工程施工总承包Ⅰ标BIM 应用	戚雨峰、王成立、阳明、李向东、于涛、常作凯、钟华、黄霞
		1.中交第一航务工程局有限公司 2.深圳市环水启航水质净化有限公司 3.中国市政工程中南设计研究总院有限公司	智慧建造助力深圳打造智慧水质净化厂：BIM 技术在沙井水质净化厂三期工程中的应用	刘文斌、平赛、闫硕、张凯、林勇华、曾晓琛、王宇婷、王雪
		中冶天工集团有限公司	BIM 在安居御龙苑项目的综合应用	李强、王政功、李跃杰、王超、李雨松、张浩然、梁波、逄松岩
		中国建筑第二工程局有限公司	华侨城瑞湾大厦项目BIM技术综合应用	叶铺岸、肖星星、雷俊、吴小建、施路、胡侃、祁依凡、张剑
		深圳市市政工程总公司	安居萃云阁项目-基于BIM技术的 PBS 体系施工综合应用	梁志峰、刘家琪、王红涛、薛世淮、龙华荣、侯彦兵、吴茂崇、刘伟
		1.深圳市坪山区建筑工务署 2.深圳市建筑工程股份有限公司 3.北京互联立方技术服务有限公司	坪山区第三人民医院项目施工全过程BIM 应用	李伟炎、马鹏、李慧玉、陈良、冯杨惠、官鑫云、黄鑫鹏、廖锦秀
		1.深圳市市政工程总公司 2.深圳市环水启航水质净化有限公司 3.深圳市利源水务设计咨询有限公司	深圳市布吉水质净化厂三期 BIM 综合管理应用	周隆炎、邓亚军、陈学水、鲁彬、陈新志、祖光耀、黄旭生、张怡坚
		中建二局第二建筑工程有限公司	肇庆鼎湖万达广场项目BIM 管理技术应用	邢建见、陈超、张吉祥、秦冬、张雪梅、闫天絮

续表

获奖类别	奖项等级	企业名称	项目名称	主要完成人员
BIM 应用综合奖	优秀奖	1.上海建工集团股份有限公司 2.深圳市天健棚改投资发展有限公司 3.数云科际（深圳）技术有限公司	罗湖"二线插花地"棚户区改造项目施工总承包IV标全过程 BIM 应用	李浩辉、陈子信、胡琴、陈位章、张昭、黄刚、王凯斌、肖昔泽
		1.深圳市建筑工务署工程管理中心 2.上海宝冶集团有限公司 3.浙江江南工程管理股份有限公司	BIM 技术引领深圳市第二儿童医院项目智造新时代	罗光造、欧嘉俊、刘杏镱、黄显东、高逸超、吴永凤、王英博、方俊杰
BIM 应用单项奖	一等奖	1.深圳市住宅工程管理站 2.陕西建工集团有限公司 3.深圳市邦迪工程顾问有限公司	BIM 技术＋信息化在哈工大高层次人才科研楼项目施工策划应用	刘启友、王争荣、张瑜飞、滕立辉、陈智、熊晓晖、周睿、曾宪栋
	二等奖	1.中国建筑一局（集团）有限公司 2.中国建筑一局（集团）有限公司深圳分公司 3.广州优比建筑咨询有限公司	BIM 技术助力后海超级总部中心区双核心筒无柱大跨度超高层项目的施工阶段单项应用	尹奇、刘骁、李伟福、王峰、白延壮、温亮华、杨远丰、冯俊
		1.中电建生态环境集团有限公司 2.中国电建集团西北勘测设计研究院有限公司 3.光明区水务局	光明区水务设施综合体工程 BIM 应用	刘任远、李兴文、幸鹏、陈平川、东赞、丁时伟、朱华健、朱启然
	三等奖	深圳建业工程集团股份有限公司	海南万宁医院（一期）BIM 机电专项应用	隗伟、洪琦、李阳、慕北阳、聂琳、谢新雷、张树斌、贾梦轩
		1.中国建筑一局（集团）有限公司深圳分公司 2.招商蛇口工业区控股股份有限公司 3.中国建筑一局（集团）有限公司	BIM 技术助力"红坳村整村搬迁安置房工程"项目施工阶段的应用	仲敏、周永佳、些泽仁、卢礼剑、陈浩昊、郝梓屹、刘骁、张正光

续表

获奖类别	奖项等级	企业名称	项目名称	主要完成人员
BIM 应用单项奖	三等奖	1.深圳市建筑工务署文体工程管理中心 2.中国建筑第四工程局有限公司 3.浙江五洲工程项目管理有限公司	新皇岗口岸综合业务楼项目超大直径桩及深基坑工程复杂施工 BIM 先进建造应用	谌艳、杨威、范静荣、巩航林、黄思阳、周浩飞、程茂、林正禄
		1.中国建筑第四工程局有限公司 2.中建隧道建设有限公司 3.中建南方投资有限公司	基于 BIM 技术的复杂地铁车站全过程智慧施工	张恒、江致礼、张新强、何俊、成群、毛亮、李锦徽、张哲朝
		湖南省第六工程有限公司	施工阶段 BIM＋智慧运用—交投地产融创九宸府（一期）项目	郭春利、胡中梅、邱露佳、陆冰玉、袁鹏
	优秀奖	1.中建海峡建设发展有限公司 2.深圳市世茂新里程实业有限公司	世茂国际商务中心二三标段总承包工程 BIM 应用	胡若一、陈柏成、谢宁、付飞、黄宣辉、陈玺、李泽辉、周长标
		1.深圳市建筑工务署工程设计管理中心 2.上海同济工程咨询有限公司 3.深圳市建筑设计研究总院有限公司	深圳市药品检验研究院光明分院 BIM 设计阶段应用	徐兆颖、王子佳、何季昆、史伟民、岑崇超、李竹琳、朱成乾、曾维浩
		1.蓝茵建筑数据科技（上海）有限公司 2.深圳前海数字城市科技有限公司 3.深圳前海冶建科技发展有限公司	深圳前海中冶科技大厦项目 BIM 设计及协同平台的应用	路明、黄红、孙宇辰、何智洋、邓新星、包嘉涛、彭建儒、龚正炉
		1.中建地下空间有限公司 2.中建八局轨道交通建设有限公司 3.中建南方投资有限公司	基于 BIM 技术的车辆段工程施工应用	刘伟敏、江致礼、张新强、宋启华、袁家强、温浩然、莫绍愚、莫炳然

获奖类别	奖项等级	企业名称	项目名称	主要完成人员
BIM 应用单项奖	优秀奖	中国建筑第八工程局有限公司	BIM 技术助力深圳市大地科技园项目装配式机电实施	周想、张善壮、陈余耀、刘冲、姚煜鑫、李上、高佩、王超凡
		中建一局集团第二建筑有限公司	BIM 技术在深港科创项目大基坑工程施工中的应用	邵繁争、杨莅宇、孙慧颖、曲波、席佳华、李希望、刘超、刘方园
		1.中建三局集团有限公司 2.武汉市楚天中创数字科技有限公司	前海中集国际商务中心总承包项目 BIM 应用	张红勇、韩继飞、谢凯、杨文根、刘玉、明亮亮、黎秋言、吴唱
		1.中国建筑一局（集团）有限公司 2.中国建筑一局（集团）有限公司深圳分公司	BIM 在粮食物流园施工中的应用	王旭、马云龙、寇涛、杨森、李翔、孙东元、李运闯、刘兰杰
		1.中国建筑一局（集团）有限公司 2.中国建筑一局（集团）有限公司深圳分公司	妈湾跨海通道二标段项目施工 BIM 技术	马宏建、张晓东、徐栋、武强、徐春圆、李炯彬、吴旭、张进
		中国建筑第二工程局有限公司华南分公司	松山湖生物药品研发及产业化项目全专业 BIM 应用	申诗文、邹鹏威、孟珊、徐国艳、陈余鑫、马开峰、张波
BIM 技术最佳应用企业奖	—	中国建筑第二工程局有限公司	—	—
	—	深圳市建工集团股份有限公司	—	—

25. 2021 年度"质量月"国家级、省级、市级观摩项目

序号	项目名称	监督机构	建设单位	施工单位	监理单位	建设规模及概况	合同造价	启动会现场容纳的人数	特点、亮点(含质量、绿色施工、新技术、装配式、智慧工地、党建工作等)	项目地址	项目经理	所属申报区域
				全国住房城乡建设系统"质量月"观摩项目(国家级)								
1	深圳美术馆新馆深圳第二图书馆项目施工总承包工程	深圳市质量安全监督总站	深圳市建筑工务署工程管理中心	中建三局第一建设工程有限责任公司	浙江江南工程管理股份有限公司	建筑高度 40.15 m,总建筑面积 140000 m²	10.8亿	300	深圳市十大文化设施项目之一,未来为深圳市新文化地标。主要观摩亮点:1. 新材料运用;2. 智慧工地应用展示;3. BIM 应用展示;4. 美术馆大悬挑钢结构屋架整体提升施工工艺展示;5. 推行样板引路、工艺标准化、可视化作业指导书;6. 绿色施工;7. 中建三局精益建造经验和实物分享。8. 项目同其他项目与住建局成立了四方联合党支部,打造党建+安全、党建+质量、党建+人文关怀的项目党建模式	龙华区腾龙路与旺民街交汇处	梁永健	龙华区

续表

序号	项目名称	监督机构	建设单位	施工单位	监理单位	建设规模及概况	合同造价	启动会现场容纳的人数	特点、亮点（含质量、绿色施工、新技术、装配式、智慧工地、党建工作等）	项目地址	项目经理	所属申报区域
全省住房城乡建设系统"质量月"观摩活动项目（省级）												
1	安居锦龙苑	龙岗区质量安全监督站	深圳市安居锦龙房地产有限公司	中国华西企业有限公司	中海监理有限公司	3座45～48层超高层住宅建筑，总用地面积18000 m²，总建筑面积13000 m²	5.06亿	400	广东省优质工程优秀施工工艺展示、细部质量图集运用展示、新技术应用展示，EPC管理流程共建共创	龙岗区宝龙大道与锦龙大道交叉口	曹乃斌	龙岗区
2	深圳市新华医院项目主体结构工程	深圳市质量安全监督总站	深圳市建筑工务署工程管理中心	中国建筑第八工程局有限公司	浙江江南工程管理股份有限公司	建筑高度99.9 m，总建筑面积509192 m²。	19.1亿元	疫情原因未召开启动会（原定主会场能容纳800人）	目前在建的全国最大的单体医院，是深圳市的重大民生工程、重点项目。1.党建方面；2.质量方面；3.绿色施工方面；4.新技术应用方面；5.安全管理方面；6.智慧工地方面	龙华区新区大道与民宝路交叉	黄海明	龙华区

续表

深圳市房屋建筑及市政工程"质量月"观摩项目（市级）

序号	项目名称	监督机构	建设单位	施工单位	监理单位	建设规模及概况	合同造价	启动会现场容纳的人数	特点、亮点（含质量、绿色施工、新技术、装配式、智慧工地、党建工作等）	项目地址	项目经理	所属申报区域
1	深圳市第十四高级项目	深圳市建筑工程质量安全监督总站	深圳市建筑工务署工程教育工程管理中心	中建五局第三建设有限公司	浙江江南工程管理股份有限公司	占地面积 65935 m²，建筑面积 110000 m²	6.96 亿	1000	1. 特色专利展示 2. 施工材料展示及工具展示 3. 工序样板展示 4. 新技术应用展示（22 项）	坪山区坑梓街道秀沙路北侧第十四高级中学	刘杰	坪山区

续表

序号	项目名称	监督机构	建设单位	施工单位	监理单位	建设规模及概况	合同造价	启动会现场容纳的人数	特点、亮点（含质量、绿色施工、新技术、装配式、智慧工地、党建工作等）	项目地址	项目经理	所属申报区域
2	城建大厦施工总承包工程	深圳市罗湖区建设工程事务监督管理中心	深圳市城建置地发展有限公司	中国建筑第二工程局有限公司	深圳华西建设工程管理有限公司	建筑面积1900万㎡，楼高333米的超高层塔楼。施工环境复杂、施工难度大、技术要求高，社会影响力强	12.73亿	500	项目策划阶段，以鲁班奖为目标；项目部建立以一次成优为目标的全过程施工质量管理体系；创新应用保证地下式内支撑换撑质量的型钢换撑带及混凝土预封闭技术，提高核心筒施工质量和效率的快拆式核心筒专用铝模技术，适用于超高框架柱的混凝土高质量一次成型技术，整制损耗的基于BIM的异形定制下单技术，以及下穿地铁保护新"技术等在内的"四综合技术等八大项、24小项	罗湖区红岭南路与金华街交汇处	胡亮	罗湖区

续表

序号	项目名称	监督机构	建设单位	施工单位	监理单位	建设规模及概况	合同造价	启动会现场容纳的人数	特点、亮点（含质量、绿色施工、新技术、装配式、智慧工地、党建工作等）	项目地址	项目经理	所属申报区域
3	安居锦龙苑	龙岗区质设工程质量安全监督站	深圳市安居锦龙居房地产有限公司	中国华西企业有限公司	中海监理有限公司	3 座 45～48 层超高层住宅建筑，总用地面积 18000 m²，总建筑面积 13000 m²	5.06 亿	400	广东省优质工程优秀施工艺展示、细部质量图集运用展示、新技术应用展示，EPC 管理流程，共建共创	龙岗区宝龙大道与锦龙大道交叉口	曹乃斌	龙岗区
4	天健前海海丁T204-0142 宗地项目	深圳市建设工程质量安全监督总站	深圳市前海天健房地产开发有限公司	深圳市市政工程总公司	深圳市长城工程项目管理有限公司	占地面积 9412 m²，建筑面积 95266 m²，层数为 44 层，装配式超高层住宅	2.79 亿元	—	1. 超高层层层装配建筑，配套模板采用铝合金模板；2. 采用实量机器人对拆模后的现浇结构及装修完成面进行实测实量；3. 水电精装预测预理，一次埋设到位，同步数给水压槽；4. 样板引路、设置各项样板；5. 数字化交底；6. 建立三维模型；7. BIM 模型深化水电排布；9. 新技术应用多，共 9 大项 30 小项	南山区前海创新六路与创新九街交汇处东北侧	黄绍用	南山区

续表

序号	项目名称	监督机构	建设单位	施工单位	监理单位	建设规模及概况	合同造价	启动会现场容纳的人数	特点、亮点(含质量、绿色施工、新技术、装配式、智慧工地、党建工作等)	项目地址	项目经理	所属申报区域
5	深圳清华大学研究院新大楼项目建设项目总承包工程	深圳市南山区建设工程质量监督检验站	深圳市南山区工务署、华润(深圳)有限公司	深圳市建工集团股份有限公司	深圳市特发工程建设监理有限公司	建筑面积177718 m²	6.9亿	1000人	项目临时党支部全面贯彻党建引领质量管控,项目组成技术创新小组,结合工程项目的特点与难点进行技术攻关与"技术创新,在"技术引进""技术成果鉴定""施工工法""专利技术""小发明微创新"等方面取得了一定成绩。其中两项技术达到国内领先水平,申请专利技术10项	南山区高新九道、粤兴四道和粤兴五道围合区域	侯光华	南山区

续表

序号	项目名称	监督机构	建设单位	施工单位	监理单位	建设规模及概况	合同造价	启动会现场容纳的人数	特点、亮点(含质量、绿色施工、新技术、装配式、智慧工地、党建工作等)	项目地址	项目经理	所属申报区域
6	深圳美术馆新馆深圳第二图书馆项目施工总承包工程	深圳市质量安全监督总站	深圳市建筑工务署工程管理中心	中建三局第一建设工程有限责任公司	浙江江南工程管理股份有限公司	建筑高度40.15米,总建筑面积140000 m²	10.8亿	300	深圳市十大文化设施项目之一,未来为深圳市新文化地标。主要观摩亮点:1.新材料运用;2.智慧工地应用展示;3.BIM应用展示;4.美术馆大悬挑钢结构屋架整体提升施工工艺展示;5.推行样板引路,工艺标准化,可视化作业指导书;6.绿色施工;7.中建三局精益建造经验和实物分享。8.项目同其他项目与住建局成立了四方联合党支部,打造党建+安全、党建+质量、党建+人文关怀的项目党建模式	龙华区腾龙路与旺民街交汇处	梁永健	龙华区

序号	项目名称	监督机构	建设单位	施工单位	监理单位	建设规模及概况	合同造价	启动会现场容纳的人数	特点、亮点(含质量、绿色施工、新技术、装配式、智慧工地、党建工作等)	项目地址	项目经理	所属申报区域
7	深圳市新华医院项目主体结构工程	深圳市质量安全监督总站	深圳市建筑工务署工程管理中心	中国建筑第八工程局有限公司	浙江江南工程管理股份有限公司	建筑高度99.9m,总建筑面积509192 m²	19.1亿元	疫情原因未召开启动会(主会场能容纳800人)	目前在建的全国最大的单体医院、重大民生工程、重点项目,是深圳市的建设标准高。1.党建方面;2.质量方面;3.绿色施工方面;4.新技术应用方面;5.安全管理方面;6.智慧工地方面	龙华区新区大道与民宝路交叉	黄海明	龙华区
8	悦彩城(北地块)建筑施工总承包工程	深圳市质量安全监督总站	粤海置地(深圳)有限公司	中国建筑第八工程局有限公司	深圳市中行建设工程顾问有限公司	总建筑面积221785.3 m²	5.01亿元	线上视频观摩	打造了5G+智慧建造工地,获得中建八局局级新技术应用示范地,局级智慧建造示范工地、广东省绿色施工示范工地、深圳市安全文明示范工地、广东省文明示范工地、广东省市政与房屋安全文明示范工地等	罗湖区东昌路与大白路交界口	陈阳	罗湖区

续表

序号	项目名称	监督机构	建设单位	施工单位	监理单位	建设规模及概况	合同造价	启动会现场容纳的人数	特点亮点（含质量、绿色施工、新技术、装配式、智慧工地、党建工作等）	项目地址	项目经理	所属申报区域
9	福投控大厦项目	福田区建设施工安全监督管理站	深圳市福田福安有限公司	中国建筑第七工程局有限公司	深圳市栢浩建工程项目管理有限公司	106905 m²	5.89亿元	200	本项目为EPC项目。1.智慧建造 2.安全管理 3.住宅装配式施工技术应用 4.党建引领	福科一路与福科二路交汇处西北侧	刘文清	福田区
10	南山科技创新（留仙洞六街坊）二标施工总承包	深圳市南山区安全管理监督站	深圳市万科城市发展有限公司	中建四局第五建筑工程有限公司	深圳市邦迪工程顾问有限公司	635000 m²	22.6亿元	1000	本项目亮点主要为：智慧科技馆、创优样板展示区、BIM展览区、绿色施工展示区、机电安装展示区、新技术应用、智慧仓库、附着式脚手架+铝模施工体系、3.0工友社区等	南山区打石一路与科苑路交汇处	胡玺	南山区

续表

序号	项目名称	监督机构	建设单位	施工单位	监理单位	建设规模及概况	合同造价	启动会现场容纳的人数	特点、亮点（含质量、绿色施工、新技术、装配式、智慧工地、党建工作等）	项目地址	项目经理	所属申报区域
11	前海周大福金融大厦总承包工程	深圳市建筑工程质量安全监督总站	深圳天得房地产有限公司	中国建筑第八工程局有限公司	深圳市佰浩建工程项目管理有限公司	245038 m²	17.3亿元	651	安全标准化、安全体验馆、智慧工地、智慧党建	前海桂湾片区二单元01街坊	王大水	南山区
12	东关翠府项目	坪山区住房和建设局	深圳市东凯置地投资有限公司	中建二局第二建筑工程有限公司	深圳科宇工程顾问有限公司	243500 m²	125000万元	300	1.推广智慧建造在工地的应用;2.推行绿色施工促进建筑业可持续发展;3.完善深圳市安全文明施工标准化;4.积极推广住宅装配式施工技术;5.强化项目党建引领	坪山区江边区域市更新项目一期	刘伟亚	坪山区
13	赤湾地铁站城市综合体项目	深圳市质安总站	深圳市海城锦实业发展有限公司	中建三局第二建筑工程有限责任公司	重庆联盛建设项目管理有限公司	320000 m²	20亿元	500	使用BIM模型技术应用,铝合金模板,附着式脚手架,安全防护设施工具化、定型化、智慧工地信息化管理技术,机电数字化建造,机电预制装配式施工	南山区港航路赤湾地铁站D出口对面	瞿超	南山区

续表

序号	项目名称	监督机构	建设单位	施工单位	监理单位	建设规模及概况	合同造价	启动会现场容纳的人数	特点、亮点（含质量、绿色施工、新技术、装配式、智慧工地、党建工作等）	项目地址	项目经理	所属申报区域
14	东顺雅苑主体工程	盐田区建设工程质量安全监督中心	深圳市中方房地产开发有限公司	中建新疆建工（集团）有限公司	深圳市赛格监理工程有限公司	834000 m²	5.06 亿元	100 人	安全标准化设施、爬架、新型悬挑工字钢、便携式安全挂具等新技术应用、塔吊电梯人脸识别、吊钩可视化、安全监控系统、一站式集中智慧平台、党建文化长廊等	盐田区沙头角街道深盐路与沙盐路交汇处	罗元	盐田区
15	原光明农场展用地 TFY23 地块主体工程	光明区建设工程质量安全监督站	深圳市明晟汇投资开发有限公司	深圳市华与建设集团有限公司	深圳市竣迪建设监理有限公司	198958 m²	10384.87 万元	未开启动会	智慧科技馆、创优样板展示区、BIM 展览馆、绿色施工展示区、安全教育安全文化馆、安全体验馆、项目安全文化长廊、社会主义核心价值观、机电安装展示区、新技术应用、智慧仓库、附着式脚手架、3.0 工友社区体系等	光明区圳美路与和铝园大道交汇处	刘新宇	光明区

续表

序号	项目名称	监督机构	建设单位	施工单位	监理单位	建设规模及概况	合同造价	启动会现场容纳的人数	特点、亮点(含质量、绿色施工、新技术、装配式、智慧工地、党建工作等)	项目地址	项目经理	所属申报区域
16	恒大中心项目基坑支护及土石方工程	深圳市住房和建设局	恒大集团有限公司	中国建筑第四工程局有限公司	上海市建设工程监理咨询有限公司	占地面积10400 m²,基坑面积8633 m²,基坑深度42.35 m	58178.00万元	800	应用诸多先进施工技术:1. 双重护槽施工技术;2. 地连墙三机联动成槽施工技术;3. 超深大直径工程桩施工技术等。本项目获得广东省省级工法3项、江西省省级工法1项;科技成果鉴定4项国内领先、获得专利20项,发表论文16篇,"广东省土木建筑学会科学技术二等奖	南山区白石洲白石四道与深湾三路交汇处	梁森	南山区

续表

序号	项目名称	监督机构	建设单位	施工单位	监理单位	建设规模及概况	合同造价	启动会现场容纳的人数	特点、亮点(含质量、绿色施工、新技术、装配式、智慧工地、党建工作等)	项目地址	项目经理	所属申报区域
17	天音大厦	市安全监督管理中心	天音通讯有限公司	深圳建安(集团)股份有限公司	中海监理有限公司	147300 m²	122460.44万元	70	现场智慧工地包含十四项,现场全部采用定型化临边防护,采用新型花篮式悬挑脚手架,使用钢结构装配式,定型化噪声隔音棚,现场大面积使用新型低噪音设备,配合智能扬尘噪声监控系统使用	南山区白石洲二街与洲湾二街交汇处东北角	卢宗航	南山区

后　　记

　　在深圳建筑业协会(以下简称"协会")成立三十周年之际,协会克服困难,首次组织编写了《深圳市建筑业发展报告(2018)》,后又陆续完成了三份行业发展报告的编制工作。2018年报告所采用的基础数据主要来源于深圳统计年鉴,该报告回顾总结了深圳市建筑业发展的规模、质量和水平,首次提出了本地企业和驻深企业的概念,报告发布后得到了各方较好的评价;2019年报告的基本框架与第一份报告类似,报告的数据主要来源于广东省建设行业统计工作平台(建筑业),第二份报告对深圳市建筑业发展情况进行了纵向和横向对比分析,报告最大的亮点在于建立了深圳市建筑业企业竞争力评价指标体系,并对深圳本地建筑企业进行了首次排名,报告由中国建筑工业出版社正式出版,得到了行业的广泛认可。2020年报告进一步完善了企业综合竞争力评价指标体系,增加了一个一级指标和多个二级指标,进一步优化了指标权重,使得评价结果更加贴合行业实际情况;2021年报告总体延续了第三份报告的基本框架,数据主要来源于深圳建筑业协会统计信息管理系统,与前三份报告相比,报告新增深圳市各区建筑业企业数量及产值情况,通过对比2019年和2020年的数据分析了本年度龙头企业的排名变化,采用皮尔逊相关性分析法处理本年度1558家深圳市本地建筑业企业的数据并度量各指标之间的关系,还新增"新型建筑工业化的实践与探索"一章,对近年来深圳市以装配式建筑为代表的新型工业化发展情况以及2020年深圳市装配式建筑的推进完成情况进行了总结,针对当前所存在的问题提出了解决办法,并就装配式建筑绿色高质量发展提出了建议。本期报告是协会组织编写的第五份报告,总体延续了前四份特别是第四份报告的基本框架,在此,我们对前四份报告的编写者表示诚挚的感谢!

　　在本期报告的编制过程中,深圳市住房和建设局、各区住房和建设局等单位给予了大力支持,在此表示衷心的感谢!

　　协会特别邀请了深圳市土木建筑学会副理事长及秘书长、深圳市建筑设计总院顾问总工程师、教授级高级工程师刘福义,中国华西企业有限公司财务总监张粒粒,中建八局南方分公司市场部经理王思文,深圳特区建工集团市场策划部经理谢牧,深圳市建工集团企管中心副总经理张万勇等行业专家对本期报告进行评审,对各位评审专家提出的宝贵意见和建议,表示由衷的感谢!

　　本期报告编写过程中参考和引用了国内外有关的部分研究成果和文献,在此一并向相关作者和机构以及所有曾经帮助过本报告编写和出版的朋友们表示诚挚的感谢!